AF567544

Rüpel in Roben

Die Karmapa-Intrige im Tibetischen Buddhismus.
Ein Insiderbericht

Tomek Lehnert

Meinen Lehrern und Freunden gewidmet

Tomek Lehnert – Rüpel in Roben

Zweite, vollständig überarbeitete Auflage

contact@zeitlosewerteverlag.de

Übersetzung aus dem Englischen: Heike Steffen
Lektorat: Manfred Seegers, Carola Hannemann, Kirsten Brühl
Umschlaggestaltung: Susanne Sachers
Layout und Satz: Andrea Bennat
Koordination und Produktion: Michel Sturiale

Fotos: © Buddhismus Stiftung Diamantweg, Darmstadt
Gedruckt bei Narayana Press, Odder, Dänemark
Papier: 120gr Munken Lynx

ISBN 9783981529562

Inhalt

Vorwort

Polen – mein Heimatland – wachte am Morgen des 13. Dezember 1981 zu bestürzenden Neuigkeiten auf. Wenige Stunden zuvor, um Mitternacht, hatte die kommunistische Regierung die Nation mit der Ausrufung des Ausnahmezustandes überrascht. Gespenstisch aussehende Fernsehsprecher in Polizeiuniform begrüßten die fassungslosen Zuschauer mit Androhungen von langen Gefängnisstrafen und sogar dem Tod für all jene, die es wagen sollten, Widerstand gegen die neuen Militärgesetze zu leisten. Die grundlegendsten Rechte unserer Landsleute wurden außer Kraft gesetzt. Die Regierung hatte vor, die „Bewegung Solidarität" zu zerschlagen und so das Land wieder in eine sowjetische Umlaufbahn zu befördern.

Trotz der bedrohlichen Nachrichten, die in allen staatlichen Massenmedien auftauchten, gingen am nächsten Tag Tausende auf die Straßen, um gegen das harte Durchgreifen der Kommunisten zu protestieren. Fabriken schlossen ihre Tore und Studenten besetzten die Universitäten. Als wir uns in Gdansk (Danzig) – meiner Heimatstadt und Geburtsstätte der „Solidarität" – mit der berühmt-berüchtigten Bereitschaftspolizei „Zomo" Straßenschlachten lieferten, hatten wir – vielleicht etwas naiv – die Hoffnung, daß unsere frisch erworbene Freiheit siegen könne.

Zehn Tage später rollten Panzer in die Danziger Leninwerft ein, die letzte Festung der Protestierenden. Die paar hundert Arbeiter, die das Werk noch besetzt hielten, wurden zusammengetrieben, geschlagen und verhaftet. Eine Handvoll meiner Studienfreunde, die sich innerhalb des Werksgeländes verbarrikadiert hatten, teilten das Schicksal der Arbeiter. Triumphierend verkündete die Regierung, daß die anti-sozialistischen Elemente ausgemerzt und somit die „Gewerkschaft Solidarität" – die Wiege des Imperialismus – abgeschafft worden sei. Eine dunkle Wolke zog sich über Polen zusammen, und wir sahen, wie sich unsere Träume in Nichts auflösten.

Wenn ich heute auf diese Tage zurückblicke, so erinnere ich

mich an die Gefühle der Enttäuschung und des Zorns, die die meisten von uns in Polen empfanden. Für unseren Freundeskreis in Danzig sollte die bittere Stimmung im Land bald aber einer sehr viel heitereren Denkweise Platz machen. Die trostlosen und unruhigen Gegebenheiten, mit denen wir es zu tun hatten, lösten in uns eine gründliche Selbstbeobachtung und die Suche nach bleibenden Werten aus. Anfänglich noch scheu, streckten wir unsere Hände nach einer uralten östlichen Philosophie aus. Nach sechs Monaten Ausnahmezustand – so als ob er auf unser neu gefundenes geistiges Interesse antworten wollte – kam ein buddhistischer Lama in unsere aufrührerische Stadt. In dem abgeschotteten Land damals war das für uns eine einmalige Gelegenheit. Wir waren uns bewußt, daß das kommunistische Polen nicht gerade der ideale Nährboden für religiöse Lehrer war, und eilten deshalb zur Akademie der Künste, um den buddhistischen Meister Ole Nydahl kennenzulernen.

Der athletische Däne, der auf die Bühne sprang und den paar hundert Zuschauern ein breites Lächeln zuwarf, widerlegte sogleich jedermanns Vorstellung von einem Guru. Er riß Witze, machte sich über die verachtete Obrigkeit lustig und ließ – nicht im geringsten von den Geheimpolizisten eingeschüchtert, die sich unter die Menge gemischt hatten – keinen Zweifel aufkommen, was er über die kommunistische Diktatur dachte. Meine Freunde und ich sahen in ihm sofort jemanden, mit dem wir uns identifizieren konnten. Als dieser westliche Lama aber zum Kern des Vortrages kam, wurde die persönliche Erscheinung durch das, was er zu sagen hatte, noch hundertfach vergrößert. Die Logik, Klarheit und Weisheit des Buddhismus beeindruckten uns zutiefst. Hier wurde uns ein einzigartiges Werkzeug angeboten, um das Leben zu meistern – ein System, das die Störungen des Bewußtseins in Vollkommenheit umwandelt. Und was noch wichtiger war: Wir konnten jeden einzelnen Teil unseres Handelns in das Streben nach Befreiung und Erleuchtung mit einbeziehen. Nun hatten wir die Möglichkeit, das Unrecht zu bekämpfen, ohne dabei die Unterdrücker hassen zu müssen. Der Lama betonte, daß man seinen Alltag bewältigen kann, wenn man frei von den blendenden Emotionen ist, „die uns zu sehen hindern, was wirklich da ist". Vollkommen überzeugt, nahmen wir den Tibetischen Buddhismus mit der Begeisterung von Idealisten an, die einen edlen Kampf verloren hatten, nur um stattdessen eine andere kostbare Sache zu finden.

Dies war der Beginn meiner geistigen Reise, auf der ich mich an der Seite von Lama Ole auf ausgetretene Pfade mehrerer Kontinente begeben sollte. Ich begleitete Ole und seine Frau Hannah auf ihrer Odyssee, den Tibetischen Buddhismus in die moderne Welt zu bringen. Es war eine faszinierende Herausforderung, ein Wettlauf gegen die Zeit, das unvergleichliche Wissen Tibets zu retten, bevor die kommunistischen Chinesen es endgültig zerstören würden. Es war ein Unternehmen, das nicht nur ein tiefes und unerschütterliches Vertrauen in die buddhistische Lehre, sondern auch in die hohen tibetischen Lamas mit sich brachte, die dieses System übertrugen. Die Rinpoches, wie die ehrwürdigen Lehrer genannt werden, waren Beispiele hoher Verwirklichung. Auch wenn sie noch nicht ganz die endgültige Erleuchtung erreicht hatten, so waren sie jedenfalls auf dem besten Weg dorthin. Zumindest dachten wir das.

Dann kam das Jahr 1992, ein Jahr, an das man sich in der Geschichtsschreibung des Tibetischen Buddhismus noch lange erinnern wird. Wie ein Blitz aus heiterem Himmel brach eine peinliche und unerbittliche Fehde zwischen den Lamas unserer Karma Kagyü Linie aus. Während die ganze buddhistische Welt den Atem anhielt, konnte man beobachten, wie eine Gruppe von Kagyü-Meistern schwere Anschuldigungen erhob. Es tauchten Beweise auf, die auf eine heimliche Verschwörung hindeuteten, die Kagyü-Schule zu übernehmen. Eine bedeutende Persönlichkeit der Linie wurde mit dem kommunistischen China in Verbindung gebracht. Verrat war das Wort, das einem in den Sinn kam.

Es war mehr, als viele im Westen verdauen konnten; wir hatten das Gefühl, daß unser Idealismus verraten worden war. Und wieder sah ich die Panzer, die durch die Tore der Danziger Werft rollten. Es gab keine andere Wahl, als sich gegen den Amtsmißbrauch aufzulehnen. Gegen diese Machenschaften protestierten und kämpften Lama Ole und Hannah schon von Anfang an. Während der nächsten Jahre stellten sie sich gegen Regierungen, Würdenträger und mächtige Organisationen und versuchten, die Verschwörer zu entlarven und die Kagyü-Schule zu schützen – ein Unterfangen, das mit hohen Risiken und Schwierigkeiten verbunden war.

Dieses Buch ist eine Chronik unserer Suche nach der Wahrheit. Es entstand aus einem unwiderstehlichen Verlangen, sich nicht dem Betrug und der Tyrannei zu beugen – Dinge, gegen die die Menschen in Polen schon immer äußerst empfindlich sind. Es ist auch ein Versuch, den Schleier des Geheimnisvollen von Tibet zu lüften und den Konflikt unter einer historischen Perspektive zu betrachten. Vielleicht schockiert dieses Buch einige wegen seines kompromißlosen Stils und der harten Schlußfolgerungen, aber die dargelegten Fakten verlangen nach einer rigorosen Analyse und ebensolcher Kritik. Gleichzeitig ist dieses Werk aber auch eine Einladung, die wahren Schätze, die Tibet hütete, kennenzulernen: die Belehrungen Buddhas, die immer vollkommen sind. Es gibt sehr viel Eisen, aber nur wenig Gold, und das Königreich im Himalaja bildete da keine Ausnahme. Der Leser dieser Seiten ist aufgefordert, das Gold vom Eisen zu trennen und der Zukunft des Buddhismus eine reine und unerschütterliche Form zu geben.

La Jolla, Kalifornien
21. Mai 1998

Vorwort zur zweiten Auflage

Zwanzig Jahre nach Ersterscheinen liegt nun die zweite Auflage von „Rüpel in Roben" neu zusammengestellt und druckfertig vor mir. Nach so langer Zeit ist es wichtig, Rückschau zu halten und zu überlegen, welche Lehren sich mit größerem Abstand ziehen lassen. Was bleibt von den Ereignissen, die die tibetische Welt damals so stark in den Griff nahmen und die unsere Praxis und unser Vertrauen so atemlos auf die Probe stellten? Was ist heute klar zu sehen, das damals noch nicht zu erkennen war? Und welche Einsichten gewinnen wir daraus für die Zukunft?

Es ist nicht zu übersehen, dass die „Karmapa-Krise" nicht vorüber ist, die Gräben haben sich lediglich tiefer verschanzt, und die Konsequenzen für den Tibetischen Buddhismus im Osten werden sich in ihrem vollen Umfang erst noch zeigen müssen. Es gibt noch immer zwei Anwärter auf den Titel des Karmapa. Zwar mögen persönliche Feindschaften innerhalb der tibetischen Gemeinschaft an Intensität verloren haben, doch die größere geopolitische Gesamtlage infolge der feindlichen Übernahme der Karma-Kagyü-Linie und der Einsetzung eines „politischen" Karmapa auf dem höchsten Karma-Kagyü-Thron bleibt hochgradig explosiv. Sie hat unmittelbare Auswirkungen auf das Schicksal der Tibeter, das Überleben ihrer Kultur und ihrer Institutionen, und sogar auf die Beziehungen zwischen den Weltmächten, nicht zuletzt den aufstrebenden, atomar bewaffneten Giganten Indien und China. Darüber hinaus prägt sie das Bild des Tibetischen Buddhismus im Westen und das Vertrauen tausender westlicher Praktizierender in die Rinpoches und Lamas aus Tibet.

Die Ereignisse, von denen ich hier berichte, sind heute zumindest von gleicher – ich würde sogar sagen – größerer Bedeutung als damals, als ich das Buch schrieb. Durch das noble und unerschütterliche Vorbild unserer Lehrer Lama Ole und Hannah zusammen mit unseren mächtigen Stützpfeilern im Osten, Shamar Rinpoche und Lopön Tsechu Rinpoche, wurden die Integrität und Authentizität der Karma-Kagyü-Tradition bewahrt und der

Buddhismus für zehntausende westliche Schüler gerettet. Das dürfen wir niemals vergessen. Auch sollten wir nicht aufhören, aus den brisanten Ereignissen, die die Karma-Kagyü-Schule erschütterten, sowie der Reaktion und der felsenfesten Entschlossenheit unserer Lehrer zu lernen. Ohne sie wäre unser westlicher Laienzugang zum Buddhismus, der Diamantweg, nicht denkbar.

Jahrzehnte nach diesen Ereignissen können wir sie aus neuer Perspektive verstehen, mit dem Vorteil größerer Reife und auch mit dem gesunden Selbstbewusstsein, das sich der Erfahrung verdankt, die Hindernisse überwunden zu haben, mit denen wir konfrontiert waren. Nichtsdestoweniger bleiben sie eine kraftvolle Warnung und ein Appell für die Zukunft. Schließlich und vor allem kann der „Karmapa-Konflikt" heute mit stetig wachsender Dankbarkeit gegenüber unseren geliebten Lehrern Ole und Hannah, für ihren Mut, ihre vorausschauende Weisheit und ihre unermüdliche Arbeit, betrachtet werden.

Die vorliegende deutsche Neuauflage basiert auf einer Neuübersetzung

meines zuvor umfassend überarbeiteten englischen Textes.. Die Dokumente im Anhang haben im Dienste der besseren Lesbarkeit ein moderneres Format erhalten. Sämtliche historischen Angaben wurden überprüft und, wo erforderlich, korrigiert, aktuellere Fotos ergänzen die von damals.

Mein tiefer Dank geht an den Zeitlose Werte Verlag in Hamburg und besonders an meine wunderbaren Freunde Heike, Kirsten, Carola, Michael und Manfred, die mit großem Engagement, Fachwissen und Idealismus ihre Zeit investierten, um diesen langwierigen Prozess abzuschließen. Ohne ihre Motivation und ihre Ausdauer wäre diese Neuausgabe nicht möglich gewesen. Danke! Doch diese Danksagung wäre nicht vollständig, würde ich nicht meinen guten Freund Dirk Hannemann nennen, der unentwegt eine treibende Kraft für mich war und nie aufgegeben hat.

Mögen unsere kostbaren Linienhalter Karmapa und Shamarpa sich weiterhin ohne jede politische Einflussnahme manifestieren, und möge unsere Karma-Kagyü-Linie den Wesen immer eine freudvolle und bleibende Zuflucht bieten.

Möge unser geliebter Lehrer Lama Ole lange leben und seine unaufhörliche Aktivität zahllosen Wesen nutzen!

Tomek Lehnert, London, 5. Januar 2018

Danksagung

Ohne die unschätzbare Hilfe von Freunden auf der ganzen Welt wäre dieses Buch nicht möglich gewesen. Viele haben zur endgültigen Fassung beigetragen, aber ich möchte vier Personen besonders erwähnen, die mir wertvollen Rat gaben, Mut machten und meinen ersten literarischen Versuch in eine lesbare Form brachten. Mein aufrichtiger Dank geht an Euch, Stephen James, Don Marshall, Brooke Webb und Lara Braitstein aus Cambridge (England), Sydney (Australien), San Francisco (USA) und Montreal (Kanada).

Das Ensemble der Darsteller

Rangjung Rigpe Dorje, der 16. Karmapa (1924–1981)

Oberhaupt der Karma Kagyü Schule
des Tibetischen Buddhismus

Shamar Rinpoche (1952–2014)
oder Künzig Shamarpa oder Shamarpa

Hauptschüler Karmapas

Tenzin Gyatso, der 14. Dalai Lama
hoher spiritueller Führer und König Tibets

Thaye Dorje, der 17. Karmapa
von Shamar Rinpoche anerkannt

Tai Situ Rinpoche oder Situ Rinpoche oder Situpa

zweithöchster Schüler Karmapas
(hier zusammen mit Urgyen Trinley)

Urgyen Trinley

von Tai Situ Rinpoche und vom kommunistischen China als 17. Karmapa anerkannt und bestätigt durch den Dalai Lama

Jamgön Kongtrul Rinpoche (1954–1992) oder Jamgön Rinpoche oder Jamgön Kongtrul, hoher Kagyü-Lama und enger Schüler Karmapas

Goshir Gyaltsab Rinpoche oder Gyaltsab Rinpoche oder Gyaltsabpa
hoher Kagyü-Lama und enger Schüler Karmapas

Topga Yulgyal (1942–1997) oder Topga Rinpoche oder Topgala
Generalsekretär von Rumtek und vom Karmapa Charitable Trust

Lopön Tsechu Rinpoche (1918–2003)
oder Tsechu Rinpoche
hoher Lama und Vertrauter des 16. Karmapa

Lama Ole Nydahl
erster westlicher Schüler des 16. Karmapa,
Gründer von über 200 buddhistischen Zentren im Westen

Tenga Rinpoche (1932–2012)

bekannter Kagyü-Lama, der in Kathmandu lebt

Akong Tulku (1939–2013)

Kagyü-Lama, der in Schottland lebte; Situ Rinpoches Vertreter bei den kommunistischen Chinesen und Mitglied der „United Front"

Thaye Dorje, Seine Heiligkeit der 17. Karmapa
von Shamar Rinpoche anerkannt, im Jahr 2017

Urgyen Trinley
von Tai Situ Rinpoche und von der chinesischen Regierung
als 17. Karmapa anerkannt, im Jahr 2017

Einführung

Als auf der Insel Kauai das Telefon klingelte, ahnten wir nicht, dass dies der Beginn eines gewaltigen Sturmes sein würde, der durch die Karma Kagyü Linie des Tibetischen Buddhismus fegen, sie in ihren Grundfesten erschüttern und der Politik des mittelalterlichen Tibets einen letzten Stoß versetzen sollte. Ein tropischer Strand war zwar kaum der richtige Schauplatz für ein Drama, das seinen Ursprung im Himalaja hatte, dennoch braute sich vor der Küste Hawaiis eine gewaltige Krise des Tibetischen Buddhismus zusammen. Nach der ersten Hälfte einer arbeitsreichen Vortragsreise Lama Ole Nydahls um die ganze Welt hatten wir uns von der Schönheit der Pazifikinsel einlullen lassen und waren nicht im Mindesten auf die Neuigkeiten vorbereitet, die da kommen sollten.

Elf Zeitzonen entfernt, in Deutschland, schlug Oles Sekretärin Sys Alarm. Alle unsere buddhistischen Zentren in Europa hatten einen mysteriösen Brief aus Asien erhalten. Mit der bunten nepalesischen Briefmarke und einer kaum zu entziffernden Adresse sah es zunächst danach aus, als handle es sich nur um einen weiteren höflichen Versuch tibetischer Mönche, mit dem Westen Kontakt aufzunehmen. Doch als unsere Leute den Text unter die Lupe nahmen, wurde ihre Überraschung nur noch von ihrem Missfallen übertroffen. Der Brief war alles andere als höflich, und die einzigen Kontakte, die er suchte, waren politische Intrigen und sektiererische Kämpfe.

Die Autoren, eine obskure Vereinigung tibetischer Kaufleute aus dem Kathmandu-Tal namens „Derge Association“, nahmen kein Blatt vor den Mund. Was sie zu sagen hatten, sollte im Tibetischen Buddhismus für einen noch nie dagewesenen Aufruhr sorgen. Mit Drohungen und unverschämten Forderungen wollten sie die Abschaffung einer jahrhundertealten Tradition erzwingen, die dazu gedient hatte, die aufeinanderfolgenden Inkarnationen des Gyalwa Karmapa – des geistigen Oberhauptes der tibetischen Karma Kagyü Linie – anzuerkennen.

Unsere Freunde in Europa, für die der korrupte Einfluss der Politik auf die Religion noch etwas Neues war, rannten erstaunt zum Telefon. Sys erreichte uns als erste. Sie redete wie ein Wasserfall und praktisch ohne Pausen zum Luftholen. Als sie fertig war,schauten wir einander ungläubig an. Mit solchen dubiosen Machenschaften, die in dem Himalaja-Königreich jahrhundertlang gang und gäbe gewesen waren, waren wir einfach nicht vertraut und glaubten, der Himmel bräche über uns zusammen. Das heilige Tibet zeigte auf einmal ein gänzlich unheiliges Benehmen.

Lama Ole Nydahl schien als einziger die wahre Bedeutung des Briefes zu erfassen. Irgendjemand, der sich hinter der Gruppe nepalesischer Kaufleute versteckte, versuchte, die Karma Kagyü Schule zu spalten; dieser Brief war nur der erste sichtbare Schlag. Was eigentlich auf dem Spiel stand und zwischen den Zeilen herauszulesen war, war sehr viel bedeutsamer als die Identität der Angreifer. Ihre Attacke zielte mitten ins Herz der Linie. Ihr heimliches Ziel, das bis zu diesem Zeitpunkt nur einem ganz kleinen Kreis von Verschwörern bekannt war, war die Kontrolle über den nächsten Gyalwa Karmapa, den König der Yogis von Tibet.

Als erster wiedergeborener Lama Tibets war Karmapa einzigartig unter den vielen Inkarnationen, die sich im Land des Schnees gezeigt hatten. Er wurde von seinem Volk als Buddha verehrt und genoss im gesamten Osten des Landes höchstes Ansehen. In einer ununterbrochenen Abfolge, die sich über fast 900 Jahre erstreckt, verfügte jede seiner Inkarnationen über die vollständigen Mittel Buddhas, um mit dem Geist zu arbeiten, und es war nicht ungewöhnlich, dass ein Karmapa vor seinem Tod detaillierte Angaben zu seiner nächsten Wiedergeburt hinterließ. Diese schriftlichen, manchmal auch mündlichen Hinweise beschrieben mit erstaunlicher Genauigkeit die Umstände seiner zukünftigen Wiederkehr.

In der Vergangenheit hatten bei dem heiklen Prozess der Anerkennung des nächsten Karmapa zwei Dinge eine Rolle gespielt: die Taten der jungen Inkarnation und die Anweisungen, die sein

Vorgänger hinterlassen hatte. Nach dem Tod des 16. Karmapa 1981 waren seine Schüler fest davon ausgegangen, dass auch er traditionsgemäß solche Vorhersagen hinterlassen hatte. Die vordringlichste Aufgabe war es daher gewesen, dieses geistige Testament zu finden. Bei einem allgemeinen Kagyü-Treffen nach der Feuerbestattung Karmapas im Jahre 1981 schlug der damalige Generalsekretär Damchö Yongdü die Bildung einer Gruppe von vier „Regenten" unter seinen engsten Schülern vor. Diese vier hochgestellten Lamas bekamen gemeinsam die verantwortungsvolle Aufgabe übertragen, den Vorhersagebrief ihres Lehrers zu finden und seine nächste Inkarnation zu identifizieren.

Die „Briefkampagne" aus Kathmandu kam zu einer für die Linie sehr schwierigen Zeit. Elf Jahre waren seit dem Tod des 16. Karmapa vergangen, und noch immer war seine 17. Inkarnation nirgends in Sicht; die vier mit der gewichtigen Mission betrauten Lamas schienen außerstande, mit einer Lösung aufzuwarten. Die lange Wartezeit begann ihren Tribut zu fordern. In den buddhistischen Kreisen des Ostens tauchten politisch orientierte Gruppen auf, die sich dadurch auszeichneten, dass sie absurde Gerüchte verbreiteten und alle Register zogen, um die vier Lamas zu entschlossenerem Handeln zu zwingen.

Die „Derge Association" war nur eine dieser Gruppierungen. Was sie allerdings von ihren Kontrahenten unterschied, war, dass sie darauf bestand, Tai Situpa, einen der vier engsten Schüler Karmapas, gegen die anderen drei in den Ring zu schicken. In dem fraglichen Brief beanspruchte sie nicht nur, die Mehrheit der praktizierenden Kagyü-Buddhisten zu vertreten, sondern behauptete rundheraus, nur die Inkarnationen des Tai Situ Rinpoche* hätten das historische Recht, den jeweils nachfolgenden Karmapa anzuerkennen. Tai Situpa wurde inständig gebeten, unverzüglich von seinem alleinigen Privileg Gebrauch zu machen. Diese Behauptung war eine unvermittelte Abkehr von allen

*Rinpoche ist ein Ehrentitel, der soviel heißt wie „Kostbarer" und der des öfteren an buddhistische Meister verliehen wird

gewohnten Vorgehensweisen. Vom 14. Jahrhundert an lag die Haupt-Verantwortung für die Anerkennung und Inthronisierung des Karmapa beim jeweiligen Shamarpa. Ausnahmen waren der 7. und der 13. Karmapa, weil Shamarpa in diesen beiden Fällen ungefähr zur gleichen Zeit wie Karmapa verstorben war. Auch wenn sich ein Karmapa als höchster bewusst wiedergeborener Lama Tibets zunächst immer selbst zu erkennen gibt, wird er traditionell von Shamarpa anerkannt und ausgebildet so wie auch umgekehrt. Dieser Regel folgte auch der 16. Karmapa mit der Anerkennung und Ausbildung des 14. Shamarpa.

Nun aber plante irgendjemand einen Umsturz. Die Bühne für eine größere Auseinandersetzung innerhalb der Linie wurde bereitet. Tai Situ wurde in dem Brief zur einzigen Person befördert, die berechtigt sei, den jungen Karmapa zu identifizieren; seine drei Kameraden dagegen wurden als Saboteure bezeichnet, die das ganze Vorhaben boykottieren wollten. Zum ersten Mal, seit sie der Öffentlichkeit im Osten diese Sicht der Dinge einzuflüstern begonnen hatten, dehnten die Kaufleute aus Kathmandu ihren Aktionsradius jetzt nach Westen aus. In der lebendigen Szene der europäischen Buddhisten schlug ihre Nachricht wie eine Bombe ein.

Während wir Sys‘ Worten reglos lauschten und die Neuigkeiten zu verarbeiten versuchten, verkündete Lama Ole in aller Ruhe seine Einschätzung der Lage: „Das bedeutet Krieg.“ In den folgenden zwei Jahren sollten wir herausfinden, wie Recht er mit seiner Vorhersage hatte. An diesem Morgen des 17. März 1992 waren die ersten Schüsse im Kagyü-Krieg gefallen. Mit seinem militärischen Instinkt hatte Lama Ole das sofort erkannt. Von diesem Moment an eskalierte die Situation in immer dramatischerer Weise; ein harter, kompromissloser Kampf begann. Die Akteure, hochrangige und angesehene tibetische Lamas, lieferten sich Auseinandersetzungen und Schlammschlachten, die ehrgeizigen Politikern besser angestanden hätten als religiösen Lehrern. Der Konflikt sollte die Reife und Entschlossenheit Tausender buddhistischer Praktizierender auf der ganzen Welt auf die Probe stellen und die Landschaft des Tibetischen Buddhismus im Westen verändern; die Nachwirkungen im Osten sind noch immer nicht voll abzuschätzen.

Als die Dinge sich zuspitzten und – wie es in diesem Buch berichtet wird – die sich überschlagenden Ereignisse fast in der Übernahme der Kagyü-Linie durch das kommunistische China gipfelten, rangen wir alle mit einer brennenden Frage: Wie konnte das nur geschehen? Wie konnten diese hochentwickelten Wesen in der geistigen Führungsspitze der Linie in Angelegenheiten, die das Glück und das Wachstum ihrer Schüler betrafen, ein solches Chaos anrichten?

Heute, nach jahrelanger sorgfältiger Bewertung der Ereignisse, ist die Antwort naheliegender, als wir ursprünglich ahnten. So seltsam es für moderne westliche Ohren auch klingen mag: Die gegenwärtigen Loyalitäten, Rivalitäten und Feindseligkeiten zwischen den Lamas aus dem Himalaya stehen in direkter Verbindung zu Geschehnissen in Tibet und auch in China vor mehreren hundert Jahren. Tibeter sind wie alle Menschen – die hohen Lehrer eingeschlossen – ein Produkt der sozialen und politischen Umstände, in die sie hineingeboren werden, und ihre Handlungen und geistigen Gewohnheiten werden in hohem Maße von früheren Erlebnissen bestimmt. Um nun die Ursachen und die Vielschichtigkeit ihres Trachtens zu verstehen, muss man in die Historie Tibets eintauchen. Die Geschichte, die uns hier beschäftigt, beginnt Mitte des 18. Jahrhunderts in den dunklen Fluren des majestätischen Potala-Palastes in Lhasa, der Residenz der Dalai Lamas. Sie führt uns über eine ununterbrochene Kette von Ereignissen bis in die heutigen Lager und Klöster der Tibeter im Himalaya genauso wie in die modernen Zentren des Tibetischen Buddhismus im Westen.

Als die ehrwürdigen Rinpoches, Lamas und Mönche Tibet 1959 verlassen mussten und zuerst nach Indien und dann in den Westen gelangten, waren sie durch und durch vom Feudalismus geprägt. Sie brachten die gesammelten Werke Buddhas – die kraftvollsten Mittel, um mit dem Geist zu arbeiten –, aber auch ihre eigenen Konflikte mit. Deswegen liegt der Schlüssel zum Verständnis des bisweilen recht eigenartigen Verhaltens, das sie im Westen zeigen, in der Geschichte Tibets, in einer vollkommen abgeschotteten Welt vor der chinesischen Invasion. Es ist das Land des Schnees aus längst vergangenen Tagen, eingehüllt in Mythen und Halbwahrheiten, das etwas Licht auf die Hintergründe des gegenwärtigen Dramas im Tibetischen Buddhismus werfen kann.

Dieses Buch versucht weder, eine radikale Lösung zu bieten, noch nimmt es für sich in Anspruch, „alles ans Licht zu bringen". Vielmehr ist es ein persönlicher Erlebnisbericht eines Menschen, der Zeuge dieser Krise war, eine chronologische Darstellung der Ereignisse von zwei Jahren, in denen das „Kagyü-Haus" beinahe unter die Kontrolle der kommunistischen Chinesen geraten wäre. Und doch kann der Leser, indem er die erstaunlichen Ereignisse verfolgt, Einblick in die Motive dieser Auseinandersetzung erlangen. Betrachtet man diese dann vor dem Hintergrund der überkommenen gesellschaftlichen Strukturen Tibets, wird man zu einer etwas objektiveren Einschätzung der Hauptakteure dieses Komplotts gelangen und verstehen, wie gefährlich es ist, auf solche Charaktere blind hereinzufallen. Lassen wir also die Tatsachen für sich sprechen, und folgen wir den historischen Ereignissen und dem gesunden Menschenverstand. Möge die Vergangenheit die Geheimnisse der Gegenwart aufklären und uns als Lektion für die Zukunft dienen.

Kapitel 1

Das Königreich

Jahrhundertelang war Tibet ein isoliertes Land gewesen. Seine geographische Unzugänglichkeit und der aufrichtige Wunsch seiner Bewohner, wenige Kontakte zur Außenwelt zu unterhalten, schufen die idealen Voraussetzungen für ein abgeschiedenes Dasein. Mehrere aufeinanderfolgende chinesische Dynastien hatten die Herrschaft über ihren fernen Nachbarn beansprucht und Druck auf Lhasa ausgeübt, sich zu unterwerfen und die gnädige Protektion Chinas anzuerkennen, doch die Tibeter beugten sich nicht. Allen nachdrücklichen Avancen Pekings zum Trotz gelang es dem Himalaja-Staat, weitgehend ungestört und vom Rest der Welt vergessen zu existieren. Die wilden Horden der Mongolen, die Mitte des 17. Jahrhunderts weite Teile des Landes verwüsteten, waren weniger Angreifer von außen als vielmehr das Instrument einer politischen Fraktion, die ihre Rivalen im Inneren unterwerfen wollte – und auch wenn dieses Instrument außer Kontrolle geriet, so war es doch von machtgierigen Politikern bewusst ins Land geholt worden. Invasoren waren in der gesamten Geschichte Tibets eher eine Seltenheit, und zu Beginn des 20. Jahrhunderts war das Land noch immer so weltentlegen wie um das Jahr 750 herum, als der Buddhismus zum ersten Mal sichtbar Einzug in das Himalaja-Königreich gehalten hatte. Dank dieser Abgeschiedenheit war es den Tibetern gelungen, über mehr als 1000 Jahre zu bewahren, was die fortlaufenden muslimischen Invasionen in Nordindien zuvor mit großer Gründlichkeit zerstört hatten: die mehr oder weniger vollständigen Lehren Buddhas.

Von frühen missionarischen Aktivitäten europäischer Christen abgesehen, kamen die ersten Kontakte mit dem Westen im 19. Jahrhundert zustande, als das russische Reich und das britische Empire aus Misstrauen dem jeweils anderen gegenüber um Einfluss in dieser entlegenen Region zu konkurrieren begannen.

Europäische Entdecker kehrten mit Geschichten von geheimnisvollen religiösen Lehren, heiligen Lamas und gigantischen Klöstern nach Hause zurück. Englische Soldaten wussten weit weniger Wunderbares zu berichten. Colonel Younghusband, der 1904 eine Expedition zur Eroberung Lhasas anführte, löschte mit einer Handvoll Männer praktisch die gesamte tibetische Regierungsarmee aus. Offenbar blieb die militärische Stärke der Tibeter hinter ihrer spirituellen Kraft weit zurück.

Nach der ersten politischen Kontaktaufnahme nahm sich sogleich ein bunter Haufen von Spiritualisten, Theosophen und dergleichen des heiligen Königreiches an. Ab der Jahrhundertwende bekam die europäische Öffentlichkeit exotische Berichte von levitierenden Yogis vorgesetzt und musste Abhandlungen über nebulöse spirituelle Lehrsätze verdauen, die angeblich aus dem Land des Schnees stammten. Die Geschichten, die die Runde machten, beflügelten die Phantasie der Leser, hatten aber wenig mit dem eigentlichen Reichtum zu tun, den Tibet hütete. Das Land wurde als Quelle des Mystischen missbraucht und stand bald synonym für alles Übernatürliche.

Ungefähr zur gleichen Zeit gelang es einigen renommierten Orientalisten aus Skandinavien und dem kaiserlichen Russland, in die verbotene Stadt Lhasa zu reisen. Dort begegneten sie einer reichen Kultur, die auf einer einzigartigen religiösen Lehre fußte. Zum ersten Mal kam der Westen in Berührung mit den vollständigen Methoden Buddhas, mit dem Geist zu arbeiten. Doch die Entdeckungen der Wissenschaftler blieben den Elite-Universitäten vorbehalten, deren Forschungen nicht über intellektuelle und wissenschaftliche Spekulationen hinausgingen. Auf einen umfassenderen und lebensnäheren Zugang musste Europa noch fünfzig Jahre warten. Erst 1959, als die Tibeter von den kommunistischen Barbaren brutal aus ihrem Kokon getrieben wurden, wurde ein echter und dauerhafter Kontakt mit ihrer Kultur möglich.

In den späten 1960er Jahren kam es dann zu einem Durchbruch. Zwei Westler beschritten neues Terrain, sie wollten die buddhistischen Lehren annehmen und in den Westen bringen: Ole und Hannah Nydahl. Dabei schufen sie Verbindungen zur allerhöchsten Spitze der tibetischen Hierarchie.

Im Dezember 1969 traf der 16. Gyalwa Karmapa, das Oberhaupt der Karma Kagyü Schule des tibetischen Buddhismus, praktisch gleichzeitig mit Hannah und Ole in Kathmandu ein. Die jungen dänischen Idealisten befanden sich auf ihrer dritten Reise in die nepalesische Hauptstadt, um von dort „Stoff" mit nach Hause zu bringen, der das Potential hatte, das Bewusstsein der Menschheit zu verändern. Als Anführer einer Gruppe von skandinavischen Avantgarde-Künstlern und Rebellen waren sie der festen Überzeugung, dass Drogen die „Pforten der Wahrnehmung" öffnen und der Menschheit eine letztendliche Wahrheit zeigen konnten. In Kathmandu führte eine wiederkehrende innere Stimme Hannah und Ole auf den majestätischen Swayambhu-Berg, wo Karmapa gerade mit einer Zeremonie begann. Später erzählten sie, wie an einem bestimmten Punkt der Zeremonie, als Karmapa ihnen die Hände auf den Kopf legte, plötzlich alles in Licht explodierte. Der Lama wurde groß wie tausend Sonnen, und in diesem Moment wussten sie, dass ihre Suche ans Ziel gekommen war.

Auf diese außergewöhnliche Begegnung folgte bald eine intensive Lehrzeit im östlichen Himalaja. Hannah und Ole waren unter den ersten westlichen Schülern Karmapas, die in die Lehren und einzigartigen Praktiken des Tibetischen Buddhismus eingeführt wurden.* Ihre Vision aus den sechziger Jahren sollte sich erfüllen. Ole, der später selbst zum Lama ernannt werden sollte, würde über zweihundert** Kagyü-Zentren auf der ganzen Welt gründen. Mit Hannah und anderen Freunden an seiner Seite würde er unermüdlich von einem Zentrum zum nächsten reisen, um die große Weisheit des Buddhismus in den Westen zu

*Lama Ole Nydahl: Die Buddhas vom Dach der Welt, Aurum Verlag 2005.

**Anm. d. Hrsg.: Zur Zeit der Erstausgabe dieses Buches. Inzwischen hat Lama Ole Nydahl weltweit über 700 Zentren gegründet.

bringen. Die treibende Kraft hinter der Erfüllung dieses Traumes war ihre Hingabe zu Karmapa, die sich anfänglich auf alles Tibetische erstreckte. Jeder, der aus dem Land des Schnees kam, wurde als hochgeistig verehrt, jeder Tibeter als verwirklichter Yogi angesehen und jeder rasierte Kopf in Roben als halb erleuchtet. Dank dieser reinen Sicht konnten sie den idealistischen Westen mit der Idee inspirieren, Shangri-La – der Sehnsuchtsort der Sechziger-Generation – sei in greifbare Nähe gerückt.

Andere, die in den folgenden Jahren auf den tibetischen Zug aufsprangen, hielten mit noch größerem Enthusiasmus und noch weniger Kritikfähigkeit an dieser heiligen Fiktion fest und versuchten durch Eifer wettzumachen, was ihnen an Wissen und echter Übertragung fehlte. Besonders das alte Tibet galt als eine Art Himmel auf Erden. Alles, was aus der Zeit vor der chinesischen Invasion stammte und einen tibetischen Stempel trug, wurde in den Himmel gehoben und verklärt. Es war eine noble, edelmütige Antwort auf die kommunistischen Grausamkeiten und auf die hysterische chinesische Propaganda, die das besetzte Land als feudal, rückständig und unterdrückerisch darstellte. Und so wurde die Auffassung, dass alles Tibetische heilig sei, zur Parole für die erste Generation tibetischer Buddhisten im Westen. Diese hoffnungsvollen jungen Leute nahmen das Land Tibet mit der gleichen Begeisterung an wie den Tibetischen Buddhismus. Niemand wollte auf der Seite der kommunistischen Aggressoren stehen, und so erfuhren die Tibeter, die zuvor in einer Zeit der Not die Gleichgültigkeit der Politiker aus aller Welt zu spüren bekommen hatten, nun zur Abwechslung die überwältigende Aufmerksamkeit westlicher Idealisten.

Nach Jahrzehnten öffentlichen Desinteresses sahen die Verfechter der tibetischen Sache ihren Kampf endlich gewürdigt. Als der Dalai Lama 1989 den Friedensnobelpreis erhielt, nahmen sich auch die westlichen Medien Tibets an und brachten die Schrecken der chinesischen Besatzung ans Tageslicht. Prominente Persönlichkeiten scharten sich um den Dalai Lama, der, nun selbst prominent, als halboffizielles Oberhaupt Tibets um die

Welt reiste. Auf dem Scheitelpunkt dieser Welle reitend, ließen die Fürsprecher eines freien Tibets gleichzeitig den kritiklosen Glauben an das heilige Himalaja-Königreich ungehindert wachsen.

Unterschied sich dieses harmonische Bild sehr von der Wirklichkeit? Oder war das alte Tibet tatsächlich ein Land von Wahrheitssuchenden und Frommen, die nichts anderes im Sinn hatten, als ihre Lamas und Klöster zu unterstützen? War es wirklich ein Paradies, in dem die Menschen in Frieden miteinander lebten und sich streng an die edlen Prinzipien des Buddhismus hielten?

Die historischen Tatsachen widersprechen diesem himmlischen Bild. Bei aller mystischen Aura, die seine Geschichte und Kultur umgab, war Tibet ein feudalistisches Land; vielleicht menschlicher und ganz bestimmt glücklicher als andere feudalistische Gesellschaften, aber ganz bestimmt keine Idylle.

Die Geschichte des alten Tibet war durchzogen von Kriegen, politischen Intrigen und blutigen Fehden. Jahrhundertelang übten die Nyingma, Sakya und Kagyü, drei der alten buddhistischen „Rothut"-Schulen, eine nach der anderen die unumstrittene Herrschaft über das Land aus. Anfang des 17. Jahrhunderts trat eine neue Macht auf den Plan und bedrohte den politischen Status quo: die Gelugs oder „Tugendhaften", ein reformierter buddhistischer „Gelbhut-Orden", der um 1410 von Tsongkhapa Lobsang Dragpa (1357–1419), einem Schüler des 4. Karmapa gegründet worden war. Unter der Führung des mächtigen 5. Dalai Lama und seiner maßgeblichen Minister luden die Gelugs 1642 den mongolischen Kriegsherrn Gushri Khan nach Tibet ein. Sie wollten die Macht der Kagyüs brechen, die Regierung übernehmen und Kham im Osten und das aufständische Tsang im Süden des Landes unter ihre Kontrolle bringen. Da den grausamen Mongolenhorden freie Hand gewährt wurde, machten sie zahlreiche Nyingma und Kagyü-Klöster dem Erdboden gleich oder konvertierten sie zur Gelug-Schule. Der 10. Karmapa musste in ein zwanzigjähriges Exil fliehen, nachdem sein Lager von einer Armee unter dem Befehl der Minister des Dalai Lama angegriffen worden war. Die Schule der „Tugendhaften“ errang die politische Vorherrschaft mit Feuer und Schwert.

Die stark zersplitterte politische Landschaft ordnete sich daraufhin in zwei große Lager. Das erste, sehr eng mit den Gelugs verbunden, umfasste sowohl Zentral- als auch Süd- und West-Tibet und unterstand der Regierung in Lhasa. Das zweite, ein loser Verbund von Königreichen mit je einem Herrscher an der Spitze, erstreckte sich über Ost-Tibet und bewahrte um jeden Preis seine Unabhängigkeit von der Hauptstadt und seine Hingabe zu den Kagyüs und den Nyingmas, der ältesten buddhistischen „Rothut-Schule“.

Die von den Gelugpa beherrschte Zentralregierung verwandte viel Energie darauf, die freigeistigen Khampas in Ost-Tibet der direkten Herrschaft Lhasas zu unterstellen und sie auf diesem Wege zur „Gelbhut“-Schule zu bekehren. Um dieses Ziel zu erreichen, scheute die Gelugpa-Hierarchie keine Mühe und hinterließ ein Erbe an Verrat, Einschüchterung und Unterwerfung.

Nachdem sie mit den Mongolen gemeinsame Sache gemacht und den Kagyü-Herrscher vertrieben hatte, zwang die Verwaltung des Dalai Lama die drei anderen buddhistischen Schulen unter ihre strikte Kontrolle. Eigens auf Karmapa und die Kagyüs gemünzte strenge Gesetze und spezielle Steuern wurden eingeführt. Sämtliche Kagyü-Klöster bis auf einige wenige in der Umgebung von Lhasa wurden zur Gelug-Schule konvertiert. Zwei ominöse Weisungen, nämlich „Übe Druck auf den Stern aus!“ und „Melke das weibliche Yak!“, wurden in die Landesgesetze aufgenommen und in offiziellen Erlässen immer wieder zitiert. Es war ein gut gehütetes Geheimnis, das jeweils von einem Minister an seinen Nachfolger weitergegeben wurde, dass mit dem rätselhaften Stern der Karmapa und mit dem „weiblichen Yak“ die Drikung, eine Zweiglinie der Kagyüs, gemeint waren. Nachdem er die alten Schulen in die Knie gezwungen hatte, aber dennoch eine Revolte der Kagyüs befürchtete, bot der 5. Dalai Lama sich und sein Königreich dem chinesischen Qing-Kaiser als Protektorat an. Er wurde mit offenen Armen aufgenommen. Der

Kaiser gewährte nicht nur seinen großzügigen Schutz, sondern führte in Tibet auch ein rotierendes System ein, in dem sich die Dalai und die Panchen Lamas an der Macht abwechseln sollten. Für die Kagyüs war diese Unterwerfung unter den chinesischen Thron gleichbedeutend mit Verrat. Bis heute haben sie dem Dalai Lama diesen Akt der Untreue nicht verziehen.

Ein weiteres unrühmliches Beispiel für die Gewaltherrschaft der Gelugs war die Aktivität des Phabongkhapa (1878–1941) im frühen 20. Jahrhundert. Dieser Kreuzritter für die Sache der Gelugpas, den einige innerhalb der eigenen Linie für eine Lichtgestalt, andere für einen furchtbaren Menschen hielten, inszenierte einen groß angelegten Feldzug gegen die Nyingma-Tradition. Es gelang ihm, in den Reihen der alten Rothut-Schule so viel Zerstörung anzurichten, dass der „Diamantdolch“ (skt. Vajrakilaya, tib. Dorje Phurba) und andere wertvolle Übertragungen fast vollständig verloren gingen.

•

Das gesellschaftliche Gefüge des alten Tibets wurde in hohem Maße durch das Tulku-Wesen bestimmt, also die Tradition, die Wiedergeburt eines Lamas aufzufinden. Dieses Phänomen aufeinanderfolgender Inkarnationen erklärt sich aus der buddhistischen Überzeugung, dass Wesen endlos wiedergeboren werden. Begründet wurde diese Tradition vor 900 Jahren von Karmapa Pakshi, der schon als kleines Kind verkündete, die Wiedergeburt des kurz zuvor verstorbenen Karmapa Düsum Khyenpa zu sein. Von da an bis zum heutigen Tag nahm der Karmapa über neunhundert Jahre hinweg eine ununterbrochene Folge von Wiedergeburten an. Auch andere hoch verwirklichte Lamas begannen, sich bewusst wiedergebären zu lassen, und wurden von ihren verwirklichten Schülern wiedererkannt. So hielten die erleuchteten Eigenschaften eines Lamas über mehrere Lebzeiten hinweg die Verbindung zu seinen Schülern. In ganz Tibet zeigten sich hunderte von Tulku-Linien, und dieses System erwies sich als einzigartiges Mittel, um die ununterbrochene Übertragung der Lehren Buddhas zu gewährleisten.

Im Laufe der Jahrhunderte gelangten die Klöster und ihre wiedergeborenen Tulkus jedoch zu einigem Reichtum und übten beträchtlichen Einfluss auf das soziale und politische Leben des Landes aus. Manche Tulkus übernahmen neben ihrer Rolle als religiöse Lehrer auch politische Funktionen. Die Wiedergeburt eines prominenten Tulkus aufzufinden und seinem alten Kloster zuzuführen, bedeutete, den eigenen Einflussbereich zu vergrößern. Da die Kriterien für die Anerkennung eines Tulkus in vielen Fällen reichlich Raum für taktische Manöver ließen, wurde die Angelegenheit zu einem Mittel des politischen Machtkampfes. Der traditionelle Test, bei dem die jungen Hoffnungsträger Gegenstände erkennen sollten, die ihrer vorherigen Inkarnation gehört hatten, wurde oft übergangen. Nicht immer wurden herausragende Meister zu Rate gezogen. Stattdessen gaben politischer Einfluss, Geld oder schiere Waffengewalt den Ausschlag, und die Reihen der echten Tulkus lichteten sich. Es war durchaus üblich, dass zwei oder mehr Kandidaten – jeweils von einer einflussreichen Gruppierung unterstützt –, offen und gewaltsam Anspruch auf einen namhaften Tulku-Sitz erhoben. Während die jungen Kandidaten oft gar nicht ahnten, was für ein Gerangel sich hinter ihrem Rücken abspielte, waren ihre mächtigen Schutzherren bereit, in den Krieg zu ziehen, um ihren Favoriten durchzusetzen.

War der Thron für einen Bewerber gewonnen, begann seine Erziehung, die ganz auf seine zukünftige Rolle zugeschnitten war. Nur von männlichen Tutoren und Dienern umgeben, wurde der junge Tulku meist einer strengen Disziplin unterworfen und stand ganz und gar unter der Obhut seiner Entourage. So sollte sichergestellt werden, dass er die Übertragung der Lehren Buddhas in ihrer reinsten Form erhielt, und zum anderen sollte er – als wertvollster Besitz des Klosters – bewacht werden. Nicht selten allerdings führte dieses abgeschirmte Dasein dazu, dass der Tulku nur eine vage Vorstellung vom Leben außerhalb der

Klostermauern hatte. Gleichzeitig fiel den Leuten in seiner Umgebung sehr viel mehr Bedeutung zu, als seinem Kloster förderlich war, da sie über den Kopf ihres Meisters hinweg nicht selten eigennützige Ziele verfolgten.

Eine solche Gemengelage bot natürlich einen fruchtbaren Boden für fremde Einmischung. Und wie nicht anders zu erwarten, ließ sich China diese günstige Gelegenheit, sich in die tibetische Politik einzumischen, nicht entgehen, sondern unterstützte mit Nachdruck Tulku-Kandidaten, die ihm nützlich erschienen. Kein Tulku-Titel, ob von hohem oder niedrigem Rang, war vor der Einmischung des Reichs der Mitte sicher. Mit scharfem Auge für das Land des Schnees und unter völliger Missachtung jeder religiösen Aufrichtigkeit zwangen die skrupellosen Kaiser den Tibetern ihre teils absurden Kandidaten – unter anderem für die höchsten Positionen des Dalai Lama und des Panchen Lama – auf.

1796 erließ Qianlong (1735–1796), der 6. Kaiser der Qing Dynastie, ein Dekret, mit dem das Verfahren zur Anerkennung einer Reinkarnation in Tibet neu geregelt wurde. Wer auf die Wiedergeburt eines berühmten Abtes oder Lamas wartete, brauchte sich nicht länger mit verschlüsselten Zeichen und langwierigen Suchen herumzuschlagen. Stattdessen sollte ein vom chinesischen Kaiser eingesetztes Komitee einfach eine Reihe von geeigneten Kandidaten für einen freien Tulku-Sitz auswählen. Sie alle sollten dann fein herausgeputzt und auf die Aufgaben eines geistigen Oberhaupts vorbereitet werden. Am Ende wollte man mit Hilfe einer Lotterie herausfinden, welcher der Bewerber die „echte" Inkarnation war. In seiner Großzügigkeit stiftete der Kaiser auch gleich eine goldene Vase, die bei der Ziehung zum Einsatz kommen sollte. Die Namen aller Kandidaten sollten auf kleine Stäbchen geschrieben und in die Vase geworfen werden, aus der dann blind ein Stäbchen gezogen wurde. Der gütige Kaiser vergaß nicht zu erwähnen, dass das merkwürdige Ritual vor einem Thangka – einem religiösen Rollbild – durchzuführen sei, das niemand anderen als ihn, den ruhmreichen 6. Qianlong höchstpersönlich darstellte. Der kaiserliche Gesandte sollte bei der umständlichen Zeremonie den Vorsitz führen. Obwohl es den Tibetern oft gelang, die Ergebnisse der Tombola durch Bestechung und andere Mittel nach Wunsch zu beeinflussen, war ihre freie Wahl zumindest bei den angesehenen Gelugpa-Tulkus damit eingeschränkt. Offiziell wurden die „Gelbhut-Inkarnationen" von nun an vor dem Bildnis Qianlongs ausgewählt, der von der Wand auf sie hinabschaute. Gleichzeitig begann der höchste Führer Tibets nun jede offizielle Verlautbarung gehorsamst mit: „Ich bin der Dalai Lama, eingesetzt von Qianlong ..." Von dem Tag an, an dem der resolute Qianlong sein Dekret erließ, bis zu dem Zeitpunkt, als Tibet 1959 an die Kommunisten fiel, trugen sämtliche Dokumente der tibetischen Regierung einen Vorsatz mit entsprechendem Wortlaut. Ohne das Land zu erobern, war es Peking gelungen, Lhasa eine erdrückende und größtenteils unerwünschte Partnerschaft aufzuzwingen. In den Augen ihrer Zeitgenossen müssen Qianlong und der Dalai Lama ohne Zweifel ein seltsames Paar abgegeben haben.

So wurde die rein religiöse Wahl eines Tulkus durch in- und ausländische Eimischungen im Laufe der Jahrhunderte eher zur Ausnahme als zur Regel. Dennoch zeigten sich natürlich auch echte Lamas. Die tibetische Geschichte ist reich an hoch verwirklichten Tulku-Linien, und theoretisch war das ganze System darauf ausgerichtet, sie aufzufinden und großzuziehen. Doch nach jahrhundertelangem Missbrauch brachte dasselbe System auch zahlreiche Reinkarnationen hervor, die entweder politische Marionetten oder absolute Prinzen waren. Erstere waren Werkzeuge für ihre nahe Umgebung (ihre Kloster-Organisation), die eifrig den Zugang zu ihrem offenen Ohr bewachte, während sie gleichzeitig ihre eigenen Intrigen spann. Letztere wurden selbst zu Politikern, die niemandem Rechenschaft schuldeten, sich ihre Berater selbst aussuchten und sich oft unvorbereitet in die rauen Gewässer politischer Leidenschaft warfen. Der Umstand, dass ihre Äußerungen in vielen Fällen quasi Gesetzeskraft besaßen, machte die Sache nur noch schlimmer. Transparente Verfahren,

Rechenschaftspflicht und Demokratie – die Fundamente moderner westlicher Gesellschaften – waren im alten Tibet unbekannt. Selbst die kleinsten Ansätze repräsentativen Regierens oder eine minimale Begrenzung absoluter Machtansprüche – denen sich die Machthabenden in Europa schon vor langer Zeit gebeugt hatten – waren in Tibet und im ganzen übrigen Asien verpönt. Dementsprechend wurde das Land oft von einem Haufen Unfähiger regiert, deren einzige Qualifikation ihr Titel oder ihre Verbindung zu einem bestimmten Namen war.

Die Mehrheit der Bevölkerung, sowohl der freigeistigen Nomaden des Ostens als auch der eher friedfertigen Einwohner Zentral-Tibets, lebte bis zu einem gewissen Grad in feudaler Abhängigkeit und Unterwerfung; ihre persönliche Freiheit ging so weit, wie der unmittelbare Obere oder der Abt es zuließen.

Auspeitschen war die bevorzugte Methode der offiziellen Bestrafung und um widerspenstige Individuen im Zaum zu halten. Folter in ihrer grausamsten und barbarischsten Form war allgegenwärtig. Sie war zur Zeit des 5. Dalai Lama von den Gesandten der Qing-Dynastie nach Tibet gebracht und auch umgehend angewandt worden, indem man drei Minister des Dalai Lama verhaftete und öffentlich in Stücke hackte. Vom 13. Dalai Lama wurde sie verboten, dennoch überlebte sie bis ins Jahr 1959, als die Kommunisten ihre eigenen unmenschlichen Unterdrückungsmethoden einführten. Die schrecklichen Fotos von Männern mit abgehackten Gliedern, die vom brutalen Alltag im alten Tibet zeugten, waren also nicht nur kommunistische Propaganda.

Das Erziehungs- und Informationsmonopol lag einzig und allein bei den Klöstern, so dass große Teile der Bevölkerung selbst von den einfachsten Grundlagen der Bildung ausgeschlossen waren. Von den letztendlichen Lehren über die wahre Natur aller Dinge – die Essenz des Buddhismus – blieb für die meisten Tibeter lediglich ein abergläubisches Festhalten an oft sehr einfachen Normen, die Angst und karmische Vergeltung betonten, oder einfach blindes Vertrauen in ihre Rinpoches. Obwohl ihr Vertrauen in die Lehre, die ihrem Wesen und ihrer Ganzheit nach so durch und durch positiv ist, ihnen ein grundlegend befriedigendes und glückliches Leben schenkte, müssen wir um der historischen Aufrichtigkeit willen eingestehen, dass die Mehrheit der Tibeter ein rückwärtsgewandtes, ungebildetes und abergläubisches Dasein führte, dessen Werte in der heutigen Zeit bedeutungslos geworden sind.

Was Tibet jedoch einzigartig machte, war die Tatsache, dass es alle Ebenen der Lehren Buddhas in einer lebendigen und ununterbrochenen Übertragung zu bewahren vermochte. Diese umfassen sowohl die höchsten Lehren über die letztendliche Natur der Dinge als auch die Mittel, um sie zu erkennen. Während der durchschnittliche Tibeter seinen Alltagsgeschäften nachging, ohne sich allzu viele Gedanken über die höchste Wahrheit zu machen – diese tiefschürfenden Dinge überließ er seinen Lamas und Klöstern –, wendeten einige wenige die einzigartigen Techniken an und erzielten die höchsten Resultate. Von den paar Millionen Tibetern gelang es einer Hand voll kostbarer Lamas und Yogis, Generation für Generation das höchste Potential des menschlichen Geistes zu entfalten.

Diese Übertragung von lebendiger Erleuchtung ist somit Tibets wichtigster Beitrag zur kollektiven Weisheit der Menschheit, während zwischen den sozialen und politischen Strukturen Tibets, in denen die Suche nach Erleuchtung stattfand, und heutigen modernen Gesellschaften Welten liegen.

Die nun folgende Geschichte sollte vor diesem besonderen Hintergrund gelesen werden. Die Fäden der Handlung sind tief in die Annalen Tibets verwoben und reichen zwei Jahrhunderte zurück nach Lhasa. In den Hauptrollen: hohe Tulkus und Lamas, die durch eine Laune der Geschichte in die moderne Welt geworfen wurden. Sie bilden den Kern des alten Feudalsystems und sind doch gezwungen – oder zwingen sich selbst –, in der modernen Welt zurechtzukommen. Ihre unerwartete Landung im 20. Jahrhundert muss – ihrer Verwirklichung zum Trotz – unweigerlich zu einem Zusammenprall führen. All die schönen Zutaten für einen Konflikt kochen hoch und sind kurz vor dem

Explodieren: die unüberbrückbaren Gegensätze zwischen dem autokratischen Tibet und dem demokratischen Westen, das Bestehen auf Logik, Vernunft und klarem Denken im Buddhismus und der blinde Glaube, dass alle Lamas allwissend und den menschlichen Bedingungen praktisch nicht unterworfen seien. Dazu kommen die heilige Verehrung, die viele im Westen Tibet entgegenbringen, und die Leidenschaft der Tibeter für politische Intrigen. Was dieses explosive Gemisch schließlich entzündet, sind persönliche Abneigung, Feindseligkeit und letztendlich Hass – die Würze zu einer dürren geschichtlichen Entwicklung.

Kapitel 2

Die Rivalen

Vor ca. zweihundert Jahren – zwischen der Regierungszeit des 7. und des 8. Dalai Lama –, verbannte der mächtige Stellvertreter am Sitz des Dalai Lamas den 10. Shamarpa aus Tibet. Shamar Tulku wurde öffentlich bezichtigt, Nepal zu einer Invasion seines Landes angestiftet zu haben. Alle ihm von den Mandschu-Kaisern verliehenen Titel wurden aberkannt; seine Kagyü-Klöster wurden von der Regierungsarmee eingenommen und zur Gelugpa Tradition zwangskonvertiert. Shamarpas zeremonielle Rote Krone wurde beschlagnahmt und angeblich unter einem Gebäude in Lhasa vergraben. Gerüchten zufolge soll der 13. Dalai Lama sie über einhundert Jahre später dem letzten russischen Zaren Nikolaus II. angeboten haben. Der Eigentümer jedenfalls hat die Krone bis heute weder wiedergesehen noch zurückbekommen. Schließlich wurde die zukünftige Wiedergeburt Shamarpas per offiziellem Erlass verboten – eine für den westlichen Verstand äußerst eigenartige Vorstellung.

Jahrhundertelang hatte sich Shamarpa, der wichtigste Schüler der Gyalwa Karmapas und zweithöchster Lama in der geistigen Hierarchie der Kagyü-Linie, an der Seite seines Lehrers wiedergebären lassen. Als der 5. Dalai Lama und die Gelug-Führung 1642 die Macht übernahmen, wurde Shamarpa genauso wie Karmapa von offizieller Seite eingeschränkt und behindert. Dank der beträchtlichen Aktivität des 8. Tai Situ Chökyi Jungne (1700–1774), ebenfalls ein naher Schüler Karmapas, erfuhr die Kagyü-Linie einhundert Jahre später im fernen Kham eine Wiederbelebung. Von den inquisitorischen Blicken der Regierungsminister weit entfernt, blühte Situ Rinpoches Kloster Palpung im Osten des Landes unter dem Schutz des lokalen Königs auf.

Shamarpa, ein Meister der Logik und Halbbruder des damaligen 10. Panchen Lama, Lobsang Palden Yeshe (1738–1780), des Zweithöchsten in der Hackordnung der Gelugpas, wollte den Erfolg Tai Situs in Kham nun in Zentral-Tibet wiederholen. Doch an seinem Hauptsitz Yangpachen, der nur eine Tagesreise von Lhasa entfernt lag, besaß er nur wenig Handlungsfreiheit. Um sein hoch gestecktes Ziel zu erreichen, schloss er sich mit seinem Bruder zusammen. Der Panchen Lama, der seinerseits Ressentiments gegen die Politiker der Gelugs hegte, weil sie ihm den Thron Tibets verweigerten, war der perfekte Verbündete. Seit der chinesische Kaiser dem 5. Dalai Lama und seinem Reich ein rotierendes Herrschaftssystem aufgezwungen hatte, hatten die verschiedenen Wiedergeburten des Panchen Lama vergeblich darauf gewartet, die Zügel der Macht zu übernehmen.

Die herrschenden Kräfte in der Hauptstadt beobachteten diesen Zusammenschluss zu Recht mit Besorgnis. Dass sich der zweithöchste Lama der Kagyüs mit einem Anwärter auf den Thron zusammentat, stellte für die Herrschaft der Gelugs eine unmittelbare Bedrohung dar. Als die beiden Brüder dann noch Kontakte mit einem Klein-König in Indien (Raj) aufnahmen und in Tashilhünpo, dem Hauptkloster des Panchen Lama südlich von Lhasa, eine britische Delegation empfingen, beschloss die Regierung zu handeln. Der Panchen Lama wurde mit einer Mission nach Peking geschickt, wo er im November 1780 an den Pocken starb. Der chinesische Kaiser gab viele Geschenke an die Familie des Panchen Lamas, die aber Shamarpas Anteil nicht herausgab. Als sich Shamarpas Begleiter darüber beschwerten, sah der Regent des Dalai Lama erstmalig eine höchst willkommene Gelegenheit, Shamarpa loszuwerden, indem er ihm vorwarf, die Gelugpas zu betrügen. Dadurch zwang er ihn, das Land zu verlassen. Shamarpa unternahm eine Pilgerreise nach Nepal und wurde sofort beschuldigt, gegen sein Land zu arbeiten. Obwohl er im Konflikt zwischen Nepal und Tibet vermittelte, waren seine Tage als bedeutender Tulku gezählt. Als zwischen den beiden Himalaja-Staaten Kämpfe ausbrachen, erkannte Tenpai Gönpo, ein einflussreicher Gelugpa-Minister, darin die ideale Gelegenheit, den gefährlichen Rivalen der Regierung und der „Gelbhut-Schule“ ein für alle Male loszuwerden. Shamarpa wurde öffentlich für Tibets schmerzhafte Niederlage in der militärischen Auseinandersetzung verantwortlich gemacht und zum Verräter erklärt. Bald darauf wurde es ihm per Gesetz untersagt, sich wiedergebären zu lassen. Seine Klöster wurden übernommen und seine engsten Mitarbeiter gefoltert und getötet. Shamarpa starb im Jahr 1792 in Nepal.

Shamarpa war einer politischen Intrige zum Opfer gefallen, und in den folgenden 200 Jahren blieben seine Reinkarnationen unter der Obhut des Karmapa im Verborgenen. Die Mantras, die gegen seine Wiedergeburt gesprochen wurden, zeigten wenig Wirkung, doch der Erlass, der ihn aus der Öffentlichkeit verbannte, wurde unerbittlich durchgesetzt. Um ihre politische Vorherrschaft zu sichern, sorgte die Zentralregierung dafür, dass kein Shamar-Tulku formell anerkannt wurde. „Schwarz wurde weiß, das Wirkliche unwirklich. Zu jener Zeit war es nicht möglich, einen Shamarpa anzuerkennen oder zu inthronisieren. Alles wurde geheim gehalten. Die Inkarnationen erschienen, wurden aber nicht zu erkennen gegeben." So kommentierte der 16. Karmapa diese schwierige Zeit.

•

Vom Beginn des 20. Jahrhunderts an brauten sich an Tibets Horizont dunkle Wolken zusammen. Nachdem die dekadente Mandschu-Dynastie im Reich der Mitte 1911 gestürzt worden war und das Experiment einer Republik mit einer demütigenden Invasion der Japaner endete, ergriff 1949 ein noch viel rücksichtsloseres Unterdrücker-Regime in China die Macht. Die siegreichen Kommunisten – die neuen Herren in Peking – hatten mit ihren Vorgängern eines gemein: die felsenfeste Überzeugung, dass Tibet ein untrennbarer Teil Chinas sei. Zugleich besaßen sie weit weniger Skrupel und mehr kampfbereite und fanatische Truppen, um den jahrhundertealten Traum Pekings wahr werden zu lassen: den gewaltsamen Anschluss Tibets an das „Mutterland".

Der dynamischen Persönlichkeit des 13. Dalai Lama Thubten

Gyatso (1876–1933) war es trotz aller Widrigkeiten gelungen, die Souveränität Tibets zu bewahren. Um China in Schach zu halten, setzte er auf Kooperation mit den Kagyüs und den anderen Linien, weshalb der 15. Karmapa nach Jahrhunderten wieder als Partner und Freund in Lhasa willkommen geheißen wurde. Im Dienste der nationalen Einheit wurden die strengen Gesetze, die gegen die rivalisierenden Schulen gerichtet waren, gelockert. Auch der 12. Shamar-Tulku profitierte von dem neuen politischen Klima. Zwar wurde der unselige Bann gegen seine Wiedergeburt nicht aufgehoben, doch wurde er während der Amtszeit des 13. Dalai Lama an Karmapas Seite geduldet. Nicht alle befürworteten diese Nachsicht. Die ultrakonservativen Gruppierungen, die die drei riesigen Gelugpa-Klöster in Lhasa vertraten, hielten es nicht für weise, den anderen Linien auf Augenhöhe zu begegnen, und unterminierten konsequent die Bemühungen des Dalai Lama, eine geschlossene tibetische Front zu bilden.

In der Regentschaft, die vom Tod Thubten Gyatsos 1933 bis zur Volljährigkeit des 14. Dalai Lama Tenzin Gyatso reichte, fehlte dem Land eine entsprechende starke Hand, um mit jenen Kräften zu ringen und Tibet in die moderne Welt zu befördern. Politische Reformen blieben aus. Das schwache und militärisch unterlegene Land unternahm keinerlei Versuche, eine einigermaßen moderne Armee aufzustellen und bemühte sich auch nicht um internationale Garantien. Der blinde Glaube an ihre Dharmapalas (Schützer), die buddhistischen Umwandlungen alter indischer und tibetischer Gottheiten, die, durch bestimmte Rituale herbeigerufen, dem heiligen Königreich in Zeiten der Gefahr beistehen würden, galt als ausreichender Schutz gegen Aggressoren. Dass die kommunistischen Chinesen 1950 an der Ostgrenze Tibets Truppen zusammenzogen, bereitete der zentraltibetischen Regierung wenig Sorgen, und Hinweise auf die bevorstehende Katastrophe wurden weitgehend ignoriert. Stattdessen war die Herrschaftsriege in Lhasa wieder einmal damit beschäftigt, den drei anderen buddhistischen Schulen ihre Vormachtstellung aufzuzwingen.

Noch dazu war die Himalaja-Theokratie jenseits des chinesisch-mongolisch-indischen Dreiecks so gut wie unbekannt. Die freien Weltmächte hatten wenig Lust, sich wegen irgendeiner fernen und vergessenen Weltgegend mit China anzulegen. Dieser Mangel an Entschlossenheit spielte Peking in die Hände und machte Tibet zu einer umso leichteren Beute. Doch selbst wenn die tibetische Regierung ihre kleingeistigen Rivalitäten in letzter Minute abgeworfen und einen nationalen Widerstand auf die Beine gestellt hätte – der Volksbefreiungsarmee hätte dies wohl nur wenig entgegensetzen können. Die schiere Größe des Angreifers wäre allein schon erdrückend gewesen. Doch in typisch tibetischer Manier gab es keinerlei Anzeichen, dass das Volk erwachen würde, und das Land des Schnees erlebte in seinen letzten Jahren statt des Rufs zu den Waffen nur endlose Fehden und schließlich Verrat.

Als die kommunistischen Chinesen Ost-Tibet im Oktober 1950 angriffen, sich im Rest des Landes ausbreiteten und es schließlich ganz einnahmen, traf es die Tibeter vollkommen unvorbereitet. Nicht fähig oder willens, eine gemeinsame Front gegen die Angreifer zu bilden, blieb die tibetische Regierung auffallend passiv. Die einzigen, die zum Kämpfen bereit waren – die Khampas –, brauchten Waffen, die ihnen die Machthaber aber nicht zur Verfügung stellten. Stattdessen wurden die Waffenlager in Qamdo im Osten des Landes auf Befehl des Provinzgouverneurs und Verräters Ngabö in die Luft gesprengt. Statt den zügig vorrückenden chinesischen Truppen Widerstand entgegenzusetzen, sorgte Ngabö dafür, dass die Widerstandskämpfer im Osten ohne Waffen dastanden. Von Lhasa aufgegeben, ohne militärische Führung und ohne schlagfähige Streitkräfte fiel Kham in wenigen Wochen an die Kommunisten.

Nach dieser katastrophalen Vorstellung von 1950 unterzeichnete die tibetische Regierung unter der Führung des sechzehnjährigen Dalai Lama im Mai 1951 das umstrittene 17-Punkte-Abkommen, mit dem Tibet die chinesische Herrschaft offiziell akzeptierte, wenn auch mit einer gewissen lokalen Autonomie.

Als sich die Bevölkerung Lhasas 1959 endlich gegen die chinesische Armee erhob, konnte sie durch ihren Kampf schon nicht mehr rückgängig machen, was die Politiker auf dem Papier bereits verschenkt hatten. Der verzweifelte Aufstand wurde brutal niedergeschlagen, und Tibet verschwand von der politischen Weltkarte. Die Kommunisten hatten freie Hand, den Völkermord an den Tibetern einzuleiten. Der junge Dalai Lama und seine engsten Begleiter flohen im letzten Moment, als die Chinesen die Hauptstadt besetzten. Seine Flucht löste einen Massenexodus von Mönchen und Lamas in sämtliche Himalaja-Staaten aus. Der 16. Karmapa hatte seine Leute in weiser Voraussicht schon Jahre zuvor auf die Flucht vorbereitet und ging mit vier seiner engsten Schüler und anderen Wiedergeborenen wie geplant ins Königreich Bhutan im Osthimalaja.

Nach ihrer Ankunft in Indien waren die Vertreter der vier Schulen plötzlich gleichberechtigt. Die Macht der Gelugpas und die Dominanz der zentraltibetischen Regierung hatten sich über Nacht in Luft aufgelöst. Alte Fehden verblassten angesichts der gegenwärtigen Katastrophe. Die glücklichen Lamas, die die Schrecklichkeiten der chinesischen Invasion und die Qualen einer Himalaja-Überquerung zu Fuß im Winter überlebt hatten, standen nun vor der gewaltigen Aufgabe, im Exil wieder aufzubauen, was sie vor der Zerstörung aus Tibet herübergerettet hatten. Dank der Freundschaft zum 16. Karmapa und der Erkenntnis, dass Kooperation lebenswichtig geworden war, willigte der 14. Dalai Lama ein, den 200 Jahre alten Bann aufzuheben. Nach zwei Jahrhunderten wurde Shamar-Tulku, nun auf indischem Boden, wieder offiziell anerkannt. Für kurze Zeit sah es so aus, als würden das Ausmaß ihres Unglücks und ihr Status als mittellose Flüchtlinge in einem verarmten Land die Tibeter dazu zwingen, Vernunft anzunehmen und zusammenzuarbeiten.

Doch wie sich später herausstellte, reichte die Not der totalen Zerstörung ihres Landes nicht aus, um die kollektive Neigung des Volkes zum Streit zu durchbrechen. Kaum hatte sich der Sturm der Katastrophe gelegt, lebten die Konflikte aus alten Tagen mit fast unverminderter Kraft wieder auf. Das alte Regime aus Lhasa, das sich nun hinter dem neuen Namen „tibetische Exilregierung" verbarg und von seinem neuen Sitz in Dharamsala im West-Himalaja aus agierte, hatte die alte Feindschaft gegen die anderen buddhistischen Schulen geerbt. Die Mitglieder dieses erlauchten Kreises setzten die Vorurteile, Rivalitäten und Streitigkeiten der Vergangenheit mit dem gleichen fehlgeleiteten Enthusiasmus fort. Insbesondere die Khampas galten als ernsthafte Bedrohung für das neueste ehrgeizige Projekt der Gelugpa-Verwaltung: Alle Tibeter im Exil zu vertreten und zu kontrollieren.

Gyalo Döndrup, der dreiste Bruder des Dalai Lama, sah die beste Antwort auf Maos Einmarsch und die Zerstörung seines Landes darin, Tibet und die tibetische Politik im Exil den neuen kommunistischen Gegebenheiten anzupassen. Kühn schlug er vor, die alten buddhistischen Schulen abzuschaffen, das pompöse religiöse Getue abzulegen und damit auch die hohen Lamas abzusetzen. „Keine Throne, keine Rituale, kein Goldbrokat mehr", soll er Gerüchten zufolge verkündet haben. Seine Worte flößten den Lamas Angst ein. Als immer mehr Einzelheiten des ausgeklügelten Plans bekannt wurden, zeigte sich, dass gegen drei der buddhistischen Schulen ein Coup geplant war. Eine neue religiöse Institution sollte die alten Linien ablösen und von der Gelugpa-Hierarchie kontrolliert werden. Die besorgten Lamas wandten sich hilfesuchend an Karmapa.

•

Auf Einladung der Herrscherfamilie, sich im Königreich Sikkim im Osthimalaja niederzulassen, gründete Karmapa dort 1961 das Kloster Rumtek. Es avancierte schon bald zu einem bedeutenden Studienzentrum und bekleidete eine ähnliche Stellung wie Dharamsala. In dem neu errichteten Institut und Kloster wurden die zwei engsten Schüler Karmapas – der wieder eingesetzte Künzig Shamar und der Tai Situ – zusammen mit den kurz zuvor mit aufgenommenen Jamgön Kongtrul und Ghoshir Gyaltsab unter seiner persönlichen Leitung ausgebildet.

Obwohl Karmapa sich entschlossen aus der tibetischen Politik heraushielt, besaß seine Stimme in allen Angelegenheiten der Region Gewicht. Er wurde von vielen Völkern im Himalaja verehrt, und für die Khampas war sein Wort Gesetz. Die kämpferischen Ost-Tibeter und mehrere hohe Lamas, die von der Exilregierung unter Druck gesetzt wurden, sammelten sich an seiner Seite und suchten bei ihm Unterstützung und Rat. Das neueste Vorhaben Dharamsalas, alle Schulen zu einer zu verschmelzen, bedrohte die Schulen in ihrer Eigenständigkeit. Für viele einzigartige buddhistische Praktiken, die die einzelnen Linien über Jahrhunderte hinweg bewahrt hatten, hätte es das Aus bedeutet. Weil sie nicht im geringsten bereit waren, vom großen Bruder geschluckt zu werden, schlossen sich dreizehn große tibetische Siedlungen – überwiegend mit Flüchtlingen aus Kham – zu einem politischen Bund zusammen und wählten Karmapa zu ihrem geistigen Oberhaupt. So entstand ein mächtiges Gegengewicht zum Dalai Lama und der offiziellen Linie Dharamsalas. Die neue Allianz wehrte sich erfolgreich gegen die Abschaffung der religiösen Vielfalt Tibets, und das fehlgeleitete Vorhaben musste letztlich aufgegeben werden. Doch die Regierung verzieh Karmapa seine kompromisslose Haltung gegenüber der Autorität des Dalai Lama in dieser Auseinandersetzung nicht, und so wurden die Kagyüs zur Zielscheibe unschöner Anfeindungen. Als Gungthang Tsültrim, der politische Anführer der Gruppe, 1976 ermordet wurde und der Mörder gestand, im Auftrag der tibetischen Regierung gehandelt zu haben, drifteten Rumtek und Dharamsala noch weiter auseinander. Die anfängliche Freundschaft zwischen dem Dalai Lama und dem Karmapa wurde unter der schmerzhaften Realität begraben.

Im Angesicht der unabhängigen Position Karmapas begannen einige Minister der tibetischen Regierung, den Strategiewechsel des Dalai Lama gegenüber dem Shamarpa zu bereuen. Obwohl die Aufhebung des Banns im Grunde eine leere Geste war – weder der Dalai Lama noch seine Regierung besaßen in Indien

Rechtshoheit und Shamarpa war nicht auf die Erlaubnis tibetischer Politiker angewiesen, um im Ausland öffentlich auftreten zu können –, löste die Entscheidung einen Sturm der Entrüstung aus. Jahrhundertelang waren Karmapa und Shamarpa in Regierungskreisen nicht gerade beliebt gewesen und die zweihundert Jahre zurückliegende Entscheidung Lhasas war als Sieg über die rebellischen Kagyüs gefeiert worden. Nun wurden Karmapas hohe Stellung und die Rückkehr seines Hauptschülers zur Bedrohung für die politischen Ziele der Gelugpas erklärt. Das Oberhaupt der Kagyü-Linie und sein engster Schüler wurden für Dharamsala zu erbitterten Feinden.

Vom Dalai Lama als dem nominellen Herrscher aller Tibeter wurde erwartet, über derlei Machenschaften und ungesunden Gedankengängen zu stehen. Von Menschen mit einem starken Hang zur Verschwörung umgeben, konnte er, um alle Parteien unter einen Hut zu bringen, nur auf seinen guten Ruf bauen. Um den Vorstößen der weniger besonnenen Mitglieder seines Kabinetts Einhalt zu gebieten, verkündete er in regelmäßigen Abständen, die letzte Inkarnation in der Linie der Dalai Lamas zu sein. Eine Zeitlang zeigt diese Strategie Wirkung, bis seine Politiker wieder auf Gegenkurs gingen und erneut gegen die drei anderen buddhistischen Schulen intrigierten.

•

Doch die Konflikte zwischen den Tibetern beschränkten sich nicht auf den Kleinkrieg der Gelugpas mit ihren Gegnern. Auch in sehr viel näheren Quartieren als den Regierungsgebäuden in Dharamsala regte sich völlig unerwartet Widerstand gegen die Wiedereinsetzung Shamarpas.

In Tibet war jeder Tulku von der Wiege bis zum Grab von einem Stab professioneller Ratgeber und Diener umgeben. Dabei hatten deren Familien oft über viele Reinkarnationen ihres Lamas hinweg dieselben Funktionen inne. Größe und Bedeutung dieser Gruppe wuchsen stetig, bis sie de facto zu einem Hofstaat wurde, der seinen Herren umkreiste. Persönlicher Ehrgeiz spielte hier eine weit größere Rolle, als man es bei Menschen, die einem spirituellen Lehrer dienen, erwarten würde.

Die Inkarnationen des Karmapa wie auch die seiner nahen Schüler besaßen jeder ein solches Gefolge, deren Mitglieder eifersüchtig über ihren Platz in der Hierarchie der Linie wachten. Als Shamarpa und sein Hofstaat aus der Öffentlichkeit verbannt worden waren, waren die Personen aus der Umgebung der anderen hohen Lamas zusammen mit ihren Rinpoches in der Hackordnung eine Stufe höher gestiegen.

Shamarpas unerwartete Rückkehr bereitete diesem behaglichen Zustand ein Ende. Als er seinen Platz als Hauptschüler Karmapas wieder beanspruchte, stieg Situ Rinpoches Gefolgschaft im Machtgefüge um einen Platz ab. Noch weniger erfreut waren die Anhänger Gyaltsab Rinpoches. Sie teilten sich mehrere Gebäude mit der Verwaltung Karmapas in Tsurphu, dem Hauptsitz Seiner Heiligkeit in Tibet, und hatten schon seit Jahrhunderten Prozesse geführt, weil sie das Eigentum daran für sich beanspruchten. Nachdem Shamarpa nun wieder da war und der 16. Karmapa Jamgön Kongtrul Rinpoche hinter Drugchen Rinpoche, Situ Rinpoche und Taglung Rinpoche in der Linie eingesetzt hatte, mussten sie sich mit dem nachfolgenden Platz begnügen.

In traditionellen asiatischen Gesellschaften waren solche Vorkommnisse Sprengstoff. Nachdem sie zweihundert Jahre lang ihre hohe Stellung genossen hatten, waren die Familien in der Umgebung von Tai Situ und Goshir Gyaltsab nicht gewillt, diese jüngste traurige Wende ihres Geschicks einfach hinzunehmen. Shamarpa war ihnen im Weg, und so kam die Regierung in Dharamsala zu einem unerwarteten Verbündeten gegen den dienstältesten Linienhalter der Kagyü. Dabei wurde gemeinhin angenommen, wenn es auch nicht immer bewiesen war, dass die Rinpoches selbst über solche machiavellistischen Erwägungen erhaben waren.

Solange Karmapa lebte, war er das unangefochtene Oberhaupt der Kagyü-Linie. Er kümmerte sich persönlich um die Ausbildung vieler hoher Kagyü-Inkarnationen und sah in Rumtek ein Zentrum für Studium, Meditation und Rituale – den besten Schutz gegen den Verlust der Lehren. Vier seiner nahen Schüler wuchsen von früher Kindheit an unter Karmapas Obhut auf und erhielten Lehren und Ermächtigungen für die Schätze der Kagyü-Übertragung. Durch das gemeinsame Aufwachsen sollte sowohl die Verbindung der jungen Tulkus untereinander gestärkt als auch eine vereinte Führung der Linie für die unvermeidliche Zeit geschmiedet werden, wenn Karmapa nicht mehr da sein würde.

Gab es zu diesem frühen Zeitpunkt bereits Hinweise auf den bevorstehenden Bruch zwischen Shamar und Situ Rinpoche? Hegte einer von beiden schon in diesen frühen Tagen in Rumtek einen heimlichen Groll gegen den anderen? Tatsächlich verbrachten sie, obwohl sie gemeinsam bei Karmapa aufwuchsen, nicht viel Zeit miteinander. Sobald sich die prominenten Flüchtlinge auf sikkimesischem Boden eingerichtet hatten, wurde der junge Tai Situ – der in seinem letzten Leben in Ost-Tibet eine bedeutende Persönlichkeit gewesen war – sofort von seiner nun verkleinerten Verwaltung belagert. Die verarmte, aber immer noch eifrige Gefolgschaft befürchtete, ihr jugendlicher Rinpoche könne den Verlockungen der modernen Welt erliegen, boten ihm jedweden materiellen Komfort, hielten ihn aber in seinen Zimmern unter Verschluss. Von Kindesbeinen an aß der junge Tulku allein, spielte allein und saß – offensichtlich mit wenig Begeisterung – allein vor seinen Büchern. Der Umstand, dass Shamarpa und Tai Situ aus völlig unterschiedlichen Familienverhältnissen stammten, trug nicht dazu bei, die Unterschiede zu überbrücken. Ersterer lebte im Glanz seiner adligen Abstammung mit Verbindungen zu Karmapas Familie. Letzterer – in seiner vorherigen Inkarnation stolz und gebieterisch –, war mit dem Makel behaftet, der Sohn eines Schmieds zu sein – ein Beruf, der im alten Tibet fast auf einer Stufe mit Maulwurfjägern und Schlachtern stand.

Trotz seiner edlen Abstammung, sah sich Sharmapa in der aktuellen Situation seinen Dharma-Brüdern gegenüber im

Nachteil. Während die drei anderen Tulkus in ein altes Gefolge aus Beratern und Dienern hineingeboren worden waren, hatte Shamarpa in den zweihundert Jahren seiner Verbannung seinen Kreis loyaler Unterstützer verloren. Diese Situation verschaffte ihm ein hohes Maß an Freiheit, und sie war nicht weiter bedrohlich, solange Karmapa zur Stelle war, um alle Angriffe auf seinen Hauptschüler abzuwehren. Doch auf sich allein gestellt, wäre Shamarpa ungeachtet seiner Position als Hauptschüler bei einem politischen Angriff sicherlich verwundbarer gewesen als seine drei Kameraden. Situpas engster Kreis hatte an dem neuen Zufluchtsort schon damit begonnen, eigene Pläne zu schmieden. Sie verbündeten sich mit Gyaton Tulku – einem Lama, der schon Jahre zuvor von Karmapa nach Sikkim geschickt worden war und jetzt gegen die Anwesenheit Seiner Heiligkeit in Rumtek arbeitete – und versuchten, wenn auch zunächst erfolglos, in der Hauptstadt Gangtok eine eigene Machtbasis zu errichten.

•

Die direkten Schüler Karmapas selbst genossen nach der Fertigstellung des Rumtek Klosters im Jahr 1967 zunächst Karmapas häufige Anwesenheit. Sie erhielten von ihm die wichtigsten Übertragungen der Kagyü-Linie.

Als die jungen Dänen Hannah und Ole im September 1970 im Kloster Rumtek – damals noch nicht offen zugänglich – eintrafen, fanden sie dort ausgezeichnete Bedingungen für geistiges Wachstum vor. Die indischen Bürokraten überboten sich selbst darin, die Einreise nach Sikkim zu erschweren und den Aufenthalt dort möglichst kurz zu halten, doch das Talent der beiden, sie zu überlisten, zeigte sich als der Mühe wert. An den sonnigen Hängen des Himalaja, die nach Tibet und Bhutan schauen, vermengten die vier jungen Tulkus und andere Lamas ihren Geist mit der erleuchteten Essenz Karmapas und erneuerten so die Bände zu ihrem Lehrer, die in viele vorherige Leben zurückreichten. In Karmapas Schutzkreis blühte das Kloster, und die gelegentlich aufkommenden Gerüchte über Damcho Yongdü, den alten Generalsekretär, seine selbstherrlichen Launen und sein mit eiserner Hand geführtes Regiment konnten die authentische Atmosphäre von Harmonie und Wachstum nicht stören.

Vor seinem Tod im Herbst 1981 äußerte Karmapa den starken Wunsch, dass drei sehr wichtige Projekte vollendet werden sollten: das Nalanda Institut für höhere buddhistische Studien in Rumtek, das Dharma Chakra Zentrum in Neu-Delhi und der Druck von 500 Exemplaren des Tengyur, der umfangreichen Sammlung von Kommentaren zu Buddhas Lehren. Das erste dieser Projekte wurde von Jamgön Rinpoche beaufsichtigt; das zweite in Delhi, das später als das Karmapa International Buddhist Institute bekannt werden würde, fiel in Shamarpas Zuständigkeit. Der Druck des Tengyur, ein mühsamer und langwieriger Vorgang, sollte ebenfalls in Delhi vollendet werden.

Einige der jungen Tulkus sollten also bald unter Karmapas schützenden Fittichen hervorkommen und ihre Stärke in der großen weiten Welt auf die Probe stellen. Tai Situ hatte sich schon 1976 aus dem Kloster hinausgewagt, bevor seine Ausbildung abgeschlossen war. Doch sein Wechsel in den westlichen Himalaja war offenbar voreilig und gegen die Wünsche seines Lamas erfolgt. Mehrmals erzählte Karmapa Hannah und Ole im Vertrauen, dass Situ Rinpoche nach Sikkim zurückkehren solle, um die letzten Unterweisungen zu Mahamudra, dem Großen Siegel – der letztendlichen Sicht von der Natur der Wirklichkeit – zu erhalten. Aber es war umsonst: Karmapas Aufforderungen stießen auf taube Ohren und Situpa blieb dem Hauptsitz im selbstgewählten Exil viel länger fern, als ihm guttat. Als er schließlich doch zurückkehrte, waren Zeit und Bedingungen für die Beendigung seiner Ausbildung abgelaufen. In einem Brief an seinen Lama fragte sich Situpa, warum Karmapa ihm nicht auf seine zahlreichen vorherigen Briefe geantwortet hatte. Es schien, als habe sich Seine Heiligkeit nach all den Jahren, in denen er seinen Herzenssohn vergeblich gebeten hatte zurückzukehren, dagegen entschieden, ihn in seiner Nähe zu haben. Und so blieb Situ Rinpoche, bis auf einen Aufenthalt bei Karmapas Verbrennungszeremonie und einige spätere Stippvisiten, Rumtek bis 1992 beharrlich fern. Als er im Mai 1992 dann auftauchte, hatte er sehr viel mehr im Sinn als nur den Wunsch, seine religiösen Pflichten zu erfüllen.

•

Die ersten Anzeichen eines schwelenden Konflikts innerhalb der Linie zeigten sich schon unmittelbar nach Karmapas Tod im Jahr 1981. Eineinhalb Jahre zuvor hatte Karmapa Hannah und Ole zur Sommersonnenwende in Colorado den Zeitpunkt seines Todes anvertraut. Seinem Wunsch Folge leistend, reiste das dänische Paar zusammen mit hundert Freunden nach Sikkim und traf in Rumtek ein, kurz bevor Karmapa in Amerika starb.

45 Tage später, am 20. Dezember 1981, brachte die offizielle Verbrennungszeremonie mehrere tausend Anhänger Karmapas an seinem Hauptsitz zusammen. Während der Körper Seiner Heiligkeit – der auf Säuglingsgröße geschrumpft war – von den Flammen verzehrt wurde, rollte plötzlich eine blauschwarze Kugel aus dem Verbrennungsstupa heraus. Sie blieb an der nördlichen, nach Tibet schauenden Seite des Stupas liegen, wo Lopön Tsechu – Karmapas Vertrauter – mit zwei anderen Lamas stand. Dieses ungewöhnliche Ereignis löste einige Aufregung und Spekulation aus. Niemand wusste so recht, was von dem mysteriösen Objekt zu halten war, und so wandten sich die ratlosen Lamas an Kalu Rinpoche, den ältesten und somit laut allgemeiner Annahme weisesten Lama der Runde. Nachdem er die „Kugel" eingehend untersucht hatte, nickte der alte Kalu in wissender Anerkennung, wusste aber auch nicht mehr als der Rest der hochkarätigen Versammlung. Alle schauten sich verwundert an und warteten auf eine Antwort. Inzwischen war man zu der Überzeugung gelangt, dass der Gegenstand einem menschlichen Organ ähnelte, weshalb Lopön Tsechu ihn ganz oben auf die Seite des Stupas legen ließ.

In diesem Augenblick kam Situ Rinpoche aus einem benachbarten Zimmer und brachte Gaben, die mit verbrannt werden sollten. Er bemerkte die Aufregung, hatte aber offensichtlich keine Ahnung, worum es ging. Er sah die verwirrten Gesichter um sich herum und das runde Gebilde, das weit oben auf einem Metallteller lag, nahm den Teller und verschwand mit großem Pomp und viel Aufhebens mitsamt seinem neuen Besitz im Hauptaltarraum. Noch am selben Abend brachte er den Gegenstand still und heimlich und ganz unzeremoniell in seine Privaträume und hielt ihn dort unter Verschluss.

Drei Tage später fand in Rumtek eine große Kagyü-Konferenz statt. Als die hohen Lamas der Linie in der Halle des Instituts versammelt saßen, erhob sich Situ Rinpoche und hielt vor der vornehmen Versammlung traditioneller tibetischer Rinpoches eine Rede auf Englisch. Als Erstes offenbarte er, dass das, was er sicher in seinem Zimmer verwahrte, Karmapas Herz sei. „Das Herz flog aus der nördlichen Öffnung des Verbrennungsstupa und landete in meiner Hand", bekannte er stolz und zeigte seine rechte Handfläche, damit alle sie bewundern konnten. „Nun gehört es mir", schlussfolgerte er und gab bekannt, dass er in Sherab Ling, seinem Kloster im Westhimalaja, einen sechzig bis neunzig Zentimeter hohen Stupa aus massivem Gold errichten wolle, um die kostbare Reliquie darin zu verwahren. Die Lamas verfolgten Situ Rinpoches Ansprache auf Englisch mit unbewegter Miene, verstanden sie doch kein einziges Wort. Die wenigen anwesenden Westler starrten ihn fassungslos an. Zufrieden schaute Situ Rinpoche in der schweigenden Runde umher und nahm wieder Platz; offenbar hatte er nicht vor, seine historische Botschaft auch noch auf Tibetisch vorzutragen. Warum er sich dazu entschieden hatte, den Rinpoches diese bedeutungsschwere Mitteilung in einer Sprache zu eröffnen, die sie nicht verstanden, blieb ein Rätsel.

„Rinpoche, Du solltest Tibetisch reden", hallte Shamarpas Stimme durch den gut gefüllten Saal. Shamarpa, der von dem Treffen nicht in Kenntnis gesetzt worden war, war während der

Rede seines Kameraden eingetroffen und hatte gerade noch gehört, wie das Herz aus dem Verbrennungsstupa heraus direkt in Situpas Hand gesegelt sei. Vermutlich war ihm sofort klar, dass Tai Situ vorhatte, die kostbare Reliquie nach Sherab Ling zu bringen und dass niemand ihn daran hindern würde. Die älteren Lamas, denen die Angelegenheit in einer ihnen fremden Sprache vorgetragen worden war, wurden hübsch im Unklaren gelassen. Shamarpa hatte keine Zeit zu verlieren und forderte Tai Sita freundlich auf, auf Tibetisch zu wiederholen, was er soeben auf Englisch verkündet hatte. Mit sichtbarem Unbehagen erhob sich Situ Rinpoche ein zweites Mal. „Shamar Rinpoche hat mich zu Recht daran erinnert, dass ich das Tibetische vergessen habe", sagte er und erzählte die Geschichte noch einmal in seiner Muttersprache.

Daraufhin trat Damchö Yongdü, der kampflustige alte Generalsekretär von Rumtek, in Aktion. Situpas plötzlicher Aufstieg zum Hüter von Karmapas Herz war ihm offensichtlich genauso neu wie dem Rest der Versammlung. Von der verzerrten Version der Ereignisse bei der Verbrennungszeremonie nicht im Mindesten überzeugt und auch nicht gewillt, diese ungewöhnliche Reliquie aus Rumtek entschwinden zu sehen, verkündete Damcho Yongdü kühn, das Herz sei mitnichten irgendwem in die Hand geflogen und schon gar nicht Situpa. Dann warf er seine ganze Autorität in die Waagschale, um Sherab Lings Ansprüche in Frage zu stellen. Im Namen der Verwaltung von Rumtek versprach er – falls nötig – die Gelder bereitzustellen, um einen anderthalb Meter hohen goldenen Stupa zu errichten. Als Verwalter von Karmapas Sitz bestand er darauf, dass alle Angelegenheiten, die mit dem Wohle und dem künftigen Gedeihen der Linie zu tun hatten, den Wünschen Seiner Heiligkeit gemäß in Rumtek verbleiben sollten. Ohne weitere Überraschungen abzuwarten, führte der alte Mann eine Prozession zu Situpas Zimmer an und holte die Reliquie aus dem Regal. Sein entschlossenes Handeln, sein klares Urteil und sein entschiedenes Überbieten von Situpas Offerte setzten sich durch. Karmapas Herz durfte in Rumtek bleiben und wartete auf den versprochenen goldenen Stupa, der es beherbergen sollte. Und Damchö Yongdü hielt sein Versprechen. Heute thront ein Stupa aus purem Gold - wenn auch nur 30 Zentimeter hoch - im ersten Stock über dem Kloster Rumtek.

Das Verstörende an der Sache war nicht so sehr das Tauziehen um Karmapas Herz – was angesichts der außerordentlichen Bedeutung der Reliquie eher verständlich schien –, sondern vielmehr die bewusste Verzerrung der Tatsachen durch einen ehrwürdigen Linienhalter. Situ Rinpoches Darstellung, wie die Reliquie in seine Hände gelangt war, war eine bestenfalls ungenaue und nebulöse Version der Wahrheit und hatte den guten Willen und die Vorstellungskraft der bei der Zeremonie Anwesenden ganz sicher überstrapaziert. Wie Augenzeugen Jahre später berichteten, war das Herz einzig und allein deshalb in Situpas Hände gelangt, weil er es von dem Stupa genommen und sich damit davongemacht hatte.

Noch verstörender war allerdings die Tatsache, dass Situpas Anhänger es zuließen, dass sich dieser offenkundige Betrug sogar noch weiter ausbreitete. Nach Jahren der Kampagnen und Agitationen erlangte die Geschichte von der Reliquie, die Situpa prophetisch empfangen und davongetragen hatte, den Status eines heiligen Beweises, dass er der höchste der Linienhalter sei und von Karmapa persönlich dazu auserkoren, seine nächste Wiedergeburt aufzufinden. Ein derart offensichtlicher Abschied von der Realität schuf eine gefährliche Präzedenz und bestimmte fortan an der Spitze der Linie den Ton. Zu dieser Zeit wagte es niemand, einen hohen Lama der Lüge zu bezichtigen. So etwas war – noch – nicht möglich.

Da es ihm nicht gelungen war, Karmapas Herz an sich zu bringen, bat Situ Rinpoche stattdessen um Karmapas Praxisbuch. Er argumentierte, sein Kloster brauche den besonderen Segen seines Lehrers und ein Buch, in dem Karmapa jeden Tag gelesen hatte, sei genau das Richtige. Dieses Mal war der alte Sekretär auf der Hut. Wie Shamarpa Rinpoche dem Autor dieses Buches Jahre später in einem Interview erzählen sollte, wehrte sich Damchö

Yongdü vehement gegen Situpas neuesten Einfall. „Rinpoche, gib ihm das Buch nicht“, beschwor ihn der alte Mann. „Er wird damit einen falschen Vorhersagebrief über den nächsten Karmapa erstellen.“ Die Beschuldigung klang reichlich übertrieben, wenn nicht sogar völlig verrückt, aber dennoch stieß Tai Situ mit seinem Vorschlag auf taube Ohren und musste Rumtek schließlich mit leeren Händen verlassen. Karmapas Eigentum verblieb an seinem Sitz.

Als ob sie einem inneren Ruf folgten, begannen einige seiner unzufriedenen Gefolgsleute unmittelbar nach der Konferenz, Situpa in den Ohren zu liegen. „Shamar Rinpoche hat bei der Konferenz ein schlaues Spiel mit dir gespielt“, flüsterten sie. „Er hat dich übel hereingelegt! Shamar Rinpoche ist zu schnell für dich“, und so weiter. Sie sangen eine eifersüchtige Melodie und vergaßen dabei völlig, dass es in Wahrheit kein anderer als ihr Meister war, der zu betrügen versucht hatte.

Es war nicht sofort ersichtlich, ob und wie weit Situpa solch spalterischem Gerede Glauben schenkte, aber am Ende muss sich die weit verbreitete Erzählung, Shamarpa habe ihn ausgetrickst und ihn mit Leichtigkeit überlistet, in seinem Herzen verfangen haben. Wie die nachfolgenden Ereignisse zeigen sollten, waren die Samen für Streit gesät, und die beiden Hauptschüler Karmapas schlugen – ob mit Absicht oder nicht – den Weg der Konkurrenz und bald sogar der Feindseligkeit ein.

Kapitel 3

Die Spaltung

Die Monate und Jahre unmittelbar nach Karmapas Tod brachten seinen Schülern ein Gefühl der tiefen Trauer und des Verlustes. Gleichzeitig entwickelte sich der Abschied von ihrem Lehrer für einige Westler zu einer Quelle des Selbstvertrauens und großer Energie. Im Osten jedoch begannen einige Rinpoches trotz der vorherrschenden Trauer, langsam und vorsichtig mit Rumtek zu brechen. Obwohl sie ihre Bekanntheit außerhalb Tibets allein Karmapa verdankten, erwies sich die Sehnsucht nach der alten Heimat als stärker denn die Treue zu ihrem Lehrer. Sie konnten sich noch sehr gut daran erinnern, wie alle hohen Tulkus – absolute Herren über ihre Klöster – ihre Macht auch auf benachbarte Täler ausgedehnt und oft unangefochten über ganze Gebiete des Landes geherrscht hatten. Ihr derzeitiger Status war nur noch ein Schatten des damaligen Glanzes. In dem Wunsch, ihre kleinen Königreiche zu neuem Leben zu erwecken, schmiedeten die geflohenen Lamas Pläne für eigene hierarchische Organisationen im Exil. Es steht zu vermuten, dass diese Vorhaben genauso sehr der verzweifelten Sehnsucht nach der alten Ordnung wie einer grundsätzlichen Verkennung der neuen Realitäten außerhalb Tibets entsprangen.

Ob hochgestellt oder niedrig, jung oder alt: Die Mehrheit der tibetischen Lamas legte diese blinde Neigung an den Tag, die alten Machtstrukturen in die neue, fremde Umgebung zu übertragen. Zugleich bewiesen sie einen unstillbaren Appetit auf die Früchte der Arbeit der jeweils anderen. Beispielhaft dafür waren die dilettantischen Versuche mehrerer Kagyü-Lehrer, sich ein Stück von Karmapas Kuchen abzuschneiden, während sie leidenschaftlich vorgaben, in seinem Namen zu handeln. Das erste Exempel dafür lieferte der gelehrte Thrangu Rinpoche, der in Hongkong und Malaysia eigene Thrangu-Ling-Gruppen gründete.

Hannah und Lama Ole, die in mehr als zwölfjähriger Zusammenarbeit mit den Tibetern einige Erfahrung gesammelt hatten, begannen nach und nach, sich der Wiederbelebung traditioneller Bräuche und der Politik des Himalaja wie auch der Etablierung monastischer Gruppen in den neu gegründeten buddhistischen Zentren des Westens zu widersetzen. Auch traten sie allen Versuchen entgegen, sich Stücke von Karmapas Erbe abzuschneiden. Die Einheit der Linie befreit vom folkloristischen und monastischen Ballast war in Lama Oles Augen der Schlüssel zu einer glaubwürdigen Aufnahme des Buddhismus in die westliche Gesellschaft. Jeder erfolgreiche Versuch, das alte Tibet zu importieren, würde den im Westen neu angekommenen Buddhismus zu einer exotischen und belanglosen Modeerscheinung machen.

In Erfüllung dieser wichtigen Aufgabe musste sich das dänische Paar bereits 1977 von der Organisation eines herausragenden Lehrers – des alternden und hoch angesehenen Kalu Rinpoche - trennen. Ausgestattet mit einem bemerkenswert trockenen Humor, einem starken Willen und Charisma, gelang Kalu Rinpoche schon früher der Zugang zum Westen. Auf Karmapas Wunsch hin organisierten Hannah und Ole sein Programm und chauffierten den patriarchalischen Lama mitsamt seinen bhutanesischen und sikkimesischen Mönchen Anfang und Mitte der siebziger Jahre durch Europa. Die Vision, die Rinpoche verfolgte, war jedoch die eines überzeugten Traditionalisten. Er übersah, dass die westliche Gesellschaft mit seiner tibetischen Heimat wenig gemeinsam hatte, und zwang angehenden Buddhisten unbeirrt einen harten, klösterlichen Stil auf. Seine asiatischen Mönche, ob sie nun geeignet waren oder nicht, wurden im Handumdrehen zu sogenannten „Resident-Lamas“ befördert, alle seine nahen Schüler wurden alsbald in Roben gekleidet, und in kürzester Zeit herrschte in seinen Zentren die heilige und erstickende Atmosphäre einer Kirche.

Heute jedoch, während ich diese Zeilen schreibe, wirken Kalu Rinpoches kompromisslose Haltung zu den Mönchsversprechen und sein stures Beharren auf dem Zölibat durch und durch hohl, wenn nicht sogar unehrlich. Im Herbst 1996 schockierte June Campbell, die einstige Übersetzerin und nahe westliche Schülerin des ehrenwerten Lamas, die buddhistische Gemeinde in Ost und West mit der Offenbarung, in all den Jahren, in denen sie mit ihm und seinem Gefolge gereist war, Rinpoches Geliebte gewesen zu sein. In ihrem Buch Traveller in Space: In Search of female Identity in Tibetan Buddhism* zeichnet sie ein sehr kritisches Bild des tibetischen monastischen Systems und räumt ein, sich jetzt von dem berühmten Lama sexuell ausgebeutet und getäuscht zu fühlen. Wahrscheinlich ist sie nicht die einzige. Nach ihrer Enthüllung dürften sich wohl einige Schüler Kalus wenn nicht sexuell missbraucht, so doch zumindest von ihrem betagten Lehrer betrogen fühlen. Dabei spricht im Tibetischen Buddhismus selbstverständlich nichts dagegen, Partner zu haben. Viele Lamas entscheiden sich, ihr Leben mit Partnerinnen zu teilen, und das stark institutionalisierte Zölibat war in Tibet ein notwendiges Übel, um dem Verschleiß des Familienlebens zu entgehen. Eine notwendige Voraussetzung für die Erleuchtung war es auf keinen Fall. Schließlich ist es die Vereinigung von männlicher und weiblicher Energie, die auf der höchsten Ebene des Diamantwegs zur letztendlichen Verwirklichung führt.

Hätte Kalu Rinpoche sich dafür entschieden, offen zu seiner jüngeren Geliebten zu stehen, wäre er als Lehrer ganz sicher nicht weniger respektiert worden und vielleicht sogar noch anziehender gewesen. Warum also hatte er vorgezogen, solch eine Mauer der Täuschung um sein Privatleben zu errichten? Bedauerlicherweise lässt dieses Verhalten ihn als Heuchler dastehen, auf einer Stufe mit Predigern, die eine Wahrheit verkünden, aber eine andere leben. Obwohl viele Campbells Anschuldigungen kurzerhand als Hirngespinste einer Frau abtaten, die auf Kosten eines verstorbenen Lamas Berühmtheit erlangen wollte, neigen diejenigen, die mit Rinpoche durch Europa fuhren und Campbell unter ihrem

*Dt. Titel: Göttinnen, Dakinis und ganz normale Frauen. Weibliche Identität im tibetischen Tantra. Theseus-Verlag 1997.

tibetisch-buddhistischen Namen Yeshe Khandro kannten, dazu, ihrer Geschichte Glauben zu schenken. Sie wirkte damals durch und durch ehrlich und bierernst – fast langweilig –, völlig ihrer Arbeit ergeben und absolut unfähig zu lockeren Scherzen oder gar Intrigen solchen Ausmaßes. Sie war mit Sicherheit zu keiner Lüge fähig!

In den Achtzigern jedoch galt Kalu Rinpoche noch als Ausbund heiliger Tugend und Enthaltsamkeit. Seinen Lamas aus dem Osten und seinen zumeist französischen und amerikanischen Anhängern, die seinem Beispiel nacheiferten, obwohl es ihnen offensichtlich an Rinpoches Charisma, meditativen Fähigkeiten und Einsicht fehlte, gelang es mit großem Erfolg, jede Ahnung davon zunichte zu machen, dass Buddhismus tatsächlich eine sehr freudvolle Sache ist. Sie schufen stattdessen ein Netzwerk von steifen, humorlosen und traditionellen Zentren. Rinpoches dominante Persönlichkeit hauchte seiner leblosen Organisation ein gewisses Maß an Vitalität ein und frischte die vorherrschend fromme und dumpfe Stimmung etwas auf. Allerdings wurde dieses Image schwer von den Skandalen getrübt, in die damals noch seine asiatischen Mönche erst in Frankreich und später in Vancouver, San Francisco und New York verwickelt waren. Das Erbe, das er hinterließ, stand in krassem Gegensatz zu seiner Verwirklichung; es wirkte verstaubt, wenig inspirierend und irgendwie nicht in die Moderne passend. Sollte der Buddhismus jemals in der Mitte der westlichen Kultur ankommen, würde das ganz sicher nicht den monastischen und völlig tibetisch orientierten Gruppen zu verdanken sein, die Kalu Rinpoches Namen trugen.

•

1982 starb Damchö Yongdü, der Generalsekretär Rumteks. Er war eine schillernde Persönlichkeit und verkörperte ganz und gar die alte Ordnung. Sein autokratischer Stil und sein aufbrausendes Temperament hatten ihm selbst unter den zähesten und konservativsten Khampas nur wenig Anhänger verschafft. In Karmapas

Abwesenheit gab es nur wenige Kagyüs, die besser geeignet gewesen wären, die Schule mit den Anforderungen des 20. Jahrhunderts in Einklang zu bringen als Topga Yulgyal – ein Meditationsmeister, der seine Fähigkeiten noch in Tsurphu erlangt hatte. Schon 1968 war er vom 16. Karmapa zum nächsten Generalsekretär bestimmt worden, und so hatte er den bitteren Geschmack eines öffentlichen Amtes bereits kennengelernt, als er nach Damchö Yongdüs Tod die Zügel in die Hand nahm.

Der Zustand, in dem Rumtek hinterlassen worden war, war schlichtweg chaotisch. Damchö Yongdü war niemandem Rechenschaft schuldig gewesen und hatte wie ein König geherrscht, der sich wenig um die Meinung seiner Mitarbeiter oder gar um die Stimme von Karmapas Anhängern scherte. Ein zeitgemäßer Führungsstil, zu dem auch die Kontrolle der Mächtigen gehört, war seiner mittelalterlichen Denkweise fremd. Er hegte eine Abneigung gegen Aufzeichnungen, mied noch die simpelste Art der Buchführung und hielt alle finanziellen Angelegenheiten vor den Geldgebern des Klosters unter Verschluss. Als sich seine Nachfolger an die Familie des ehemaligen Generalsekretärs wandten, um die Vermögenswerte Rumteks zu übernehmen und die Finanzberichte zu prüfen, kam es zu einem größeren Skandal. Eines Tages stand Topga Yulgyal mit seinen Mitarbeitern vor der Tür des imposanten Hauses seines Vorgängers, um die Kasse an sich zu nehmen. Das neue Team wollte wissen, wie es um Karmapas Gelder bestellt war, die der verstorbene Sekretär bis dahin ganz allein verwaltet hatte. Rumtek war im Lauf der Jahre zu einer großen Institution herangewachsen und benötigte Tag für Tag eine hübsche Geldspritze, um den Betrieb am Laufen zu halten. Die neue Verwaltung hatte keine Zeit zu verschenken – sie brauchten dringend das Geld.

Nach zehn langen Minuten des Wartens trat endlich die Witwe des verstorbenen Sekretärs aus dem Haus und übergab feierlich eine kleine, aber teuer aussehende Schatulle. Als erneut mehrere Minuten verstrichen und klar wurde, dass nichts mehr folgen würde, wagten die neuen Verwalter einen Blick in die Schachtel und entdeckten zu ihrer großen Überraschung die „niederschmetternde“ Summe von 350.000 indischen Rupien**. Die Situation grenzte an Absurdität. Das sei alles, mehr gebe es nicht, behaupteten die ehrbaren Verwandten, nicht eine einzige Rupie mehr. Die Truhen waren ansonsten leer. Damchö Yongdüs Witwe demonstrierte Unwissenheit und Unverständnis. Nicht im Geringsten überzeugt, starrten die geschockten Verwalter auf die Handvoll Banknoten, und ihnen wurde schlagartig klar, dass Rumtek vor dem Bankrott stand. Mit einem Vermögen von 350.000 Rupien und einer kleinen Schatulle würden sie den Klosterbetrieb vielleicht noch einige Tage aufrechterhalten können. Das große Projekt in Delhi, das gerade begonnen wurde, brauchte ebenfalls eine ordentliche Finanzspritze. Die Rechnungen stapelten sich bereits. Obendrein drohte die indische Regierung, Steuern auf Karmapas Grundbesitz in Delhi und in Sikkim zu erheben. Ausgerechnet in dieser schwierigen Lage schien sich das Vermögen seiner Heiligkeit in Luft aufgelöst zu haben. Ohne seinen Vorgänger zu beschuldigen, die Kasse geplündert zu haben, leitete der neue Sekretär unverzüglich eine Untersuchung zu dem verschwundenen Kapital ein. In seinem Bemühen, Karmapa zu dienen, hatte der alte Mann wohl sein privates Geld mit dem öffentlichen vermischt, unglücklicherweise zum Nachteil des letzteren. Somit wurden Damcho Yongdüs Sohn, der junge Pönlop Rinpoche, und die ganze Familie zum Gegenstand einer öffentlichen Untersuchung. Später konnten umfangreiche Teile des Vermögens des 16. Karmapa auf verschiedenen Bankkonten sichergestellt werden.

Mit der Absicht, eines Tages alle praktischen Angelegenheiten, die das Funktionieren der Linie betrafen, einer gemeinnützigen Organisation zu übertragen, hatte Karmapa schon 1961 den Karmapa Charitable Trust gegründet. Dieser hatte seinen Sitz in Indien und unterstand in seiner Arbeitsweise völlig dem indischen Recht. Nach Karmapas Tod und bis zum 21. Lebens-

**Damals ca. 36.000 US $

jahr seiner 17. Inkarnation wurde der Karmapa Charitable Trust automatisch zur höchsten rechtmäßigen Autorität, die die Linie repräsentierte, so sah es die Satzung vor. Doch nur wenige in Sikkim erinnerten sich an die Existenz dieses Trusts. Und so war Rumtek nach dem Tod Seiner Heiligkeit weiter nach den lockeren und undurchsichtigen Regeln des alten Tibets geführt worden. Karmapas aufsichtsführende Stiftung blieb eine noble Absicht auf dem Papier.

Nun, da der alte Sekretär nicht mehr da war und sich sowohl in Rumtek als auch in Delhi eine Finanzkrise abzeichnete, erinnerte sich die neue Verwaltung plötzlich an den ruhenden Trust. Die gemeinnützige Stiftung zum Leben zu erwecken, würde die Linie vor drohenden Steuerzahlungen an den indischen Staat bewahren und sie vor weiterem Betrug schützen. Allerdings würde das auch bedeuten, dass Rumtek nicht länger wie Privatbesitz geführt werden konnte, wo Nachlässigkeit bei der Buchführung und die Missachtung irgendeines Aufsichtsgremiums die Regel waren. Die Finanzen mussten mit den modernen Vorschriften für gemeinnützige Einrichtungen in Einklang gebracht werden. Dazu mussten die neuen Verwalter über jede ausgegebene Rupie Rechenschaft ablegen. Und so brachte das plötzliche Verschwinden der Finanzmittel Rumtek nicht nur an den Rand der Zahlungsunfähigkeit, es drohte auch eine Kraftprobe mit der indischen Bürokratie.

Topgas Nachforschungen in der Sache, die verdächtig nach Betrug aussah, und seine Bemühungen, die verlorenen Finanzmittel zurückzuerhalten, stießen bei der Familie des verstorbenen Sekretärs nicht auf Gegenliebe. Dabei war nicht ganz klar, ob die einflussreichen Verwandten den guten Ruf des Verstorbenen schützen wollten oder ob sie das fehlende Vermögen selbst versteckt hielten. Jedenfalls behinderten sie die Untersuchungen von Beginn an und standen der Idee, Karmapas Geld aufzuspüren, regelrecht feindselig gegenüber. Schon kurz nach Beginn der Ermittlungen verschwand die energische Witwe – die Chefin des Familienclans – von der Bildfläche. Als sie überraschenderweise in Woodstock, Karmapas Zentrum nördlich von New York, wieder auftauchte, inzwischen mit ihrem alten Freund und Liebhaber Tenzin Chönyi verheiratet, mussten die Ermittlungen gegen ihre Verwandten eingestellt werden. Karmapas Vermögen war nicht aufzufinden. Die einflussreiche Familie jedoch verzieh Topgala seine unerbittliche Haltung nicht. Sie sahen in dem neuen Sekretär ihren bittersten Feind, und sein guter Ruf wurde sowohl in Asien als auch in Amerika durch den Dreck gezogen.

In Rumtek wurde Topgalas Entschlossenheit, das Vermögen Seiner Heiligkeit nach zeitgemäßen Vorschriften zu verwalten, derweil zur Ketzerei erklärt. Auch dass er sich standhaft gegen die Gepflogenheit zur Wehr setzte, im Tausch gegen politische Loyalität Tulku-Titel zu verteilen, brachte ihm seitens der Mächtigen in Sikkim wenig Beifall ein. Auslöser war seine Weigerung, den neuen Gyaton Tulku in Rumtek aufzunehmen. Der alte Gyaton hatte sich durch erbitterten Widerstand gegen Karmapas Anwesenheit in Sikkim hervorgetan. Dieses Verhalten war ebenso unverständlich wie undankbar, nicht zuletzt, weil Karmapa selbst Gyaton 1954 den bequemen Posten in Gangtok – der Hauptstadt Sikkims – zugesprochen hatte. Als sein Leben zuende ging, musste der alte Lama wohl erkannt haben, dass er in seinem Leben schwerwiegende Fehler gemacht hatte, und erklärte deshalb kurz vor seinem Tod 1969, der letzte der Gyatons zu sein. Es würde keine weiteren Gyaton-Inkarnationen mehr geben. Einige Zeit nach seinem Tod traten Gyatons Diener mit der Frage an Karmapa heran, ob ihr Meister nicht vielleicht doch wiedergeboren worden sei. Karmapas Antwort war eindeutig: „Gyaton Tulku ist nicht wiedergeboren; es gibt daher niemanden, der als solcher anzuerkennen wäre." Fünfzehn Jahre später, 1983, wartete Situ Rinpoche mit einem persönlichen Beitrag zur Geschichte der Gyatons auf. Ohne jede Vorwarnung und ungeachtet der langen Zeit, die vergangen war, präsentierte er der sikkimesischen Öffentlichkeit aus heiterem Himmel den neuen Gyaton. Zufällig war der junge Tulku ein Sprössling der Martangs, einer angesehenen ortsansässigen Familie, die bislang den 16. Karmapa kraftvoll unterstützt hatte.

Topga Yulgyal, der kein Mann der faulen Kompromisse war, wollte nicht in etwas hineingezogen werden, was nach Betrug roch, weshalb die Türen Rumteks dieser zweifelhaften Inkarnation verschlossen blieben. Zutiefst beleidigt kehrten die mächtigen Martangs Karmapas Hauptsitz den Rücken, und aus treuen Fürsprechern Rumteks wurden nachtragende Feinde. Tai Situ war der neue Lama der Wahl. Leider legte sich mit der Zeit weder der Groll der Familie gegen Rumtek noch ihre leidenschaftliche Verehrung für Situ Rinpoche. In den folgenden Jahren versuchten die Martangs immer wieder, wenn auch erfolglos, sich in die Angelegenheiten Rumteks einzumischen und der Kagyü-Hierarchie ihren Tulku-Sohn-Emporkömmling aufzuzwingen. 1993 würden sie, wie zur Krönung ihrer zehnjährigen Opposition gegen Karmapas Sitz, eine entscheidende Rolle bei Situ Rinpoches Übernahme Rumteks spielen. Alter Groll und Hintertür-Gefälligkeiten waren nicht vergessen.

Bereits 1983 entschieden sich andere konservative Kagyü-Clans, die ihre Privilegien unter keinen Umständen zugunsten moderner Werte wie Transparenz und Rechenschaftspflicht aufgeben wollten, gegen den Generalsekretär zu arbeiten. Genau bei den Personen, die von den alten Mauscheleien am meisten profitiert hatten, war der neue Direktor Rumteks in Ungnade gefallen.

•

Doch Topga Rinpoche, der von allen Seiten belagert wurde und in einer ihm feindlich gesonnenen Umgebung arbeiten musste, sollte schon bald einen verlässlichen Verbündeten finden.

Bei der großen Kagyü-Konferenz nach Karmapas Verbrennung 1981 hatte der alte Generalsekretär vorgeschlagen, dass die zwei ranghöchsten Schüler Karmapas, Künzig Shamarpa und Tai Situpa, sowie Jamgön Kongtrul und Goshir Gyaltsab in Karmapas Abwesenheit gemeinsam die Spitze der Linie übernehmen sollten. Jeder würde drei Jahre lang die Verantwortung tragen, angefangen mit Shamar Rinpoche. Zusätzlich sollte den vier Linienhaltern – wie sie nun allgemein genannt wurden – gemeinsam die Aufgabe übertragen werden, die 17. Inkarnation Karmapas aufzufinden. Historisch gesehen war dies eine völlig neue Vorgehensweise. Noch nie hatte es in der Kagyü-Tradition eine Gruppenregentschaft gegeben. Eine ebenso ungewöhnliche Neuerung war es, vier Personen gemeinsam mit der Anerkennung des 17. Karmapa zu beauftragen. Dennoch nahmen die Rinpoches den Vorschlag an.

Doch offenbar waren durch diese Vereinbarung nicht alle Ambitionen befriedigt. Für die Umgebung von Tai Situ und Gyaltsab Rinpoche, die nicht gewillt waren, ihre Macht mit dem „Neuen" zu teilen, stellte Shamarpas Rückkehr an die Spitze zumindest eine Herausforderung dar. Schon seit Karmapas Tod hatten erboste Machthaber immer wieder Versuche unternommen, dem Hauptregenten den Teppich unter den Füßen wegzuziehen. Das unselige Vorhaben, Karmapas Herz aus Rumtek zu entfernen, war nur der erste in einer ganzen Reihe von Winkelzügen, Shamarpas Position zu untergraben.

Auf Wunsch vieler seiner Schüler erklärte sich Kalu Rinpoche bereit, im Sommer 1983 die Rinchen-Terdzö-Einweihungen, die Übertragung des Schatzes kostbarer versteckter Lehren Guru Rinpoches[***], zu geben. Einweihungen dienten in Tibet als einzigartige Methode, um den Fortbestand der Lehren zu sichern. Bei der Zeremonie wird der Schüler in einen bestimmten Buddha-Aspekt eingeführt. Ein verwirklichter Meister gibt sie seinen begabten Schülern, die dadurch zu Haltern der jeweiligen Praxis werden und somit die Möglichkeit bekommen, sie eines Tages voll zu verwirklichen und an andere weiterzugeben. Das heißt jedoch nicht, dass die Massen, die sich im Klosterhof drängten, um eine Einweihung zu erhalten, durchweg ernsthafte Praktizierende waren, die sich dem Reglement eines spirituellen Lebens unterwerfen wollten. Zwar kämpfte der normale Tibeter am

[***] Indischer Meister (ca. 8. Jh.), der den Buddhismus nach Tibet brachte.

Ende einer Zeremonie erbittert um einen Segen des Lamas, weiter reichte seine religiöse Begeisterung bei solchen Anlässen aber meist nicht.

In den alten Tagen konnten bestimmte populäre Einweihungen leicht mehrere tausend Menschen anziehen, weshalb es nicht ungewöhnlich war, dass ein Kloster seinen Hauptlama dazu ermutigte, heiß begehrte Einweihungen zu erhalten, um sie später selbst geben zu können. Schließlich bedeuteten schon einige hundert Pilger eine gute Einnahmequelle für ein Kloster. Solch praktische Überlegungen waren auch den Tibetern, die sich auf indischem Boden niedergelassen hatten, nicht abhanden gekommen. Das Leben als Flüchtlinge brachte viele neue und unbekannte Beschwernisse mit sich, und viele mittellose Mönche waren in der unwirtlichen Umgebung ganz und gar von den spirituellen Fähigkeiten ihres Meisters abhängig.

1983, fast 25 Jahre nach der Flucht aus Tibet, war das bloße Überleben für die meisten Tibeter kein Thema mehr. Seit kurz zuvor reiche Chinesen aus Südostasien auf den Plan getreten waren, witterten die hohen Rinpoches und ihr Gefolge großen Wohlstand. Und als die reichen chinesischen Anhänger eine Vorliebe für aufwändige Einweihungen zeigten, war es keine Überraschung, dass eine ganze Reihe von Lamas und ihre geschäftstüchtigen Assistenten bemüht waren, diese Ansprüche zu befriedigen. Einweihungen erfuhren somit eine Neuauflage als Handelsware, die Einfluss verschaffen und Wohlstand bringen konnte.

Um den jungen Tulkus die Augen für derlei praktische Realitäten zu öffnen, rief ein gewisser Lama Paljor aus Palpung in Ost-Tibet Shamar, Jamgön und Gyaltsab Rinpoche zu sich und unterbreitete ihnen eine Kostprobe dessen, was er unter allgemeiner Guru-Weisheit verstand. „Ihr müsst an die Zukunft denken“, begann er in gönnerhaftem Stil. „Ihr werdet schon bald Geld brauchen, um eure Klöster zu unterhalten“, ließ er sie wohlweislich wissen. „Ihr solltet um die beliebtesten Einweihungen bitten und sie lernen. Bedenkt, dass Tausende kommen würden, wenn ihr, die hohen Tulkus, Einweihungen gewährt. All diese Menschen würden eure Schüler werden", lockte er seine Zuhörer. „Kalu Rinpoche ist ein großer Meister. Ihr müsst ihn um das Rinchen Terdzö bitten, das gehört zu den Einweihungen, die am meisten verlangt werden", fasste der Lama seine Argumente zusammen.

Noch heute erinnert sich Shamarpa, wie die anderen beiden Regenten Paljors Worte mit ungewöhnlicher Begeisterung aufnahmen. Ohne Zeit zu verlieren, baten sie Kalu Rinpoche, den kostbaren Rinchen-Terdzö-Zyklus zu geben, und sobald der hohe Lama einwilligte, setzten sie die örtliche Kagyü-Welt für die Vorbereitungen in Bewegungen. Shamarpa war nur mäßig begeistert von dem Einfall. Einerseits war er kein Freund pompöser religiöser Veranstaltungen und bemühte sich, seine Pflichten auf etwas zwanglosere Art zu erfüllen. Noch dazu konnte er sich des Gedankens nicht erwehren, dass die Motivation seiner Kollegen bei einer Anfrage dieser Art im besten Fall eher zweifelhaft war. An den Einweihungen nicht teilzunehmen wäre allerdings einer Beleidigung des alten Kalu gleichgekommen, und so fügte er sich widerstrebend und bereitete sich auf sechs Monate mit langwierigen Zeremonien vor.

Shamarpas laue Unterstützung für die Bemühungen der anderen blieb nicht unbemerkt. Auch trug das jahrelange üble Gerede aus der Umgebung der hohen Lamas erste unerwünschte Früchte. Scheinbar hatten die drei Rinpoches dem spalterischen Gerede am Ende doch ihr Ohr geliehen und begannen von sich aus mit dem Gedanken zu spielen, Shamar Tulku von der Spitze der neu gegründeten Gruppen-Regentschaft zu entfernen. Und sie mussten gar nicht lange planen. Beweise für einen schwerwiegenden Betrug, in den Shamarpa verwickelt sein sollte, fielen ihnen in die Hände. Das war die goldene Gelegenheit, die Linie von einem Strippenzieher zu befreien, der nach zweihundertjähriger Verbannung wieder aufgetaucht war. Die drei Linienhalter mussten damit gerechnet haben, Shamarpa bald los zu sein.

Lea Terhune, ehemals Buchhalterin in Rumtek und mittlerweile Beraterin und rechte Hand Situ Rinpoches, war vom neuen Generalsekretär von Karmapas Hauptsitz wegen ihrer

Herumschnüffelei entlassen worden. Während ihres Aufenthalts in Rumtek hatte sie einen Großteil ihrer Zeit damit verbracht, die Archive des Klosters zu durchforsten. Ihre Mühe schien sich gelohnt zu haben, denn sie glaubte, auf eine Reihe von Dokumenten gestoßen zu sein, die sie für Beweise für Shamarpas Fehlverhalten hielt. Um Situ Rinpoche, ihrem neuen Wohltäter, zu gefallen, und weil sie nach ihrer abrupten Entlassung aus Rumtek noch vor Wut kochte, verkündete Frau Terhune, Shamarpa habe in seiner unstillbaren Gier ein Auge auf Karmapas Grundbesitz für das Institut in New Delhi geworfen. Der höchste Regent, behauptete sie, hatte es auf Karmapas Eigentum abgesehen. Sie legte Situ Rinpoche einen Stoß Dokumente vor, die beweisen sollten, dass Shamar Tulku Karmapas Besitz auf seinen eigenen Namen übertragen wollte.

Was eigentlich die Alarmglocken hätte schrillen lassen und Situ Rinpoche zu einer fairen Untersuchung der wilden Behauptungen hätte veranlassen sollen, geriet ihm zum lang ersehnten Vorwand, dem Rivalen in den Rücken zu fallen. Situpa machte mit den brandneuen „Schuldbeweisen" die Runde, und die drei Eminenzen fällten – weiteren Recherchen ausweichend – würdevoll ihr Urteil. Ohne sich die Sache auch nur anzusehen, beschlossen sie einfach, den höchsten Regenten vor Gericht zu bringen.

Während sich also Lamas und ihre Schüler in dem verregneten Sonada im Osthimalaja versammelten, um die 2000 Einweihungen zu erhalten, arbeiteten die drei ehrbaren Regenten an einem Meisterstück ganz eigener Art. Eines nebligen Morgens in Sonada, ungefähr nach einem Drittel der Einweihungen, erhielt Shamarpa einen überraschenden Brief von den Rechtsanwälten, die die drei Linienhalter vertraten. In feierlichem Ton überbrachten sie ihre knallharte Nachricht: Shamarpa solle sich auf eine Auseinandersetzung vor Gericht gefasst machen. Das Unglaubliche war eingetreten: Drei von Karmapas Herzenssöhnen beschuldigten ihren ältesten Kameraden offiziell des Diebstahls an Karmapas Eigentum.

Der Schlag war so hart wie unerwartet. Shamarpa war fassungslos, dass die Regenten, statt die Behauptungen zu überprüfen, hinter seinem Rücken arbeiteten und ihn wegen Diebstahls anklagten.

Um dem Ganzen die Krone aufzusetzen, hatten die Eminenzen noch einen weiteren Coup geplant. Shamarpa fand heraus, dass sie sich mit einer sehr speziellen Bitte an Kalu Rinpoche gewandt hatten. Nach Abschluss der Zeremonien sollte der angesehene Lama die vier Regenten öffentlich auffordern, den zukünftigen 17. Karmapa in Tsurphu im besetzten Tibet statt in Rumtek, seinem neuen Hauptsitz, zu installieren. Der gelehrte Thrangu Rinpoche und seine Ratgeber hätten um des alten Klosters Willen auf diese Lösung gedrängt, hieß es. Den nächsten Karmapa im chinesisch kontrollierten Tibet einzusperren war ein seltsamer Schachzug ohne erkennbare Vorteile, und noch Jahre später wurde Shamarpa angesichts der Perfidie dieses Plans sichtlich unwohl. Es sah in der Idee, die sich hinter dem frommen Wunsch versteckte, Tsurphu wiederaufbauen zu wollen, nichts anderes als ein Manöver, um die Kontrolle über die Karma-Kagyü-Schule zu erlangen. Wäre es den einflussreichen Lamas erst gelungen, Karmapa dem Zugriff der Kommunisten auszuliefern, würden sie an der Spitze der Linie bleiben und könnten schalten und walten, wie sie wollten. Sollte Kalu Rinpoche nach den Einweihungen nichts ahnend diese sonderbare Bitte vorbringen, müsste Shamarpa zustimmen. Nachdem er die kostbaren Einweihungen von dem alten Meister erhalten hatte, ließ ihm die tibetische Etikette keine andere Wahl, als den Wunsch seines Lehrers zu erfüllen – egal wie bizarr der auch war.

Shamarpa waren diese Intrigen zuwider. Um eine Kraftprobe während der Zeremonien zu vermeiden und zu verhindern, dass der 17. Karmapa ein Bürger Rotchinas wurde, fasste er den Entschluss, Sonada zu verlassen. Er entschuldigte sich bei dem alten Kalu Rinpoche und reiste nach Delhi, um die ersten Arbeiten beim Bau des Karmapa Instituts zu überwachen. So blieb sein Sitz in Sonada während der letzten vier Monate der Zeremonien auffallend leer.

Überall sonst wäre das ein Verstoß gegen die gesellschaftlichen Konventionen gewesen, für die Tibeter jedoch kam die plötzliche Abreise Shamarpas einem Erdbeben gleich. Um weitere Peinlichkeiten zu vermeiden, wurde als Ersatz eiligst Beru Khyentse Rinpoche, ebenfalls ein bedeutender Kagyü-Lama, herbeigeschafft. Shamarpas Gegner verwendeten seine plötzliche Abreise sofort als weiteren Beweis für seine Arroganz und sein überhebliches Benehmen. Während ihr Plan, den nächsten Karmapa in Tibet zu etablieren, zerschlagen wurde, mussten die drei Tulkus zu der Überzeugung gelangt sein, in Shamarpa einen cleveren Spieler vor sich zu haben – seine plötzliche Abreise aus Sonada bezeugte dies. Nun konnte es keinen Zweifel geben, dass er sich nach Delhi begeben hatte, um sich endgültig in den Besitz von Karmapas Land zu bringen.

Trotz ihrer Behauptung, einen Dieb auf frischer Tat ertappt zu haben, blieb den drei Linienhaltern ein Auftritt vor Gericht verwehrt. Der Generalsekretär hatte Rechtsanwälte engagiert, die die Absurdität der Anklage belegen konnten. Das fragliche Grundstück war dem 16. Karmapa von der indischen Premierministerin Indira Ghandi geschenkt worden. Aus verschiedenen – politischen und anderen – Gründen hatte die indische Regierung ihm das Land für 99 Jahre zur Pacht überlassen. Zum Nachweis dessen wurde pro Jahr ein Pachtzins von einer Rupie erhoben. Der faktische Eigentümer des Grundstückes war also der indische Staat und nicht Karmapa. Der Vorwurf, man habe Seiner Heiligkeit das Land weggenommen und an jemand anderen überschrieben, war damit hinfällig.

Nach dem Tod des 16. Karmapa mussten die Grundstückspapiere korrigiert werden, da die vorliegenden Originalunterlagen mehrere Fehler enthielten. Dafür brauchte es einen rechtmäßigen Unterzeichner, der den 16. Karmapa vertrat. Zu diesem Zeitpunkt war die Gruppen-Regentschaft der vier Rinpoches bereits etabliert, und Shamarpa war an der Reihe, die Geschäfte der Linie zu führen. Der Karmapa Charitable Trust war noch nicht wiederentdeckt worden, und so war es nur folgerichtig, dass Shamarpa den korrigierten Pachtvertrag unterzeichnete. Diesen Vertrag hatte Lea Terhune ausgegraben und war zu dem Schluss gelangt, dass Shamar Rinpoches Unterschrift unter dem neuen Vertrag bedeuten musste, dass er das Grundstück an sich gebracht hatte. Die Rinpoches hatten dem bereitwillig zugestimmt.

Nun war Shamarpa an der Reihe, seinen Kameraden mit rechtlichen Schritten zu drohen. Da er den dreien nicht mehr zutraute, für die Linie einzustehen, bot er an, die vorbereitete Klage gegen sie fallenzulassen, wenn sie sich im Gegenzug bereit erklärten, die Gruppen-Regentschaft zu beenden. Erleichtert ergriffen Jamgön und Gyaltsab Rinpoche die Gelegenheit, sich aus der Affäre zu ziehen, und unterschrieben die entsprechende Erklärung. So endete die gemeinsame Regentschaft über die Kagyü-Linie nach nur wenigen unbeständigen Jahren. In Karmapas Organisation übernahm nun Künzig Shamarpa, wie bislang üblich, die Rolle des Stellvertreters seiner Heiligkeit, wenn auch nur, um bei formellen Anlässen in seinem Namen aufzutreten. Wie zuvor vereinbart, waren die vier Rinpoches weiterhin gemeinsam mit dem Prozess der Anerkennung des 17. Karmapa betraut. Shamar Tulku hielt es für das Beste, die drei nicht allein auf die heikle Aufgabe loszulassen. Die jüngsten Annäherungsversuche des kommunistischen China an Situ Rinpoche waren nicht nur besorgniserregend, sondern regelrecht gefährlich. Die Betreuung und Verwaltung von Karmapas Vermögen und seinen Projekten oblag weiterhin dem Charitable Trust.

Die bizarre Episode hatte wohl die positive Nebenwirkung, Shamarpas Augen für die unehrliche Vorgehensweise seiner Ordensbrüder zu öffnen. Sie schmiedete eine enge Allianz zwischen Shamarpa und dem Generalsekretär, der sich dauernden Angriffen ausgesetzt sah, weil er beharrlich versuchte, die Linie von ihrem mittelalterlichen Ballast zu befreien. Topga Yulgyal und Shamar Rinpoche wurden von nun an zu Partnern in dem Bestreben, moderne Werte in das Leben in Rumtek einzuführen und der etwas antiquierten Linie frisches Blut in die Adern zu pumpen.

Diese noble Absicht verschaffte dem Generalsekretär erbitterte Feinde und fügte der Liste von Shamarpas bereits vorhandenen Widersachern einige neue hinzu.

Von ihrem groben Fehlgriff unbeirrt, beschränkten Tai Situ und Gyaltsab Tulku von nun an jeden Kontakt zum Hauptregenten und zum Generalsekretär auf rein offizielle Angelegenheiten. Diese neue Haltung war mitnichten nur eine belanglose Rivalität. Zwei Jahre nach Karmapas Tod offenbarte sich an der Spitze ein Bruch, der sich bereits seit der Verbrennungszeremonie abgezeichnet hatte.

Anders als seine beiden Mitstreiter war Jamgön Kongtrul bemüht, sein Verhalten zu ändern. Er erkannte, dass sie Shamarpa Unrecht getan hatten, gestand seinen Fehler ein und baute eine neue Beziehung zum höchsten Regenten auf, die auf Vertrauen und Respekt gegenüber seiner Stellung beruhte. Diese mühsam erarbeitete Zusammenarbeit wurde fast zehn Jahre später durch einen tragischen Zwischenfall jäh beendet, der die Ereignisse mit auslöste, über die in diesem Buch berichtet wird.

Kapitel 4

Die Verleumdung

Schon kurz nach der Verbrennungszeremonie beflügelte die Suche nach der siebzehnten Inkarnation Gyalwa Karmapas die Phantasie seiner Schüler. Die Tibeter übertrafen sich gegenseitig mit eigenwilligen Ideen über Ort und Identität seiner nächsten Wiedergeburt. Mit jedem Jahr wurden die Theorien gewagter und die Öffentlichkeit mit einer neuen exotischen Auswahl an Anwärtern auf Karmapas Thron konfrontiert. Sie reichten von einem bhutanesischen Mitglied der Königsfamilie bis zu einem in Amerika geborenen Tibeter.

Beispielhaft für diese Spekulationen war die bemerkenswerte Aktivität von Bardo Tulku, einem Lama des Kagyü-Klosters in Woodstock nördlich von New York. Bereits 1983 hatte er mit einem hinterlistigen Angriff auf Shamarpa und Topgala einen ersten Versuch gestartet, Berühmtheit zu erlangen. Dabei war nicht klar, ob seine haltlose Kampagne Teil einer abgestimmten Strategie oder sein ganz persönlicher Streich war. Auf jeden Fall gipfelte sie in einer Reihe vergifteter Briefe an Herrscher und Würdenträger im Osten. Lama Bardo erprobte seine literarische Begabung und seine Neigung, Polizist zu spielen, und beschuldigte den höchsten Linienhalter sowie den Generalsekretär des Diebstahls an Karmapas Eigentum in Delhi. Topgala wurde nicht nur zum Dieb, sondern gar zum Dämonen erklärt, dem es irgendwie gelungen war, den jungen Shamar Tulku unter seinen korrupten Einfluss zu bringen. Bei seinem rechtschaffenen Versuch, zwei Schwindler zu entlarven, vergaß Bardo Tulku jedoch zu erwähnen, dass die eilends herbeigeschafften Beweise auf einem groben Fehler von Lea Terhune beruhten, die, nachdem sie aus Rumtek hinausgeworfen worden war, Situ Rinpoches Sekretärin wurde. Die Fäden der Verschwörung verwoben sich immer dichter.

Unzufrieden mit der geringen Resonanz auf seine literarische Eskapade beschloss Bardo Tulku, seine Redekunst zu erpro-ben. Mit großem Aufwand und Spektakel beglückte er die Öffentlichkeit mit der großspurigen Verkündigung, die glückliche Frau, die den künftigen Karmapa in ihrem Leibe trage, sei ausgerechnet seine eigene. Wie er einen solch klaren Einblick in den Bauch seiner Frau erlangt hatte, blieb ein Rätsel. Dennoch beeindruckte sein salbungsvolles Auftreten die Mitglieder seiner Organisation offensichtlich so, dass er – jedem gesunden Menschenverstand zum Trotz – ein gewisses Maß an Unterstützung fand. Die ganze Aufregung legte sich allerdings schnell, als seine Frau ein Mädchen zur Welt brachte. Traditionell inkarnieren sich alle Karmapas in einem männlichen Körper.

Von 1984 an sahen sich die Linienhalter mit immer lauter werdenden Forderungen nach einer Aussage zum nächsten Karmapa konfrontiert. Tibeter verstehen es meisterhaft, ihre geliebten Rinpoches unter Druck zu setzen: Sie hören nicht auf, demütig zu bitten, zu loben und zu betteln, bis der belagerte Lama klein beigibt. All diesen Hitzköpfen gab Lama Ole den einfachen Rat: „Wir müssen nichts überstürzen. Nur die vier Linienhalter tragen die Verantwortung für das Auffinden des 17. Karmapas, und wenn die Zeit reif ist, werden sie ganz sicher liefern."

Und sie lieferten: 1986 verkündeten die vier Eminenzen zur Freude und Begeisterung der Kagyü-Schüler aus der ganzen Welt, dass der Brief mit den Voraussagen des 16. Karmapas endlich gefunden sei. Die überschwängliche Freude wurde ein wenig durch die Bekanntgabe getrübt, dass das Testament einen zusätzlichen Brief enthalte. In dieser ergänzenden Botschaft bat der 16. Karmapa seine Schüler, eine große Anzahl von Mantras zu sprechen und Rituale zu vollziehen, bevor der Inhalt des eigentlichen Briefes, der die Details zu seiner 17. Wiedergeburt enthalte, preisgegeben werden könne. Die zusätzlichen Rituale seien nötig, um gewaltige Hindernisse zu beseitigen. Obwohl die Zahl der Mantras weit in die Milliarden reichte, krempelten die Kagyüs überall auf der Welt die Ärmel hoch, und die Aufgabe war bald erfüllt.

Im Mai 1988 bestätigte der Stab von Rumtek, dass alle geforderten Rituale vollzogen und somit die Hindernisse, die der Testamentseröffnung im Wege standen, beseitigt seien.[1] (Brief Nummer 1, Nummern beziehen sich auf die Verweise, Seite 357) Doch während die Schüler freudvoll ihre Leistung feierten, zögerten die Linienhalter die ersehnte Ankündigung weiter hinaus. Aus unerfindlichem Grund, doch mit größter Entschiedenheit, versuchten sie, das ganze Thema zu meiden.

Mit derselben Entschlossenheit schienen sie auch einander zu meiden. Nach ihrer inspirierenden Bekanntmachung im Jahr 1986 gelang es den Vieren, im Lauf der nächsten vier Jahre lediglich dreimal offiziell zusammenzukommen. Und ihre Treffen waren nicht nur selten, sondern auch weitgehend ergebnislos. Es hatte den Anschein, dass die Beratungen, die zum Teil in Fünf-Sterne-Hotels stattfanden, nicht zum Kern der Sache vordrangen. Charakteristisch war das Treffen in Neu-Delhi im März 1990: Zwar veröffentlichten die Linienhalter eine einmütige Erklärung an den Karmapa-Trust, wagten sich dabei aber nicht über eine historische Einschätzung der Beweismittel hinaus, die zur Bestätigung der Wiedergeburt eines Karmapas erforderlich waren. Schriftliche Anweisungen einerseits sowie die Taten der Reinkarnation andererseits seien zwingend erforderliche Komponenten, um die Authentizität des Verfahrens zu gewährleisten. Es war dies zweifellos eine wohlüberlegte Bewertung, auffallend unerwähnt jedoch blieb der Testamentsbrief, den die Regenten – wie sich alle Welt gut erinnern konnte – 1986 gefunden und bis zur Vollendung der Rituale unter Verschluss hatten halten wollen.

•

Von 1990 an stieg der Druck, Karmapa zu präsentieren, und die Forderungen wurden immer anmaßender, während die Begegnungen der vier Tulkus sogar noch seltener wurden. Gerüchte kursierten und eine wilde Theorie jagte die andere. Plötzlich meldete sich eine ganze Reihe erfahrener Gruppierungen in der politischen Szene des Ostens zu Wort. Alle sangen das gleiche

Lied: sofortige Anerkennung des 17. Karmapa. Neu war dieses Mal eine Liste von Anschuldigungen, die sich in erster Linie gegen den Generalsekretär, aber auch gegen Shamarpa richteten. Die beiden wurden beschuldigt, den Prozess der Anerkennung absichtlich zu behindern. Topgala, der zu den wichtigsten finanziellen Unterstützern Rumteks zählte, bereichere sich angeblich am Vermögen des Klosters und hege selbst große Ambitionen: Im Verbund mit Shamarpa wolle er einen bhutanesischen Prinzen als den 17. Karmapa inthronisieren. Die Tiraden gegen die beiden wirkten gut aufeinander abgestimmt, und zahlreiche Aufrufe und Erklärungen wurden an Klöster und Politiker im Osten verschickt. Dabei wurden die Beschimpfungen von Mal zu Mal aggressiver, bis Shamarpa und Topgala bald unter Dauerbeschuss aufgebrachter „Verteidiger" von Karmapas Erbe standen.

Bezeichnenderweise fanden die „zornigen Bürger Tibets" viel Lob für eine herausragende Persönlichkeit: Situpa, der einzige unter den vier Linienhaltern, der sich für schnelles Handeln aussprach. Ein klares Muster der Kampagne zeichnete sich ab: Der wohlmeinende und zum Handeln bereite Situpa gegen praktisch alle anderen. Waren all die Behauptungen und Beschuldigungen lediglich ein spontaner, wenn auch verantwortungsloser Ausbruch gesellschaftlich erwachter Tibeter? Oder zog jemand im Hintergrund heimlich die Fäden der Zwietracht? Solche Fragen wagte niemand öffentlich zu stellen, zumindest nicht zu dieser Zeit.

Während die tibetische Gerüchteküche brodelte, wurd deutlich, dass die vier Regenten wenig taten, um die Gerüchte zu zerstreuen. Liest man die Briefe, die sie sich in jenen Tagen schrieben, kann man sich des Eindrucks nicht erwehren, dass womöglich Stolz ihre Urteilsfähigkeit beeinträchtigte. Die meisten Treffen kamen nicht zustande, weil sich die Eminenzen nicht auf Zeit und Ort einigen konnten und Situpa und Shamarpa unter keinen Umständen die Vorschläge des jeweils anderen akzeptieren wollten. Situpa machte sich gar nicht erst die Mühe, zu einem Treffen zu erscheinen, das der Generalsekretär Topgala einberufen hatte, während Shamarpa seinen Widersacher in typisch königlicher Manier einfach ignorierte.

In Wahrheit war es an der Spitze der Linie zu einer Spaltung gekommen. Der Versuch, nach der Verbrennungszeremonie Karmapas Herz in Beschlag zu nehmen, der missliche Plan, Shamarpa vor Gericht zu bringen, sowie die jüngste Verleumdungskampagne waren Teile eines bewussten Versuches, den obersten Linienhalter von seinem Sitz zu vertreiben. Wer steckte dahinter? Künftige Ereignisse würden die wichtigsten Drahtzieher und das ganze Ausmaß der Verschwörung ans Tageslicht bringen. Zu diesem Zeitpunkt jedoch wirkte das alles noch wie schlichte Plänkeleien zwischen den sturen Regenten. Shamarpa, voll und ganz ein Gentleman, ahnte nicht, dass der Boden unter seinen Füßen bereits brannte und dass sich hinter den Streitereien und Lügen eine weitaus bedrohlichere Intrige zusammenbraute.

Noch beschränkten sich die heraufbeschworene Empörung und die Unruhe auf den Osten. Abgesehen von Samye Ling in Schottland und Woodstock bei New York war die Stim-mungsmache gegen den obersten Linienhalter und den Ge-neralsekretär hauptsächlich eine tibetische Erscheinung. Während die Leiter dieser beiden Zentren eine plötzliche und unerwartete Abneigung gegen Shamarpa und Topgala entwickelt hatten und pflichtbewusst auch noch das übelste Gerede in Umlauf brachten, hatten die Leute in den von Lama Ole gegründeten Zentren wenig Ahnung von und noch weniger Interesse an asiatischer Politik. In ihrer Tagesordnung ging es um die Praxis und darum, im modernen Leben nützlich zu sein. Die wenigen Gerüchte, die bis nach Europa gelangten, wurden wie exotische Geschichten gelesen – scharfe Zugaben zu einem ansonsten perfekten Mahl. Sämtliche Rinpoches galten noch immer als unfehlbar und heilig, und die Schüler in Europa wussten nichts von dem Geschiebe und Gezerre, das sich hinter den Kulissen abspielte.

Getreu dem Rat Karmapas hielten Hannah und Ole die Gruppen unter ihrer Leitung von Politik fern. Lama Ole verurteilte das Gerede über eine Spaltung an der Spitze der Linie und betonte, dass sich Karmapa in traditioneller Weise zeigen werde, wenn die Zeit reif sei. Einen einzigen Rat gab er dreien der Tulkus immer wieder: „Es darf keine öffentliche Verlautbarung geben, bevor das Kind nicht in Rumtek in Sicherheit ist. Wenn uns die Chinesen im Nacken sitzen, können wir nicht arbeiten."

Für den Fall, dass sich Karmapa dazu entschlossen haben sollte, in Tibet wiedergeboren zu werden, entwarf Ole einen Plan, um ihn so schnell wie möglich aus der Reichweite Chinas nach Indien zu bringen. Die Jahre des Schmuggelns verbotener Substanzen über so manche Grenze waren nicht vergebens gewesen, und Oles Sachkenntnisse auf diesem Gebiet würden der Linie vielleicht bald dienlich sein. Hannah und Ole weihten Shamarpa in ihren Plan ein und besprachen mit Jamgön Kongtrul und Gyaltsab Rinpoche ihre Sorge über eine vorzeitige Bekanntmachung. Die drei Regenten verstanden die Wichtigkeit eines sicheren Endergebnisses und waren sich einig, dass der erste Schritt sein müsse, Karmapa in die Freiheit außerhalb des chinesisch kontrollierten Tibets zu bringen.

Während Ole Gerüchte zurückwies und die Gemüter beruhigte, führte er in Wahrheit einen mühsamen Kampf für die Einheit der Linie. Nach fast zwanzig Jahren Arbeit mit den Tibetern machte er sich nicht mehr viele Illusionen über die „charmanteren Wesenszüge" im Charakter der Himalaja-Nation. Alle Lamas, die mit der heimlichen Absicht nach Europa kamen, auf Kosten von Karmapas Zentren eine eigene Organisation aufzubauen, wurden gebeten, nach Hause zurückzukehren. Die wenigen, die darauf beharrten zu bleiben, endeten am Rande der stetig wachsenden europäischen Buddhisten-Szene oder wurden dabei unterstützt, ihr Glück in Amerika zu versuchen. Dadurch blieb die Kagyü-Linie in Europa stark und unter einem Dach vereint. Außer in Frankreich und England, wo Lama Ole keine Verantwortung hatte, wurden aus Mönchen und Lamas, die zu Besuch kamen, keine dauerhaft ansässigen Rinpoches.

So diszipliniert und praxisorientiert die europäischen Buddhisten waren, irgendwann befassten auch sie sich mit der brennenden Frage nach Karmapas nächster Inkarnation. Verleumdungen und heftigen Lobbyismus wie im Osten gab es zwar kaum, doch nach zehn langen Jahren des Wartens waren die Leute ungeduldig genug, um eigene Strategien zu entwickeln. Einmal fiel selbst Hannah den andauernden Gerüchten zum Opfer: 1990 wollte sie während Oles alljährlicher Tour um die Welt in Sydney einen Vogel als Geschenk für einen ganz besonderen Menschen kaufen, der sich angeblich in Rumtek aufhielt. Angeblich war das Shamarpas Idee gewesen, und Hannah, die seine Vertraute war und für Jamgön Kongtrul und Gyaltsab Rinpoche übersetzte, war überzeugt, dass dies das ersehnte Zeichen war. Jeder kannte die Vorliebe des letzten Karmapa für Vögel, und so kam der Rest der Gruppe schnell dahinter, für wen dieses eigenartige Geschenk bestimmt war. Die australischen Quarantänegesetze sorgten jedoch dafür, dass Hannah mit leeren Händen nach Rumtek kam. Obendrein traf die Gruppe nicht wie erhofft auf Karmapa, sondern auf Jamgön Kongtrul, der wenig Neues zu berichten hatte.

Zu Beginn des Jahres 1992 war die allgemeine Stimmung zunehmend von gespannten Erwartungen geprägt. Zwei der Eminenzen, Jamgön Kongtrul und Gyaltsab Rinpoche, brachen ihr traditionelles Schweigen und deuteten vorsichtig an, dass eine Verlautbarung bevorstehen könnte. Die allermeisten waren davon überzeugt, dass die langersehnte Bekanntmachung nur noch Monate oder gar Wochen auf sich warten lassen würde. Die Temperatur näherte sich dem Siedepunkt, und nur wenige im Westen ahnten von den Schlägen, die hinter den Kulissen ausgeteilt wurden. Studenten planten schon ihre Reise nach Rumtek und sogen begierig jeden Hinweis auf, der sie in ihrem Wunschdenken bestätigte. Die Tausende von Westlern, die durch Lama Ole Karmapas Segen kennengelernt hatten, waren bereit für den großen Moment in ihrem buddhistischen Leben.

Kapitel 5

Die Stille

Am 3. Januar 1992 bestieg Ole mit fünfzehn nahen Freunden in einem tristen Bahnhof im ehemaligen Ost-Berlin einen russischen Zug, der sie ins tiefste Sibirien bringen sollte. Es war der Beginn einer von Lama Oles alljährlichen Vortragstouren rund um die Welt. Durch seine ununterbrochene Reise- und Lehrtätigkeit hatte Lama Ole seit 1972 bereits 130 Karma-Kagyü-Zentren im Westen gegründet – eine beeindruckende Leistung, die bis zu diesem Zeitpunkt kein anderer tibetischer Lehrer in vergleichbarer Weise für sich verbuchen konnte. Dieses weite Netzwerk an Gruppen und die große Zahl an Schülern brachten es mit sich, dass er tagtäglich unterwegs war. Er reiste von Zentrum zu Zentrum, hielt jeden Abend vor immer mehr Zuhörern Vorträge und war damit zur treibenden Kraft hinter dem beispiellosen Wachstum der Kagyü-Linie in der modernen Welt geworden.

Dieses Jahr sollten wir zum ersten Mal durch die Weiten Sibiriens sowie kreuz und quer durch die Mongolei und China reisen, bevor wir zum tibetischen Neujahrsfest in Rumtek eintreffen würden. Etwa einhundert Menschen hatten sich am Bahnhof versammelt, um ihren Lehrer zu verabschieden. Als der Zug in die eiskalte Nacht Richtung Osten verschwand, waren sich alle sicher, dass ihr Lama auf dem Weg war, den 17. Karmapa zu treffen. Nach Jahren voller schlechter Vorzeichen, Hindernissen und vorsichtigen Annäherungsversuchen schienen die Linienhalter endlich bereit, Farbe zu bekennen. Auch Hannah und Ole waren überzeugt, dass Großes in der Luft lag. Sie hatten beste Voraussetzungen, die neuesten Bewegungen an der Spitze deuten zu können, und beschlossen, ihre Schüler vorsichtig zu ermutigen, zum bevorstehenden Neujahrsfest nach Rumtek zu kommen. Auf der Reise gen Osten schauten sie erwartungsvoll in die Zukunft.

•

Nach der Zugreise durch Russland, die Mongolei und China flog unsere Gruppe nach Bagdogra in Indien, nur 150 Kilometer von Rumtek, dem Hauptziel unserer Reise, entfernt. Schon bald würde sich der Vorhang zum ersten Akt des Kagyü-Dramas heben.

Unser Konvoi indischer Ambassador-Taxis verließ den Flughafen von Bagdogra und tauchte ein in das regellose Durcheinander aus Motor-Rikschas, Bussen, Handkarren und Motorrädern, das sich durch die engen, mit Schlaglöchern übersäten Straßen kämpfte. Das Spektakel einer exotischen Ansammlung von Gefährten, die sich verbissen Zentimeter um Zentimeter vorwärts kämpften, wurde von dem grauenhaften Lärm trötender Autohupen verstärkt. Hupen war für die Fahrer offenbar so natürlich wie Atmen. Außerhalb Bagdogras erwarteten uns neue Gefahren: Kühe, die erst im letzten Moment zu sehen waren, erschrockene Dorfbewohner, die wie erstarrt mitten auf der dunklen Straße standen, und unmarkierte Bremsschwellen, die hinter Kurven lauerten. Bei diesen wenig gastfreundlichen Bedingungen kamen das Dorf Rumtek und das Kloster erst in den frühen Morgenstunden in Sicht.

Rumtek, der Hauptsitz des 16. Karmapas und ein wichtiges Zentrum buddhistischer Ausbildung, bestand aus zwei Dutzend Häusern entlang der Straße, die zu dem imposanten Kloster und der neu erbauten Universität hinaufführte. Als unser Konvoi langsam auf den Hof fuhr, hallte in der Ferne scharfes Hundegebell wider. Wir bemerkten die Veränderungen sofort. Mitten im Klosterhof war ein Siegesbanner errichtet worden, und die alten, heruntergekommenen Wohnquartiere der Mönche waren von der Bildfläche verschwunden. Aus dem Klosterinnern drang ein rhythmischer, kraftvoller Gesang an unsere Ohren. Wir erkannten die Anrufung an Mahakala, den Hauptschützer der Kagyüs, die vor dem tibetischen Neujahr sieben Tage lang ununterbrochen rezitiert wurde. Unsere Stimmung hob sich, wir standen wie angewurzelt da und genossen die Magie des Augenblicks und den Segen des Ortes. Hannah und Ole mochten tief im Herzen gespürt haben, dass dies die letzten Augenblicke eines heiligen

Rumtek waren. Das Bellen der Hunde kam näher, und plötzlich war der Bann gebrochen. Nur ungern gingen wir ins Dorf, um Tsultrim Namgyal und seine Familie – unsere Gastgeber und vertrauten Freunde – zu wecken.

Am nächsten Morgen versammelten Hannah und Ole die Freunde um sich, die aus Europa eingeflogen waren, um Zeuge zu sein, wenn Geschichte geschrieben wurde: der erste öffentliche Auftritt des 17. Karmapas. Doch die Geschichte lief an jenem Morgen an uns vorbei. Unsere hochfliegenden Hoffnungen wurden alsbald von Jamgön Kongtrul Rinpoche zunichte gemacht. Er sprach in Karmapas privaten Räumen im ersten Stock des Klosters zu uns, entschuldigte sich dafür, falsche Hoffnungen geweckt zu haben, und kramte erneut das inzwischen allseits bekannte Versprechen hervor, dass eine Verlautbarung nun in Kürze bevorstehe. Nach einer beschwerlichen dreimonatigen Reise durch Tibet sah er müde, fast ausgezehrt aus und war sichtlich nicht in der Stimmung, über den Zeitpunkt des ersten öffentlichen Auftritts Karmapas zu spekulieren. Es war nicht zu übersehen, dass er so gut es ging von dem heißen Thema abrücken wollte.

Denkt man an die offiziellen Treffen unserer Gruppe mit verschiedenen hohen Lamas zurück, so fällt auf, wie inhaltsleer sie aus heutiger Sicht erscheinen. Nach dem üblichen „Tashi Delek" oder „Hallo" blieb dem Lama für gewöhnlich die Luft weg, er gab kaum ein weiteres Wort von sich und ließ die Westler in stummer Erwartung auf dem Boden sitzend verharren. Was auch immer an Austausch stattfand, geschah nicht auf der verbalen Ebene. Was nicht heißen soll, dass sich die Westler nicht genug beachtet fühlten. Ganz im Gegenteil: Jede einzelne Geste des Lamas wurde sorgfältig analysiert und unverzüglich interpretiert. Wir alle bestaunten das gelegentliche Lächeln des Lamas und wussten genau, was er wirklich meinte – besonders dann, wenn er es nicht sagte. Solange es keine Skandale gab, konnte sich der Westen eine solche Naivität leisten, und das Treffen mit Jamgön Kongtrul verlief ziemlich genau nach diesem passiven Schema. Nachdem er uns versichert hatte, dass er alles unter Kontrolle habe, wechselte

Rinpoche ein paar tibetische Sätze mit Hannah – und plötzlich war alles vorbei. Wir konnten der Reihe nach an ihm vorbeimarschieren und einen Segen erhalten. Sein schweigsamer Auftritt bestätigte jedoch nur, was allen schon als sicher galt: Große Neuigkeiten standen bevor. Zu diesem Zeitpunkt ahnten wir nicht, dass sich hinter Rinpoches Zurückhaltung nichts anderes verbarg als Betrug, Täuschung und ein sich abzeichnender Streit an der Spitze der Linie.

Hannah und Ole ließen sich von der reservierten Art Jamgön Kongtruls nicht so leicht täuschen. Sie sahen, dass die letzte Tibetreise seinen Gemütszustand und seine Gesundheit in Mitleidenschaft gezogen hatte. Er war abwesend und ausweichend und wollte sich auf keine Aussage festlegen, die über die nächsten zwei Monate hinausging. Hannah war besonders enttäuscht, weil es ihr nicht gelungen war, Rinpoches Aufmerksamkeit auf seine geplante Australienreise zu lenken. Die Veränderung in seinem Verhalten war auffallend, und es war ein ungewöhnliches Omen für die wichtigen Ereignisse, die der Linie bevorstanden.

•

Ole arbeitete tagsüber in Namgyals Haus und gab abends Vorträge für die ungefähr 80 Westler, die nach Rumtek gekommen waren. Hannah drehte ihre Runden und besprach sich mit den drei Rinpoches, die sich in Rumtek aufhielten. Situ Rinpoche hatte anscheinend Wichtigeres zu tun gefunden und war, wie jedes Jahr seit Karmapas Verbrennung, bei den Neujahrszeremonien in Rumtek nicht dabei. Seine Abwesenheit war ein weiterer Beleg dafür, dass es bei den Feierlichkeiten wohl keine Ankündigung geben würde. Wie beim Kagyü-Treffen nach Karmapas Verbrennung vereinbart, waren die vier Linienhalter gemeinsam für die Auffindung des 17. Karmapa verantwortlich. Eine wichtige öffentliche Ankündigung war daher nicht möglich, ohne dass alle vier gemeinsam anwesend waren.

Ein Abendessen mit Gyaltsab Rinpoche brachte eine weitere

Überraschung. Sherab Tharchin, Rinpoches rechte Hand und einer der Hauptakteure im kommenden Drama, musste wohl gedacht haben, ein Essen mit seinem Lama könne mehr Würze vertragen als das allgegenwärtige Chili. Zur Verblüffung und Bestürzung der wenigen Anwesenden erzählte er aus heiterem Himmel, warum Rinpoche immer so in Eile sei und nach jeder Einweihung praktisch vom Thron sprang und davonlief: um sein Meerschweinchen zu füttern und zu streicheln. Alle lächelten höflich und nickten taktvoll – als sei es das Normalste auf der Welt, dass ein hoher Lama nach einer Zeremonie davoneilte, um mit seinem Haustier zu spielen. In Wahrheit wussten wir nicht so genau, was von dieser ungewöhnlichen Mitteilung zu halten war, und versuchten so gut wie möglich, von dem bizarren und heiklen Thema abzulenken.

Sherab Tharchin ließ sich davon nicht entmutigen. Offensichtlich gefiel ihm die Wirkung seiner Worte auf die Zuhörer, und er plauderte weitere anschauliche Details aus dem Alltag seines Lamas aus. Es stellte sich heraus, dass das edle Meerschweinchen einen zentralen Platz in Gyaltsabs Leben einnahm, dass seine ganze Sorge und Aufmerksamkeit im Grunde ihm galten. Hannah versuchte, den nun sehr freimütigen Sherab zum Schweigen zu bringen, als Rinpoche selbst beschloss, uns die Ehre zu erweisen, sein geliebtes Haustier sehen zu dürfen. Es war das erste Mal, dass er Interesse an der Runde zeigte, und er war sichtlich bewegt, dass sein allerliebstes Tierchen Gegenstand unserer Neugier war. Er versammelte uns um seinen Meditationstisch und zog unter einem Regal mit Dharmatexten vorsichtig einen Käfig hervor. Zum Vorschein kam ein weiß-braunes Meerschweinchen, dem all die Liebe und Hingabe, die ihm entgegengebracht wurden, sichtlich gleichgültig waren. Die ganze Situation hatte etwas Absurdes, und Rinpoche wirkte kindisch und für einen Linienhalter der Karma-Kagyü-Schule ausgesprochen unreif. In den folgenden Monaten, als das Kagyü-Drama seinen Lauf nahm, entpuppte sich derselbe Rinpoche als regelrecht böswilliger Mensch ohne jedes Mitgefühl mit seinen tibetischen Landsleuten. Diesen boshaften Charakterzug bemerkten wir bei dieser Gelegenheit noch nicht, doch zum ersten Mal war der Schleier, der die Privatsphäre eines hohen Lamas umgab, gehoben worden und wir hatten einen Einblick in sein Alltagsleben bekommen. Was wir gesehen hatten, war verstörend genug, um uns alle in eine nachdenkliche, ernste Stimmung zu versetzen. Wir verließen das Zimmer in ahnungsvoller Stille und dachten an Meerschweinchen, geschwätzige Diener und ungeliebte Rinpoches, die im Erwachsenenalter die warme Berührung kleiner Pelztierchen brauchten.

Yongdu, mit bürgerlichem Namen Ward Holmes, ein Freund aus Hawaii, dem Ole geholfen hatte, eine Stiftung zum Wiederaufbau des Klosters Tsurphu zu gründen, verbreitete eigene Gerüchte und Insidergeschichten. Die große Neuigkeit, die er unermüdlich in Rumtek hinausposaunte, lautete, Situ Rinpoche habe soeben in Osttibet den neuen Trungpa Tulku gefunden. Diese Nachricht war sicherlich hoch brisant, doch angesichts Trungpas eigener Vorhersage über seine Wiederkehr eher zweifelhaft. Einige Jahre vor seinem Tod hatte der umstrittene Tulku angekündigt, als gewöhnlicher japanischer Arbeiter wiederzukehren. Dabei war schwer zu sagen, ob es die klare Vision eines wahren Meisters oder das verwirrte Gestammel eines Mannes gewesen war, der sich ausgiebig dem Sake, japanischem Reiswein, hingegeben hatte.

Trungpas plötzliche Wiederkehr, die Situs Siegel trug, vermittelte uns den Eindruck, dass der große Tai Situ ganz einfach einen Annäherungsversuch an die Überreste der einst mächtigen Vajradhatu-Organisation Trungpas unternahm. Überhaupt hatte der Linienhalter Gerüchten zufolge in jüngster Zeit nicht weniger als 300 Tulkus anerkannt. Eine beeindruckend hohe Produktivität, doch die Tatsache, dass die allermeisten Kandidaten aus einer einzigen Gegend in der Nähe von Palpung, Situs Hauptkloster in Tibet, stammten, warf einen Schatten auf die Glaubwürdigkeit seiner Auswahl. Auch überstieg die astronomische Zahl von mehreren hundert anerkannten Tulkus in wenigen Jahren alles, was der 16. Karmapa erreicht hatte.

Es wurde allgemein angenommen, dass es Akong Tulku war, der das Übereinkommen zwischen Situ Rinpoche und den kommunistischen Chinesen vermittelt hatte, das die Anerkennung so vieler Tulkus im besetzten Tibet überhaupt erst möglich machte. Und so betritt der Mann, der wesentlich für das bevorstehende Kagyü-Drama verantwortlich zeichnete, die Seiten dieses Buches. Da erscheint es wichtig, den Leser mit einigen Ereignissen aus der Vergangenheit dieser zwielichtigen Gestalt vertraut zu machen.

Akong war Mitte der sechziger Jahre als einer von vier Auserwählten einer renommierten Ausbildungsstätte für Tulkus im westlichen Himalaja nach England gekommen. Die Idee, die jungen Hoffnungsträger nach Europa zu schicken, stammte von Gelongma Palmo (Freda Bedi), einer traditionellen buddhistischen Nonne mit guten Verbindungen. Sie hatte ihren Einfluss und ihre Überredungskunst dazu genutzt, Karmapa davon zu überzeugen, dass ein frühzeitiges Auftreten ausgebildeter Tibeter in Europa eine dauerhafte Brücke zwischen Tibet und dem Westen schlagen könne. Wie sich herausstellte, wären Tibet und der Westen besser dran gewesen, hätte sie auf Karmapa gehört und die Tulkus in der restriktiven Umgebung gelassen, in der sie sich auskannten - die neu entdeckten Freiheiten bekamen ihnen nicht gut. Von den vieren sorgte nur Ato Rinpoche nicht für Kontroversen, er ließ sich schließlich in Südengland nieder, wo er ein ruhiges Leben führte. Heute wird er als lebendiges, wenn auch nicht allzu spannendes Beispiel für die Vorzüge des Buddhismus respektiert. Die anderen drei schafften es, den Buddhismus im Osten wie im Westen in Verruf zu bringen, und die Brücken, die sie schlugen, hatten meist Verwirrung oder Entsetzen zur Folge.

Akong und Trungpa waren zweifellos die beiden energischsten, aber auch die fragwürdigsten Individuen der Gruppe. Sie heg-ten ehrgeizige Ziele und sahen sich selbst als Sprachrohr des Buddhismus und als künftige Führer der Linie im Westen. Die Harmonie zwischen den beiden war von kurzer Dauer; der unvermeidliche Zusammenstoß, der bereits seit ihrer Ankunft in England gedroht hatte, kam mit aller Heftigkeit. Zum Erstaunen ihres kleinen Kreises von Helfern vor Ort und zur großen Bestürzung derer, die sie nach England geschickt hatten, lieferten sich die beiden ehrenwerten Tulkus hitzige Wortgefechte und belegten sich in aller Öffentlichkeit mit üblen Beschimpfungen. In einer frühen Ausgabe von Trungpas Buch Born in Tibet bezeichnet er Akong als paranoid und intrigant. Als die zwei schließlich auseinander gingen, sollten sie sich nie wieder als Freunde begegnen.

Trungpa beschloss, sein Glück in Amerika zu versuchen. In Großbritannien wurde er wegen Drogenmissbrauchs in Samye Ling, einem Zurückziehungszentrum, das er zusammen mit Akong in Schottland gegründet hatte, polizeilich gesucht. Nachdem er sich eine Zeitlang im Stall versteckt gehalten hatte, wagte er den Sprung über den Atlantik, wo er mit Hilfe anderer die Vajradhatu-Organisation gründete. In kürzester Zeit wurden die Lehren Buddhas in den Dienst einer pyramidenförmigen Institution gestellt, die alle Merkmale eines kleinen feudalistischen Königreichs aus dem alten Tibet besaß. Der Lama – ein König mit Hofstaat, der nach seinen Launen tanzte – herrschte unangefochten, während die Schüler mehrheitlich zu einer Herde gehorsamer Schäfchen geformt wurden. Nachdem er einige berühmte Intellektuelle aus den Sechzigern unter seine Fittiche genommen hatte, ergötzte Trungpa sich zunehmend an seiner neugefundenen Rolle als Guru der „verrückten Weisheit". Sein schockierendes Benehmen muss die Menschen beeindruckt haben, denn er konnte finanzielle und andere Unterstützung für sich und seine Organisation gewinnen. Die Madison Avenue mit ihren Agenturen wurde auf ihn aufmerksam, und es erschien eine Reihe von Büchern, die aus seinen Vorträgen zusammengestellt worden waren und bei denen er als Autor firmierte. So wurden die höchsten Prinzipien des Buddhismus dem westlichen Geist zugänglich gemacht. Eine Zeit lang genoss Vajradhatu landesweit ein hohes Ansehen, und Trungpa selbst diente aufstrebenden tibetischen Lamas als Beispiel, wie man im Westen erfolgreich sein konnte. Doch das System war im Innersten faul. Der spirituelle Führer und der enge Kreis seiner Lieblinge führten das Leben missratener Prinzen; sie feierten Saufgelage und Orgien, die sogar die dekadenten Kaiser im alten Rom beeindruckt hätten. Derweil wurde Hunderten gewöhnlichen Mitgliedern eine jahrelange und roboterhafte Praxis der Sitzmeditation vorgeschrieben, die nicht nur ihr Hirn austrocknete, sondern auch ihren Geldbeutel leerte. Trungpa starb als Alkoholiker, und sein Regent Özel Tenzin wurde von seinen männlichen Liebhabern beschuldigt, sie in den Jahren 1983 bis 1988 wissentlich mit dem HIV-Virus infiziert zu haben. Tenzin selbst starb 1990 an Aids.

Der Sturm, der nach diesen sensationellen Enthüllungen losbrach, versetzte dem Buddhismus in Amerika einen schweren Schlag und stellte die Karma Kagyü auf eine Stufe mit den übelsten skandalumwitterten Sekten. In typisch asiatischer Manier, weder hinzuschauen noch einzugreifen, ließ die Spitze der Linie Trungpa trotz seiner Exzesse praktisch ungestraft davonkommen. Trotz aller Anklagen, die privat geäußert wurden, brachte keiner der edlen Rinpoches den Mut und die Entschlossenheit auf, Trungpa und Tenzin öffentlich zu verurteilen. Nach guter alter tibetischer Tradition unterließen es die hohen Lamas, einen der ihren zur Rechenschaft zu ziehen. Gewohnheiten aus alten Tagen waren wohl stärker als ihr Urteilsvermögen. Werte wie Ehrlichkeit und Verantwortlichkeit wurden alten Verbindungen, politischen Loyalitäten und der Macht der Vajradhatu-Organisation geopfert. Einzig Lama Ole prangerte Tenzins skandalöses Verhalten an und befreite die Linie noch von ein paar weiteren Leichen im Keller. Es überraschte nicht, dass seine Bemühungen an der Spitze der Linie auf wenig Unterstützung trafen. Die ehrenwerten Lamas steckten den Kopf in den Sand, und Trungpa blieb – zumindest offiziell – ein Vorbild der Tugend.

Akong war aus anderem Holz geschnitzt als sein Konkurrent. Ihm fehlte eindeutig Trungpas Charisma und er zog weder Ruhm noch Aufmerksamkeit auf sich. Seine Vorträge waren eher langweilig und uninspirierend – man wurde das Gefühl nicht los, dass es seinen Intellekt ernsthaft auf die Probe stellte, buddhistische Vorträge zu halten. Meist blühte er am Ende seiner

Marathonvorträge auf, wenn er sich über sein Lieblingsthema, die buddhistische Politik, auslassen durfte. Klein und kräftig gebaut, mit einem bulldoggenartigen Kopf, der direkt auf dem stämmigen Körper zu sitzen schien, besaß Akong eine Eigenschaft, die alle anderen Züge seines schwerfälligen Charakters in den Schatten stellte: Geduld und Ausdauer beim Verfolgen seiner langfristigen Interessen.

Der junge Tulku muss sich seine ehrgeizigen Ziele schon kurz nach seiner Ankunft in England gesetzt haben. Zuerst schickte er seinen Bruder, der mit derselben Frau verheiratet war wie er, in eine geschlossene Zurückziehung. Dann kam die Zeit zum Handeln. Da er sich nichts aus dem verschwenderischen und exzessiven Lebensstil machte, der Trungpa zu Fall bringen sollte, war sein Ziel weniger extravagant und sehr viel konkreter: Kontrolle über das wachsende Karma-Kagyü-Haus in Europa. So machte er sich daran, die noch sehr junge buddhistische Szene zu erobern, gerade als Hannah und Ole begannen, bleibenden Einfluss auf die Zukunft des Buddhismus im Westen zu nehmen. Doch seine ungehobelten Manieren und sein nackter Ehrgeiz brüskierten fast alle in Europa. Beim ersten Besuch Karmapas in Europa 1974 weigerten sich die französischen Zentren, ihn als Mitglied von Karmapas Reisegruppe zu empfangen. Schlussendlich musste Karmapa selbst Akongs Expansionsplänen Einhalt gebieten. Immer wieder appellierte er an Hannah und Ole, nur nicht Akongs Beispiel zu folgen. Da nur noch die Belgier auf seiner Seite standen, blieb Akong nichts Anderes übrig, als nach Samye Ling zurückzukehren, wo er in den folgenden Jahren in Vergessenheit geriet, ohne selbst vergessen zu können.

Mit dem scharfen Auge des Taktikers sah Akong nach Karmapas Tod, als sich die Spaltung zwischen den beiden Linienhaltern Situpa und Shamarpa abzuzeichnen begann, seine Stunde gekommen. Irgendwann in den frühen Achtzigern muss er beschlossen haben, sein Gewicht und sein Zentrum in Schottland hinter Situpa zu stellen. Er überschrieb Samye Ling an Situ Rinpoche und übernahm daraufhin die Rolle des Ratgebers und der grauen Eminenz und zuletzt die des Emissärs im kommunistischen China. Wie es ihm gelungen war, das Vertrauen Chinas zu gewinnen, war nicht ganz klar, doch schon kurz nach seinen ersten Auftritten an Situpas Seite verkehrte er bereits mit führenden Männern Pekings. Gerüchten zufolge soll er seine Kontaktpersonen in Chinas Hauptstadt auch mit großen Geldsummen überhäuft haben, die von seiner 1980 gegründeten Hilfsorganisation Rogpa stammten. Letztendlich muss es den heimlichen Absichten der Chinesen entgegengekommen sein, einen von Karmapas Regenten zu Gast zu haben. Und so bekam Akong die Erlaubnis, Situ Rinpoches Reisen nach Ost-Tibet zu organisieren - nur wenige Jahre nach der historischen Mission, die den Bruder des Dalai Lama 1979 nach Lhasa geführt hatte, um mit den Rotchinesen Gespräche zu führen und Zugeständnisse zu erwirken. Und obwohl weitere Gesandte mit noch ausgefeilteren Vorschlägen aus Dharamsala folgten, erreichte der Dalai Lama nur wenig. Die Chinesen waren gerissen und unflexibel wie immer, und am Ende waren es wieder nur die Tibeter, die Zugeständnisse machten.

Situpa hingegen schien das Unmögliche zu gelingen. 1985 durfte er in das gesperrte Kham einreisen, und eine Zeitlang sonnte er sich in der neu gefundenen Rolle des Beschützers des Buddhismus in seinem besetzten Land. Seine Reisen durch Ost-Tibet – seit der chinesischen Besetzung die ersten eines hohen tibetischen Lamas – galten als großer Erfolg. Sie wurden als Sieg über die Kommunisten bejubelt und als erster Schritt auf dem Weg zum Wiederaufbau des Buddhismus im Land des Schnees gefeiert. Die Vorstellung von dem Rinpoche, der Hunderte von Khampas trifft und segnet und in seinem heimischen Kham ebenso viele Tulkus anerkennt, war in der Tat bewegend. In einer Zeit, in der jegliche Lama-Tätigkeit in dem zerstörten Land praktisch verboten war, muss sie bei den Exiltibetern einen tiefen Eindruck hinterlassen und hohe Erwartungen geweckt haben.

Die Menschen ahnten nicht, dass die triumphalen Besuche an strenge Bedingungen geknüpft waren. Niemand weiß, ob Situpa sich im Klaren war, welchen Preis seine bejubelte Einreise nach Kham haben würde. Man könnte im Zweifelsfall zu seinen Gunsten entscheiden und annehmen, dass er sich hatte täuschen lassen und wirklich glaubte, die Chinesen hätten in Punkto Religionsfreiheit für die Tibeter einen echten Sinneswandel vollzogen und aus Anstand und gutem Willen beschlossen, alles wieder aufzubauen, was sie zwei Jahrzehnte zuvor so sorgfältig zerstört hatten. Diese Annahme spräche zwar weder besonders für seinen Verstand noch für seinen politischen Instinkt, ließe ihn aber zumindest ehrlich, wenn auch etwas naiv und einfältig erscheinen. Sein gewiefter Berater Akong Tulku jedoch musste sich der schwerwiegenden Konsequenzen, die eine Partnerschaft mit den Kommunisten mit sich brachte, bewusst gewesen sein. Peking hatte ganz gewiss nicht vor, Tibet einfach vom Haken zu lassen, und wenn es zu irgendwelchen Zugeständnissen bereit war, dann allein aus taktischen Gründen. Für jede Gefälligkeit würde China im Gegenzug zehn Gefälligkeiten zurückfordern und sich sicherlich auch nehmen. Situpa und Akong sollten schon bald herausfinden, dass Tibet und der Tibetische Buddhismus einen hohen Preis für ihre anfänglich erfolgreichen Abmachungen mit den Kommunisten zahlen würden. Der Konflikt, der die Kagyü-Linie erschüttern sollte, war eine unmittelbare Folge der unglückseligen Verstrickung eines Kagyü-Regenten mit den Besatzern seines Landes.

Auch Situpas enormer Kraftakt, hunderte Tulkus anzuerkennen, beeindruckte zwar durch seine Größenordnung, wirkte inhaltlich aber doch recht dubios. Seine plötzliche ungeheure Fruchtbarkeit auf diesem Gebiet ließ ahnen, dass es ihm eher darum ging, für einen noch unbestimmten, in der Zukunft liegenden Zweck eine Machtbasis aufzubauen, als echte Tulkus ausfindig zu machen.

Heute gibt es keinen Zweifel daran, dass das Erscheinen des Regenten in seinem unterdrückten Land eine Folge der neuen und wesentlich raffinierteren Politik war, die das chinesische Politbüro nach Maos Tod einschlug. Mit dem Aufstieg Deng Xiaopings wurde Pragmatismus zur offiziellen Strategie. Die kommunistische Führung hatte erkannt, dass die widerspenstigen Tibeter nur zu kontrollieren waren, indem man einige Klöster wieder aufbaute und der strengen Kontrolle der Regierung unterstellte. Zu diesem Zweck mussten die Oberhäupter der Klöster von Peking bestimmt werden. Die Kommunisten legten dabei einen außerordentlichen Pragmatismus an den Tag: Sie setzten einfach einen kaiserlichen Erlass des 6. Kaisers Quianlong wieder in Kraft, demzufolge tibetische Tulkus durch eine Lotterie zu bestimmen waren. Der weitsichtige Herrscher der späten Qing-Dynastie hatte zudem angeordnet, dass die Kandidaten von der kaiserlichen Ratsversammlung ernannt wurden. Und so sicherte sich Rot-China durch die Berufung auf die Tradition und einen historischen Erlass das alleinige Recht, Wiedergeburten tibetischer Lamas zu ernennen und anzuerkennen. Es stand zu erwarten, dass die alten revolutionären Garden schon bald das Meditieren anfangen würden.

Ungeachtet der weltanschaulichen Widersprüche brannten die chinesischen Führer darauf, Quianlongs längst verstaubten Erlass wiederzubeleben, und begannen ihre Jagd nach einer geeigneten Zielscheibe, mit deren Hilfe die Tibeter gezähmt werden konnten. Der Panchen Lama, Zweithöchster in der Hierarchie der Gelugpas, war noch am Leben und an seinem neuen Hauptsitz in Peking ganz auf chinesischer Regierungslinie. Und so nahmen die Chinesen Karmapa ins Visier, der 1981 gestorben war. Vermutlich mit Akongs Hilfe wurde Situ Rinpoche erstmals 1982 und noch einmal 1984 in die chinesische Hauptstadt eingeladen. Offenbar erwies er sich als ungewöhnlich geschmeidiger Unterhändler, pflichtbewusster Bote und schließlich als treuer Partner. Shamarpa erinnerte sich noch gut, wie Tai Situ ihm ein kompliziertes Angebot unterbreitete, nach Peking zu reisen, um Gespräche mit der chinesischen Führung aufzunehmen. Der Hauptregent der Kagyü-Linie lehnte höflich ab und überließ – was möglicherweise unklug war – seinem Kollegen die Ehre. Der Pakt, den Situpa – aus Dummheit oder bösartiger Machtgier – mit den Chinesen geschlossen haben muss, trug schon bald erste Früchte: 1985 öffneten sich Tibets verschlossene Türen für den jungen Regenten. Auf den wahren Preis dieses undurchsichtigen Pakts mussten der Himalaja und der Rest der Welt aber noch fast ein ganzes Jahrzehnt warten.

•

In Rumtek zeigte Yongdu derweil voller Stolz die nächste Kuriosität herum: ein Thangka (tibetisches religiöses Rollbild), das den zuvor erwähnten ehrenwerten Trungpa Tulku darstellte. Bequem auf einem Sofa ausgestreckt und von einer stattlichen Anzahl heiliger Ikonen und glücksverheißender Symbole umgeben, glich Trungpa eher einem orientalischen Prinzen als einem hart arbeitenden Lama. In einer Ecke des Bildes, demütig zu Füßen seines Gurus, kauerte Trungpas Stellvertreter Özel Tenzin, einstiger Hoffnungsträger und nun gefallener Führer der Vajradhatu-Organisation. Den skandalumwitterten Tenzin auf einem tibetischen Thangka abzubilden, zeugte entweder von schlechtem Geschmack oder von völliger Unwissenheit, was diese Bilder darstellen sollen: die Qualitäten des erleuchteten Geistes. Was auch immer Tenzin darstellte, von Erleuchtung war es weit entfernt.

Im Laufe dieses tibetischen Neujahrsfestes erhielten wir alle einen unerwarteten Einblick in das Treiben der Vajradhatu-Organisation. Ein prominentes Mitglied dieser vornehmen Gesellschaft hatte sich nach Rumtek begeben, um sich für den schwer beschädigten Ruf seiner Firma einzusetzen. Er tat sich dadurch hervor, dass er beständig ein Glas irgendeines alkoholischen Mixgetränks mit sich führte und den Großteil seiner Energie darauf verwandte, das stattliche Gefäß zu leeren. Im Dreiteiler und ununterbrochen, auch während der rituellen Lamatänze, an seinem Getränk nippend, hätte er bestens zur Ausstattung einer Firmen-Cocktailparty gepasst, im Himalaja jedoch wirkte er völlig fehl am Platz. Wir staunten über dieses Spektakel. Trungpas Hierarchie anzugehören war offensichtlich etwas ganz Anderes als der frische, praktische Stil unserer Freunde.

In jenem Jahr gab es während der Lama-Tänze ein sehr unheilverkündendes Zeichen. Ein sechseckiges hölzernes Gestell, das alles Negative des vergangenen Jahres aufnehmen sollte, sollte nach Abschluss der Tänze feierlich verbrannt werden. Dafür war ein großes Feuer geschürt worden. Alle Teilnehmer sollten das Gestell in die Flammen werfen und dadurch jegliche Verbindung zur Negativität der vergangenen zwölf Monate abschneiden. Als Nendo Tulku, der neue Ritualmeister von Rumtek, das massive Gestell mit Hilfe mehrerer Mönche ins Feuer wuchten wollte, landete es neben den Flammen. Energisch versuchten sie es noch einmal, aber umsonst. Es schien, als weigerte sich die Holzkonstruktion, verbrannt zu werden. Wir eilten den Tibetern zu Hilfe und versuchten es gemeinsam, aber trotz größter Anstrengungen brauchten wir länger als eine Viertelstunde, um das störrische Gestell ins Feuer zu schieben. Damals machte sich niemand Gedanken darüber, doch als später das Unglück hereinbrach und die Linie auseinanderfiel, erinnerten wir uns auf einmal an unseren Kampf mit dem schweren Gestell. Offenbar war die Negativität des vergangenen Jahres eine ernstzunehmende Angelegenheit, und es brauchte drastischere Maßnahmen als eine Feuerzeremonie, um sie umzuwandeln.

Als das Neujahrsfest zu Ende ging, packten wir unsere vielen Taschen und bereiteten uns auf die Abreise aus Rumtek vor. Am letzten Abend sollte Jamgön Kongtrul für uns Europäer einen Vortrag halten. Wir freuten uns darauf, und einige hofften, endlich etwas Konkreteres zu hören zu bekommen als das übliche Versprechen einer baldigen Ankündigung. Am selben Abend aber verstarb in Gangtok ein alter sikkimesischer Schüler des 16. Karmapa, und Jamgön Kongtrul eilte zu ihm, um eine Zeremonie durchzuführen. Kongtrul's Vortrag wurde abgesagt, und obwohl die Gruppe bis tief in die Nacht wartete, bekamen unsere Freunde Jamgön Rinpoche nicht mehr zu Gesicht. Nur Hannah und Ole konnten sich noch ganz kurz von ihm verabschieden. Als wir früh am nächsten Morgen den Bus bestiegen, war es ein eigenartiges Gefühl, Rinpoche vor unserer Abreise nicht mehr gesehen zu haben. Uns alle beschlich ein unerklärliches Gefühl des Verlusts. Wie sich später herausstellte, lagen wir mit unserer Intuition richtiger, als uns lieb sein konnte. Der Verlust sollte sehr bald Wirklichkeit werden. Jamgön Tulku, ein hoher Lehrer und naher Schüler Gyalwa Karmapas, würde bald seinen letzten Auftritt haben.

Als unser indischer „Luxusbus" die schmale, holprige Straße nach Ranipul und Gangtok hinunterfuhr, verschwand hinter uns das Kloster in den Wolken. Schon bald sollten sich noch dichtere Wolken über Rumtek zusammenbrauen, und das Kloster würde sich bis zur Unkenntlichkeit verändern. Der Kagyü-Krieg bahnte sich an, und in den ersten Monaten des Konflikts würde Rumtek im Mittelpunkt der Ereignisse stehen. Während wir uns der verdorrten indischen Tiefebene näherten, ging ein langes Kapitel in Hannahs und Oles Aktivität zu Ende. Wir hatten das Bild des Klosters noch im Geist. Die wenigen Minuten, die wir vor Karmapas Herzstupa verbracht hatten, kamen mit Kraft zurück. Zu diesem Zeitpunkt rechnete niemand damit, dass die Tage des heiligen Rumteks gezählt waren. Nach dreiundzwanzig Jahren inspirierender Besuche und erfolgreicher Zusammenarbeit mit Karmapas Hauptzentrum verließen Hannah und Ole diesen Ort für lange Zeit, möglicherweise für immer.

Kapitel 6

Der erste Schuss

Für die nächsten vier Wochen – von Mitte Februar bis Mitte März 1992 – reiste Lama Ole mit einer kleinen Gruppe Schüler auf die Südhalbkugel. Es ging nach Australien – Oles dritter Besuch „Down Under". Hauptzweck der Reise war, das Kagyü-Zentrum in New South Wales zu unterstützen. Lama Trijam war ein alter Bekannter aus der Zeit im Ost-Himalaja. Der 16. Karmapa hatte ihn nach Sydney geschickt, wo er mit vierjähriger Verspätung eingetroffen war und sich nun redlich bemühte, das Zentrum am Leben zu halten. Doch die Zeiten hatten sich geändert, und sein altmodischer tibetischer Stil und sein praktisch unverständliches Englisch machten ihn zu einem exotischen Relikt. Seine Möglichkeiten, den Australiern den Dharma zu vermitteln, waren äußerst begrenzt.

In letzter Zeit hatte das Zentrum hauptsächlich dank Lama Oles regelmäßiger Besuche überlebt. Einen Monat vor Oles Ankunft erfuhr die Stelle regelmäßig einen deutlichen Anstieg der Betriebsamkeit, der noch bis zu einem Monat nach seiner Abreise anhielt. Den Rest des Jahres fiel auf, dass all die strahlenden Gesichter fehlten, die für gewöhnlich bei Oles Vorträgen zu sehen waren. Mit seiner folkloristischen Art schaffte es Lama Trijam, die meisten Leute zu vergraulen. Zugleich war er ein Lehrer mit großem Wissen und ein alter Freund. Da Karmapa selbst ihn nach Australien geschickt hatte, hielt er dort tapfer die Stellung, und Ole fühlte sich verpflichtet, ihm trotz allem zu helfen und ihn zu schützen.

In Sydney angekommen, erreichten uns schlechte Nachrichten aus Asien. Hannah geriet zunehmend unter Druck, weil sie die Details zu Jamgön Kongtruls geplanter Vortragsreise durch Australien mit ihm abklären musste. Der letzte Besuch war abge-sagt worden, weil Rinpoche im letzten Augenblick entschieden hatte, stattdessen nach Tibet zu reisen. Dieses Mal war Hannah fest entschlossen, Kongtrul auf seine Zusage festzunageln. Während unseres kurzen Aufenthalts in Rumtek war es uns nicht gelungen, ihn für das Programm in Australien zu interessieren. Er war bei allem, was über die nächsten Monate hinausging, ungewöhnlich vage geblieben. Aber Hannah gab nicht auf. Sobald wir in Sydney einer anständigen Telefonverbindung habhaft wurden, machte sie sich an die mühsame Prozedur, seine Nummer in Kathmandu zu wählen. Wie nicht anders zu erwarten, erwies es sich als äußerst schwierig, zur nepalesischen Hauptstadt durchzudringen. Kommunikation war nicht Nepals Stärke, und insbesondere das Fernmeldewesen schien im Land noch nicht richtig Fuß gefasst zu haben.

Als sie nach zwei Tagen endlich Kathmandu in der Leitung hatte, klang Jamgön Kongtrul ungewöhnlich unbestimmt. Dabsang Rinpoche, ein hoher Kagyü-Lama aus Nepal, war unerwartet in Hongkong verstorben. Die Umstände seines Todes waren einigermaßen bizarr. Rinpoches chinesische Schüler hatten eine Herzoperation für ihn organisiert. Wie alle Tibeter seines Alters, die gern Buttertee tranken, litt Dabsang an zu hohem Blutdruck, der allerdings keine Operation erforderte. Seine Schüler aber beharrten auf einem Eingriff und priesen die hohen Hygienestandards und die Effizienz des Gesundheitssystems der damaligen englischen Kronkolonie an. Um alle Zweifel auszuräumen, wurde auch Situpa – Dabsangs Schüler – um Rat gefragt. Der junge Regent lieferte eine glasklare Weissagung ab: Lama Dabsang solle sich unters Messer begeben. Es war nicht ganz klar, ob Dabsang Rinpoche eine Auszeit von der unerträglich schlechten Luft in Kathmandu nehmen oder in seinem großen Mitgefühl seine gesundheitsorientierten Schüler nicht enttäuschen wollte. Vielleicht wollte er auch Tai Situ nicht widersprechen. Am Ende jedenfalls landete er auf dem Operationstisch und unterzog sich einer Herzoperation, die er eigentlich nicht brauchte.

Die Operation war offenbar gut verlaufen, bis auf ein kleines Detail. In dem Bemühen, den Eingriff möglichst schnell abzuschließen, hatte der Chirurg in Dabsangs Brustkorb eine Schere vergessen – eine eher unerwartete Entwicklung. Nach der stundenlangen, anstrengenden Operation musste das ganze Procedere wiederholt und Rinpoches Brustkorb ein zweites Mal geöffnet werden, um das Werkzeug des guten Doktors herauszuholen. Dieser zweite Eingriff war dann doch zu viel für sein inzwischen geschwächtes Herz, und als der Chirurg und sein Team ihn ein zweites Mal zugenäht hatten, war Dabsang tot.

Jamgön Kongtrul war schockiert, fast schon verzweifelt. Ein ums andere Mal wiederholte er, dass dieser Todesfall nie hätte geschehen dürfen und dass der Verlust eine große Katastrophe sei. Natürlich war es ein sehr unglückliches und trauriges Ereignis, aber Kongtruls Reaktion stand in keinem Verhältnis dazu. Schließlich ging es um einen hohen Lama, der den Sterbeprozess ganz sicher gemeistert hatte. Auch war Jamgön Kongtrul selbst eine der höchsten Wiedergeburten, da hätte seine Trauer nicht so kategorisch ausfallen müssen. Sie wirkte zu extrem, und am Ende des Gesprächs blieben wir mit dem Gefühl zurück, dass Schwierigkeiten bevorstanden. Rinpoches Australienreise war nicht einmal erwähnt worden.

Das sollte nicht unser letzter dramatischer Austausch mit Asien sein. Hannah war auch für Gyaltsabpas Europareise zuständig. Der war nicht sonderlich erpicht darauf, sein warmes Nest in Rumtek zu verlassen, aber Hannah war auch nicht gewillt, unsere europäischen Freunde zu enttäuschen. Am Ende hatte die Vernunft gesiegt und Rinpoche gnädig eingewilligt, Europa im Sommer 1992 zu besuchen. Während des tibetischen Neujahrsfestes war es schwierig gewesen, seine Aufmerksamkeit von seinem geliebten Haustier abzulenken, und so hatte sich die Planung der Reise verzögert. Nun wurde Rinpoche deutlich mitteilsamer. In Sydney erreichte Hannah ein dringendes Telegramm aus Sikkim. Die Nachricht war kurz und bündig: Gyaltsab sagte sämtliche Termine außerhalb Sikkims bis zum Jahresende ab. Wir erfuhren, dass die vier Linienhalter am 16. März in Rumtek zusammenkommen wollten. Überaus wichtige und glückverheißende Ereignisse stünden bevor, und Rinpoches

Anwesenheit und volle Aufmerksamkeit würden im Osten gebraucht.

Dies war der erste direkte Hinweis von einem der vier Regenten, dass eine Verlautbarung bezüglich des 17. Karmapa unmittelbar bevorstand. Wie sich alle Welt gut erinnern konnte, waren die vier Linienhalter zuletzt 1986 in Rumtek zusammengekommen und hatten bei dieser Gelegenheit eine Erklärung zu Karmapas Vorhersagebrief abgegeben. Seit dieser gefeierten Bekanntmachung hatte sich verdächtiges Schweigen breitgemacht, und das nächste Treffen der vier Eminenzen fand erst im Jahre 1990 statt. Angesichts der Bedeutung ihres Auftrags mussten einem die Zusammenkünfte unnatürlich selten und sporadisch vorkommen. Immerhin waren die vier mit der enormen Aufgabe betraut, Karmapas nächste Inkarnation zu finden. Man hätte erwarten können, dass ein so wichtiges Unterfangen einen regelmäßigeren Austausch erforderte. Gyaltsabpas Mitteilung ließ nun vermuten, dass gesunder Menschenverstand die Oberhand über ihre kleinlichen Rivalitäten gewonnen hatte. Endlich waren die Regenten von ihren hohen Rössern gestiegen und hatten sich auf ein Treffen in Rumtek geeinigt.

Grund für das Treffen war allerdings nicht nur der Wunsch, die Karmapa-Frage gemeinsam anzugehen. 1989 hatte Situ Rinpoche den anderen drei Regenten verkündet, er sei im Besitz von „guten Nachrichten, vergleichbar den Freudenschreien der Pfauen".[2] Eine überaus optimistische Behauptung, doch musste Situpa später zu dem Schluss gekommen sein, dass sie für die anderen wohl zu freudvoll war, jedenfalls behielt er sie beim Treffen der Regenten 1990 in Delhi für sich. Nach einer zweiten ergebnislosen Zusammenkunft in Delhi brauchten sie volle zwei Jahre, um sich zu einem weiteren persönlichen Treffen durchzuringen. Und obwohl Shamarpa die ganze Zeit vorhatte, seinen Rivalen nach dem großartigen „Pfauen" zu fragen, brach ihre Kommunikation bei jeder Gelegenheit ab. Als Topgala sich einschaltete und die Regenten aufforderte, ihre Bemühungen besser abzustimmen, wurde er von Situpa weitgehend ignoriert. Am

Ende willigte Tai Situ jedoch ein, die anderen drei am 16. März in Rumtek zu treffen.[3]

Hannah und Ole erfuhren von diesem peinlichen Hin und Her nichts. Der andauernde Kleinkrieg zwischen den Rinpoches war ein wohlgehütetes Geheimnis. Kein Mensch ahnte, dass die noblen Rinpoches teilweise erbitterte Rivalen waren, und die westliche Kagyü-Welt lebte in der Illusion großer Harmonie. Der Schleier, der über das Leben der Lamas gebreitet war, war immer noch dicht genug, um die Wahrheit zu verbergen. Und obwohl Hannah, die lange mit dreien von ihnen gereist war und für sie übersetzt hatte, wohl gelegentlich einen Blick hinter diesen Schleier hatte erhaschen können, konnte auch sie sich nicht vorstellen, wie groß die Kluft war. Der Sturm, der bald losbrechen sollte, kam für sie genauso überraschend wie zweifellos für alle westlichen Schüler, die ihren tibetischen Lehrern kritiklos vertraut hatten.

•

Kurz vor dem 16. März flogen wir nach Christchurch, der größten Stadt auf der Südinsel Neuseelands, wo die „Kiwis" ihren ersten Kurs im bewussten Sterben erhalten sollten. Das Phowa – so der tibetische Name dieser Praxis – ist eine einzigartige Methode, die vor Jahrhunderten von dem indischen Yogi und Gelehrten Naropa, einem der Vorväter der Kagyü-Schule, gegeben worden war. Beim Phowa lernt man, den Sterbeprozess zu meistern und, wenn die Zeit gekommen ist, den Körper auf „Autopilot" zu verlassen. Lama Ole, ein Halter dieser Praxis, war über die Jahre zum Phowa-Experten geworden und hatte seine Übertragung an viele Tausend westliche und mittlerweile auch einige chinesische Schüler weitergegeben. Die Ergebnisse waren außergewöhnlich gut, denn die Praktizierenden bekamen das Zeichen des Erfolgs – eine kleine Öffnung oben in der Schädeldecke – in der Rekordzeit von vier bis fünf Tagen. Tibetische Lamas brauchten gewöhnlich sieben bis zehn Tage, um mit ihren Schülern denselben Effekt zu erzielen.

Oles damals neuestes Buch Riding the Tiger (Über alle Grenzen) stand kurz vor der Veröffentlichung in Amerika. Die letzten Ergänzungen, zwei Landkarten, die Oles umfangreiche Reisen um die Welt und seine geheime Tibet-Reise im Jahr 1986 abbildeten, wurden während dieses Kurses fertiggestellt. Paul Clemens, unser Verleger in Kalifornien, gab seine Zustimmung, und die Druckerpresse setzte sich in Bewegung. Nach fast zwei Jahren harter Arbeit sollte das wertvolle Manuskript endlich das Licht der Öffentlichkeit erblicken. In wenigen Wochen würde Lama Oles Bericht über die letzten zwanzig Jahre, in denen er den Tibetischen Buddhismus in den Westen gebracht hatte, in den Buchläden stehen. Als wir die lang ersehnte erste Auflage einige Monate später in den Händen hielten, wurde uns klar, dass sie - trotz allem - zu früh erschienen war. Die Erzählung endete kurz bevor im „Kagyü-Krieg“ die ersten Schüsse fielen. Zwar war das Buch äußerst kritisch, kompromisslos und direkt und nicht mit der Illusion von einem heiligen Tibet geschrieben, aber doch mit der Illusion von der Heiligkeit der Kagyü-Linienhalter. Die letzten Buchseiten waren kaum aus der Druckerpresse gelaufen, da begannen einige Linienhalter, ihr heiliges Image erfolgreich öffentlich zu demontieren und stattdessen ganz unheilige Eigenschaften wie Gier, Stolz und Machtgelüste an den Tag zu legen. Diese unerwartete Wende öffnete uns die Augen für die Wahrheit, zeigte aber auch, dass Über alle Grenzen am Ende unvollständig war, da die dramatischen Ereignisse ab Juni 1992 fehlten. Das ergab den Grund dafür, dieses Buch zu schreiben: Die Details zu liefern, von denen in Über alle Grenzen noch nicht berichtet werden konnte.

In Indien fand derweil das für den 16. März anvisierte Treffen allen feierlichen Versprechungen zum Trotz nicht statt. Situpa hatte ganz plötzlich seine Meinung geändert und seine Ankunft in Rumtek verschoben. Als neuer Termin wurde der 19. März bestimmt. Während die Temperaturen stiegen, setzten wir unsere Reise durch die Südsee fort. Ausgerechnet vor der paradiesischen Kulisse der Pazifikinseln wurde unsere heile Beziehung zum Tibetischen Buddhismus unerwartet erschüttert. Am 17. März erreichte uns Sys, die es zwei Tage lang vergeblich versucht hatte, auf Hawaii. Ihre Neuigkeiten waren alarmierend. Alle Kagyü-Zentren weltweit hatten einen mysteriösen Brief erhalten.[4] Eine Gruppe tibetischer Geschäftsleute aus Nepal, die unter dem Namen „Derge Association" firmierte, rief die Schüler Karmapas auf, sich de facto gegen die gemeinsame Führung der vier Linienhalter zu erheben und Karmapas Hauptregenten zu ignorieren. Shamarpa und Generalsekretär Topgala wurden in dem Brief mit den härtesten Worten bedacht. Ihnen wurde vorgeworfen, den Prozess der Anerkennung absichtlich zu verschleppen. In deutlichem Gegensatz dazu wurde Situpa als der einzige beschrieben, der in der Lage sei, die 17. Inkarnation Karmapas aufzufinden. Der harsche Ton war ein echter Schlag. War das wirklich ein Aufruf zur Rebellion? Wollte da jemand die Kagyü-Hierarchie durcheinander bringen und Situpa an die Spitze der Linie setzen? Ole verstand die kämpferische Nachricht sofort. „Das bedeutet Krieg", verkündete er, als wir noch um das Telefon versammelt standen. Wir alle schluckten schwer. Die unschuldigen Zeiten des westlichen Flirts mit dem Tibetischen Buddhismus waren vorbei. Lama Oles Arbeit der letzten zwanzig Jahre würde ernsthaft auf die Probe gestellt werden.

Lama Ole, der nie ein Blatt vor den Mund nahm, reagierte sofort: „Wer auch immer die Urheber sein mögen, wir müssen sie wissen lassen, dass Europa auf ihr Gekeife nicht hören wird." Um ein deutliches Zeichen zu setzen und Situpas Führungsanspruch zurückzuweisen, wies Ole alle seine Zentren an, die Briefe mit einem kurzen Vermerk auf der Rückseite zurückzuschicken: „Belästigt uns nie wieder mit euren abscheulichen Briefen." Dann fiel ihm eine noch nachdrücklichere Variante ein: „Jedes Zentrum sollte ihnen ein paar deutliche Worte auf Toilettenpapier schreiben ... unbenutzt", fügte er scherzend hinzu. Bei der Vorstellung von solcherart beschriebenem Toilettenpapier, das ganz unerwartet in Nepal eintraf, brachen wir alle in Gelächter aus.

Die Spannung war verflogen, und wir waren uns einig, dass es die beste Reaktion auf diese gefährliche Nachricht war, sie lächerlich zu machen. Die Leute in den Zentren machten sich an die Arbeit, und schon kurze Zeit später flogen Berge von sorgfältig gefaltetem Toilettenpapier, gespickt mit starken Worten, nach Asien, um den Mitgliedern der „Derge Association" eine Abfuhr zu erteilen.

Am 19. März feierten wir Oles 51. Geburtstag. Es war unser letzter Tag auf Hawaii, und wir waren gespannt, was die nächsten Monate bringen würden. Ole, der seinen ersten Schachzug getan hatte, wirkte völlig entspannt. Als hätte er schon länger damit gerechnet, fühlte er sich erleichtert, nachdem der erste Schlag ausgeteilt war. Die Instinkte aus seinen früheren Lebzeiten als tibetischer General waren erwacht.

Kapitel 7

Der Zusammenbruch

Die Neuigkeiten vom Treffen in Rumtek erreichten uns in San Francisco. Im Souterrain unseres neuen Zentrums in der Nähe von Twin Peaks versuchte Hannah geduldig ein ums andere Mal, nach Indien zu telefonieren. Als sie endlich Gyaltsabpa in der Leitung hatte, versuchte ich, ihre unbewegte Miene zu lesen und den tibetischen Wortschwall, der aus dem Hörer sprudelte, zu verstehen. Da meine Tibetisch-Kenntnisse kaum über das übliche „Tashi Delek“ hinausreichten, war das nicht gerade einfach. Es hätte deutlich mehr gebraucht, um die hastig hervorgebrachten Worte Gyaltsabpas zu entschlüsseln.

Einzelheiten über das Treffen gab es kaum, dennoch war die Nachricht ermutigend. In freudigem Ton berichtete Gyaltsabpa, nach mehrstündigen Beratungen seien die Regenten übereingekommen, im Oktober wieder zusammenzukommen und ein offizielles und abschließendes Kommuniqué über die 17. Inkarnation des Karmapa vorzulegen. In der Zwischenzeit würde Jamgön Rinpoche eilends nach Tibet reisen. Mehr konnte Gyaltsab Rinpoche offenbar nicht preisgeben; er betonte lediglich, die vier Regenten hätten beschlossen, bis Oktober keine offiziellen Verlautbarungen abzugeben. So vage seine Auskünfte auch waren, wir zogen daraus die Schlüsse, die sie deutlich nahelegten. Die Linienhalter hatten Karmapa endlich gefunden und wollten ihn nun wie durch ein Wunder nach Indien befördern. Und bevor er nicht sicher in Rumtek eingetroffen war, konnte es verständlicherweise keine öffentliche Bekanntmachung geben.

Irgendwie passte dieses rosarote Bild nicht ganz zu dem, was drum herum geschah. Für einen Moment glaubte Ole, die Lösung sei in Reichweite. Gyaltsabpas flotter und selbstsicherer Ton zeigte Wirkung. Neuigkeiten aus Woodstock und den mit ihm verbundenen amerikanischen Karma Theksum Chöling Zentren (KTC) sollten jedoch bald das Gegenteil beweisen.

Das Kloster Woodstock, das in den späten siebziger Jahren als Karmapas Hauptsitz in Amerika gegründet worden war, war von politischen Intrigen geprägt und schien unfähig, seiner eigentlichen Aufgabe gerecht zu werden. Es befand sich in der malerischen, grünen Hügellandschaft im Norden des Staates New York auf einem Grundstück in allerbester Lage, das von Mr. Shen, einem nahen chinesischen Schüler des 16. Karmapa, gestiftet worden war. Es schien der ideale Ort für die Entwicklung und das Wachstum des Tibetischen Buddhismus im Westen zu sein. Doch nachdem ein Heer von tibetischen Lamas, Mönchen und deren Familien in dem jungen Zentrum eingefallen war, fiel das Wachstum eher dürftig aus. Die Tibeter hatten die alten Rivalitäten und Grabenkämpfe aus ihrer Heimat mitgebracht und verliehen dem neu gegründeten Zentrum schon bald einen entschieden politischen Geschmack, wodurch sie die Entwicklung des Buddhismus auf ein Abstellgleis bugsierten. Tenzin Chönyi, ein Neuankömmling aus Rumtek, und andere durchsetzungsfreudige Leute zogen ihren Vorteil aus dem gutmütigen, aber schwachen Führungsstil Khenpo Katars, nahmen die Zügel in die Hand und begannen, ihre Intrigen zu schmieden. Von Woodstock aus hatte Bardo Tulku 1984 seine verleumderische Kampagne gegen Shamarpa und Topgala lanciert. Auch die wildesten Gerüchte über Karmapas nächste Inkarnation kamen aus Woodstock. All dies geschah auf Kosten echter Dharma-Arbeit und mit der verhaltenen Billigung des ehrwürdigen Khenpo.

Als fähiger Lehrer und guter Meditierer tat Khenpo Katar Rinpoche sein Bestes, um in Amerika Interesse am Tibetischen Buddhismus zu wecken. Doch sein traditioneller Stil und seine betuliche Art zogen weder die hellsten noch die energischsten Köpfe an. Die Menschen, die sich um ihn scharten, neigten eher zu Frömmigkeit. Diesem Rezept folgend, ähnelte der Buddhismus, der für Woodstock und die angeschlossenen Zentren charakteristisch war, eher dem Christentum und das Kloster einer katholischen Kirche. Derweil schmiedeten die ansässigen Tibeter unbeirrt weiter an ihren politischen Plänen. Noch dazu hatte das Kloster die meiste Zeit seiner recht jungen Geschichte im Schatten der einflussreichen Vajradhatu-Organisation gestanden – wie der mittellose Verwandte, der zum großen Bruder aufschaut und sich sehnlichst wünscht, so erfolgreich zu sein wie er. Es war der heimliche Wunsch eines jeden tibetischen Lamas, ähnliche Bekanntheit zu erlangen wie Trungpa Tulku und eine vergleichbare Organisation aufzubauen. Und sie stellten sich vor, der Schlüssel zum Erfolg könne ein Netz unmündiger Gruppen von Schülern sein. So war es nicht überraschend, dass Khenpo Katar und seine Lamas nicht bereit waren, Trungpa und sein Werk öffentlich zu verurteilen, nachdem die übelsten Geschichten über Vajradhatu ans Licht gekommen waren und sofort von der Presse aufgegriffen wurden. Sie wollten nichts kritisieren, was sie vermutlich heimlich bewundert und nachzuahmen versucht hatten.

Seit seinem ersten Besuch jenseits des Atlantiks im Jahr 1977 war Ole, Karmapas Wunsch entsprechend, jedes Jahr nach Amerika gereist. Zuerst um Karmapas Besuch an der Westküste zu organisieren und später, nach dem Tod seines Lehrers, um den sich bildenden Gruppen, die mit Woodstock verbunden waren, unter die Arme zu greifen. Seine Verbindung zu Woodstock reichte bis in die allerersten Tage zurück. Bei einem Auftritt in einer Radiosendung in Manhattan hatte Ole das Interesse vieler Leute geweckt und sie ermutigt, die neu gegründete Stelle nördlich von New York zu besuchen. Im Laufe der Jahre verwies er mehr und mehr interessierte Buddhisten an die KTC-Zentren, aber seine Bemühungen zeigten nur wenig Erfolg. Kaum hatten die Neuen einen Fuß in eines der viel gerühmten Zentren gesetzt, fiel ein Schwarm hingebungsvoller Damen respektablen Alters über sie her, um den Praktizierenden in spe ganz genau zu erklären, gegen welche heiligen Regeln sie auf ihrem kurzen Weg von der Eingangstür in den Meditationsraum bereits verstoßen hatten. Es half den unschuldigen Anfängern wenig, wenn sie ihre völlige Unwissenheit in Bezug auf die sicherlich weisen, aber irgendwie auch obskuren Rituale eingestanden. Die eifrigen Damen ließen sich nicht davon abbringen, ihren Vortrag fortzusetzen und ihren Opfern die todbringenden Folgen derartiger Regelverletzungen auseinanderzusetzen. Dabei versuchten sie unermüdlich, ihnen eine unerschütterliche Hingabe zu all den Buddha-Aspekten und heiligen Lehrern einzutrichtern, die von den tibetischen Thangkas an den Wänden auf die skurrile Szene hinabschauten. Wie nicht anders zu erwarten, hatte das Zentrum sein potenzielles Neumitglied damit zum letzten Mal gesehen. Die meisten Besucher entschuldigten sich höflich und eilten zur Tür, um nie wieder gesehen zu werden. Die heilige, fast fanatische Atmosphäre war für moderne Menschen einfach schwer zu ertragen.

Ansonsten boten sich den Amerikanern bei den Kagyüs nur zwei Alternativen: eine Gruppe Kalu Rinpoches oder die berüchtigte Vajradhatu-Organisation. Erstere war genauso fromm und steif wie Woodstock, nur gab es zur Würze zusätzlich ein paar Sexskandale um die tibetischen Lehrer. Vajradhatu mit seiner starren und undemokratischen Hierarchie und dem Beharren auf jahrelanger roboterhafter Sitzmeditation war sehr weit entfernt von dem, was Ole aufbauen wollte. Ihm wurde klar, dass sich die Arbeit in den Vereinigten Staaten immer weiter von dem gesunden Wachstum des Buddhismus in Europa entfernte. Um den Erfolg von diesseits des Atlantiks in Amerika zu wiederholen, gründete er eine Dharma-Gruppe in der Bay Area, die von allen anderen Kagyü-Organisationen in Amerika unabhängig war. Unser neues Zentrum in der Nähe von Twin Peaks, wo wir Gyaltsabpas Neuigkeiten aus Rumtek verarbeiteten, war aus dem natürlichen Wachstum dieser ersten Stelle entstanden.

•

Während wir uns in die gemieteten Kleinbusse quetschten und an der Westküste Kaliforniens gen Süden fuhren, um einige an Woodstock angeschlossene Zentren zu besuchen, erreichten uns Neuigkeiten, die in scharfem Gegensatz zu Gyaltsabpas optimistischem Bericht standen. Die Briefe aus Kathmandu hatten nun auch Amerika erreicht, aber die Reaktion dort unterschied sich deutlich von Oles kategorischer Zurückweisung. Die KTC-Zentren waren nicht nur dem Aufruf gefolgt, an Shamarpa Kritik zu üben oder sich sogar gegen ihn aufzulehnen, vielmehr sah es immer mehr danach aus, als wären einige Woodstock-Lamas unmittelbar für die üble Kampagne verantwortlich. Bei unserer Ankunft im Zentrum von Phoenix wurde uns sogleich der berühmte Brief ausgehändigt – als unanfechtbarer Beweis für Shamarpas Betrügereien. Es half wenig, dass Hannah und Ole die älteren Damen, die den Kern der Gruppe bildeten, eindringlich beschworen, der asiatischen Politik keine Beachtung zu schenken, sondern zum Wohle der Linie und des künftigen Karmapa alle vier Regenten zu unterstützen. Die ehrenwerten Zentrumsmitglieder, die eher hopi-indianisch als buddhistisch orientiert schienen, wussten es offenbar besser. Sie hatten sich ihre Meinung bereits gebildet, und das Machwerk aus Kathmandu war Musik in ihren Ohren. Ein ums andere Mal hörten wir die immer gleichen Argumente gegen Shamarpa, und am Ende gaben die Damen zu, dass es kein geringerer als der edle Bardo Tulku gewesen sei, der ihnen die Augen für die Wahrheit geöffnet habe. Inwieweit ihre Augen tatsächlich geöffnet worden waren, war Ansichtssache, aber darüber zu streiten hatte wenig Sinn. So überließen wir die heiligen Damen in Phoenix nach einem kurzen Vortrag von Ole erleichtert ihrer nicht ganz so heiligen Woodstock-Politik. Als wir aus der Auffahrt auf die Straße bogen, wussten wir noch nicht, dass dies Lama Oles letzter Auftritt in einem nordamerikanischen KTC-Zentrum gewesen war.

Hannah und Ole spürten, dass Ärger in der Luft lag, und beschlossen, die vier Regenten direkt zu Eintracht und Vernunft aufzurufen. Es ist nicht ganz klar, ob ihr Brief je in Rumtek angekommen ist. Wenn ja – so lässt sich im Lichte der folgenden Ereignisse sagen – haben die Linienhalter den Inhalt ignoriert. Es gibt heute keinen Beweis mehr für diesen letzten Vermittlungsversuch in der sich anbahnenden Krise, aber Hannah erinnerte sich noch gut an den Wortlaut. Das dänische Paar legte seine Karten auf den Tisch. Sie erinnerten an ihre erste Begegnung mit den jungen Linienhaltern in Rumtek, an die späteren Reisen durch Europa, an die gemeinsame Entwicklung, und baten die vier nun um Zurückhaltung. Sie zitierten Karmapa, der sie gebeten hatte, auf seine jungen „Vögel" aufzupassen, wenn sie das Nest verließen, und erzählten von seiner Sorge um die Zukunft. Hannah und Ole fühlten sich nun wie Eltern, die ihren jungen Schützlingen mit Rat zur Seite standen und ihnen sagten, wie sie vorgehen sollten. Doch es stellte sich heraus, dass die Regenten genau wussten, wie sie vorgehen wollten und auf den elterlichen Rat ihrer dänischen Freunde gut verzichten konnten. Der Brief blieb unbeantwortet, und die warnenden Worte gingen ins Leere.

Auf unserer Reise durch Amerika konzentrierten wir uns auf New Mexiko und Texas und schließlich, nachdem wir die Bible Belt-Staaten durchquert hatten, auf Miami. Überall besuchten wir neue Gruppen von Freunden, die etwas über Meditation erfahren wollten. Es war eine Freude, diese frischen und begeisterten Menschen kennen zu lernen, die so anders waren als die Dinosaurier in Karmapas offiziellen Zentren in Amerika! Wir waren ehrlich erleichtert zu sehen, dass in Amerika Buddhist zu sein nicht notwendigerweise bedeutete, dass man alle Welt am eigenen Heiligsein teilhaben lassen musste. Hier baute Ole zum ersten Mal etwas Neues auf, das der erfolgreichen Entwicklung in Europa sehr ähnelte, wo die Leute spirituell sein konnten, ohne gleichzeitig umständlich, künstlich fromm oder exotisch zu werden.

Mit unserer 21-köpfigen Reisegruppe, eng gepackt auf drei gemietete Kleinbusse aufgeteilt, legten wir die riesigen Distanzen dieses Kontinents mit 150 Stundenkilometern zurück. Ein Radarwarner erwies sich als nützlicher und treuer Freund. Irgendwie konnten wir unsere europäischen Fahrgewohnheiten nicht an die amerikanischen Verhältnisse anpassen und pflegten einen eher dynamischen Umgang mit der vorgeschriebenen Höchstgeschwindigkeit von 90 Kilometern pro Stunde.

Im trendigen South Beach in Miami, unserer letzten Station in Amerika, verabschiedeten wir uns von unseren Freunden. Kurz bevor wir das Flugzeug nach Caracas bestiegen, eilte Hannah plötzlich zu einem Telefon. Lateinamerika mit seinen hohen Gebühren war nicht der beste Kontinent für längere Telefonate nach Asien.

Wie üblich, erwies sich Hannahs Intuition als richtig. Sie hatte Shamarpa erreicht und überbrachte uns nun die neuesten Enthüllungen. Situ Rinpoche hatte Briefe an verschiedene Dharma Zentren in Nepal verschickt, in denen er großspurig erklärte, die Gruppe für die Suche nach dem 17. Karmapa sei endlich zusammengestellt und stehe in den Startlöchern. Diese unerwartete Neuigkeit stand im Gegensatz zu Gyaltsabpas Aussage, die Regenten seien sich einig, vorerst Stillschweigen zu wahren. Noch dazu kam Situpas Initiative für Shamarpa offenbar genauso überraschend wie für uns.

Hannah und Ole, die ihre Bordkarten bereits in den Händen hielten, wären jetzt viel lieber nach Europa als zu unseren entlegenen Reisezielen in Südamerika geflogen. Ole konnte den sich anbahnenden Ärger förmlich riechen und hätte den Kampf lieber von seinem Heimat-Gebiet aus geführt. Zuerst aber mussten wir unsere weniger heldenhaften Schlachten mit dem lateinamerikanischen Chaos schlagen. Da wir Oles Vorträge un möglich absagen konnten, nahmen wir unsere Plätze im Flugzeug ein.

In den folgenden Wochen in Südamerika trat die sich auswachsende Krise im Himalaja in den Hintergrund. Die gefährliche und unberechenbare Lage in den Ländern, die wir besuchten, nahm in unserem Tagesablauf deutlich mehr Raum ein. Die Bombe, die wenige Häuser von unserem Zentrum in Lima entfernt explodierte, hatte eine unmittelbar größere Bedeutungskraft als die Streitereien der Lamas 10.000 Kilometer weit entfernt. Doch die eskalierenden Ereignisse im Ost-Himalaja warteten nicht bis zum Ende unserer Lateinamerika-Tour. Erneut wurde unsere Gruppe von unangenehmen Nachrichten aus Asien eingeholt.

Der Morgen des 26. April 1992 in Mexico City begann wie jeder andere. Auf Einladung von Tony Karam, dem Vorsitzenden des örtlichen Tibet-Hauses (Casa Tibet), waren wir drei Tage zuvor in Mexiko angekommen. Dieses Jahr hatte sich die mexikanische Gruppe einen Mahamudra-Kurs gewünscht. Ole würde die Verse des 3. Karmapa kommentieren, in denen dieser die letztendliche Natur der Dinge beschreibt. Veranstaltungsort sollte ein ziemlich düsteres Theater sein. Wir konnten von Glück reden, wenn wir neben dem Programm in dem finsteren Saal noch dreißig Minuten Tageslicht genießen konnten.

Nach vier Stunden Schlaf und einem herzhaften Frühstück mit Tony Karams Familie waren wir gerüstet für unsere tägliche Dosis Verkehrschaos und eine kräftige Portion der dicken und wirklich grauen Substanz, die von den Einheimischen tapfer als Luft bezeichnet wird. Die mexikanische Metropole hielt unangefochten den Ehrentitel der verschmutztesten Stadt außerhalb der kommunistischen Welt. Im Theater war es düster, genau wie an den anderen Tagen, unsere Freunde jedoch wirkten ungewöhnlich aufgeregt und blass. Roland hatte die ganze Nacht lang von San Francisco aus im Zentrum angerufen, um Ole eine dringende Nachricht zu überbringen. Er hatte verstört geklungen, wollte jedoch nicht sagen, worum es ging. Er bestand darauf, mit Ole persönlich zu sprechen.

Schon damals bekamen wir Tag für Tag jede Menge Briefe, Faxe und Anrufe – das Zeitalter der E-Mail war noch nicht angebrochen -, und wir hatten gelernt, die Wichtigkeit einer Nachricht am Verhalten des Überbringers abzulesen. Manche Leute machten grundsätzlich viel Lärm um nichts, während andere selbst in äußerst schwierigen Situationen ruhig blieben. Roland zählte zweifellos zur letzteren Kategorie, zu denen mit der steifen Oberlippe. Wenn er also letzte Nacht ernsthaft besorgt geklungen hatte und mit niemand anderem als Ole reden wollte, konnte das nur Schlimmes bedeuten. Wir alle spürten das bis in die Knochen. Hannah dachte sofort an Tenga Rinpoche, unseren Lehrer aus Kathmandu, und seine angegriffene Gesundheit. Schweren Herzens stieg Lama Ole auf die Bühne und setzte, in gleißendes Licht getaucht, seine Erklärungen vom Vorabend fort.

Genau in diesem Moment schrillte in der weiten, dunklen Halle das Telefon. Der durchdringende, scharfe Ton, der Oles Satz zerschnitt, war wie ein Stromstoß, der durch Mark und Bein ging. Ruckartig sprang ich auf und rannte zum Hörer. Die Spannung im Saal stieg. „Tomek, ich muss mit Ole sprechen." Ich erkannte

Rolands ferne Stimme sofort. Hannah und Ole waren schon unterwegs. Gemeinsam pressten sie den Hörer ans Ohr und lauschten reglos Rolands schwer verständlichen Worten. Dann hörten wir Ole rufen: „Waaas?“ Hannah wiederholte immer wieder: „Nein, nicht er.“ Jamgön Kongtrul Rinpoche, einer der engsten Schüler Karmapas, ein hoher Lehrer und Meditationsmeister, war gestorben!

Wir, die kleine Gruppe von Lama Oles Schülern aus Europa, standen wie versteinert da und starrten abwartend auf unseren Lehrer. Mit fiel auf, dass Tony komplett kreidebleich wurde; ich konnte fast sehen, wie jede einzelne Pore seiner Haut die Farbe wechselte. Es war, als wären meine Sinne unnatürlich klar und scharf geworden. Hunderte Gedanken schossen uns durch den Kopf. „Warum Jamgön Kongtrul?“ „Warum er?“ „Warum?“ Wir standen da und warteten ab, was geschehen würde. Uns fehlten die Worte. Ole hielt Hannah im Arm und hörte sich Rolands Bericht an, den Blick auf einen fernen Punkt am anderen Ende der Halle gerichtet, der vielleicht gar nicht existierte. Wenige Minuten später ging er wieder auf die Bühne und nahm seinen Platz im unbarmherzigen Scheinwerferlicht ein. Er schluckte schwer und berichtete allen, was er gerade erfahren hatte. Danach fuhr er mit den Versen fort.

Hannah blieb am Telefon und erfuhr von Roland die traurigen Einzelheiten. Die ganze Nacht über hätten mehrere Leute in Rumtek versucht, sie und Ole zu erreichen. Die Tragödie hatte sie aus dem Gleichgewicht geworfen. Der plötzliche Tod einer ihrer höchsten Rinpoches in so jungen Jahren war für die Tibeter unbegreiflich. Auch wir verstanden es in jenem Augenblick nicht. Dank Rolands Bericht zeichnete sich erst allmählich ein Bild von den dramatischen Ereignissen der letzten Tage ab.

Wie beim Treffen der Rinpoches am 19. März vereinbart, sollte Jamgön Kongtrul in, wie wir vermuteten, äußerst sensibler Mission nach Tibet reisen. Eine Woche vor seiner Abreise traf in Rumtek ein außergewöhnliches Geschenk für ihn ein: ein nagelneuer BMW 525. Kongtrul verliebte sich auf der Stelle in sein neues Spielzeug und kam, ohne lange nachzudenken, auf die reichlich verrückte Idee, mit diesem hochmodernen Schlitten nach Tibet zu fahren. Für den geübten Fahrer ist so ein BMW auf einer guten deutschen Autobahn ohne Geschwindigkeitsbegrenzung ein leistungsstarkes Fortbewegungsmittel. Auf indischen oder nepalesischen Straßen voller Schlaglöchern und Autorikschas, Karren, Bussen, Fußgängern und Haustieren jedoch ist solch ein Auto eher nutzlos und reine Verschwendung. Wie es dem Wagen und seinem unerschrockenen, eventuell gar unvernünftigen Fahrer auf den 5300 Meter hohen Bergpässen und tückischen Schotterpisten Tibets ergehen würde, ließ sich nur erahnen, da sich bislang vermutlich kaum jemand auf so ein irrwitziges Unterfangen eingelassen hatte. Rinpoche sollte der Erste sein, der einen Luxus-BMW unter den extremen und unwirtlichen Bedingungen des tibetischen Hochlandes testete.

Wenn Jamgön Kongtrul obendrein noch in geheimer Mission nach Tibet ging, um Kontakt zum 17. Karmapa aufzunehmen, dann war das neueste BMW-525-Modell als Transportmittel eine bestenfalls unkluge, um nicht zu sagen vollkommen törichte Wahl. Man brauchte nicht viel Phantasie, um sich vorzustellen, dass die Blicke sämtlicher Tibeter und Chinesen im Land diesem technischen Wunderwerk auf Rädern, wie es im Reich des Schnees noch nicht gesehen worden war, die ganze Zeit folgen würden. Tausende würden Rinpoches Reise verfolgen, und er und sein Auto wären auf der Stelle berühmt. Unter diesen Umständen etwas auch nur annähernd Geheimes zu vollbringen, würde an ein Wunder grenzen. Falls Rinpoche tatsächlich glaubte, in seinem Heimatland Tibet in einem weißen BMW durch die Gegend fahren und eine verdeckte Mission ausführen zu können, irrte er sich gewaltig. Doch es ist schwer vorstellbar, dass er so naiv und unerfahren gewesen sein soll, seinen Plan in einem so auffälligen Wagen durchführen zu wollen. Unglücklicherweise hatte Rinpoche keine Gelegenheit mehr zu zeigen, um welche geheime Mission es gehen sollte. Er bekam nicht einmal die Chance, seinen BMW in Tibet zu erproben.

Am Tag vor der geplanten Abreise beschloss Kongtrul Rinpoche, seinen neuen Besitz auf den etwas vertrauteren sikkimesischen und nordbengalischen Bergstraßen Probe zu fahren. Er wollte einen Tagesausflug in das benachbarte Kalimpong machen, um seine Mutter zu besuchen. Außerdem wurde ein BMW-Mechaniker aus Delhi erwartet, der das Auto durchchecken sollte. Gemeinsam wollten sie nach Siliguri fahren, vorbei an dem großen buddhistischen Stupa vor den Toren dieser chaotischen und übervölkerten Stadt, und schließlich weiter nach Kathmandu. Am frühen Morgen des 26. April erreichte Kongtruls Begleiter die Nachricht, dass sich die Flüge aus Delhi an diesem Tag verspäten sollten, dass sie vielleicht sogar gestrichen würden. Jamgön Kongtrul wollte nicht warten und beschloss, ohne den BMW-Fachmann loszufahren. Seine zwei Begleiter nahmen auf dem Rücksitz Platz, und schon entschwand Kalimpong in der Ferne.

Tenzin Dorje, der einzige Überlebende, beschrieb später, wie Kongtruls BMW über die enge, feuchte Asphaltstraße nach Siliguri raste. Plötzlich tauchten direkt vor dem Auto schwarze Vögel auf der Straße auf. In dem verzweifelten Versuch, die Vögel zu retten, riss der Fahrer das Steuer herum und geriet sofort ins Schleudern. Ob er je die Zeit oder überhaupt die Fähigkeit gehabt hätte, den Wagen wieder unter Kontrolle zu bringen, ist unklar. Das schwere Fahrzeug schlingerte in voller Fahrt noch dreißig bis vierzig Meter weiter, bis es unausweichlich mit voller Wucht gegen einen der riesigen Bäume am Straßenrand prallte. Alles geschah innerhalb nur weniger Sekunden, doch der Aufprall war verheerend. Alle Insassen wurden von der schieren Wucht der Kollision aus dem Wagen geschleudert. Rinpoche starb auf der Stelle. Einer seiner Begleiter und der Fahrer erlagen später im Krankenhaus ihren schweren Verletzungen. Tenzin Dorje, Kongtruls Sekretär, wurde durch das Rückfenster geschleudert und landete in einem Feld neben der Straße. Er erlitt nur leichte Verletzungen. Die Tachonadel war bei 170 km/h stehengeblieben.

Es lässt sich kaum eine schmerzvollere Stimmung ausmalen, als die, die nun von Rumtek Besitz ergriffen haben musste. Shamarpa eilte unverzüglich zum Unfallort und kümmerte sich um Rinpoches Leichnam. Gyaltsabpa wurde von tiefer Trauer erfasst und erlitt, wie es hieß, einen leichten Herzinfarkt. Es wurde beschlossen, Jamgön Kongtruls Leichnam nicht einzuäschern, sondern zu konservieren. Noch am selben Abend begann man mit den traditionellen, 49 Tage andauernden Ritualen. Die erschütternde Nachricht verbreitete sich mit atemberaubender Geschwindigkeit. Kaum zwölf Stunden nach dem Unfall hatte Roland uns in Mexiko ereicht.

Als wäre der tragische Verlust eines Linienhalters nicht genug, begannen uns bald weitere beunruhigende Nachrichten von den Ereignissen in den Wochen vor dem Unfall heimzusuchen. Shamar und Jamgön Rinpoche hatten den Bau einer Buddha-Statue für die Hauptversammlungshalle des Klosters Rumtek gespendet. Die kostbare goldene Statue erhob sich majestätische viereinhalb Meter in den hohen Raum. Während der Einweihungszeremonie trat ein sehr ungewöhnliches Zeichen auf. Künzig Shamarpa beschrieb die Szene später in einem Bericht wie folgt: „Die hohle Statue wurde auf den Sockel gesetzt, und hunderte von Mantrarollen waren hergestellt worden, um sie zu füllen. Die Rollen waren dazu auf einem Haufen aufgetürmt worden. In diesem Moment trat Wasser aus der Stirn der Statue und rann ihr über das Gesicht. Der französische Bildhauer dachte, es müsse sich um ein Wunder handeln, denn es gab keine Quelle, woher das Wasser hätte kommen können. Doch tatsächlich ist das ein sehr schlechtes Omen. Normalweise passiert so etwas, wenn die Zerstörung eines Landes oder eines Klosters bevorsteht.“ Für den modernen und kritischen Menschen klingen solche außergewöhnlichen Phänomene eher verdächtig, und man möchte lieber nichts davon hören und sie ganz gewiss nicht als letztendlichen Beweis für die Einzigartigkeit des Buddhismus anführen. Für Tibeter und die meisten Asiaten hingegen sind solche Wundergeschichten ihr täglich Brot. In Rumtek zweifelte niemand daran: Ein solches Zeichen galt als ausgesprochen unheilvoll. Das letzte Mal, dass eine Statue „geweint“ hatte, war in Lhasa kurz vor dem Einmarsch der Chinesen gewesen, so als hätte sie die Katastrophe vorausgesehen. Jedem war klar, dass gewaltige Hindernisse bevorstanden. Wie um diesen Umstand zu bekräftigen, ließ eine andere Statue, die den Weisheitsbuddha Manjushri darstellte und sich im Institut oberhalb des Klosters befand, unerklärlicherweise ihr Schwert fallen. Ohne weitere schlechte Omen abzuwarten, führten die zwei Regenten diverse Pujas durch, um die drohenden Hindernisse zu vertreiben. Ein Foto aus jenen Tagen zeigt die Besorgnis, die sie empfunden haben müssen: Shamarpa und Jamgön Kongtrul sitzen Seite an Seite in ihren Meditationsboxen und starren passiv in die Kamera, sie sehen blass und gramerfüllt aus. Ihre aschfahlen, geisterhaften Gesichter und ausdruckslosen Mienen sprechen Bände über die Probleme, die bevorstanden.

Auf seiner letzten Tibet-Reise hatte sich Kongtruls Gesundheit ernsthaft verschlechtert. Als wir ihn bei den tibetischen Neujahrsfeierlichkeiten getroffen hatten, hatte er krank und schwach ausgesehen. Nach unserer Abreise aus Rumtek hatte er sich durch einen kleinen Schnitt in den Finger eine Blutvergiftung zugezogen. Obwohl er hohes Fieber hatte und sich kaum bewegen konnte, musste er nach Kathmandu reisen, um bei Lama Dabsangs Bestattung zu assistieren. Situpa, Dabsangs engster Schüler, der eigentlich für die Vorbereitungen verantwortlich gewesen wäre, hatte sich nicht die Mühe gemacht, rechtzeitig zu erscheinen. Es war Tai Situs positive Vorhersage gewesen, die Dabsang überzeugt hatte, sich unters Messer zu legen. Verständlich, dass dem jungen Linienhalter nach dem katastrophal verlaufenen Eingriff nicht danach zumute war, sich bei der Verbrennung seines Lehrers zu zeigen. So wurden die langwierigen Rituale dem kränkelnden Jamgön Kongtrul aufgebürdet. In dieser schwierigen Zeit hatte Hannah von Australien aus mit ihm telefoniert. Rinpoche war niedergeschlagen gewesen und wirkte von den Umständen überfordert. Für einen hohen Lama hatte er viel zu unglücklich geklungen. Als wir nun in dem Theater in Mexiko saßen und den letzten Versen von Karmapas Mahamudra-Wünschen lauschten, glaubten wir, ihn besser zu verstehen.

Glückerweise war unser Programm in Mexiko beendet, und wir konnten endlich nach Hause fliegen. Lama Ole war vier Monate lang nicht in Europa gewesen – seine bis dahin längste Tour um die Welt –, und die Ereignisse galoppierten uns davon. Hannah war schmerzlich bewusst, was Kongtruls Tod für die Einheit und die Zukunft der Linie bedeutete. Ole, auf den die Augen tausender hoffnungsvoller Europäer gerichtet waren, erkannte, dass seine Bemühungen der letzten zwanzig Jahre bald einem extremen Härtetest unterzogen werden würden. Als unser Flugzeug an Höhe gewann, beobachteten wir mit Erleichterung, wie die schwere, fast metallene Smogwolke, die über Mexico City hing, allmählich aus unserem Blickfeld entschwand.

Kapitel 8

Der Putsch

Am 29. April 1992 landeten wir mitten im europäischen Frühling in Frankfurt, doch die Stimmung in unseren Zentren war alles andere als sonnig. Die düstere Frage, die uns alle beschäftigte, lautete natürlich: „Warum Jamgön Kongtrul? Wie in aller Welt konnte ihm so etwas passieren?" Damals glaubten die meisten von uns noch, hochverwirklichte Yogis hätten nicht nur die volle Kontrolle über ihre geistigen Prozesse, sondern auch über die meisten anderen Vorkommnisse in ihrem Leben. Zumindest müssten sie in der Lage sein, frei zu entscheiden, wann und wie sie ihren Körper verlassen wollten. Das beste Beispiel dafür war der Tod des 16. Karmapa. Warum also hatte Jamgön Kongtrul diesen unerwarteten und offensichtlich zu frühen Zeitpunkt gewählt, um abzutreten? Das Verwirrspiel um die Anerkennung des 17. Karmapa war alles andere als gelöst, und nun, wo es nach elf Jahren der Ungewissheit endlich einen Hoffnungsschimmer gab, zog sich Jamgön Kongtrul aus der Affäre und verabschiedete sich. Würden die drei verbliebenen Regenten mit einer befriedigenden Lösung aufwarten können? Viele solche Zweifel wirbelten in den Köpfen der Leute herum und gaben allen reichlich Stoff zum Nachdenken. Die Spekulationen nahmen kein Ende.

Lama Ole war sich dieser Fragen bewusst und beschloss, einen Brief zu schreiben, in dem er erläuterte, was seiner Meinung nach zu Rinpoches vorzeitigem Tod geführt haben könnte.[5] Es war der erste in einer ganzen Reihe von offenen Briefen, die sich Ole im Laufe der sich überschlagenden Ereignisse gezwungen sah zu schreiben. Er kannte die Schwäche Kongtruls, schwieriges und oft schädliches Verhalten einiger seiner Schüler hinzunehmen, und erklärte nun, dass die Handlungen der Schüler durchaus Einfluss auf die Lebensspanne ihres Lamas haben können. Ohne Namen zu nennen, betonte Ole, dass es für einen Lama lebensverkürzend sein könne, Beispiele schlechten Verhaltens zu tolerieren und solchen Leuten gleichzeitig hohe Einweihungen zu geben. Schüler, die ihre Bände brächen, könnten für die Aktivität eines Bodhisattvas in dieser Welt zum größten Hindernis werden. Diese sorgfältig formulierten Sätze wurden auf weißes Papier gedruckt, und der Brief mit Datum des 27. April an alle unsere Zentren verschickt. Langsam begann die Vorstellung im Geist der Leute Fuß zu fassen, dass auch hohe Wiedergeburten Fehler machten. Es war eine ziemlich überraschende Entdeckung, die die unfehlbaren Lamas eine Stufe herunter holte und auf eine menschlichere und leichter handhabbare Ebene brachte.

Die meisten wussten jedoch nicht, dass Rinpoches Tod nicht nur ein tragischer Unfall war, sondern die Karma-Kagyü-Schule unmittelbar auf Kollisionskurs brachte. Der Leser wird mittlerweile erkannt haben, dass die Atmosphäre an der Spitze der Linie seit der Verbrennung des 16. Karmapa von Feindseligkeit geprägt war. Oberflächlich betrachtet schien es sich um einen kindischen Konkurrenzkampf zwischen Shamarpa und Situpa zu handeln, einen Streit zwischen zwei verzogenen Bengeln. Darunter aber lag etwas viel Ernsteres als ein Kräftemessen zweier Dickköpfe. Der Machtkampf, der seit Jahren schwelte, war jetzt, nach Kongtruls Tod, kurz davor, ans Licht zu kommen und voll auszubrechen.

Nach dem fehlgeschlagenen Versuch, Shamarpa 1983 vor Gericht zu bringen, war Jamgön Kongtrul zum Schmiermittel geworden, das den oberen Teil der Maschinerie in Gang hielt. Er hatte sich bei Shamarpa für sein Fehlverhalten in der Sache entschuldigt, sich dem höchsten Regenten angenähert und wenn auch keine enge Freundschaft, so doch immerhin eine tragfähige Beziehung zu ihm aufgebaut. Gleichzeitig war er ein Vertrauter Gyaltsabpas und der einzige, dem sich dieser in seiner zurückhaltenden Art öffnen konnte. Als Bote zwischen den beiden Parteien war er stets zu allen freundlich und stimmte mit allen überein. Seine Aktivität hielt den Anschein von Harmonie aufrecht und verschaffte der Kagyü-Linie einige Jahre mehr Zeit. Das Bild von Tibets allwissenden Lamas und heiligen Mönchen sollte noch fast ein Jahrzehnt weiterbestehen. In dem Moment aber, als seine Ja-

Sager-Qualitäten verloren gingen, löste sich die Fassade der Einheit in Luft auf und ein weniger idyllisches Bild von machthungrigen Lamas und unehrlichen Mönchen trat hervor.

Hannah begriff sofort, was dem Rest der Linie bevorstand, nachdem Kongtrul von der Bühne abgetreten war. Sobald wir wieder in Europa waren, verbrachte sie viele Stunden am Telefon, um sich im Geheimen mit Shamarpa in Asien zu beraten. Wie üblich sagte sie wenig, machte noch weniger Andeutungen und ließ in keiner Weise ahnen, dass das Kagyü-Schiff bereits zu sinken begonnen hatte. Anfang Mai – unsere Europatour hatte gerade erst begonnen – buchte sie plötzlich einen Flug nach Amerika und saß schon wenige Stunden später im Flugzeug über den Atlantik. Ole, der meist sehr freimütig erzählte und vor seinen Schülern und Freunden normalerweise kein Geheimnis wahren konnte, war dieses Mal ungewöhnlich zurückhaltend. Wir erfuhren nur, dass Hannah zu einem Treffen mit Shamarpa unterwegs sei.

•

Mehrere tausend Kilometer entfernt in Rumtek nahm die 49 Tage dauernde Zeremonie, die nach dem Tod eines hohen Tulkus für gewöhnlich durchgeführt wird, ihren ganz normalen Gang. Die langen Rituale und Gebete werden nicht in erster Linie für den verstorbenen Meister gemacht, sondern sollen es den Anwesenden ermöglichen, sich nach dessen Tod mit der erleuchteten Essenz ihres Meisters zu verbinden. Die Zeremonien waren in vollem Gang, als Shamarpa plötzlich wieder einfiel, dass er zugesagt hatte, an einer Dharma-Konferenz an der Westküste Amerikas teilzunehmen. Zur allgemeinen Überraschung beschloss er, zwei Wochen nach Beginn der wichtigen Rituale in die USA abzu-reisen. Situ Rinpoche, der erst nach Beginn der Zeremonien aus Taiwan eingetroffen war, blieb zusammen mit Gyaltsab Rinpoche, dem höchsten Lama in Rumtek, vor Ort. Obwohl sich die drei Regenten nun zur selben Zeit an Karmapas Hauptsitz aufhielten, kam es – seltsam genug – nicht zu einem Treffen. Niemand hatte auch nur den Versuch unternommen, eine Zusammenkunft zu arrangieren. Man könnte sich vielleicht fragen, ob sich die Linienhalter nicht telepathisch miteinander verständigten, wo ihre physischen Begegnungen so kostbar und selten waren. Aber offenbar verspürten die ehrwürdigen Eminenzen auch nach dem Verlust eines der ihren nicht das geringste Bedürfnis, sich wenigstens kurz gegenseitig Trost zuzusprechen. Umso mehr musste ihnen die Vorstellung, sich zu einem ausführlicheren und grundlegenden Gespräch zusammenzusetzen, wohl völlig unerträglich erscheinen, und so entschwand Shamarpa aus Rumtek, ohne auch nur ein einziges Wort mit den beiden gewechselt zu haben. Dabei muss ihnen bewusst gewesen sein, dass es eine Menge zu besprechen gab.

Nach dem letzten Treffen der Regenten am 19. März waren die beiden Hauptakteure Situpa und Shamarpa postwendend und mit Souveränität in ihre alten Verhaltensmuster zurückgefallen und fuhren stolz fort, einander zu ignorieren. Die eigenen Geschäfte jedoch hatte Situpa allem Anschein nach nicht ignoriert. Unmittelbar nachdem sich die Regenten nach einigem Hin und Her darauf geeinigt hatten, Stillschweigen zu bewahren, reiste er nach Dharamsala und informierte den Dalai Lama über die neuesten Entwicklungen. Vielleicht entsprang die Initiative dem unkontrollierbaren Bedürfnis, Tibets höchste politische Autorität an den seiner Auffassung nach erfreulichen Neuigkeiten teilhaben zu lassen. Doch die verfrühte Bekanntmachung, Gyalwa Karmapa sei in Tibet wiedergeboren worden, bevor das von den vier Regenten überprüft und bestätigt worden war, gefährdete den Prozess der Anerkennung. Auch sein kindisches Eingeständnis, mit den chinesischen Kommunisten in Kontakt zu stehen, um über Karmapas Ausreise aus Tibet zu verhandeln, ließ ihn hochgradig naiv und politisch unfähig, wenn nicht sogar total dumm aussehen.

Anscheinend war sein Drang, die frohe Kunde zu verbreiten, allein durch das Gespräch mit dem Dalai Lama noch nicht vollends befriedigt worden. In dem großmütigen Wunsch, möglichst weite Teile der buddhistischen Bevölkerung mit der außergewöhnlichen Glücksbotschaft zu segnen, verfasste Situ Rinpoche einen Brief an sämtliche Klöster Nepals, um die glücklichen Praktizierenden darüber in Kenntnis zu setzen, dass die Abordnung für die Suche nach dem 17. Karmapa schon zusammengestellt und bereit sei, die Arbeit aufzunehmen.[6] Auch dies geschah unmittelbar nach dem Treffen und in krassem Widerspruch zu den dort getroffenen Vereinbarungen. Falls Situpa nach diesen Alleingängen glaubte, Shamarpa werde über sein reichlich unverantwortliches Handeln hinwegsehen und mit dem Hut in der Hand demütig an seine Tür klopfen, so hatte er sich getäuscht. Doch es ist schwer vorstellbar, dass Situpa so unreif gewesen sein könnte zu glauben, er könne Shamarpa mit ein paar wohl gesetzten Phrasen abspeisen und ihm etwas vorgaukeln. Immerhin pflegten die beiden seit fast zehn Jahren eine hartnäckige Rivalität, und Situpa hätte schon mehr auffahren müssen als ein paar billige Tricks, um seinen Gegenspieler um den Finger zu wickeln. Vielmehr sah es ganz danach aus, als ob Tai Situpa nicht etwa ins Blaue schoss, sondern einen vorgefassten Plan ausführte – als ob seine unvorhersehbaren Aktionen gar nichts Unvorhersehbares an sich hatten, sondern Teil einer geheimen Strategie waren. Auch seine herzlichen Beziehungen zu den kommunistischen Chinesen, sein offizielles Engagement im besetzten Tibet und die prominente Stellung seiner grauen Eminenz Akong Tulku als Vermittler deuteten insgesamt auf eine heimliche Verschwörung hin.

Inwieweit Shamarpa wusste, dass sein Hauptrivale hinter seinem Rücken einen Putsch plante, war nicht ganz klar. Die folgenden Ereignisse würden zeigen, dass er überrumpelt wurde, was aber nicht heißen soll, dass der höchste Regent ein unbedarfter Tagträumer war und hilflos im Dunkeln tappte. Auch er behielt einige Karten im Ärmel und hätte sein Los auf keinen Fall auf Tai Situ gesetzt. Als er am 10. Mai in Rumtek in den Land Rover stieg, der ihn zum nahe gelegenen Flughafen von Bagdogra bringen sollte, muss er geglaubt haben, dass seine Position für den Augenblick gesichert war. Vor Beendigung der Zeremonien für den verstorbenen Jamgön Kongtrul würde ganz bestimmt nichts Dramatisches passieren. Er hatte sich gründlich geirrt. Zwar war der Hauptgrund für seine Amerikareise für die Zukunft der Linie von größerer Bedeutung als ein Vortrag in Kalifornien, doch ahnte Shamarpa nicht, dass seine überstürzte Abreise ihn beinahe seine Stellung als höchsten Regenten kosten sollte.

•

Nachdem Hannah nach Amerika abgeflogen war, schloss sich Caty unserer Gruppe an. Sie hatte im Jahr zuvor begonnen, mit Ole zu reisen, und würde in den Monaten, in denen Hannah nicht da war, die arbeitsreichen Tage und die kurzen Nächte mit ihm teilen. Mit ihrer glasklaren und kritischen Art entwickelte sie sich innerhalb kürzester Zeit zu einem wichtigen Aktivposten für unsere Arbeit. Ole setzte sein eng getaktetes Programm auf dem alten Kontinent fort und hielt jeden Abend in einer anderen Stadt Vorträge vor mehreren hundert Zuhörern. Für den Augenblick traten die tragischen Ereignisse in Sikkim durch Oles inspirierende Veranstaltungen etwas in den Hintergrund. Und da Hannah nicht an Oles Seite war, war sein direkter Draht nach Rumtek kurzzeitig unterbrochen. Wir hörten nur unbestätigte Gerüchte und vage Berichte. Nach zwei Wochen in Europa jedoch wurden die Nachrichten, die von Karmapas Hauptsitz zu uns drangen, immer schauerlicher. Sie hatten eine gänzlich andere Tonlage als die Gebete, die für den verstorbenen Kongtrul rezitiert wurden.

Rinpoches Körper war noch warm, als Shamarpas und Topgalas Gegner den ersten Angriff lancierten. Die Anschuldigungen, die sie erhoben, waren so absurd, dass jeder kritisch denkende Mensch nur darüber gelacht und sie als Produkt einer ungesunden Phantasie abgetan hätte. Gewöhnliche Tibeter jedoch waren alles andere als kritisch, und die abenteuerliche Verschwörung, die verbreitet wurde, hinterließ in ihrem bäuerlich unbedarften Geist einen tiefen Eindruck. Der Generalsekretär und der höchste Regent wurden beschuldigt, in Jamgöns Auto eine Bombe installiert zu haben. Kongtrul Rinpoche habe angeblich ihrem Plan im Wege gestanden, eine Marionette als 17. Karmapa zu inthronisieren, woraufhin das niederträchtige Gespann einfach beschlossen habe, Kongtrul zu töten. Ein anderes Gerücht besagte, die beiden Schurken hätten im Schutz der Nacht Zucker oder Salz in den Tank des BMW geschüttet, wodurch der Motor blockiert habe und mit hoher Geschwindigkeit aus dem Auto herausgeschleudert worden sei.

Wer auch nur ein wenig von Mechanik versteht und über ein gewisses Maß an gesundem Menschenverstand und gutem Willen verfügt, würde sich weigern, solch offensichtlichem Unsinn Beachtung zu schenken. Ein Auto mit Zucker im Tank würde schlichtweg immer langsamer werden und schließlich unweigerlich zum Stehen kommen; unter gar keinen Umständen würde es auf die recht beachtliche Geschwindigkeit von 170 km/h beschleunigen, und ganz gewiss widerspräche es den Gesetzen der Schwerkraft, würde sich der Motor plötzlich von selbst aus der Karosserie schleudern. Was die mysteriöse Bombe betrifft, so widerlegte Tenzin Dorje, der einzige Überlebende des Unfalls, mit seiner detaillierten Beschreibung der dramatischen Ereignisse diese groteske Behauptung. Der Fahrer habe bei hoher Geschwindigkeit das Lenkrad herumgerissen, um Vögeln auszuweichen, die auf der Straße saßen, wodurch das schwere Fahrzeug ins Schleudern geraten sei. Der Rest war Geschichte. Zu guter Letzt wurde ein Experte von BMW hinzugezogen, um dem anhaltenden Gerede ein Ende zu bereiten. Durch sein eindeutiges Urteil hätte das Thema ein für allemal zu den Akten gelegt werden sollen, doch leider „ist niemand so blind, wie der, welcher nicht sehen will". Trotz klarer wissenschaftlicher Beweise und Zeugenaussagen gingen die Verleumdungen gegen Shamarpa und Topgala unvermindert weiter und zogen immer weitere Kreise.

Wie nicht anders zu erwarten, ließ sich auch das Kloster Woodstock nicht lumpen. Wenn es darum ging, Gerüchte über die genannten Personen in die Welt zu setzen, legten die Lamas und Direktoren des Klosters einen ungeahnten Eifer an den Tag, der alles übertraf, was die edle Institution bis dahin hervorgebracht hatte. Mit offensichtlicher Genugtuung und in unerträglichem „Das habe ich doch gleich gesagt"-Ton posaunten die Mönche von Woodstock ihre Andeutungen zu allen Seiten heraus. Wie Schafe stimmten die angeschlossenen KTC-Zentren mit ein. Wenn dies das Ergebnis jahrelanger unermüdlicher Meditation war, musste irgendetwas schiefgegangen sein.

Ole spürte, dass etwas im Argen lag. Wo so viel übles Gerede die Runde machte, musste jemand einen Angriff planen. Er wollte sich mit Hannah beraten und auch mit Shamarpa sprechen. Wussten die beiden, was vor sich ging? Bestimmt hatten auch sie die Gerüchte gehört. Doch es war schwierig, sie in Amerika zu erreichen. Offenbar war ihr Programm ebenso voll wie Oles „Achterbahn"-Terminplan in Europa.

So oft er es auch versuchte, es gelang Ole nicht, Hannah in den Staaten ans Telefon zu bekommen. Dann flog Hannah Ende Mai, kurz vor Oles Kurs in Spanien, unerwartet nach Europa zurück. Mit ungewöhnlich ernster Miene wartete sie in Zürich auf ihren Mann. Sobald Ole in unserem dortigen Zentrum eingetroffen war, begann sie ihren besorgniserregenden Bericht. Natürlich hatte Shamarpa die Gerüchte gehört, aber da war noch viel mehr. Die Ereignisse eskalierten schnell. Schon bald würde Shamar Rinpoche nach Indien fliegen. Aber zuerst zu dem Treffen in Rumtek im März: Die Einzelheiten waren niederschmetternd! Was sie zwei Monate zuvor von Gyaltsab erzählt bekommen hatten, waren nur ein paar Nettigkeiten gewesen. Nun wusste Hannah, was bei der entscheidenden Zusammenkunft tatsächlich passiert war, und sie beschrieb die ungewöhnlichen Geschehnisse Stunde um Stunde. Ole hörte gebannt zu.

Als die vier Linienhalter am frühen Morgen des 19. März 1992 in Rumtek zusammengekommen waren, nahm Shamarpa mit Verwunderung die zahlreichen lärmenden Khampas zur Kenntnis, die sich dreist vor dem Besprechungsraum versammelt hatten, als wollten sie Druck auf die Regenten ausüben. Ein derart bunter Haufen vor der Tür war auf jeden Fall etwas Neues, und es war schwer nachzuvollziehen, wie die Tibeter – von denen einige offenbar aus dem fernen Kathmandu angereist waren – Wind von dem Treffen bekommen hatten. Shamarpa erkannte sogar Akong in der Menschenmenge – als sei es das Natürlichste von der Welt, mal kurz aus Schottland in Rumtek im Ost-Himalaja vorbeizuschauen, um den Regenten einen Besuch abzustatten Andere prominente Gäste waren offenbar eigens aus Amerika angereist: Lama Norlha aus New York und Tenzin, der Verwalter von Woodstock. Irgendwer hatte wohl fleißig Einladungen an all die ehrenwerten Herren verschickt. Die Stimmung war zunächst festlich, dann aber zunehmend aggressiv. „Ihr müsst jetzt eine Entscheidung treffen!", war das Letzte, was Shamarpa hörte, bevor er sich in den Besprechungsraum begab.

Situ Rinpoche begann damit, jeden einzelnen Regenten zu fragen, ob er im Besitz von Karmapas heiligen Anweisungen sei oder darüber Kenntnis habe. Als er sicher sein konnte, dass niemand etwas Neues vorzubringen hatte, nahm er einen weißen Schal, verbeugte sich vor dem Altar und verkündete feierlich die lang ersehnten Neuigkeiten: Ja, er sei im Besitz des Vorhersagebriefs Seiner Heiligkeit. Die drei Tulkus bekamen ein Kuvert gezeigt, auf dem in roter Schrift etwas geschrieben stand. Sofort drückten Gyaltsab Rinpoche und auch Jamgön Kongtrul ihre Zustimmung aus. Ersterer warf sich gar mit Tränen in den Augen in voller Länge nieder. Shamarpa jedoch blieb unbeeindruckt und verfolgte die Vorführung mit leichter Skepsis. Erst als der Brief aus dem Umschlag gezogen wurde, war er alarmiert: Das Schreiben, das da vor ihm auf dem Tisch lag, sah sehr nach einer Fälschung aus.[7]

Erstens die Handschrift: Sie wirkte ungelenk und lief quer über das ganze Blatt, als wäre sie mit zittriger und unsicherer Hand geschrieben. Das stand in auffallendem Gegensatz zu den sonst sehr eleganten, sicheren und sehr geschmackvollen Schriftstücken des 16. Karmapa. Zweitens hatte der Text selbst keine Ähnlichkeit mit Karmapas literarischem Stil. Shamarpa, der mit dem Charakter von Karmapas Gedichten vertraut war, konnte seine Enttäuschung nicht verbergen. Die Sätze waren umständlich konstruiert, und es fehlten ihnen die Wärme und die Weisheit, die er so sehr bewunderte. Darüber hinaus gab es mehrere auffällige Widersprüche. Der siebte Satz lautete: „Er wird im Erde-Ochsen-Jahr geboren werden." Shamar Rinpoche erkannte sofort, dass das völlig unmöglich war. Wäre das in dem Brief angekündigte Kind im Erde-Ochsen-Jahr geboren worden, wäre es bei Karmapas Tod im Jahre 1981 bereits 32 Jahre alt gewesen, oder es würde erst 26 Jahre nach Karmapas Tod das Licht der Welt erblicken. Es gab nur diese beiden klaren Möglichkeiten mit einem Erd-Ochsen. Und schließlich die Unterschrift! Es war offensichtlich, dass jemand versucht hatte, Karmapas unverwechselbares Namenszeichen nachzuahmen, jedoch mit ziemlich dürftigem Ergebnis. Obwohl sie von einem großen roten Stempel verdeckt war, konnte jeder die unsichere, fast unterbrochene Linie und die verwischten Enden sehen, die den Namen seiner Heiligkeit darstellen sollten und mit Karmapas flinkem, ja fast vibrierendem persönlichen Schriftzug nichts gemein hatten. Als hätte der hohe Lama in seinem wichtigsten Brief alles über Kalligraphie und guten Geschmack vergessen und die entscheidenden Worte hastig hingekritzelt, ohne auf die Form oder inhaltliche Klarheit zu achten.

Ohne abzuwarten, ob Situpa sie mit einem weiteren Machwerk beglücken würde, ging Shamarpa eilig dazu über, seinen Rivalen zu befragen. Als Erstes stellte er fest, dass er das Dokument nicht als Karmapas echtes Testament akzeptieren könne, und wollte wissen, wie Situ Rinpoche zu dem zweifelhaften Schriftstück gekommen war. Dann begann auch Jamgön Kongtrul, Zweifel zu äußern. Der undeutliche Namenszug und die ungelenke Handschrift schienen sogar seinen guten Willen und seine versöhnliche Natur überstrapaziert zu haben. Nur Gyaltsab Rinpoche nahm die gewichtigen Neuigkeiten vorbehaltlos an und nickte, dabei kaum einen flüchtigen Blick auf den Brief werfend, zustimmend mit dem schweren Kopf, wann immer Situpa den Mund aufmachte - was während des langen Treffens oft genug der Fall war

– und zu allem, was er von sich gab. Schließlich fuhr Situpa unter Shamarpas kritischem Blick mit seinem Bericht fort.

Er habe den Brief kurz vor dem Tod Seiner Heiligkeit im Jahr 1981 erhalten, ohne auf den historischen Gehalt hingewiesen worden zu sein. Er habe nicht einmal gewusst, dass es ein Brief war. Das in Seide gehüllte Päckchen sei ihm als Schutz gegeben worden. In den folgenden Jahren habe er es voller Hingabe um den Hals getragen, ohne zu ahnen, dass er mit der Zukunft der Linie auf der Brust herumlief. Nun gut, er hatte nicht ewig laufen müssen. Eines heißen Sommerabends Ende 1989 habe Situ Rinpoche klugerweise entschieden, den abgetragenen Stoff, der seinen Talisman umhüllte, auszutauschen. Er habe das alte Material entsorgt und einen Blick hineingeworfen und statt der erwarteten Reliquien ein versiegeltes Dokument entdeckt. „Zu öffnen im Eisen-Pferd-Jahr", lautete der feierliche Satz, den seine hoffnungsfrohen Augen erblickten.

Es war nicht ganz klar, ob Tai Situ tatsächlich bis zu dem vorgegebenen Jahr gewartet hatte, bevor er das Briefsiegel brach. Sicher war jedoch, dass er die anderen Regenten nicht eingeladen hatte, bei dem Ereignis dabei zu sein. Sobald er sich mit dem bedeutenden Inhalt des Dokuments vertraut gemacht hatte, hatte er die anderen zwar pflichtschuldigst informiert, dass er im Besitz guter Nachrichten sei, „vergleichbar den Freudenschreien von Pfauen", dabei aber irgendwie vergessen, sie wissen zu lassen, warum die Pfauen sich plötzlich so sehr freuten. Er hatte große Erwartungen geweckt und es dann, nach einem plötzlichen Sinneswandel, in den folgenden zwei Jahren tunlichst vermieden, die drei Linienhalter zu treffen. Zweimal hatten die Umstände sie 1990 in Delhi zusammengeführt, doch hatte er bei diesen Gelegenheiten einfach den Mund gehalten. Nun erklärte er gelassen, den Brief in Delhi zu zeigen, wäre unpassend gewesen.

Wenn sie jetzt nicht rochen, dass da etwas faul war, hätten die ehrenwerten Linienhaltern wohl ein paar neue Nasen gebraucht. Shamarpas Riecher jedenfalls schien ganz gut zu funktionieren. Er war von Situs Vorstellung ganz und gar nicht überzeugt und hochgradig misstrauisch geworden. Er wollte wissen, warum der Umschlag weniger abgenutzt aussah als sein Inhalt. Und er verlangte, den Brief einer forensischen Untersuchung zu unterziehen, und kündigte an, das Papier ohne ein solches wissenschaftliches Gutachten nicht als Karmapas geistiges Testament zu akzeptieren. Mit dem Rücken an der Wand und zunehmend nervös, erläuterte Situ Rinpoche in aller Ausführlichkeit, was so ein extravaganter Test kosten würde. Er klärte seine Gesprächspartner darüber auf, dass so etwas überhaupt nur in London möglich sei, und fügte hinzu, dass es Jahre dauern würde, bis die Ergebnisse vorlägen. So viel Zeit hätten sie nicht. Wie und woher Situpa diese Informationen hatte, war ein echtes Rätsel, aber niemand fragte nach. Für den Moment schien es ihm gelungen zu sein, die anderen Regenten von der irrwitzigen Idee zu überzeugen, ein forensischer Test sei ein ähnlich komplexes wissenschaftliches Unterfangen wie beispielsweise eine Kernfusion unter Laborbedingungen. Doch das hielt nicht lange an! Noch bevor das Treffen zu Ende war, hatte Shamarpas detektivisches Gespür die Oberhand gewonnen, und es gelang ihm, sich eine Fotokopie des umstrittenen Briefes zu sichern.

Nachdem Tai Situ seinen Monolog beendet hatte, machten die Regenten sich an die mühselige Aufgabe, den verschachtelten Text Wort für Wort durchzugehen. Es stellte sich heraus, dass der Inhalt ebenso vage war wie die Form schludrig. Zwar wurden die Namen des Kindes und der Eltern sowie weitere Details genannt, doch es fühlte sich an, als wären diese Angaben in einen unzusammenhängenden Text eingebaut worden. Stundenlange ermüdende Lektüre und weit hergeholte Interpretationen brachten kein überzeugendes Ergebnis, und als sich der Tag allmählich dem Ende neigte, schlossen die vier Lamas einen Kompromiss. Jamgön Kongtrul sollte bei seiner bevorstehenden Tibetreise eigene Erkundigungen einziehen. Mit Hilfe der Beschreibung aus dem Brief sollte er zu dem Jungen Kontakt aufnehmen. Jamgön Rinpoche schien die beste Wahl zu sein. Von allen akzeptiert, war er der Kandidat der Mitte. Zu diesem Zeitpunkt wussten sie nicht, dass er seinen Platz in der Mitte als eher heiß und überaus unbequem empfand.

Topgala, der Generalsekretär von Rumtek und Vorsitzender von Karmapas Trust, wurde hereingebeten. Die Eminenzen empfingen ihn mit den guten Nachrichten: Karmapas geistiges Testament sei endlich gefunden worden. Man zeigte ihm den gefeierten Brief. Doch nachdem er den Text studiert hatte, begann Topgala genauso besorgt und enttäuscht auszusehen wie Shamarpa. Je länger er den Brief betrachtete, umso weniger gefiel er ihm, und am Ende gelangte er zu der Überzeugung, dass die Regenten ihn selbst geschrieben hatten. Offenbar hatten sie einen Kandidaten gefunden, nicht aber die schriftlichen Anweisungen, und hatten dann einfach ein passendes Dokument verfasst. Unglücklicherweise sah das Schriftstück äußerst zweifelhaft aus, und Topgala - entsetzt über die Vorgänge - äußerte seine Bedenken. Sehr zu Situ Rinpoches wachsender Bestürzung erklärte er, er glaube nicht, dass dies authetische Anweisungen von Karmapa seien. Er appellierte an die Regenten, die richtige Inkarnation zu finden, und fügte an Jamgön Kongtrul gewandt hinzu, es liege wenig Weisheit darin, einer eindeutig falschen Spur zu folgen.

Das Treffen endete am frühen Abend. Die vier Linienhalter kamen überein, ihre Meinungsverschiedenheit vertraulich zubehandeln und nicht mit irgendwelchen Offenbarungen an die Öffentlichkeit zu gehen. Nach Kongtruls Rückkehr aus Tibet im Juni wollten sie sich erneut treffen. Als sie den Raum verließen, liefen sie in die lärmende Menge, die direkt vor der Tür Stellung bezogen hatte. Sofort ergriff Gyaltsab Rinpoche die Gelegenheit, den Umschlag blitzschnell aus der Ferne zu zeigen und in aller Ruhe zu behaupten, dies seien die heiligen Worte Seiner Heiligkeit. Situpa zog den Brief aus dem Kuvert, hielt ihn in die Höhe, damit ihn alle bewundern konnten, und machte die geheime Vereinbarung damit öffentlich. Der lang ausgehandelte Kompromiss hatte nur wenige Minuten gehalten. Beim Anblick des Dokuments bekundeten die hitzigen Tibeter lautstark ihre Zustimmung zu Situpas Geste und forderten von den anderen schnellere

Ergebnisse. Es folgte ein tumultartiger Beifallssturm zu Ehren Situ Rinpoches, und einen Augenblick lang fragte sich Shamarpa, ob er wohl versehentlich auf einem Marktplatz gelandet war. Wobei er vielleicht hätte zugeben können, dass einige seiner Mitregenten ganz gut auf diesen Marktplatz passten. Am nächsten Tag - als bedeute ihm der mit seinen Brüdern geschlossene Pakt gar nichts – eilte Situpa nach Dharamsala, um dem Dalai Lama in allen Einzelheiten zu berichten. Wenige Tage später setzte er sämtliche Dharmazentren Nepals davon in Kenntnis, dass ein Suchtrupp aufgestellt worden sei. Offensichtlich wurden in seinen Augen Vereinbarungen getroffen, um gebrochen zu werden.

Ole war von dem Bericht beeindruckt. War das schon die offene Revolte, die er seit Monaten erwartet hatte? Seit der „Derge"-Brief in Europa eingetroffen war, hatte er gewusst, dass eine Verschwörung im Entstehen war. „Das ist noch nicht alles", unterbrach Hannah seine Gedanken. „Wir haben noch mehr Informationen aus Rumtek." Als wäre das, was sie gerade geschildert hatte, noch nicht genug Material für einen Thriller gewesen, setzte sie zu einer weiteren Runde erschreckender Nachrichten von Karmapas Hauptsitz an.

Nachdem Shamarpa nach Amerika abgereist war, nahmen die zwei Rinpoches ihre Positionen als Vollzeitregenten in Rumtek ein. Tai Situ brachte ein ganzes Regiment von Mönchen, Dienern und Gästen mit, deren Benehmen wenig Zweifel daran aufkommen ließ, wen sie als neue Herren von Karmapas Standort betrachteten.

Am 17. Mai verkündeten Situ und Gyaltsab zur allgemeinen Überraschung, dass sie Vertreter nach Tibet entsandt hätten, um nach Karmapas siebzehnter Inkarnation zu suchen. Sie drückten ihr Bedauern und ihre Besorgnis darüber aus, dass Shamarpa zu diesem Zeitpunkt nicht für Gespräche zur Verfügung stand, jedoch hätten sie nicht länger auf die Rückkehr des ranghöchsten Regenten warten können, sondern seien gezwungen gewesen, ihren Pflichten nachzukommen. Akong Tulku als Vertreter Situpas und Sherab Tharchin als Vertreter Gyaltsabpas seien bereits aufgebrochen. Alle in Rumtek hielten den Atem an. „Werden sie Seine Heiligkeit mitbringen? Wie lange wird es dauern?"

Drei Tage später landete Situpa, der wohl glaubte, den Teilnehmern an den Gebeten für Jamgön Kongtrul etwas bieten zu müssen, seinen Coup. Am frühen Nachmittag des 20. Mai wurde unter dem Beifall einiger sikkimesischer Regierungsmitglieder und einflussreicher lokaler Familien wie den Martangs sowie mit den guten Wünschen von Pönlop und Sangye Nyenpa Rinpoche – hohen Lamas in Rumtek – der Vorhersagebrief geöffnet und Sakya Tridzin, dem Oberhaupt der Sakya-Schule, vorgelegt.

Es war freilich eine leere Geste. Abgesehen davon, dass er Buddhist und Tibeter war, spielte Sakya Tridzin, Oberhaupt der Sakyapas und weithin geachteter Lama und Gelehrter, in dem Prozess der Anerkennung Karmapas nicht die geringste Rolle. Der Papst wäre ebenso passend gewesen. In Indien jedoch konnte man mit der langen Liste bedeutender Namen Eindruck schinden. Namen und Titeln wurde in diesem Teil der Welt große Bedeutung beigemessen, und ein mit Trommeln und Hörnern aufgepepptes Spektakel unter dem Vorsitz von lokalen Würdenträgern war ganz und gar nach dem provinziellen Geschmack der Tibeter. Auffallend war, dass zwei Schlüsselfiguren in dem diffizilen Verfahren bei dem Ereignis fehlten: der Hauptregent Künzig Shamarpa und der Generalsekretär Topgala. Keiner der hohen Lamas, die Rumteks Klosterhof bevölkerten, schien ihren Ausschluss bemerkt oder gar dagegen protestiert zu haben. Es war, als hätten die zwei aufgehört zu existieren.

Die tolerante und sorglose Laune Pönlops und Sangye Nyenpas ausnutzend, setzte Situ Rinpoche die Maschinerie für die nächste Runde der Verleumdungen in Gang. Shamarpa und Topgala waren nicht nur als Verschwörer für Kongtruls Tod verantwortlich, nun waren sie auch noch zwei verdorbene Charaktere, denen genau die Dinge vorgeworfen wurden, die wohl eher auf Situ Rinpoche zutrafen. Im Osten war allgemein bekannt, dass Tai Situ mit einem großen Gefolge von Helfern, Dienern und sonstigen Begleitern reiste. Seine Vorliebe für stattliche Suiten in Fünf-Sterne-Hotels und exklusiven Country Clubs hatten ihm in Hongkong den Beinamen „letzter Kaiser" eingebracht – eine „Auszeichnung", die kein anderer buddhistischer Mönch für sich in Anspruch nehmen konnte. Nun wurde paradoxerweise Shamarpa als hochmütiger Lama dargestellt, der das Luxusleben eines asiatischen Prinzen über seine Pflichten im Kloster stellte. Topgala als ehrgeiziger und berechnender Krimineller, der im Dunkeln auf der Lauer lag, um Rumteks Schatztruhen zu leeren und sein privates Vermögen zu mehren. Beide stünden sie der Rückkehr des 17. Karmapa nach Tsurphu im Weg und gehörten eigentlich aus Rumtek verjagt.

Als Hannah ihren Bericht beendet hatte, begannen sich für uns die Teile des Puzzles zusammenzufügen. Plötzlich wurde uns klar, warum Situpa ein formelles Treffen der vier Regenten seit 1989 verhindert hatte. Irgendwie musste es ihm gelungen sein, Gyaltsab, der offensichtlich unter seinen korrupten Einfluss gekommen war, hinters Licht zu führen, und jetzt, da Jamgön Kongtrul nicht mehr lebte, hatte er freie Hand. Er war im Begriff, einen Jungen, den er auf einer seiner zahlreichen Tibetreisen ausgesucht hatte, als den 17. Karmapa anzuerkennen. Seine zwielichtigen Abgesandten Akong und Sherab Tharchin waren schon unterwegs. Seine schmeichlerischen Avancen an die kommunistischen Chinesen und seine unaufhörliche Aktivität in Kham ergaben in diesem Licht einen völlig neuen Sinn. Auch die gut orchestrierten Kampagnen gegen Shamarpa und Topgala sowie die anhaltenden Gerüchte ließen darauf schließen, dass alles sorgfältig geplant war.

„Und warum können die beiden nicht auf Künzig Shamarpa warten?", fragte sich Ole. Er spürte es in den Knochen, dass alles ein großer Schwindel war. „Warum die übertriebene Eile?" „Warum erzählen sie aller Welt, dass Karmapa in Tibet ist, bevor sie ihn da rausgeholt haben?" „Wir machen uns von der Gunst der kommunistischen Chinesen abhängig – das ist doch ganz klar eine törichte Strategie." Und schließlich: „Wenn Akong verantwortlich oder überhaupt irgendwie beteiligt ist, kann das nur Ärger bedeuten." „Warum führt jemand, dem der 16. Karmapa ganz sicher nicht vertraute, auf einmal die Suche nach dem 17. Karmapa an?" „Er hat da nichts verloren." All diese Fragen und Gedanken gingen Ole durch den Kopf. Natürlich konnte auch Hannah keine Antworten dazu liefern.

Plötzlich erinnerte sich Ole an das Telefonat, das Hannah in San Francisco mit Gyaltsabpa geführt hatte. Wie es ihm fast gelungen war, sie mit einem rosig-harmonischen Bild vom Treffen am 19. März zu täuschen, wie er vorsichtig angedeutet hatte, dass der neue Karmapa gefunden worden sei, wie er gerade genug gesagt hatte, um ihre Aufmerksamkeit zu erregen, im Grunde aber nichts preisgegeben hatte. Nach Hannahs Bericht schmeckte die süße Harmonie des Treffens reichlich bitter. Lama Ole kam der Gedanke, dass Gyaltsab Rinpoche vielleicht gar kein so einfältiges Wesen war. Vielleicht hatte er, während er blind hinter seinem neuen Mentor Tai Situ her trottete, doch noch etwas anderes im Sinn gehabt als sein berühmtes Meerschweinchen.

Nachdem Ole seine Gedanken gesammelt hatte, war er überzeugt, dass Shamar Rinpoche nach Rumtek zurückkehren müsse, um die Führung der Linie zu übernehmen. Hannah erklärte, der wahre Grund für seine unvermittelte Abreise nach Amerika sei der umstrittene Brief gewesen. Shamarpa hatte sich von Situpas Beteuerung, ein forensischer Test sei ein jahrelanges, kostspieliges Unterfangen, nicht so leicht täuschen lassen und beim Treffen im März eine Fotokopie von dem Dokument gemacht, die er nun wissenschaftlich untersuchen lassen wollte. Die Chance dafür sah er im Mai während der wochenlangen Gebete für den verstorbenen Jamgön Kongtrul gekommen. Hannah und einige andere wurden umgehend in die USA geschickt, um mit einer geeigneten Einrichtung Kontakt aufzunehmen. Deshalb hatte sie uns so plötzlich verlassen, um über den Atlantik zu fliegen. Shamarpa war sich absolut sicher gewesen, dass Situpa es für unangebracht halten würde, während der Zeremonien in Aktion zu treten, und wagte sich von Rumtek weg – offiziell, um bei einem Kongress in Kalifornien eine Rede zu halten. Die Rede war unzweifelhaft ein erfolgreiches und viel beachtetes Ereignis; sein Versuch, der forensischen Gemeinschaft irgendwelche Ergebnisse zu entlocken, erwies sich jedoch als Schlag ins Wasser. Hannah führte zwar ein paar freundliche Gespräche mit mehreren Experten auf diesem Gebiet, doch die werten Herren klärten sie darüber auf, dass auch eine noch so gute Fotokopie für eine verlässliche wissenschaftliche Untersuchung definitiv nicht ausreiche.

Nun sollte Hannah die Annehmlichkeiten Europas nicht lange genießen können. Am 1. Juni machte sie sich in Begleitung von Sys auf den Weg nach Rumtek. Sie hoffte, dass Rinpoche bald nachkommen würde. Die zwei Linienhalter trieben ihre Vorhaben voran, und Shamarpas Anwesenheit in Sikkim war unverzichtbar. Es fiel Hannah nicht leicht, sich vor unserem Zentrum in Zürich von Ole zu verabschieden. Sie spürte, dass die kommenden Tage für alle eine Prüfung sein würden. Als der Wagen für den kurzen Weg zum Flughafen gerade aus der Einfahrt fahren wollte, presste Ole beide Hände auf die Windschutzscheibe. Seine Schützer würden sie begleiten. Wenige Minuten später stieg Ole auf seine Yamaha 1100 und jagte mit Caty auf dem Rücksitz gen Süden. Mit durchschnittlich 190 km/h wollte er am nächsten Tag pünktlich zum Nachmittagsvortrag im spanischen San Sebastian eintreffen.

•

Zur selben Zeit wog Shamarpa an der Westküste Amerikas seine Möglichkeiten ab. Die Kopie des Briefes in den Händen haltend, genoss er das großartige kalifornische Panorama, das sich ihm von dem Haus aus bot, das ihm seine chinesischen Gastgeber für die Dauer seines Besuchs zur Verfügung gestellt hatten. Shamarpa war ebenso überrascht wie der Rest Asiens entzückt: Zusätzlich zu all den anderen Überraschungen hatte er soeben erfahren, dass Akong und Sherab auf dem Weg nach Tsurphu, Karmapas Hauptsitz in Tibet, waren, um den im Brief erwähnten Jungen dort als den 17. Karmapa zu präsentieren. Die Ereignisse hatten ihn eindeutig überrannt. Dem höchsten Regenten schwante, dass seine ehrenwerten Brüder ihn ausgebootet hatten. Wollte er jemals noch bei der Anerkennung des 17. Karmapa und der Zukunft der Linie mitreden, würde er eiligst nach Hause zurückkehren müssen.

Ohne noch mehr Zeit mit Forensikern zu vergeuden, buchte er einen Flug nach Frankfurt. In Deutschland traf er ganz unerwartet einen Minister aus Gangtok und saß am Tag darauf gemeinsam mit ihm im Flugzeug nach Delhi. Im Flughafen von Bagdogra stießen sie auf den Ministerpräsidenten von Sikkim, N. B. Bhandari. Dieser war in der sikkimesischen Politik ein mächtiger und gefürchteter Mann und hatte die autonome Region seit mehr als zehn Jahren regiert. Seine eiserne Hand und sein diktatorischer Stil ließen keine andere Meinung und keine Opposition zu. Während Shamarpa in der VIP-Lounge des Flughafens angeregt mit dem berühmten Politiker plauderte, ahnte er nicht, dass dieser bereits tief in den Disput um den 17. Karmapa verstrickt war. Situpa und seine Leute hatten seine Nähe gesucht, und man vermutete, dass sie ihn in der Tasche hatten. Situ Rinpoches ausgedehnte Aufenthalte in Taiwan hatten praktischere Gründe als nur den Wunsch, der dortigen chinesisch buddhistischen Gemeinde den Dharma zu lehren. Es ging das Gerücht, dass jedesmal, wenn der prominente Lama die Insel verließ, seine Helfer ein paar Kisten mehr ins Flugzeug zu schleppen hatten. In Sikkim hieß es, ein hingebungsvoller Schüler, der glaubte, dass Rinpoche nur kostbare Dharmatexte in seinem Gepäck beförderte, wäre wohl sehr überrascht, in den sperrigen Kisten auch säuberlich gestapelte niegelnagelneue Hundert-Dollar-Scheine zu entdecken. Offensichtlich mussten die reichen Chinesen ihren Weg zur Erleuchtung in bar bezahlen.

Shamarpa, der diese Gerüchte nicht kannte, sprach offen mit dem Ministerpräsidenten. Vor seiner Abreise nach Amerika hatte er diesen offiziell um Hilfe beim Schutz des Vorhersagebriefs gebeten. Die Bitte war ihm gewährt worden, man hatte Soldaten vor dem Raum postiert, in dem der Brief verwahrt wurde. Nun erklärte Shamarpa, dass er den Brief nicht als echt akzeptieren könne.

Sein Versuch, eine Kopie des Briefes in den USA wissenschaftlich untersuchen zu lassen, sei fehlgeschlagen. Da das fragliche Papier unter dem Schutz des Ministerpräsidenten und seiner Regierung stand, bat er diesen jetzt um Mithilfe bei der Beschaffung des Originals, um dieses untersuchen zu lassen. Bhandari schaute reichlich unbehaglich drein, rang sich ein Lächeln ab und erklärte höflich, er habe die Verantwortung für den Brief einem Herrn Karma Tobden, Parlamentsmitglied in Neu Delhi, übergeben. Es sei nun nicht mehr seine Angelegenheit. Daraufhin stand er auf und entschuldigte sich eilig. Er habe wichtige Treffen, die keinen Aufschub duldeten. Das Gespräch vermittelte Shamarpa den seltsamen Eindruck, dass N. B. Bhandari, Ministerpräsident von Sikkim, nicht die volle Wahrheit sagte.

Am 7. Juni traf Shamar Rinpoche endlich wieder in Rumtek ein. Er war fast einen Monat weg gewesen, aber es fühlte sich an, als seien Jahre vergangen. Er wollte unverzüglich die beiden Rinpoches befragen, aber die waren unerklärlicherweise verschwunden. Am Morgen hatte sein Diener sie dabei beobachtet, wie sie hastig das Kloster verließen. Angeblich hofften sie auf eine Audienz beim Dalai Lama an dessen Hauptsitz Dharamsala. Mit Genugtuung dachte Shamarpa, dass ihre Audienz wohl sehr kurz ausfallen würde. Tibets politischer Führer und die Hälfte seiner Regierungsmannschaft weilten in Rio de Janeiro, wo sie an einer Umweltkonferenz teilnahmen, und Dharamsala war so gut wie ausgestorben. Dennoch war der Umstand, dass seine beiden Kollegen in geheimer Mission durch den Himalaja zogen, nicht gerade beruhigend. Shamarpa war es leid, auf die unberechenbaren und unfreundlichen Aktionen der beiden nur zu reagieren, und beschloss zu handeln. Er berief alle Tibeter für den nächsten Tag zu einer Versammlung im Nalanda-Institut in Rumtek ein. Die Zeit war gekommen, deutliche Worte zu sprechen.

•

An der westlichen Front herrschte unterdessen noch Ruhe. Man verarbeitete allmählich den Tod Jamgön Kongtruls; der ein oder andere hatte gehört, dass es irgendeine Verlautbarung gegeben hatte, aber da niemand Genaueres wusste, war das Thema fürs Erste wieder gestorben. Nachrichten aus Indien und Nepal brauchten normalerweise mehrere Wochen, bis sie in Europa ankamen, und auch im Mai und Juni 1992 war das nicht anders. Ole erklärte, dass noch nichts geklärt sei und alle Berichte, die aus Sikkim kamen, noch unbestätigt waren. Er wollte auf konkrete Informationen von Shamarpa und Hannah warten.

Während Rinpoche am Flughafen von Bagdogra sein Vieraugengespräch mit dem Ministerpräsidenten Bhandari führte, traf Ole mit Caty auf dem Sozius seiner Yamaha in Südspanien ein. Dort wollte der dänische Lama seinen Schülern erneut einen Phowa-Kurs geben. Karma Gön, ein Zurückziehungszentrum in der Nähe von Malaga, war ein idealer Ort für Meditation. Es war ein Geschenk ihrer treuen Freunde Pedro und Dorrit an Karmapa, Hannah und Lama Ole gewesen, in den rauen, trockenen Bergen Andalusiens gelegen, mit Blick auf das historische „Löwentor (Paso del Leon)“. In den letzten zweitausend Jahren war der Bergpass Zeuge geworden, wie mehrere Invasionsarmeen den engen Durchgang passierten, um die iberische Halbinsel zu erobern. Heute krönt ein zwölf Meter hohes buddhistisches Monument – ein Stupa – die vielen arbeitsreichen Jahre in Karma Gön. Das imposante Bauwerk beherrscht die ganze Gegend und dient als buddhistischer Schutz gegen eine Gefahr, die sich an den südlichen Grenzen Europas manifestiert und unsere hart erkämpften Freiheiten bedroht: den mittelalterlichen Islam, der aus Afrika herüberkommt.

In Karma Gön hatte Ole wenig Zeit, über die Gefährlichkeit des Islams nachzudenken. Der Ost-Himalaja und die sich entspinnende Kagyü-Krise beanspruchten seine volle Aufmerksamkeit. Hannah, vor Ort in Rumtek, telefonierte täglich mit Ole und hielt ihn auf dem Laufenden. Nun wo auch Shamarpa wieder im Osten war, spürten sie beide, dass die Zeit gekommen war zu reagieren. Ole wartete gespannt darauf, dass der höchste Regent seinen nächsten Zug tat.

Am 8. Juni, genau zu der Zeit, als sich Shamarpa auf seine Rede am Nalanda-Institut in Karmapas Hauptsitz vorbereitete, fiel in Rumtek das Telefon aus. In dieser entlegenen Enklave im Himalaja war das nichts Ungewöhnliches; ungefähr genauso überraschend war es, wenn das Telefon einmal funktionierte. Ole konnte also nicht mit seiner Frau sprechen und setzte inmitten der spartanischen Schönheit der andalusischen Berge seinen Kurs fort.

Kapitel 9

Der Kampf

Die nächsten Tage zogen sich unerträglich langsam dahin. Instinktiv spürte Ole, dass gerade jetzt über die Zukunft der Linie entschieden wurde, aber nicht ein einziges Wort drang aus Sikkim heraus. Die Telefonleitungen blieben Tag und Nacht tot.

Am Abend des 12. Juni 1992 erwachte das Telefon im Kloster Rumtek wieder zum Leben. Mit der Hilfe von Tsültrim Namgyal, dem persönlichen Diener des 16. Karmapa, konnte sich Hannah Zugang zum Telefon verschaffen und rief sofort in Spanien an. Der große Tashi, Tsültrim Namgyals Bruder, wartete draußen und bewachte den Raum. Es gab so viel zu erzählen. Praktisch ohne Luft zu holen, berichtete sie hastig von den jüngsten Ereignissen.

Vier Tage zuvor, am 8. Juni, hatte Shamar Rinpoche alle Tibeter in der Haupthalle des Nalanda-Instituts versammelt und die bisherigen Ereignisse offen dargelegt. Er hatte die Vorgänge beim Treffen im März und seine ernsthaften Zweifel an der Echtheit jenes Briefes geschildert, den Situ Rinpoche ihnen gezeigt hatte, und auch erwähnt, dass sie vereinbart hatten, ihre Unstimmigkeiten für sich zu behalten. Er hatte daran erinnert, dass Jamgön Rinpoche nach Tibet hätte reisen sollen, um dort mit einem Kind Kontakt aufzunehmen, und zugleich betont, dass nichts sicher gewesen sei. Nun, wo die zwei Regenten die Abmachung verletzt hätten, müsse auch er offen sprechen. Er habe gehört, sie hätten Sakya Tridzin in Rumtek einen Brief gezeigt. Und er habe gehört, dass sie Akong und Sherab Tharchin nach Tibet geschickt hätten und dass sie von den chinesischen Kommunisten unterstützt worden seien. Er habe vieles gehört. Er wollte mit den beiden Rinpoches reden, aber die seien abgereist. Er betonte, es gebe noch einen weiteren Brief, den die vier Rinpoches 1986 in Karmapas Reliquienschatulle gefunden hätten. Dieser Brief sei schwer zu interpretieren, wenn aber die richtige Zeit gekommen sei, würde seine Bedeutung klar werden. Er setze sein Vertrauen in die Menschen von Rumtek, in die Lamas, in die Mönche und in alle anderen. Er forderte die Tibeter auf, nach der Wahrheit zu suchen und darauf zu bestehen, dass der von Situ Rinpoche vorgelegte Brief untersucht werde.

Als Shamarpa seine kurze Rede beendet hatte, legte sich eine beklemmende Stille über das Kloster und das Dorf. Selbst die berüchtigten Hunde von Rumtek waren ruhig. Das Zerwürfnis zwischen den Linienhaltern war publik geworden. Jede Gemeinschaft von Tibetern ist eine Brutstätte unkontrollierbaren Geschwätzes, doch in den langen Minuten nach Shamarpas Ansprache fiel selbst den Geschwätzigsten nichts ein. Shamar Rinpoche tat, was er für notwendig erachtete, und wartete nun ab, bis die beiden anderen Regenten auf ihn zukamen. Die Würfel waren in der Tat gefallen.

Am nächsten Tag versammelte Shamarpa alle Westler und wiederholte seine Rede auf Englisch. Dabei enthüllte er noch ein wenig mehr. Es gäbe einen nahen Schüler des 16. Karmapa, einen absolut vertrauenswürdigen Menschen, der mit der Nachricht an ihn herangetreten sei, er besitze direkte Anweisungen vom letzten Karmapa. Doch der Mann, der von allen geschätzt werde, wolle damit nicht an die Öffentlichkeit treten. Noch nicht! Karmapa selbst habe ihm gesagt, wann er sein Wissen bekanntgeben solle, und die Zeit sei noch nicht reif. Shamarpa habe volles Vertrauen, dass der Mann die richtigen Informationen besitze und dass er sie vorbringen werde, wenn die Zeit gekommen sei. Er schloss mit der ziemlich düsteren Ankündigung, dass er auf Sitz und Titel verzichten würde, sollte sich herausstellen, dass er sich in dem Mann geirrt hatte. Auch bat er die Praktizierenden, keine Spekulationen über den richtigen Karmapa anzustellen, sondern Vertrauen in den Dharma zu zeigen und zu praktizieren.

Die Gruppe von Westlern, die nach Rumtek gereist war, um an den Zeremonien für den verstorbenen Jamgön Kongtrul teilzunehmen, saß wie versteinert da. Einige der feinfühligeren Damen wurden besorgniserregend blass, und so entschied sich Shamarpa,

Fragen zu beantworten, um die sich beschleunigenden Herzen zu beruhigen. Während die Hände hoch und wieder herunter gingen, erzählte Shamarpa weitere Einzelheiten aus den turbulenten Jahren nach Karmapas Verbrennung. Als er auf Bardo Tulku vom Kloster Woodstock und den infamen Brief zu sprechen kam, den der New Yorker Lama 1983 verschickt hatte, stellte sich heraus, dass auch ein Mitglied dieser gefeierten Organisation anwesend war. Ngödrup, der großspurige Übersetzer von Khenpo Katar und selbst aufstrebender Lama, war der Meinung, der gute Name seiner hochgeschätzten Institution sei durch den Dreck gezogen worden, und nahm es an diesem Nachmittag auf sich zu vollenden, was Bardo Tulku ein Jahrzehnt zuvor nicht gelungen war. Es war schwer zu sagen, ob seine unangenehme Rede die giftige Feder Bardos noch übertraf, denn statt seine Fragen auf zivilisierte Art vorzubringen, entschied er sich dafür, sie wild herauszubrüllen, was dazu führte, dass sein Geschrei komplett unverständlich war. Die Anwesenden waren mit dem verblüffenden Schauspiel eines schreienden und wild gestikulierenden Ngödrup und einem etwas verdutzten, aber gelassenen Rinpoche konfrontiert. Da die einzig sichtbaren Resultate, die er mit seinem Auftritt erzielte, erschrockene Blicke der älteren Zuhörer waren, beschloss Ngödrup zu guter Letzt, dem Drama mehr Substanz zu geben. In etwas verständlicherem Ton warf er Shamarpa vor, Oles Schmähungen gegen den guten Namen des verstorbenen Jamgön Kongtrul zu billigen. Offenbar bezog er sich auf den Brief, den Ole zu Rinpoches tragischem Tod verfasst hatte. Wie nicht anders zu erwarten, missbilligten die Würdenträger von Woodstock den Brief. Da Shamarpa selbst ihn nicht gelesen hatte, hatte er keine Ahnung, wovon Ngödrup sprach, und wandte sich, wie in solchen Fällen üblich, hilfesuchend an Hannah. Zu dem Zeitpunkt aber hatten die Anwesenden schon genug von Ngödrups purpurrotem Gesicht und seinem zusammenhanglosen Gerede und nahmen die Angelegenheit selbst in die Hand. Der Übersetzer aus Woodstock wurde aufgefordert, sich entweder hinzusetzen und zu beruhigen oder den Raum zu verlassen. Kurz darauf hatte wohl auch Rinpoche entschieden, dass er von Ngödrup an diesem Tag genug gesehen und gehört hatte, und beendete das Treffen.

Es ist vielleicht erwähnenswert, dass derselbe Ngödrup sich einige Monate später während eines Vortrags von Lama Ole in Kalifornien auch mit ihm anlegen wollte. Das war in Los Angeles am 17. Oktober 1992. Da Ngödrup Ole aus den alten Tagen in Rumtek gut kannte, optierte er in weiser Voraussicht dafür, diesmal nicht zu brüllen. Eine kluge Entscheidung, denn Ole hätte im Umgang mit einem sich schlecht benehmenden Narren ganz sicher nicht die gleiche Zurückhaltung an den Tag gelegt wie Shamarpa. Vielmehr wäre ein schreiender Ngödrup in Nullkommanichts hochkant aus dem Saal geflogen. Es half ihm jedoch nicht, dass er seinen Ton mäßigte. Nach mehreren Versuchen, die Aufmerksamkeit der Zuhörer auf die politische Kontroverse zu lenken – obwohl der Vortrag gerade erst begonnen hatte und es immer noch um die Grundlagen des Buddhismus ging – verbot Ole dem Tibeter schlichtweg, seine große Klappe noch einmal zu öffnen. Es war nicht weiter verwunderlich, dass Ngödrup es nicht wagte, Oles Entschlossenheit und Geduld auf die Probe zu stellen. Nachdem er ungefähr zehn Minuten lang intensiv die Decke studiert hatte, schlich er sich kleinlaut zur Tür hinaus und ward nicht mehr gesehen. Seine zwei Kollegen vom örtlichen KTC-Zentrum folgten ihm wortlos. Das war das einzige Mal, dass Leute aus Woodstock versuchten, einen von Lama Oles Vorträgen zu stören. Sie hatten ihren besten Soldaten geschickt und ihn scheitern sehen und beschränkten sich von nun an darauf, von Oles Veranstaltungen fernzubleiben und stattdessen Druck auf die Organisatoren auszuüben.

Hannahs Bericht aus Rumtek war noch lange nicht zu Ende. Dies war erst der Anfang der Vorfälle, die Sikkim und den Himalaja in den vorausgegangenen Tagen erschüttert hatten.

Nach Shamarpas Ansprachen auf Tibetisch und Englisch herrschte in Rumtek eine angespannte Atmosphäre. Die Gebetszeremonien liefen planmäßig weiter, aber niemand war mehr richtig bei der Sache. Die Tibeter aus dem Dorf hatten sich schon bald eine Meinung gebildet und sich auf die eine oder die andere Seite geschlagen. Jene, die Situpa unterstützten, wurden immer aggressiver und wollten jedem, der zufällig des Weges kam, lautstark ihre Wahl aufdrängen. Die sechzig Mönche, die zusammen mit Situpa angereist waren, um an den Ritualen teilzunehmen, fielen wie eine Armee über das Kloster her und verdrängten die rechtmäßigen Bewohner. Sie führten sich auf, als würde das Kloster ihnen bereits gehören. Die Streitigkeiten und Beschwerden nahmen kein Ende, was die Verwalter zur Verzweiflung brachte. Obendrein entwickelten Situ Rinpoches Leute die lästige Angewohnheit, jeden wissen zu lassen, wie viele Tage es noch dauern würde, bis der 17. Karmapa in Tsurphu einträfe. Natürlich hatte nicht jeder in Rumtek Lust, sich diese Rechnereien anzuhören. Die Stimmung war aufgeheizt.

Am 11. Juni gab Shamarpa eine offizielle Erklärung ab, in der er seine Zweifel an der Echtheit des Briefes zu Papier brachte.[8] Er distanzierte sich von den gegenwärtigen Aktivitäten der zwei Regenten in Tibet und von Akongs und Sherabs Bemühungen, den 17. Karmapa anhand der Informationen aus dem umstrittenen Brief zu finden. Solange das Dokument nicht untersucht worden sei, riet er davon ab, „voreilig zu handeln“. Es war eine vorsichtig formulierte Erklärung, die darauf verzichtete, die Handlungen der zwei Rinpoches eindeutig zu verurteilen. Shamarpa ließ die Tür noch offen.

Am frühen Nachmittag des 12. Juni, während sich die angespannte Stimmung in Rumtek noch verschärfte, erklangen vom Tempeldach die Hörner. Situ und Gyaltsab Rinpoche waren von ihrer fünftägigen Reise zurückgekehrt. Hannah beschrieb die hektische Aktivität, die der Ankunft der Rinpoches folgte: Im Klosterhof wurden Throne errichtet und Lautsprecher aufgestellt; die Diener und Helfer der Regenten führten geschäftig Besucher hin und her. Jeder bekam zu hören, dass die zwei Linienhalter eine wichtige Ankündigung machen würden. Was im Klosterhof jedoch auffallend fehlte, war ein Sitz für Shamar Rinpoche - gerade so, als ob der höchste Regent nicht mehr zählte.

Als sich die Mönche, Dorfbewohner, Westler und eine große Anzahl Fremder vor dem Kloster versammelt hatten, traten Situpa und Gyaltsabpa durch die Seitentür in den Hof. Ohne mit einem Wort zu erwähnen, dass der ranghöchste Regent fehlte, räusperte sich Situpa und setzte zu einer einstündigen Rede auf Tibetisch an. Als er zum Ende kam, gingen seine letzten Worte in wildem Applaus unter. Der lärmende Jubel kam vor allem von den zahlreichen Gästen, von denen immer mehr wie aus dem Nichts auftauchten. Nun brachte auch Gyaltsab ein paar Sätze zu Gehör, doch es dauerte nicht lange, bis Situpa mit einem Mikrofon in der Hand zurück war und zu einer Ansprache auf Englisch ansetzte.

Er fing damit an, dass Gyaltsab und er selbst lange darüber nachgedacht hätten, ob sie die Sache an die Öffentlichkeit bringen sollten, aber nachdem Shamarpa dies bereits getan habe, glaubten sie, keine Versprechen zu brechen, wenn sie es noch einmal wiederholten. Seit dem Tod Seiner Heiligkeit im Jahre 1981 hätten die vier Rinpoches hingebungsvoll nach den schriftlichen Anweisungen ihres Lehrers über seine nächste Wiedergeburt gesucht. Felsenfest hätten sie daran geglaubt, dass Karmapa einen solchen Brief hinterlassen habe, und unermüdlich an allen erdenklichen Orten danach gesucht. Als im Laufe der Jahre kein Brief auftauchte, seien sie unsicher geworden, was sie den Leuten erzählen sollten. Eines Tages hätten sie einen besonderen Gau – einen Reliquienbehälter – gefunden, der Seiner Heiligkeit gehört habe; sie hätten ihn auf den Altar gelegt und einfach behauptet, darin den Vorhersagebrief entdeckt zu haben. Da sie sich bei der Vorstellung, die Leute könnten sich vor einem leeren Behälter verbeugen, nicht ganz wohl gefühlt hätten, hätten sie beschlossen, einen Text Karmapas, ein Gedicht oder etwas Spirituelles, in den Gau zu legen. Gyaltsab Rinpoche kannte ein vierzeiliges Meditationsgebet, das Seine Heiligkeit auf seinen Wunsch hin verfasst hatte. Jamgön Kongtrul habe es niedergeschrieben und zu viert hätten sie es in den Reliquienbehälter gesteckt.

Situ Rinpoche legte eine Pause ein, um die Bedeutung seiner

Worte wirken zu lassen. Die Europäer schauten einander ungläubig an. Das war also Karmapas berühmter Brief, den die Regenten 1986 mit großem Pomp öffentlich angekündigt hatten. Sie hatten sich einfach an ein Gedicht erinnert, es niedergeschrieben und in einen Gau gesteckt. Wie sich einige noch gut erinnern konnten, hatten die Rinpoches damals behauptet, zwei Briefe entdeckt zu haben, den einen im anderen, „ein schwangeres Werk", wie Situpa es damals treffend genannt hatte. Daraufhin hatten sie die gesamte Kagyü-Welt mit umständlichen Ritualen und endlosen Mantras beschäftigt, damit auch der zweite Brief geöffnet werden konnte. Dabei hatten sie sich das alles nur ausgedacht. Es gab weder den ersten noch den zweiten Brief. Stattdessen hatten sie jahrelang ein Stück Papier mit Jamgön Kongtruls sauberer Handschrift verwahrt. Situpa stellte das nun als hoch motivierten, wenn auch etwas verantwortungslosen Akt dar, der der Frustration über die vergebliche Suche nach dem echten Text und dem Wunsch geschuldet war, Karmapas Anhänger zu beruhigen. In diesem Augenblick allerdings waren Karmapas Anhänger alles andere als beruhigt und kurz davor, eine überzeugendere Erklärung zu verlangen. Situs Beteuerungen kamen ihnen reichlich hohl vor, und die schockierten Westler wussten nicht mehr, wem oder was sie noch Glauben schenken konnten.

Ohne sich von den verblüfften Gesichtern seiner Zuhörer ablenken zu lassen, setzte Situpa seine Rede fort. Er beschrieb jene Tage im Jahre 1989, als er erstmalig erkannte, dass er Karmapas authentische Anweisungen acht lange Jahre am Körper getragen hatte. Er erinnerte an seine pausenlosen Bemühungen, ein Treffen mit den anderen drei Rinpoches zu arrangieren und wie er schließlich dafür gesorgt hatte, dass sie in Delhi zusammenkamen. Doch dann schien ihm die geschäftige indische Hauptstadt nicht der passende Ort zu sein. Schweren Herzens habe er gespürt, dass er noch schweigen müsse. Er habe darauf vertraut, dass Rumtek der richtige Ort sei, um so bedeutende Neuigkeiten zu enthüllen, und sich deshalb bemüht, alle vier Linienhalter an Karmapas Hauptsitz zusammenzubringen. Mit großem Respekt habe er die anderen drei informiert, dass er am 19. März in Sikkim eintreffen würde, und sie gebeten, ebenfalls zu kommen. Danach berichtete er von dem Treffen im März. Mit breitem Lächeln beschrieb er, wie sich die Rinpoches beim Anblick des heiligen Briefes gefreut und wie Gyaltsab und der verstorbene Jamgön Kongtrul die Einzelheiten des Textes mit Tränen in den Augen wieder und wieder gedeutet hätten. Sie vereinbarten, dass Jamgön Kongtrul für die Suche zuständig sein sollte. Und sie beschlossen, das vierzeilige Gebet wieder aus dem Reliquienbehälter zu entfernen, das sie sechs Jahre zuvor heimlich hineingelegt hatten. Da Gyaltsab Rinpoche die Verse vorgeschlagen hatte, sollte er sie nun zurückerhalten.

Die meisten Westler, bis auf Situ Rinpoches Schüler, konnten ihr Unbehagen nicht verbergen. Nicht nur, dass Shamar Rinpoche mit keinem einzigen Wort erwähnt wurde, noch dazu schrieb sich der ehrenwerte Redner den Erfolg, den er errungen zu haben glaubte, offenbar selbst zu. Großspurig gab er zu verstehen, er sei in all den Jahren der einzige gewesen, der auf ein Treffen der vier gedrängt habe. Seine Schilderung der Zusammenkunft im März unterschied sich deutlich von dem, was Shamarpa ihnen einige Tage zuvor erzählt hatte. Wollte man Situpas Worten Glauben schenken, musste der Hauptregent bei diesem entscheidenden Treffen wohl die Stimme verloren haben, und wenn er überhaupt dabei gewesen war, hatte er sich offenbar im Schrank versteckt, jedenfalls kam er in Situs Geschichte nicht vor. Es gab nicht den geringsten Hinweis darauf, dass zwei der Regenten und der Generalsekretär Zweifel an der Echtheit des Vorhersagebriefes geäußert hatten.

Von all diesen Widersprüchen unbeeindruckt, fuhr Situ Rinpoche mit seiner Schilderung fort. Am 5. Mai sei er in Rumtek eingetroffen, um für den verstorbenen Jamgön Kongtrul zu beten. Dabei habe er die Absicht gehegt, mit den zwei Rinpoches über ihr weiteres Vorgehen zu sprechen. Falls er sich gefragt haben sollte, wie er Shamarpa ausbooten und aus Rumtek entfernen könne, waren seine Sorgen umsonst gewesen. Shamarpa war von selbst still und heimlich verschwunden. Ohne seinem Rivalen noch einmal auf den Zahn zu fühlen, war er mit einer Fotokopie des umstrittenen Briefes nach Amerika gereist, um seine forensischen Experten zu konsultieren. Bescheiden räumte Situ Rinpoche ein, dass Shamarpas Dharmaverpflichtungen in Übersee ihre Pläne ernsthaft durchkreuzt hätten, er das Pflichtbewusstsein seines Kollegen aber respektiere und zusammen mit Gyaltsab Rinpoche die Verantwortung für die Auffindung des 17. Karmapa auf seine ohnehin schon beladenen Schultern genommen habe. Sie hätten nicht auf Shamarpas Rückkehr warten können und seien gezwungen gewesen, ohne ihn tätig zu werden. Dank seiner und Gyaltsabs heroischer Bemühungen seien ihre Vertreter Akong und Sherab Tharchin nun im Begriff, die Inkarnation Seiner Heiligkeit nach Tsurphu zu bringen.

Wieder konnten sich einige Zuhörer des Eindrucks nicht erwehren, dass Situpa in jeder Hinsicht die Unwahrheit sprach. In seiner Behauptung, er hätte nicht warten können, bis Shamarpa von seiner Reise zurückgekehrt wäre, schwang die Unterstellung mit, der höchste Regent sei mehr an ausgedehnten Reisen als an der Auffindung des nächsten Karmapa interessiert. Alle fragten sich, warum Situ nicht einfach versucht hatte, ihn anzurufen. Telefone mochten in Indien noch eine Rarität sein, aber es gab sie, und sogar Rumtek war über Telefonleitungen mit der Welt verbunden. Dass er den wichtigsten Regenten in seine nun folgende Bekanntmachung in Rumtek und die in Tibet gestartete Suchaktion nicht einbezogen hatte, sah eher nach einem bewussten Plan aus als nach einer Folge widriger Umstände. Beim Anblick Tai Situs mit seinem sorgfältig einstudierten, glatten Lächeln auf dem Gesicht fragte sich so mancher, ob das ein aufrichtiges Bekenntnis oder doch vielmehr eine berechnende, eiskalte Vorstellung war.

Derweil tauchte im Hof ein besorgt dreinschauender Diener auf, der einen schweren Stuhl mit sich schleppte. Schwitzend bahnte er sich seinen Weg durch die Menschenmenge nach vorn. Dort angekommen, stellte er das Möbelstück erleichtert neben den Thronen der Rinpoches ab und flüsterte Situpa ein paar Worte ins Ohr. Einen Augenblick lang schien Tai Situ zu stocken, fasste sich aber sofort und schaute selbstsicher in die Menge. Es war klar, dass soeben ein prominenter Gast angekündigt worden war. Und da bei dieser Ad-hoc-Veranstaltung nur eine entscheidende Person fehlte, war nicht schwer zu erraten, dass der Stuhl für Künzig Shamarpa gebracht worden war.

Dann kam Situ Rinpoche richtig in Fahrt und näherte sich dem Kern seines Vortrags. Nachdem sie ihre Pflichten erfüllt hatten, hätten Tai Situ und Goshir Gyaltsab die Zeit für gekommen gehalten, dem Dalai Lama ihre Aufwartung zu machen und dem buddhistischen Führer ihr Gesuch vorzutragen: Die Anerkennung des 17. Karmapa. Und so hatten die beiden am Morgen des 7. Mai die lange Reise in den West-Himalaja angetreten. In-Dharamsala hätten sie zu ihrer großen Enttäuschung erfahren müssen, dass Seine Heiligkeit in Brasilien beim Earth Summit der „grünen" Aktivisten weilte. Mit Hilfe seines Sekretärs hätten sie sich an die langwierige Aufgabe gemacht, von Indien aus nach Brasilien zu telefonieren. Spät in der Nacht hätten sie das tibetische Oberhaupt ans Telefon bekommen. Sofort hätten sie verkündet, den echten Brief des 16. Karmapa gefunden zu haben, und dass alle Rinpoches, Lamas und Mönche der Kagyüs in einsgerichteter Hingabe mit den darin enthaltenen Anweisungen übereinstimmten. Der Dalai Lama habe den Wunsch geäußert, den Brief zu sehen, weshalb die Rinpoches ihm eine Fotokopie nach Rio de Janeiro gefaxt hätten. Außerdem hätten sie noch weitere Schriftstücke, die sie für wichtig hielten, hinzugefügt.

Bei einem zweiten Telefonat einige Stunden später habe der Dalai Lama erklärt, dass die Informationen, die sie ihm vorgelegt hätten, mit den Anweisungen in dem Vorhersagebrief, den er per Fax erhalten habe, übereinstimmten, und da alle Rinpoches und Lamas in einmütigem Vertrauen und einsgerichtetem Streben ihre Zustimmung gegeben hätten, werde er die Inkarnation als 17. Karmapa bestätigen. Am nächsten Tag stellte das Büro des Dalai Lama in Dharamsala eine Urkunde aus, die seine Worte schriftlich beglaubigte.[9]

Daraufhin seien die beiden Rinpoches nach Rumtek zurückgeeilt. Nach ihrer Ankunft hätten sie sich keine Pause gegönnt, sondern unverzüglich eine Versammlung einberufen, um allen Schülern den Bestätigungsbrief des Dalai Lama zu zeigen. An dieser Stelle legte Situpa eine Kunstpause ein, um die Tatsache hervorzuheben, dass sie beide praktisch seit einem Tag nicht geschlafen hätten. Dann wollte er gerade eine Urkunde entrollen, die die ganze Zeit auf seinem Schoß gelegen hatte, als am Eingang zum Klosterhof Unruhe aufkam. Hoch erhobenen Hauptes betrat Shamarpa forsch den Hof. Ein Mönch lief vor ihm her und bahnte ihm einen Weg durch die dichtgedrängte Menge. Dann raste plötzlich ein mit Soldaten bepackter Jeep durchs Tor herein und kam mit quietschenden Reifen vor einer Gruppe von Zuhörern zum Stehen. Sechs bewaffnete Männer sprangen heraus und folgten Shamarpa in das Gedränge, ohne den lauten Protesten der Zuschauer viel Beachtung zu schenken.

Beim Anblick des Hauptregenten und der sechs Soldaten, die gehorsam hinter ihm her schritten, wurden Situ und Gyaltsab kreidebleich, sprangen von ihren Thronen und rannten ganz unzeremoniell Richtung Kloster. Der ungewöhnliche Anblick von zwei offensichtlich schwer verängstigten Eminenzen, die mit geschürzten Roben vor ihrem obersten Regenten und einer Handvoll indischer Soldaten davonrannten, war durchaus amüsant, aber niemandem war zum Lachen zumute. Allen war klar, dass sie Zeuge von etwas Dramatischerem wurden als dem täglichen Dauerlauf der Lamas. Der unerklärliche Sprint erweckte ganz plötzlich den Kampfgeist der Khampas, und als hätten sie nur auf den Anlass gewartet, begann die Gruppe, die erst wenige Stunden zuvor in Rumtek eingetroffen war, Shamarpa anzubrüllen.

Sobald die beiden Rinpoches das schützende Kloster erreicht hatten, eilten sie mit beeindruckender Geschwindigkeit an ihren bestürzten Dienern vorbei und verschwanden ohne ein klärendes Wort in ihren jeweiligen Zimmern, verriegelten die Türen und blieben, wo sie waren. Shamarpa war genauso erstaunt wie die beiden erschrocken waren. Er folgte ihnen in würdevollerem Tempo in das Gebäude und rief, vor ihren Türen angekommen, laut ihre Namen. Die Zimmer aber blieben fest verschlossen, und kein einziger Laut drang nach draußen; man hätte eine Stecknadel fallen hören können. Inzwischen waren auch die Diener herbeigeeilt und versperrten demonstrativ den Zugang zu den Unterkünften der Rinpoches. Shamarpa nahm an, dass der flotte Sprint seine Kollegen wohl dermaßen angegriffen haben müsse, dass sie nicht imstande waren, die von ihm geplanten Gespräche zu führen. Als mehr und mehr feindlich gesonnene Gestalten die Gänge bevölkerten, entschied er sich klugerweise zu gehen. Pflichtschuldig marschierten die Soldaten hinter ihm her.

In der Zwischenzeit war die Stimmung draußen eskaliert. Die Anspannung der letzten Tage hatte sich entladen. Leute schrien und rannten hin und her. Es kam zu Handgemengen zwischen Situpas Mönchen und denen von Rumtek. Die lärmenden Tibeter, die offensichtlich eigens zu diesem Zweck herangekarrt worden waren, drohten lautstark damit, allen Feinden Karmapas den Garaus zu machen. Die Westler, von denen einige sichtlich erschüttert waren, beschworen die Tibeter, zur Vernunft zu kommen. Tsültrim Namgyal, der treue Diener des 16. Karmapa, saß auf den Tempelstufen und blutete aus einer Kopfwunde. Am Ende sorgten die Soldaten wieder für Ordnung. Die besonders undisziplinierten Khampas wurden im Gänsemarsch zu ihren Bussen zurückgebracht, die außerhalb des Klosterhofs parkten. Man gab ihnen nachdrücklich zu verstehen, dass sie, sollten sie sich nicht beruhigen, den Komfort ihrer Busse in der kommenden Nacht nicht würden genießen können. Nach einer Weile legte sich eine unheilvolle Stille über das Kloster. Die Menschen starrten einander ausdruckslos an, niemand konnte begreifen, was eigentlich geschehen war. In diesem Augenblick erwachten die Telefone wieder zum Leben.

Einige Zeit später gelang es Hannah im Schutz der Dunkelheit und in Begleitung des großen Tashi, Tsültrim Namgyals Bruder, zum Telefon zu gelangen. Während Tashi vor dem Zimmer Wache hielt, rief sie ihren Mann in Spanien an und schilderte geduldig die jüngsten dramatischen Ereignisse. Als sie fertig war, fühlte sie, dass Ole nicht lange untätig bleiben würde. Lama Ole hängte den Hörer ein, trat aus dem Haus und starrte mit entschlossenem Blick auf die kahlen Berge, die Karma Gön umgaben. Was Hannah ihm erzählt hatte, erforderte sofortiges Handeln. Ihm war deutlich anzusehen, dass er eine wichtige Entscheidung erwog. Er wusste, dass die spannungsgeladenen Vorgänge, die sich in Rumtek abspielten, das Gesicht des Buddhismus dauerhaft verändern würden. Er war nun kurz davor, als einer der Hauptakteure die Bühne zu betreten.

Kapitel 10

Der Rückzug

Shamar Rinpoches fehlgeschlagener Versuch, an der Zusammenkunft teilzunehmen und mit den zwei Regenten ins Gespräch zu kommen, wurde in Sikkim mit einem heiligen Sturm der Entrüstung aufgenommen. Situpas Unterstützer gingen zum Angriff über. Ihre an den Haaren herbeigezogenen Geschichten handelten von einem tobenden Shamarpa, der bei einem brutalen Angriff auf das Kloster eine Division der indischen Armee angeführt habe. Es meldeten sich Zeugen zu Wort, die gesehen haben wollten, wie der höchste Regent auf die beiden Rinpoches losgegangen sei und seinen Soldaten befohlen habe, den Tempel dem Erdboden gleichzumachen. Nur dank der ruhigen und entschlossenen Reaktion Tai Situs und Gyaltsabpas sei eine Tragödie abgewendet worden. Mit großen Augen wiederholten Tibeter aus Sikkim und Kathmandu diesen völligen Unsinn, bis sie alle davon überzeugt waren, dass der Hauptregent ein übler Schläger war, der alle aus Rumtek verjagen wolle.

Die Wahrheit allerdings war weit weniger spektakulär. Am Abend des 11. Juni, eine Nacht vor Situpas und Gyaltsabpas Rückkehr aus Dharamsala, hatte Shamarpa einen Anruf aus dem örtlichen Hauptquartier der indischen Armee erhalten. Der diensthabende Oberst hatte ihm mitgeteilt, dass soeben mehrere Busladungen betrunkener Tibeter aus Kathmandu die indische Grenze bei Kakarvitta passiert hätten und allem Anschein nach auf dem Weg nach Rumtek seien. Für den Fall, dass die Khampas irgendwelche gewalttätigen Aktionen planten, hatte er den Schutz der Armee angeboten. Shamarpa hielt es für klug, das Angebot des Obersts anzunehmen. Er kannte die von dem Offizier beschriebenen Typen nur zu gut und konnte sich deren Auftritt in Kathmandu bildhaft vorstellen: Wie die tapferen Khampas, nachdem sie sich mit einer anständigen Menge Bier Mut angetrunken hatten, lärmend und grölend ihre Busse bestiegen und unter Kriegsgeheul zur Grenze gefahren waren, um die Welt zu erobern. Zwar kam bei den großen Sprüchen gewöhnlich nicht viel heraus und die Möchtegern-Helden pflegten meist irgendwann in einen gesunden Tiefschlaf zu fallen, aber Unruhe stiften konnten sie dennoch.

Noch in derselben Nacht waren die Soldaten in Rumtek eingetroffen. Es waren nur eine Handvoll Männer in abgetragenen Uniformen gewesen, die ihre Gewehre am Gürtel befestigt hatten, damit sie auf der Flucht nicht verloren gehen konnten. Sie wirkten nicht im Entferntesten bedrohlich. Trotzdem blieb es ein Rätsel, warum Soldaten der indischen Armee und nicht Einsatzkräfte der örtlichen sikkimesischen Polizei nach Rumtek geschickt worden waren. Später würden Shamarpas Gegner versuchen, diese Tatsache gegen ihn zu verwenden. Da Sikkim ein eigenständiger Bundesstaat Indiens war, lag die politische und militärische Hoheit über Rumtek in Gangtok und nicht in Delhi, weshalb eigentlich sikkimesische Truppen an Karmapas Hauptsitz hätten eingesetzt werden sollen.

Als die beiden Regenten am 12. Juni aus Dharamsala zurückgekehrt waren, hatten sie Rumtek in Aufruhr vorgefunden. Shamarpa war aus Amerika zurückgekehrt, und ihr hart erarbeiteter Erfolg in Gefahr geraten. Sie hatten sofort zurückschlagen müssen. Ihre beste Waffe war der Bestätigungsbrief des Dalai Lama. Sie waren sich sicher gewesen, dass mit dem wertvollen Schriftstück in ihren Händen nichts schiefgehen konnte.

Shamarpa hatte sich in seinem Haus wenige hundert Meter vom Kloster entfernt aufgehalten und die Hörner, die Busse und den Lärm gehört. Kurz darauf waren Mitglieder der Klosterverwaltung zu ihm geeilt, um ihn um Hilfe zu bitten. Situpa halte im Klosterhof eine Ansprache. Er habe bekanntgegeben, dass der Dalai Lama seinen Karmapa anerkannt habe. „Rinpoche, du musst kommen“, hatten sie ihn gedrängt. Der höchste Regent hätte eine öffentliche Auseinandersetzung gern vermieden. In seiner Rede und der Erklärung, die er einige Tage zuvor abgegeben hatte, hatte er die Tür offen gelassen. Er hatte die Hoffnung auf eine friedliche Lösung noch nicht aufgegeben. Schließlich konnten sie sein Wort nicht einfach missachten. Doch es sah ganz danach aus, als würden die beiden Regenten genau das tun. Widerstrebend war er in seinen Land-Rover gestiegen und hatte den Fahrer angewiesen loszufahren. Die Soldaten waren sofort in ihrem Jeep gefolgt. Sie hatten strikte Anweisung, den Hauptregenten nicht allein zu lassen. Was dann geschah, wurde bereits erzählt.

•

In den folgenden Tagen herrschte in Rumtek eine unangenehme Pattsituation. Die indischen Soldaten wurden abgezogen und die sikkimesische Polizei nahm ihren Platz ein. Die Mönche des Klosters setzten die Rituale für Jamgön Kongtrul fort. Situpas Mönche benahmen sich weiterhin so, als sei Karmapas Sitz nur ein Ableger von Sherab Ling, ihrem Kloster im West-Himalaja. Die Klosterverwalter und Tsültrim Namgyal mit seiner Familie standen fest hinter Shamarpa, mussten aber mitansehen, wie ihnen immer mehr Boden unter den Füßen wegbrach. Topgala hatte mehrere Morddrohungen erhalten und Sikkim verlassen müssen, weil die Regierung von Ministerpräsident Bhandari erklärt hatte, nicht für seine Sicherheit garantieren zu können. Pönlop und Sangye Nyenpa, zwei wichtige Lamas aus Rumtek, begegneten Shamarpa mit zunehmend feindseliger Gleichgültigkeit. Wilde Gerüchte machten im Dorf und in der Stadt Gangtok die Runde. Shamar Rinpoche war in aller Munde.

Die absurden Gerüchte trafen die Sikkimesen in ihrem Stolz. Es waren indische und nicht sikkimesische Soldaten gewesen, die mit Shamarpa bei der Versammlung erschienen waren. Bhandaris herrschende Partei machte sich diesen Umstand zunutze und rief einen Generalstreik aus, der das Leben in der Himalaja-Enklave zum Erliegen brachte. Für die offizielle Presse Gangtoks wurde es ein großer Tag. „Hoher Geistlicher und indische Armee besetzen Kloster Rumtek“, lauteten die Schlagzeilen. Auch der Ministerpräsident blieb nicht untätig. Er brachte seine Betroffenheit zum Ausdruck und versprach, diesen groben Verstoß gegen die Religionsfreiheit eingehend untersuchen zu lassen. „Recht und Ordnung werden wiederhergestellt", versicherte er. Dank der aktiven Mithilfe des Ministers erlangte Situ Rinpoches Kampagne gegen seinen Rivalen landesweite Aufmerksamkeit.

Nach der Begegnung mit Shamarpa und den Soldaten waren die beiden Regenten ruhebedürftig und hüteten wegen Unpässlichkeit das Bett. Man konnte sich nur wundern, warum die beiden beim Anblick Künzig Shamarpas und der indischen Soldaten so jämmerlich die Flucht ergriffen hatten. Es war eine ungewöhnliche Reaktion und ließ den Verdacht aufkommen, dass sie wegen irgendetwas ein schlechtes Gewissen plagte; schließlich war es bei offiziellen Anlässen in Indien ganz normal, dass Soldaten anwesend waren. Es war schwer vorstellbar, dass die eher chaotischen, nicht zu Kampflust neigenden indischen Berufssoldaten bei einer formellen Zeremonie eine Bedrohung für jemandes persönliche Sicherheit darstellen könnten; insbesondere nicht für diejenigen, die bei der Zeremonie den Vorsitz führten. Dennoch hatte der Anblick der Herren in Uniform die Rinpoches schreckhaft und unnatürlich nervös gemacht. Die Fassade der Selbstsicherheit, die sie während ihrer Ansprache aufrechterhalten hatten, löste sich schmachvoll in Rauch auf.

•

Lama Ole, der sich noch in Spanien befand, verschwendete keine Zeit. Gleich nach Hannahs Anruf wog er ernsthaft seine Möglichkeiten ab. Die Lage war gefährlich. Es gab keinen Zweifel mehr, dass Situ Rinpoche versuchte, einen eigenen Karmapa einzusetzen. Es war ihm gelungen, sich die Unterstützung des Dalai Lama zu sichern, und es sah ganz danach aus, dass viele Rinpoches ihm folgen würden. Tief im Innersten wusste Ole, dass es ein Betrug war; alle Fakten sprachen gegen Situpas Wahl. Doch offenbar gaben die ehrwürdigen Lamas weniger auf Fakten als auf Titel und Namen. Was für Ole mehr als alles andere unerträglich war und was er niemals akzeptieren würde, war die Beteiligung der kommunistischen Chinesen an der Anerkennung. Überraschenderweise schienen Situ und Gyaltsab kein Problem damit zu haben, mit den Besatzern ihres Heimatlandes Hand in Hand zu arbeiten. Die meisten anderen Lamas nickten nur zustimmend. Ole hielt sich verwundert den Kopf: „Auf die Ergebnisse dieser katastrophalen Politik werden wir nicht lange warten müssen." Sein politischer Instinkt verriet ihm das Offensichtliche: Situpa wurde benutzt, und sobald man ihn nicht mehr brauchte, würde man ihn fallen lassen, und seine Unterstützer mit ihm. Ole konnte nicht fassen, dass niemand das Offensichtliche sah. „Wir dürfen sie mit ihrem falschen Kandidaten nicht durchkommen lassen", dachte er bei sich. „Aber wie sollen wir vorgehen?" Konnte er sich gegen zwei der Linienhalter stellen? „Das wird eine Revolution."

Noch in der gleichen Nacht kam Ole nach stundenlangem Ringen zu einer Entscheidung. „Wir wollen den richtigen Karmapa und wir werden ihn bekommen." Er würde sich auf die Seite des Hauptregenten stellen. Es gab keine andere Wahl. Das war er seinem Lehrer schuldig - und seinen Schülern. Dann schrieb er einen offenen Brief an alle ehrwürdigen Linienhalter.[10] Das war eine historische Wende. Ole stellte klar, dass alle Entscheidungen über den 17. Karmapa offiziell von Shamar Rinpoche, Topgala und dem Karmapa Charitable Trust befürwortet werden müssten. Ohne diese Bestätigung würden weder er noch seine Zentren die Wahl akzeptieren. Er stellte die Weichen gegen die zwei Regenten, und von da an gab es kein Zurück mehr.

Nach Abschluss des Phowa-Kurses legte Lama Ole seinen Schülern seine Gedanken offen. Er erzählte, wie er 1986 einen Plan entworfen hatte, um Karmapa aus Tibet herauszuschmuggeln. Wie er Shamarpa und Gyaltsabpa in seinen Plan eingeweiht hatte und wie sie sich gemeinsam mit Jamgön Kongtrul einig gewesen waren, dass der erste Schritt sein müsse, das Kind in die Freiheit zu bringen. Nun hatte Situpa beschlossen, dass das besetzte Tibet der richtige Ort für diese Freiheit sei. Als bester Freund der Chinesen war er dabei, ihnen seine Wahl des 17. Karmapa in aller Ruhe auf einem silbernen Tablett zu präsentieren. Schon bald, versicherte Ole allen, würde Situ Rinpoches Kopf auf diesem Tablett landen; dafür würden die Kommunisten schon sorgen. Frustriert von den Spielchen der Rinpoches, enthüllte Ole seinen Schülern Einzelheiten seines vor sechs Jahren gefassten Plans. Es war ein Meisterstück. Damals ahnte noch niemand, dass der Plan später einmal in die Tat umgesetzt werden würde. Aber so sehr sich die 300 Anwesenden später auch den Kopf zerbrachen, niemand konnte sich auch nur an ein einziges Detail von Oles Rede erinnern. Es war, als hätte sich ein dichter Schleier über seine Worte gelegt. Allen neugierigen Lesern kann ich versichern, dass die Wirkung dieses Schleiers über lange Zeit angehalten hat. Erst viele Jahre später wurden genauere Einzelheiten der Fluchtgeschichte von Karmapa Thaye Dorje bekannt.

Die vordringlichste Aufgabe war es jetzt, unsere Leute auf der ganzen Welt zu informieren. Obwohl sie noch rekonvaleszent in ihren Betten lagen, würden Situ und Gyaltsab sicher nicht lange untätig bleiben, und die Nachricht, dass sie den 17. Karmapa gefunden hätten, machte schon überall die Runde. Obendrein waren die Ereignisse in Rumtek keineswegs abgeschlossen. Bald würden die Zeremonien für den verstorbenen Jamgön Kongtrul beendet sein, und wir gingen davon aus, dass zahlreiche Kagyü-Lamas an den Schlussgebeten teilnehmen würden. Mit dem Brief des Dalai Lama bewaffnet, würden die beiden Regenten bestimmt versuchen, Druck auszuüben. Wir mussten ebenfalls handeln, bevor Ole nach Russland reiste. Die Tour sollte in wenigen Tagen beginnen, und wir machten uns wenige Illusionen über Telefonate und Faxe aus jenem Teil der Welt. Da auch Spanien nicht gerade ein Paradies der High-Tech-Kommunikation war, ging Oles Brief nach Kopenhagen, wo sich unsere Freunde geduldig hinter den Schreibtisch klemmten und das Papier ins Faxgerät schoben. Für entlegenere Orte mussten sie sich mit einem Telefonanruf begnügen. Wie ein Blitz aus heiterem Himmel schlugen die Neuigkeiten in unseren Zentren ein. Für einige war es ein Schock. Wir stellten uns gegen zwei Linienhalter und gegen die Aussage des Dalai Lama. Der Tag war gekommen, an dem Lama Oles Schüler beweisen mussten, dass sie während seiner Vorträge nicht geschlafen hatten und dass all die Jahre buddhistischer Praxis nicht umsonst gewesen waren. Sie mussten sich entscheiden, ob sie blindlings einer Autorität folgen oder ihre kritische Weisheit und ihren gesunden Menschenverstand einsetzen wollten.

Am nächsten Morgen, es war der 14. Juni, verließen Ole und Caty Karma Gön. Sie fuhren nach Berlin, wo Ole einen russischen Zug nach St. Petersburg besteigen wollte. Doch dazu sollte es nicht kommen. In einem anderen Zug Richtung Italien sitzend, stellte Caty plötzlich fest, dass sie Oles Pass in der Tasche hatte. Ole hätte sicherlich einige Mühe gehabt, den russischen Grenzsoldaten zu vermitteln, dass dieses eine Mal vielleicht der Führerschein für die Einreise ausreichte. Caty stieg am nächsten Bahnhof aus dem Zug und schickte den Pass umgehend per Kurier nach Berlin. Als er dort eintraf, war unsere Reisegruppe allerdings schon abgereist, und Ole musste anstelle der zweitägigen Zugfahrt ein Flugzeug nehmen.

Ein kurzer Halt in Warschau genügte, um Chris, dem Vorsitzenden unseres Kagyü-Vereins in Polen, Oles Brief auszuhändigen. Vierzig polnische Freunde hörten aufmerksam zu, als ich Chris in Lama Oles Namen bat, die Neuigkeiten aus Rumtek an alle unsere Zentren im Land weiterzuleiten. Auch hatten Hannah und Ole ihre Schüler aufgefordert, beim Ministerpräsidenten Bhandari eine formelle Beschwerde einzulegen. Als Schüler Karmapas sollten sie darum bitten, den Vorhersagebrief über ihren Hauptlehrer einer forensischen Untersuchung unterziehen zu lassen. „Wir müssen schnell handeln", erklärte ich. „Ole fliegt gerade nach St. Petersburg, und Hannah ist in Rumtek. Wir müssen geschlossen hinter ihnen und hinter Shamarpa stehen." Als der Zug schon anfuhr, gab ich Chris schnell meine restlichen Unterlagen. „Darin sind alle Fakten", rief ich. Chris lächelte breit und versicherte, alles noch am selben Tag zu verschicken. Einige Zeit später mussten wir erfahren, dass sein Lächeln nicht viel zu bedeuten hatte. Bei seiner Arbeit für zwei aufeinander folgende polnische Präsidenten, zuerst für den Kommunisten Jaruzelski und danach für den Antikommunisten Walesa, musste er einige ihrer Gewohnheiten übergenommen haben. Als Ole zwei Monate später durch Polen reiste, lagen die Unterlagen immer noch fein säuberlich verstaut in Chris' Schublade.

In St. Petersburg traf Ole die Reisegruppe wieder. Dieses Mal waren wir mit fünfzig Westlern unterwegs. Da Ole noch einmal so viele Russen auf die Tour einlud und für sie bezahlte, wuchs unsere Gruppe auf beeindruckende hundert Personen. Um sich die aussichtslose Aufgabe zu ersparen, an jedem Bahnhof auf dem Weg hundert Fahrkarten kaufen zu wollen, charterten die Organisatoren gleich einen ganzen Zug. Oles unmittelbares Anliegen war es, mit seinen Schülern in Europa und auf der ganzen Welt in Kontakt zu bleiben. Alle sollten über die wahren Geschehnisse informiert sein, und wir rechneten damit, dass Situpas Gruppe bald eine große Propagandakampagne starten würde. Immerhin standen ihnen enorme Gelder zur Verfügung. Wir hatten nur unsere nahen Freunde und unseren gesunden Menschenverstand. Die deutschen Zentren sicherten Shamarpa und Lama Ole eines nach dem anderen ihre volle Unterstützung zu; dennoch war die Lage alles andere als eindeutig. Wir hofften auch, über die Ereignisse in Rumtek auf dem Laufenden zu bleiben, und zählten darauf, Hannah telefonisch erreichen zu können. Das letzte, was wir gehört hatten, war, dass immer mehr Lamas in Sikkim eintrafen, um an der letzten Gebetsrunde für Jamgön Kongtrul teilzunehmen.

Doch als wir in die unendlichen Weiten Russlands entschwanden, kam unsere Verbindung zur Außenwelt abrupt zum Erliegen. Russische Telefonleitungen waren alles andere als zuverlässig, und mein Kampf mit den Telefon- und Faxgeräten vor Ort sollte beginnen. In jenen Tagen brauchte man knapp 48 Stunden, um einen einzigen Anruf von St. Petersburg nach Deutschland zu tätigen, und nach Indien durchzukommen, war ein Ding der Unmöglichkeit. Hannah war noch in Rumtek, um Shamarpa zu helfen. Sie würde solange an Karmapas Hauptsitz bleiben, wie die Ereignisse und ihr Visum es zuließen. Das war alles, was wir wussten.

Am 21. Juni lief unser Zug, der aus sieben Waggons bestand, in den riesigen Bahnhof Leningradski mitten in Moskau ein, und sofort riefen uns die dortigen Freunde die Neuigkeiten zu. Hannah sitze im Flugzeug aus Delhi und würde in wenigen Stunden in Moskau landen. Von Fernsehkameras begleitet, wurde Lama Ole schnell zur Vortragshalle gebracht. Ich fuhr mit den Russen zum Flughafen. Nach dem Vortrag würden wir uns an einer Moskauer Metrostation wiedertreffen.

Als Hannah aus dem Ankunftsterminal des Scheremetjewo-Flughafens kam, sah sie blass aus, war aber vermutlich froh, Indien hinter sich gelassen zu haben. Sie sagte wenig, da sie sich zuerst mit Ole beraten wollte. Ein paar Stunden später konnte sie ihren Mann in einer großen Metrostation der Stadt - unter den wachsamen Blicken Lenins - endlich begrüßen. Es war eines von vielen Denkmälern, die in jeder russischen Stadt auf einem Platz Wache standen. Dieses hier war in der Moskauer Metro gelandet und hatte das erste Jahr des Kapitalismus in Russland irgendwie überlebt. Nun wurde es Zeuge einer Episode der bewegten Geschichte des Tibetischen Buddhismus im Westen. Noch am selben Abend begann Hannah in unserem Zugabteil mit ihrem Bericht. Die Neuigkeiten, die sie aus dem Osten mitgebracht hatte, waren nicht ermutigend. Während die Lokomotive ruckartig anfuhr und sich die Waggons geräuschvoll vom Bahnsteig entfernten, wurde Rumtek wieder vor unseren Augen lebendig.

Am 14. Juni, zwei Tage nach der gewaltsamen Auseinandersetzung in Rumtek, wurde der Generalstreik in Sikkim, der aus Protest gegen die Anwesenheit der indischen Armee in der autonomen Region ausgerufen worden war, für beendet erklärt. Die Straßen wurden geräumt, der öffentliche Dienst nahm seine Arbeit wieder auf, und zahlreiche Lamas, die an der sikkimesischen Grenze aufgehalten worden waren, durften weiterreisen. Sie kamen, um an den letzten Zeremonien für den verstorbenen Jamgön Kongtrul teilzunehmen. Die wichtigsten Kagyü-Rinpoches versammelten sich an Karmapas Hauptsitz: Beru Khyentse, Bokar, Thrangu und andere. Um keine weiteren Spannungen zu erzeugen, blieb Shamarpa wohlweislich in seinem Haus. Er wurde inzwischen für jedes einzelne Malheur verantwortlich gemacht, das die kleine Enklave seit ihrer Gründung im Jahre 1966 heimgesucht hatte. Die Menschen weigerten sich zu sehen, dass eigentlich er das Opfer war. Tsültrim Namgyal erholte sich zu Hause von seiner Kopfverletzung. Einer seiner Brüder hatte nicht die gleiche Zurückhaltung wie Shamarpa an den Tag gelegt und die beiden Angreifer krankenhausreif geschlagen. Noch in derselben Nacht war er im Gefängnis gelandet. Die Mönche von Rumtek versuchten neutral zu bleiben, gerieten aber zunehmend unter enormen psychologischen und bald auch physischen Druck von Situ und seinen Leuten, ihren Karmapa anzuerkennen.

Am 15. Juni wurde Jamgön Kongtruls Kudung (der mumifizierte Leichnam) vom Kloster in die Haupthalle des Instituts gebracht, wo in typisch tibetischer Manier unter reichlich Schieben und Stoßen die Schlusszeremonien begannen. Tags darauf gingen Situpa und Gyaltsab wieder in die Offensive.

Während der Pujas am 16. Juni, als alle Rinpoches in langen Reihen saßen und ihre Gebete rezitierten, gingen zwei Briefe durch die Reihen. Der erste, der an alle Lamas und Anhänger der Linie gerichtet war, war eine bedingungslose Annahme des Vorhersagebriefs.[11] Er bekräftigte, dass der 17. Karmapa gemäß den Anweisungen des heiligen Vermächtnisses gefunden und vom Dalai Lama bestätigt worden war, und dass er nun nach Tsurphu gebracht werden würde, um einige Zeit später in Rumtek inthronisiert zu werden. In dem Brief wurde auch eine heilige Vision des Dalai Lama erwähnt, was als weiterer Beweis für die Richtigkeit der Wahl dienen sollte. Der zweite Brief brachte die tiefe Dankbarkeit gegenüber dem Oberhaupt der Tibeter zum Ausdruck, der die 17. Inkarnation Karmapas bestätigt hatte.[12]

Nachdem Situpa und Gyaltsabpa ihre Unterschrift auf beide Briefe gesetzt hatten, reichten sie sie an die anderen Rinpoches weiter. Es war klar, dass von allen hohen Lamas erwartet wurde, die Briefe zu unterschreiben, ohne mit der Wimper zu zucken.

Kein Tibeter würde es jemals wagen, sich gegen seinen höchsten politischen Führer zu stellen, und nachdem sie sich die Zustimmung des Dalai Lama gesichert hatten, wussten die beiden Rinpoches sehr gut, dass der Rest wie von selbst folgen würde. Auch indem sie die Unterschriften ausgerechnet während der Hauptpujas für Jamgön Kongtrul einsammelten, übten sie tatsächlich einen gewissen Gruppenzwang auf die anwesenden Rinpoches aus. Es war kaum vorstellbar, dass ein Lama mitten in der heiligen Zeremonie aufstehen und die Unterschrift verweigern würde, selbst wenn er an Situpas Wahl Zweifel hegte. Niemand würde rebellieren, erst recht nicht, nachdem alle gesehen hatten, wie der Nachbar gehorsam seinen Namen auf das in Umlauf gebrachte Papier setzte. Falls es jemandem auch nur für einen kurzen Augenblick einfallen sollte, leise Einwände zu erheben, würde der Gedanke an den Dalai Lama, der dem ganzen Unterfangen seinen Segen gegeben hatte, die Gemüter sicher sofort wieder beruhigen. Schließlich waren diese höchst ehrwürdigen Mönche keine Soldaten und würden sich eher an Macht und Titeln orientieren, als für ein paar unsichere Prinzipien zu kämpfen.

Diese ungewöhnliche Vorgehensweise – Unterschriften zu sammeln, die die Echtheit Karmapas bescheinigen sollten – war eine dubiose Neuerfindung. Die zwei Linienhalter hätten Tausende von noch so berühmten Namen sammeln können, an der Echtheit eines Karmapa-Kandidaten hätte das nichts geändert. Bislang waren bei dem Verfahren zur Anerkennung einer Inkarnation noch nie Unterschriften nötig gewesen, um deren Richtigkeit zu bestätigen. Zweifellos spürten die Regenten, dass sie auf unsicherem Boden standen und dass sie die langen Titel brauchen würden, um ihrem Anspruch Glaubwürdigkeit und Gewicht zu verleihen.

Was die Lamas wirklich dachten, war nicht ganz klar. Vielleicht durchschauten sie die Machenschaften der zwei Regenten nicht, was bedeuten würde, dass sie zwar ehrlich, aber nicht besonders klar im Geist waren und jegliches Urteilsvermögen vermissen ließen. Wenn sie sich aber des Betrugs bewusst waren oder ihn zumindest vermuteten und trotzdem ihre Stimme abgaben, machte sie das zu Opportunisten oder zu Schwächlingen, die nicht in der Lage waren, für die Wahrheit einzustehen. Während wir Hannahs Bericht lauschten, waren wir von dieser peinlichen und armseligen Vorstellung alles andere als beeindruckt.

Sobald die Briefe die erlauchten Namen trugen, steckte Situpas Diener sie ein und entschwand aus dem Schreinraum. Die Unterschriften der angesehenen Kagyü-Lehrer waren fein säuberlich am Ende der Seiten aufgereiht: Situ Rinpoche, Gyaltsab Rinpoche, Beru Khyentse Rinpoche, Bokar Tulku, Thrangu Rinpoche, Pönlop Rinpoche, Sangye Nyenpa Rinpoche, Chökyi Nyima Rinpoche und viele andere. Auffallend abwesend waren zwei Unterschriften, die eigentlich ganz oben auf jeder offiziellen Verlautbarung aus Karmapas Hauptsitz hätten stehen müssen: die von Shamarpa und Topgala. Ole war sich sicher, dass die beiden auch unter höchstem Druck bei einer solchen Posse nicht mitgemacht hätten.

Es gab jedoch ein kleines Detail, das Situpas Aufmerksamkeit entgangen sein musste, jedenfalls hatte er es nicht für nötig befunden, die vornehme Versammlung darauf hinzuweisen. Bei der enthusiastisch gefeierten Zustimmung des Dalai Lama handelte es sich in Wahrheit lediglich um eine inoffizielle Zusammenfassung seiner Worte bei dem Telefonat aus Brasilien, die sein Sekretär in Dharamsala spät nachts in aller Eile zu Papier gebracht hatte. Es handelte sich somit mitnichten um eine formelle Anerkennung, die nicht vor dem 29. Juni folgen sollte. Das entsprechende Dokument wurde erst am 3. Juli vom Auswärtigen Amt der tibetischen Exilregierung ausgestellt.[13] Die Rinpoches beugten sich, ob sie es wussten oder nicht, einem wertlosen Stück Papier.

Am gleichen Abend verkündeten Situpa und Gyaltsab, dass Urgyen Trinley, der 17. Karmapa, tags zuvor in Tsurphu, dem

Hauptsitz Seiner Heiligkeit in Tibet, eingetroffen sei. Die Mönche und Ritualmeister von Rumtek wurden angewiesen, die Hörner zu blasen und für den nächsten Morgen eine offizielle Zeremonie vorzubereiten. Alle anderen sollten bei Sonnenaufgang bereit stehen, um die traditionellen weißen Schals auf Karmapas Thron zu legen.

Die einfachen Mönche schienen mehr Verstand in ihren jungen Köpfen zu haben als die hohen Rinpoches. Der freudigen Nachricht, die die zwei Regenten hinausposaunten, schien es ihnen irgendwie an Glanz zu fehlen. Leute wurden eingeschüchtert und gezwungen, Petitionen zu unterschreiben; manche waren geschlagen worden. War es möglich, dass Seine Heiligkeit entscheiden würde, auf diese Art und Weise wiederzukommen? Als sie Sharmapa um Rat baten, riet er ihnen, ihrem Herzen zu folgen. Noch in der gleichen Nacht verließ das leitende Personal heimlich das Kloster. Sie wollten nicht in den Konflikt hineingezogen werden und suchten in Gangtok Unterschlupf. Situpa würde ohne ihre Hörner und Trommeln auskommen müssen; sie hatten nicht vor, blindlings seine Befehle zu befolgen.

Hannah beschrieb die entgeisterten Gesichter, als die Leute am nächsten Tag feststellten, dass die wichtigsten Ritualmeister einfach verschwunden waren. Am Ende konnten die Zeremonien nach einigem Durcheinander doch noch anfangen; es war aber ein holpriger Start und wohl kaum ein gutes Omen für Urgyen Trinley.

Während unser Zug ostwärts ratterte und die kleinen historischen Städte um Moskau herum hinter sich ließ, kam Hannah zu den entscheidenden Stunden ihres Berichtes.

Einen Tag bevor die Pujas beginnen sollten, waren Urgyen Tulku und Lopön Tsechu aus Kathmandu nach Sikkim gekommen, um in der Kontroverse zwischen den Regenten zu vermitteln. Sie genossen bei allen Beteiligten hohes Ansehen, da sie beide dem 16. Karmapa sehr nahe gestanden hatten. Urgyen Tulku war obendrein ein Lehrer aller vier Linienhalter. Die hohen Lamas in Rumtek wollten den Streit um jeden Preis schlichten, aber da sie unfähig waren, klar Stellung zu beziehen, konnten sie nicht viel ausrichten.

Zuerst beriet sich Urgyen Tulku mit den zwei Linienhaltern. Mehrere Stunden verstrichen, bevor er wieder aus ihrem Quartier auftauchte und seine Schritte unverzüglich zu Shamarpas Haus lenkte. Er wollte den Regenten zum Einlenken bewegen. „Rinpoche muss den Brief akzeptieren und aufhören, auf einer Untersuchung zu bestehen", bat er ihn eindringlich. Der alte Lama malte ein schauerliches Bild von Blutvergießen in Tibet und Kathmandu, sollte Shamarpa auf seiner Haltung beharren. Außerdem habe Seine Heiligkeit der Dalai Lama ja bereits seine Bestätigung gegeben. Man könne sich nicht gegen den Dalai Lama stellen. Als sich der hochgestellte Rinpoche schließlich mit Tränen in den Augen in voller Länge vor ihm niederwarf und ihn anflehte, zur Vernunft zu kommen, war dieser Anblick für Shamarpa kaum zu ertragen. Immerhin war Urgyen Tulku der Ältere - und sein Lehrer.

Am nächsten Tag kehrte der ehrwürdige Lama mit neuer Munition zurück. Situ Rinpoche sitze bekümmert und weinend in seinem Zimmer. Wie Shamarpa später in Frankreich erzählte, war es viel mehr der Gedanke an seinen Kameraden, der allein in seiner Unterkunft Tränen vergoss, als eine Vorstellung von einem heiligen Krieg zwischen Tibetern gewesen, der seine Entschlossenheit ins Wanken gebracht hatte. Auch hatte er zu fürchten begonnen, Situpa könne wegen Betrugs im Gefängnis landen, sollte der Brief forensisch untersucht werden. Am Ende lenkte er ein und gab Urgyen Tulkus Drängen nach.

Wie ehrlich Situpas Tränen gewesen waren, sollte Künzig Shamarpa bald herausfinden. Urgyen Tulku arrangierte ein Treffen der beiden, das am 17. Juni in Karmapas Privaträumen im ersten Stock des Klosters stattfinden sollte. Shamarpa bestand darauf, dass Gyaltsab Rinpoche nicht dabei sein sollte. Er erinnerte sich mit großem Unbehagen an die geschmacklosen Beschimpfungen, die Gyaltsab dem Dalai Lama an den Kopf geworfen hatte, als die Uneinigkeiten zwischen dem politischen Führer Tibets und dem

16. Karmapa zutage getreten waren. In jenen Tagen hatte sich der junge Gyaltsabpa zum lautesten und leidenschaftlichsten Kritiker des Dalai Lama aufgeschwungen, doch sein ausfallender Stil war für Rumtek nicht sonderlich förderlich gewesen. Alle hatten damals gehofft, Gyaltsab Rinpoche möge sein lautes Mundwerk halten. Derselbe Gyaltsab hatte nun eine plötzliche Kehrtwende hingelegt und versteckte sich zweckdienlicherweise hinter dem heiligen Namen des Dalai Lama. Vor einem solchen Mangel an Integrität schreckte Shamarpa instinktiv zurück.

Als Shamarpa die Stufen zum Tempel hinaufstieg, sah er erneut zahlreiche Khampas und Mönche aus Sherab Ling, die sich provokativ im Gang postiert hatten. Ihre aggressive Pose und ihre unangenehmen Bemerkungen waren in Rumtek allmählich Alltag geworden. Shamarpa bahnte sich eilig seinen Weg durch die feindseligen Grüppchen und erreichte unbelästigt Karmapas Raum. Tai Situ war bereits zur Stelle. Die beiden Linienhalter schlossen die Tür hinter sich, doch die Fenster blieben offen. Die lärmende Menge draußen war deutlich zu hören. Shamar Rinpoche brachte alles auf den Tisch: die elf Jahre voller Gerüchte und Verleumdungen, die Hasskampagne gegen Topgala und ihn selbst, der gescheiterte Versuch, ihn vor Gericht zu bringen, und die jüngste illegale Vorgehensweise. Überraschenderweise schien Situpa seinen Argumenten zuzustimmen.

Nachdem Shamarpa seinen Sorgen Luft gemacht hatte, war die Zeit gekommen, die Briefe zu unterschreiben. Urgyen Tulku wurde als Zeuge hereingerufen. Doch als Shamarpa gerade ansetzte, Urgyen Trinleys Anerkennung mit seiner Unterschrift zu bestätigen, platzte auf einmal ein ehemaliger Minister aus Dharamsala herein. Noch zu Lebzeiten des 16. Karmapa hatte sich besagter Herr durch aktive Opposition gegen Seine Heiligkeit einen Namen gemacht. Nun war er in neuer Rolle gekommen, um Shamar Rinpoche ob seiner schwachen Hingabe an seinen Guru und der Folgen seines törichten Verhaltens zu belehren. Was auch immer der Minister damit zu erreichen hoffte: Seine Worte bewirkten das genaue Gegenteil. Shamarpa legte den Stift beiseite und packte das Schriftstück, um es in Stücke zu reißen. Doch dann traf sein Blick den von Urgyen Tulku. Der alte Lama beschwor ihn, innezuhalten. Auch Situpa flehte demütig und mit gefalteten Händen: „Bitte, Rinpoche, tu das nicht." Shamarpa legte das Papier wieder hin, und als wollte er dem peinlichen Schauspiel ein Ende bereiten, gab er mit einem einzigen heftigen Federstrich – in Übereinstimmung mit der Äußerung des Dalai Lama – seine Anerkennung für Urgyen Trinley als den 17. Karmapa. Damit gab er auch seine Forderung nach einer forensischen Untersuchung des Briefes auf.

Als Hannah ihren Bericht beendete, schaute Ole sie fassungslos an. „Er hat es also getan." Shamar Rinpoche hatte seine Zustimmung gegeben. In Oles Augen lief das auf eine totale Kapitulation hinaus. „Wie konnte er das tun?"

Es half nichts, dass Hannah die Sache etwas anders sah, als taktisches Manöver, als zeitweiligen Rückzug. „Schließlich hatte er keine andere Wahl, oder?", versuchte sie zu argumentieren. „Es hat sich nichts geändert. Er wird weiterhin auf dem richtigen Karmapa bestehen", versicherte sie. Ole war nicht überzeugt. Er hatte allmählich genug von den Linienhaltern, von vielen der Rinpoches, von ihrer Politik und ihren Spielchen. Die heiligen Würdenträger Tibets fielen einer nach dem anderen kläglich auf die Nase. Sie hatten noch einen langen Weg vor sich, wenn sie für den Westen heute attraktiv erscheinen wollten.

Lama Ole starrte aus dem Zugfenster in die dunkle russische Nacht; er fühlte sich allein gelassen. Alle liefen hinter der Herde her, sogar Shamarpa hatte unterschrieben. Natürlich war da noch Topgala, aber der war außerhalb Indiens unbekannt. Er hatte nicht unterschrieben, sich aber fürs Erste zurückgezogen und verfolgte die Ereignisse aus sicherer Entfernung in seiner Heimat Bhutan. Dann gab es noch ein paar andere junge Lamas, aber auch das war nur ein Tropfen im Ozean. Ole hatte im Grunde die ganze Welt gegen sich: Regierungen, Titel, berühmte Namen und große Vermögen. Aber er besaß etwas, das die anderen nicht hatten: Tausende naher Freunde. In diesem Augenblick wusste

Ole, dass er nicht aufgeben würde. Zusammen mit Hannah würde er weiterhin nach der Wahrheit verlangen, bis sie den richtigen Karmapa hätten.

Noch in derselben Nacht verfasste Ole, gegen das Rütteln des Zuges und das trübe Licht im Abteil ankämpfend, einen Brief an die Linienhalter und den Karmapa Charitable Trust. Der Brief beschrieb genau das, was viele von uns damals fühlten. Und er legt Zeugnis ab von Oles politischem Instinkt.[14]

Um das Vertrauen der westlichen Schüler zurückzugewinnen, forderte Lama Ole die Regenten auf, in einer umfassenden und kritischen Selbstanalyse schriftlich darzulegen, was zu dem gegenwärtigen Bruch geführt hatte. Andere konnten nur Vermutungen anstellen, sie waren die einzigen, die es wirklich wussten. Viele Menschen hatten große Hoffnung und Liebe in die Regenten der Kagyü und ihr Beispiel investiert, sie dürften sie jetzt nicht enttäuschen. Doch anscheinend traf sein Rat bei den ehrenwerten Linienhaltern auf taube Ohren, jedenfalls war von ihrer Seite nie auch nur die leiseste Selbstkritik zu vernehmen. Im Gegenteil, Situpas Lager setzte die Schlammschlacht fort und richtete sie fortan auch gegen Hannah und Ole. Shamarpa als echter Gentleman verweigerte sich dem Gerangel und versuchte stattdessen, das Verhalten seiner Kameraden zu entschuldigen.

In seinem Brief ging Ole auch auf die politischen Folgen ein, die ein Karmapa im besetzten Tibet hätte. Der Junge würde in kürzester Zeit zur Marionette, wenn nicht zur Geisel der kommunistischen Chinesen werden. Die Regierung in Peking würde versuchen, ihn gegen den Dalai Lama und andere tibetische Interessen auszuspielen. Die zwei Regenten, die in ihrer Eile auf die kommunistischen Feinde gesetzt hatten, würden schon bald die Kontrolle über ihren Kandidaten verlieren. Leider mussten wir gar nicht lange warten, bis Oles Worte schmerzhafte Wirklichkeit wurden.

Zuletzt warf Lama Ole die Frage auf, was geschehen würde, wenn ein offiziell bestätigter Karmapa – ob aus freien Stücken oder auf Druck der Chinesen – verlangen würde, dass die schwarze

Krone und andere Reliquien nach Tibet zurückgebracht würden. Wie würden wir sie hinhalten oder die Forderung ablehnen? Wie nicht anders zu erwarten, bekam er auch auf diese wesentlichen Fragen keine Antwort.

Am nächsten Tag erreichte unser Zug das historische Nischni Nowgorod. In dieser Stadt, in Sowjetzeiten noch Gorki genannt, hatte der berühmte Dissident Andrei Sacharow während seiner Verbannung gelebt. Ich schrieb Oles Briefentwurf der letzten Nacht von Hand ab – das Zeitalter der Computer hatte unsere Firma noch nicht voll gesegnet – und begab mich aufs örtliche Postamt. Sys war unser Fenster zur Außenwelt, jede Kommunikation sollte über Schwarzenberg laufen, unser Hauptzentrum in Süddeutschland. In jenen Tagen brauchte man die Geduld eines Heiligen, um aus Russland ein Fax zu senden. Glücklicherweise lehrte uns Sascha Koibagorov, unser wichtigster Mann in St. Petersburg, gegen das ewige „Njet" immun zu werden, das man auf den Postämtern zu hören bekam, und die stundenlange öde Wartezeit totzuschlagen. Als der Zug zwei Tage später zur Abfahrt in die Wolga-Region bereitstand, wurde unser erstes Fax von russischem Boden Wirklichkeit. Das Dokument mit dem Datum vom 21. Juni kam in Deutschland an, und Sys würde es nach Rumtek weiterleiten.

Die Freunde aus dem Westen, die mit uns reisten, wurden täglich auf den neuesten Stand der Dinge gebracht. Die Russen versuchte Ole so gut es ging aus der Auseinandersetzung herauszuhalten. Streitigkeiten zwischen hohen Lamas, die Fälschung eines wichtigen Briefes, eine falsche Inkarnation, Einschüchterung von Schülern - all das waren Eigentümlichkeiten, die man bei einem Einführungsvortrag in den Buddhismus nicht unbedingt erwartete.

•

Nachdem Shamarpa die Anerkennung unterschrieben hatte, herrschte in Rumtek eine unbehagliche Waffenruhe. Dem Anschein nach hatten die Regenten, um Urgyen Tulkus Worte aus seiner Rede vom 18. Juni zu zitieren, „einen Kompromiss erzielt und die Hindernisse überwunden". In Wahrheit handelte es sich bei dem Kompromiss um ein Zugeständnis, das Shamarpa abgerungen worden war; Situ und Gyaltsab hatten sich keinen Zentimeter bewegt. Der Brief wurde weiterhin nicht untersucht, sondern lag im ersten Stock des Klosters unter Verschluss und wurde von der sikkimesischen Polizei bewacht. Der Anblick der Soldaten, die vor Karmapas Zimmer postiert waren, muss die beiden Regenten trotzdem nervös gemacht haben. Wenn sie etwas zu verbergen oder zu befürchten hatten, so wurden sie durch die Herren in Uniform täglich daran erinnert, dass sie die erste Schlacht vielleicht gewonnen hatten, der Krieg aber noch lange nicht vorüber war. Einen Tag nachdem Urgyen Tulku seine versöhnliche Botschaft überbracht hatte, packte Hannah ihre Sachen und reiste über Delhi nach Moskau. Ihr Visum für Sikkim war abgelaufen, und die Behörden vor Ort waren nicht in der Stimmung, Westler in ihrer plötzlich berühmt gewordenen Region herumlungern zu lassen. Visa wurden nicht mehr verlängert. Somit blieb Shamarpa fast allein zurück.

Hannah hatte zwei Dokumente mit nach Russland gebracht, die bewiesen, dass die Gerüchtekampagne noch im Gange war. Lea Terhune, Situpas Sekretärin, die sich schon 1983 bei dem missglückten Versuch, Shamarpa vor Gericht zu bringen, einen Namen gemacht hatte, hatte einen Brief an alle Kagyü-Zentren geschickt.[15] „Einige Familienmitglieder des letzten Karmapa", wie sie Shamarpa und Topgala nannte, „haben ihr wahres Gesicht gezeigt". Sie behauptete, die beiden oben erwähnten Persönlichkeiten hätten sich jahrelang aktiv der Anerkennung des 17. Karmapa widersetzt, und deutete an, sie könnten möglicherweise in den tragischen Tod Jamgön Kongtruls verwickelt gewesen sein. Es waren wieder dieselben Beschuldigungen über den Autounfall, nur diesmal von einer Westlerin vorgebracht. Dabei trat ein interessantes Detail über den tödlichen Unfall zutage. Jamgön Rinpoche war den BMW selbst gefahren, sein Fahrer hatte auf dem Beifahrersitz gesessen. Rinpoche, der kaum fahren konnte, keinen Führerschein besaß und mit dem starken Motor überhaupt nicht vertraut war, hatte einfach aufs Gaspedal getreten und den Wagen in kürzester Zeit auf 170 km/h beschleunigt - auf einer schmalen indischen Schlaglochpiste! Was dann folgte, war mit einer unerfahrenen Person am Steuer wohl nicht zu vermeiden. Die Tibeter hatten das für sich behalten, denn es gehörte sich nicht zu erzählen, dass ein Rinpoche Auto gefahren war. Den absurden Klatsch weiterzutragen, war dagegen offenbar nicht ungehörig. Für uns war beim besten Willen nicht zu erkennen, warum es sich für einen Rinpoche nicht schickte, Auto zu fahren, natürlich vorausgesetzt, er wusste, wie es ging.

Das zweite Dokument war die Übersetzung eines Auszugs aus einer Prophezeiung des 5. Karmapa. Das Gedicht beschrieb zukünftige schwierige Zeiten und kündigte eine negative Person namens Na-tha an, die der Linie großen Schaden zufügen würde. Da Michell Martin, Situpas Tibetisch-Übersetzerin, Na-tha fälschlicherweise für das tibetische Wort für Neffe hielt, kam sie zu dem voreiligen Schluss, der üble Natha könne kein anderer als Topgala sein – der Generalsekretär, der mit dem 16. Karmapa verwandt gewesen war. Passenderweise räumte sie ein, auch Künzig Shamarpa könne gemeint sein, da er ebenfalls zur Familie gehöre. Tatsächlich existiert das Wort Na-tha im Tibetischen gar nicht. Dass es „Neffe" bedeuten sollte, war allein der unredlichen Phantasie der Übersetzerin entsprungen, die in diesem Fall dazu genutzt wurde, Situpas politische Gegner zu diskreditieren. Hinzu kommt, dass die Prophezeiung sich auf Osttibet in der Zeit nach dem 15. Karmapa bezieht und Michell Martin Passagen des Originaltextes wegließ, um dann zu dem Schluss zu kommen, der Autor müsse das heutige Rumtek im Sinn gehabt haben. Und so kursierten Anschuldigungen und diffamierende Briefe, die sich dieses Mal sogar auf die höchste Autorität des Linienoberhauptes beriefen.

Während wir weiter nach Osten reisten, entschied Ole, dass wir trotz allem, was geschehen war, weiter zu Shamarpa stehen und ihn schützen sollten. Schließlich hatte der höchste Regent keine große Organisation hinter sich, wie die anderen sie aufgebaut hatten. Genau betrachtet, hatte er nur Hannah und ein paar reiche chinesische Schüler, die auf der ganzen Welt verstreut lebten. Es war nun auch Zeit für Lama Ole, einen ausführlichen Brief an seine Schüler zu schreiben und die jüngsten Ereignisse zu erklären. Der Brief aus Spanien hatte nur eine kurze Ablehnung des Kandidaten enthalten. Wieder einmal setzte Ole den Stift aufs Papier, und als wir uns Wolgograd näherten, war die Nachricht an seine Schüler und Freunde fertig und konnte nach Deutschland gefaxt werden.[16]

„Als Hannah und ich die Würdenträger Tibets in euer Leben brachten, waren wir sicher, dass das nur gut sein konnte", schrieb er. „Wir hielten sie in alltäglichen Angelegenheiten für vertrauenswürdig. Wir haben Erwartungen in euch geweckt, die jetzt enttäuscht wurden, und dafür möchten wir uns entschuldigen. Wir haben es selbst nicht besser gewusst." Ole versteckte sich nicht hinter ausgefeilten Worten. Es war ein ehrliches Eingeständnis. Von den Rinpoches war nichts zu erwarten, was einer Entschuldigung auch nur ähnelte, aber Oles Schüler sollten die Wahrheit kennen.

„Was war noch übrig, wer entsprach nach den peinlichen politischen Manövern und den Bergen von Lügen noch den Maßstäben des westlichen Idealismus?", fragte Lama Ole. Und gab selbst die Antwort: Künzig Shamar Rinpoche, der ranghöchste Linienhalter, und auch Topgala, der Generalsekretär, die den Mut hatten, Urgyen Trinley nicht einfach blind anzuerkennen. Nur teilweise zu kritisieren waren die Lamas, die nur ihre Unterschrift gegeben, aber keine üble Nachrede verbreitet hatten. Als traditionelle Tibeter würden sie sich nie gegen das Wort des Dalai Lama stellen. Das machte sie zwar nicht zu Helden – sie legten zweifelsohne einen Mangel an demokratischer Reife an den Tag –, aber dennoch gab es Unmengen Gutes, für das wir ihnen zu danken hatten.

„Künzig Shamarpa ist kein Redner für die Massen, kein siegreicher General und auch kein gerissener Politiker", fuhr Ole fort. „Seine Bodhisattva-Eigenschaften jedoch haben Hannah und mich unlängst mehr denn je beeindruckt. Er hat Ausgeglichenheit und Durchhaltevermögen bewiesen, die eines Heiligen würdig sind." Bis es einen Karmapa gab, den alle annehmen konnten, stellte Ole alle seine Zentren auf der ganzen Welt unter die spirituelle Leitung Künzig Shamarpas.

Das war eine glasklare Aussage; die Linie war gezogen. Lama Ole, Hannah und Topgala waren zu diesem Zeitpunkt die einzigen, die darauf bestanden, den Brief überprüfen zu lassen. In den nächsten anderthalb Jahren sollten alle Zentren, die Ole für den 16. Karmapa gegründet hatte, unter Shamar Rinpoches spiritueller Leitung stehen. Situpas Kandidat wurde offiziell abgelehnt.

Das monumentale Denkmal, das außerhalb Wolgograds zur Erinnerung an die große Schlacht des Zweiten Weltkrieges errichtet worden war, kam in Sicht. Eine Million russische und hunderttausend deutsche Soldaten waren hier gefallen. Wir erreichten die Stadt mit Faxen und Briefen in den Händen. Zum Vortrag am Abend kamen eintausend Zuhörer, und siebenhundert nahmen Zuflucht – ein Rekord, der bis heute unerreicht geblieben ist.

Glücklicherweise gelang es uns spät in der Nacht noch, einige Worte mit Sys zu wechseln. Inzwischen waren ein paar Neuigkeiten aus Tibet durchgesickert. Einige unserer Freunde waren in Tsurphu gewesen, als Urgyen Trinley offiziell dorthin gebracht wurde. Claude Diolosa, ein Franzose und naher Schüler Oles, der in Deutschland lebte, Ina aus Österreich und Bruno aus Schwarzenberg waren bei dem Ereignis dabei gewesen. Am nächsten Tag erreichte uns Brunos zwei Seiten langer Bericht in Wolgograd.

Als die drei am 29. Mai in Tsurphu angekommen waren, hatte im Kloster geschäftiges Treiben geherrscht. Die Tempelwände erhielten den letzten Anstrich, Zelte wurden errichtet und Throne gebaut. Drubpön Dechen Rinpoche, der Vorsteher des Klosters, teilte ihnen mit, dass der 17. Karmapa innerhalb der nächsten zwanzig Tage eintreffen werde. Das war eine große Überraschung.

All die Jahre lang hatte man ihnen erzählt, dass Karmapa als Erstes aus Tibet herausgeschmuggelt werden sollte, bevor er in der Öffentlichkeit auftreten könne. Ganz offensichtlich hatten sich die alten Pläne geändert.

In der darauffolgenden Woche fuhren sie nach Lhasa zurück, um ihre Aufenthaltserlaubnis verlängern zu lassen. Ohne besondere Passierscheine konnten Ausländer die meisten Orte in Tibet nicht besuchen, und obwohl die Kommunisten ihre Politik Mitte der achtziger Jahre geändert hatten und eine bescheidene Anzahl Touristen in das besetzte Tibet ließen, machten sie Reisenden mit kleinem Budget das Leben weiterhin schwer. In Lhasa trafen sich die drei mit Oles altem Freund Yongdu. Er war der Mann an der Spitze der Tsurphu-Stiftung, einer gemeinnützigen Institution, die sich der Restauration des Klosters widmete. Es war derselbe Yongdu, den wir einige Monate zuvor in Rumtek getroffen hatten und dem Ole 1986 geholfen hatte, dieses wichtige Vorhaben zu starten. In Lhasa brodelte die Gerüchteküche. Offenbar wusste alle Welt von Karmapas Ankunft. Allem Anschein nach trug das Ganze den Segen der kommunistischen Chinesen. Die Lage war ziemlich verwirrend.

Am 15. Juni wurden die drei Zeuge eines Ereignisses, bei dem es sich wohl um den Einzug des 17. Karmapa nach Tsurphu handelte. Das Kind kam in einem Konvoi aus sieben Fahrzeugen an und sah ziemlich verstört aus. Auf dem Weg hatte es einen Unfall gegeben, bei dem zwei Menschen ums Leben gekommen waren. Chinesische Beamte schienen das Sagen zu haben. Beim Anblick der Westler wurden sie sofort misstrauisch. Ungefähr zweitausend Tibeter marschierten an dem Tulku vorbei, um seinen Segen zu erhalten. Bruno hatte bei der ganzen Sache gemischte Gefühle, und das großspurige Auftreten der Chinesen gefiel ihm überhaupt nicht. Claude und Yongdu schien es nicht zu stören.

Zwei Tage später wurden die öffentlichen Auftritte des Jungen unverhofft gestrichen. Jetzt konnte man seinen Segen nur noch durch eine Glasscheibe bekommen. Yongdu erfuhr, dass

Akong und Sherab in Lhasa waren und mit den Westlern reden wollten. Am 19. Juni trafen sie sich mit den beiden Tibetern. Akong informierte sie über die Vorgänge in Rumtek und über die Meinungsverschiedenheit zwischen den Linienhaltern. Er zeigte ihnen eine Kopie des Vorhersagebriefes. Und er erzählte ihnen, dass Shamar Rinpoche einen anderen Jungen als Karmapa einsetzen wolle und dass er das Kloster Rumtek an der Spitze einer Abordnung von indischen Soldaten betreten habe. Dann erklärte er, dass er die Anweisung gegeben habe, Karmapa abzuschirmen. Er wisse, dass Ole viele gute und ernsthafte Schüler habe, aber ihm sei auch bekannt, dass etliche seiner Schüler Drogen nähmen. Deshalb müssten sie vorbereitet sein, falls irgendein Verwirrter versuchen sollte, dem jungen Karmapa etwas anzutun.

Als nächstes eröffnete Akong ihnen, dass es viele ungeklärte Fragen zu Jamgön Rinpoches Tod gebe. Zeugen hätten die Bremsspuren gesehen, den Motor, der auf der Straße lag, und das brandneue Auto, das gegen den Baum geprallt sei. Am Morgen des Unfalls habe es mysteriöse Telefonate gegeben, und dann die verfrühte Abreise, bevor ein Mechaniker das Auto hatte überprüfen können. Akong vermutete einen Sabotageakt. Es sei ein Leichtes gewesen, das Auto zu zerstören, indem man einfach Zucker oder Salz in den Tank füllte. Der Motor würde irgendwann blockieren und sich mit hoher Geschwindigkeit selbst aus dem Wagen katapultieren.

Wenn Bruno bei allem, was er in den letzten Wochen gesehen und gehört hatte, bereits Vorbehalte hegte, so wurden seine Bedenken nun, nachdem er Situpas Abgesandtem gelauscht hatte, zur Gewissheit: Irgendetwas war in Tsurphu nicht in Ordnung. Besonders Akongs Bemühungen, Ole schlecht zu machen, waren verdächtig, so als sei der Tibeter selbst vom Weg abgekommen und habe jetzt Angst vor dem dänischen Lama. Obendrein hörte es sich an, als habe Shamarpa Urgyen Trinley nicht als den 17. Karmapa anerkannt. Das würde erklären, warum kein Vertreter Rumteks an den Feierlichkeiten teilgenommen hatte. Auch Akongs Andeutungen, jemand habe sich an Kongtruls Auto zu schaffen gemacht, war ziemlich verstiegen, und die Geschichte vom Motor, der sich selbst aus dem Fahrzeug geschleudert haben sollte, war ein reines Hirngespinst – das war für Bruno offensichtlich. Claude und Yongdu jedoch nickten zustimmend mit dem Kopf, und es schien sie nicht im Geringsten zu stören, dass Akong versuchte, Ole zu belasten. Augenscheinlich akzeptierten sie Akongs Behauptungen. Es fühlte sich alles sehr seltsam an, und als Bruno zwei Tage später ein Flugzeug zurück nach Deutschland bestieg, wusste er, dass er den beiden nicht mehr trauen konnte. Yongdu blieb in Tsurphu und wurde dort zum westlichen Vertrauensmann Situ Rinpoches und der tibetischen Lamas vor Ort. Er würde weiterhin Gelder sammeln, allerdings nicht mehr nur für das Kloster, sondern jetzt auch für Urgyen Trinley. Claude war beeindruckt von dem, was er gehört und gesehen hatte, und beschloss, die guten Nachrichten von Karmapa in Europa zu verbreiten. Er reiste weiter nach Peking, um für seine Praxis für chinesische Medizin in Deutschland Kräuter einzukaufen, und kehrte eine Woche später nach Hause zurück.

Wir lasen den Bericht mit großer Aufmerksamkeit. Ole wünschte sich, fünf Minuten mit Akong allein in einem Raum zu sein – ohne Zeugen. Claudes Reaktion auf Akongs Worte war ungewöhnlich. Wir konnten verstehen, dass er von dem Pomp und den Zeremonien in Tsurphu geblendet war. Schließlich fehlten ihm die neuesten Informationen. Und da er aus einer katholischen französisch-sizilianischen Familie stammte, bedeutete ihm eine so prunkvolle Inszenierung sehr viel. Doch dass er sich die Unterstellungen gegen Lama Oles Schüler so höflich angehört hatte, sprach eine andere Sprache als die Beteuerungen der Hingabe, die er in Europa für gewöhnlich abgegeben hatte. Hatte er plötzlich vergessen, für seinen Lama einzutreten? Auch die Frage nach der Solidarität mit seinen Freunden schien ihm nicht in den Kopf gekommen zu sein.

Ole hatte Claude einige Jahre zuvor während eines Frankreichaufenthaltes kennengelernt. Sie hatten sich sofort gut verstanden. Eines Tages hatte Claude dem dänischen Lama an einer Tankstelle sein japanisches Schwert geschenkt. Er selbst hatte einen silbernen Phurba erhalten, einen tibetischen Ritualdolch, den Freunde in Italien für Ole angefertigt hatten.

Claude wurde nach Deutschland eingeladen und ließ sich in der Nähe von Witten nieder. Seinen Lebensunterhalt verdiente er damit, in einer nahegelegenen Fabrik heiße Luft in Glasformen zu blasen. Er fing an, sich für chinesische Medizin zu interessieren, und nach einer zweijährigen Ausbildung begann er, seine Freunde zu behandeln. Mit Oles und Hannahs Hilfe verbreitete sich sein guter Ruf, und Oles Schüler wurden seine Kunden.

Es gab jedoch ein wachsendes Problem. Um in China studieren zu können, musste Claude zumindest teilweise mit der offiziellen chinesischen Linie konform gehen. Was Ole über die Kommunisten und besonders über ihre mörderische Aktivität in Tibet dachte, war klar. Daraus erwuchsen die ersten Spannungen zwischen den beiden. In ihren Gesprächen machten sie einen Bogen um das Thema.

In jüngster Zeit hatte Claude etwas die Lust daran verloren, seine Patienten mit Nadeln zu stechen, und beschlossen, stattdessen lieber Buddhismus zu lehren. Ole wollte nicht, dass ein überschwänglicher Claude von Zentrum zu Zentrum zog und seine frohe Botschaft aus Tsurphu verkündete, während er noch in Russland unterwegs war. Wir glaubten jedoch, dass sich die Begeisterung des Franzosen für Urgyen Trinley legen würde, sobald er erfuhr, was wirklich geschehen war. Schließlich sprachen die Tatsachen für sich selbst. Ich sollte dafür sorgen, dass wir mit ihm Kontakt aufnahmen, sobald er wieder in Deutschland war.

•

In Russland erreichten uns immer mehr Einzelheiten über die Auffindung des jungen Tulku. Sys sorgte dafür, dass alle Neuigkeiten an die verschiedenen Postämter auf unserem Weg gefaxt wurden. Die neueste brandheiße Nachricht handelte von einer überraschenden Offenbarung Drubpön Dechen Rinpoches, des Hauptlamas von Tsurphu, der wesentlich daran beteiligt gewesen war, Urgyen Trinley zu Karmapas Sitz zu bringen. Jahre zuvor hatte sich Drubpön Dechen mit dem Angebot an den 16. Karmapa gewandt, heimlich nach Tibet zu reisen, um beim Wiederaufbau des alten Klosters zu helfen. Bei allem Eifer des Lamas schien die Idee bei Seiner Heiligkeit keine besondere Begeisterung hervorzurufen. Ohne das Vorhaben grundsätzlich abzulehnen, gab Karmapa freimütig zu, dass er für das Kloster keine Zukunft sehe. Am Ende ging Drubpön Dechen nach dem Tod Seiner Heiligkeit auf Geheiß Situ Rinpoches nach Tibet. Seine spätere Behauptung, er sei vom 16. Karmapa nach Tsurphu geschickt worden, war definitiv übertrieben.

In einem Interview mit der Tsurphu-Stiftung räumte Drubpön Dechen ein, dass der Suchtrupp für den 17. Karmapa, der von seinem Assistenten, einem gewissen Lama Tomo, angeführt wurde und mit einer Kopie des Vorhersagebriefes ausgerüstet war, Tsurphu schon am 8. April verlassen hatte. Er war entsandt worden, obwohl die vier Rinpoches vereinbart hatten, dass eine solche Mission nicht stattfinden sollte, bevor Jamgön Kongtrul von seinen ersten Kontakten berichtet hätte. Der Beschluss der vier Regenten lautete, dass Jamgön Kongtrul und nicht Lama Tomo den ersten Kontakt machen sollte. Wie ein Lama in Tibet zu einer Kopie des damals streng geheimen Dokuments gelangt war und warum er mehr als zwei Wochen vor dessen tragischem Tod Kongtruls Platz eingenommen hatte, war alles andere als klar. Drubpön Dechen berichtete, Akong und Sherab, die Abgesandten Situ und Gyaltsab Rinpoches, hätten ihm die Kopie des Briefes persönlich ausgehändigt. Zu jener Zeit aber hatten die beiden Kuriere gar nichts in Tsurphu verloren und hätten gar nicht diese weiten Strecken in ihrem Land zurücklegen sollen, erst recht nicht mit einer Kopie des Vorhersagebriefes in der Tasche.

Im selben Interview beschrieb Drubpön Dechen die verschiedenen Wunder, die sich zur Zeit der Geburt des Kindes ereignet hatten: Unter anderem sei im Tal zwei Stunden lang der Klang von Musikinstrumenten zu hören gewesen, und vier Sonnen seien am Himmel erschienen. In seiner Ansprache an die Tibeter am 12. Juni hatte Situ Rinpoche nur drei Sonnen erwähnt. Als er einige Minuten später zu den Westlern sprach, hatte er die Sonnen dann ganz vergessen.

Was Drubpön Dechen über die Entdeckung des Jungen zu sagen hatte, war höchst interessant. Er bestätigte, dass Situ Rinpoche das Kloster, in dem Urgyen Trinley Mönch gewesen war, 1991 besucht hatte. Angesichts dessen war nur schwer vorstellbar, dass man Situpa, der allein 1991 die erstaunlich hohe Zahl von 160 Inkarnationen in Osttibet anerkannt hatte, zu diesem Zeitpunkt nicht von dem Jungen erzählt haben sollte, dessen Geburt von so wunderbaren Zeichen begleitet worden war. Vier Sonnen am Himmel waren schließlich keine Alltäglichkeit, nicht einmal in Tibet. Auch soll der Junge an einem sechswöchigen Einweihungszyklus teilgenommen haben, den Situpa genau in jenem Jahr in Palpung gegeben hatte. Es sah alles danach aus, als hätte Situ Rinpoche schon ein Auge auf das Kind geworfen, lange bevor er mit seinen Kollegen zusammentraf, um die Hinweise auf den Aufenthaltsort eben dieses Jungen zu interpretieren.

Am 24. April wurde ein Foto von dem Jungen gemacht und eine Abhol-Truppe zusammengestellt, die den Tulku nach Tsurphu bringen sollte - alles noch vor Jamgön Kongtruls Tod. Am 17. Mai verkündeten die beiden Regenten in Rumtek öffentlich, dass sie in Shamarpas Abwesenheit nun allein handeln müssten und daher Akong und Sherab mit der Mission, den Karmapa zu finden, nach Tibet schicken würden. Die beiden Gesandten kamen in der zweiten Maihälfte in Tsurphu an, und kurz darauf wurde eine Gruppe von 16 Leuten nach Kham geschickt. Dann wurde verkündet, dass Urgyen Trinley, der 17. Karmapa, am 20. Juni in Tsurphu eintreffen würde. Er kam am 15. an.

Wäre die 16 Mann starke Delegation wirklich das erste Suchteam gewesen, so hätte sie maximal zwanzig Tage gehabt, um von Zentral- nach Ost-Tibet und wieder zurück zu reisen, den Jungen in dem großen Nomadengebiet von Kham zu finden und mit den

Eltern über seine Überbringung nach Tsurphu zu verhandeln. Noch dazu verlief die Reise auf den einspurigen Schotterpisten des tibetischen Hochplateaus. Das alles war eine praktisch unlösbare Aufgabe. Zwar war die Interpretation des Vorhersagebriefes in Bezug auf den Familiennamen und die allgemeine Gegend im Osten des Landes eindeutig, aber natürlich ergab das noch keine genaue Adresse. Es musste also zuvor schon mindestens einen Suchtrupp gegeben haben; und genau das hatte Drubpön Dechen in seinem Interview dann unvorsichtigerweise offenbart. Mehr noch: Lama Tomos Gruppe, die am 8. April aufgebrochen war, suchte allem Anschein nach einen Jungen, den Situ Rinpoche recht gut kannte, da er dem Kind schon 1991 oder sogar noch früher begegnet war. Die Gruppe, die Ende Mai von Tsurphu aus losgeschickt wurde, war nur noch ein Begrüßungskomitee. Sie wusste sehr genau, wohin sie gehen musste, um den Jungen abzuholen.

Vor lauter Widersprüchen schwirrte uns der Kopf. Situpa hatte einen Coup gelandet. Nur hatte er dabei vergessen, dass er im 20. Jahrhundert lebte: Sogar von Kham aus verbreiteten sich Informationen schneller als früher, und Westler konnten selbständig denken. Und noch etwas wurde deutlich: Situpa, Gyaltsab, Akong und die anderen arbeiteten Hand in Hand mit den kommunistischen Chinesen. Ihr geheimer Plan, Shamarpa auszubooten und ihren Kandidaten ohne sein Wissen in Tsurphu einzusetzen, war für die Regierung in Peking kein Geheimnis. Eine solche Mission hätten sie ohne den offiziellen Segen und die aktive Hilfe der Kommunisten gar nicht erfolgreich durchführen können. Die zwei Regenten waren dem Politbüro zu großem Dank verpflichtet.

•

Wir verließen Wolgograd am 1. Juli und flogen nach Sibirien. Unseren Organisatoren war es gelungen, ein Flugzeug für die ganze Gruppe zu chartern. Bei ihrer Anfrage an das zuständige Aeroflot-Büro hatte man ihnen angeboten, das Flugzeug doch lieber gleich zu kaufen. Sie hatten höflich abgelehnt und sich auf das Chartern für eine Woche geeinigt. Den Treibstoff für das Flugzeug mussten wir allerdings selbst organisieren.

In Deutschland sollte in wenigen Tagen eine Sonderausgabe von „Kagyü Life", dem vierteljährlich erscheinenden Magazin des Karma-Kagyü-Dachverbands, erscheinen. Es war wichtig, eine Stellungnahme abzugeben. Und so war wieder einmal ein Postamt unsere Verbindung zur Außenwelt, und nach nur wenigen Stunden des Wartens hatten Lama Oles Worte die Herausgeber in München erreicht.

In seiner Botschaft betonte Ole einmal mehr, dass Hannah und er noch immer auf eine wissenschaftliche Untersuchung des Briefes warteten und darauf, dass sich der Kandidat ganz eindeutig selbst bestätigte. „Ein interessanter Bericht ist aufgetaucht", fügte er hinzu. Tai Situ habe das Kind in der Vergangenheit offenbar bereits besucht und ihm einen Namen gegeben. Lama Ole hoffe inständig, dass der Junge und seine Familie jetzt nicht zu Geiseln der kommunistischen Chinesen geworden seien, die für ihre Strategie des „Teilens und Herrschens" im besetzten Tibet nun sicherlich einen neuen Lama bräuchten, nachdem der verstorbene Panchen Lama nicht mehr zur Verfügung stand. Ole und Hannah vertrauten darauf, dass ihre Schüler ob des überraschenden tibetischen Umgangs mit der Angelegenheit nicht allzu verstört sein würden.

Die Schüler schienen recht gut mit den Skandalen umgehen zu können. Mit Ausnahme von Kamalashila, einem traditionellen tibetischen Zentrum in einem düsteren Schloss in der Mitte Deutschlands, und einer Stelle in Bremen standen alle Zentren hinter Ole. Das gleiche galt für Österreich und die deutschsprachige Schweiz. Unsere Freunde schrieben Protestbriefe an die sikkimesische Regierung wie auch an die Linienhalter selbst. „Auch wenn der tibetischen Kultur die Tradition der objektiven Analyse und Kritik fremd ist, müssen wir als westliche Schüler darauf bestehen, dass die Abläufe über jeden Zweifel erhaben sind", um nur aus einem der Briefe zu zitieren. „Da sie in einem hohen Maß von westlicher Unterstützung und gutem Willen leben, können wir von unseren Verwaltern mehr erwarten als die letzten öffentlichen Peinlichkeiten." Das war eine erwachsene Einschätzung.

Die Lage in Polen war nicht klar, da wir Chris nicht erreichen konnten. Wir gingen davon aus, dass er das Material, das ich ihm am Bahnhof in Warschau gegeben hatte, unter die Leute gebracht hatte. Nur sehr wenige in Polen sprachen Englisch, und so mussten wir uns auf seine Übersetzungen verlassen. Von Russland aus würden wir nach Dänemark reisen und dort selbst sehen, wo Kopenhagen und Rødby, unsere zwei Hauptzentren im Land, in der Angelegenheit standen. Ole machte sich auf eine Kraftprobe mit Lama Tashi, dem in Rødby ansässigen Lehrer, gefasst. Dieser würde sicher gegen alles sein, was Ole sagte, wenn nicht aus anderen Gründen, dann schon aus Prinzip.

Unsere buddhistischen Vereine in den verschiedenen Ländern waren religiöse Organisationen mit einem jeweils eigenen Vorstand, der die Mitglieder repräsentierte. In den meisten Fällen war Lama Ole Präsident oder Vizepräsident, vom 16. Karmapa als Garant eingesetzt. Lama Jigmela, Karmapas Vertreter in Europa, gehörte ebenfalls jedem leitenden Gremium an. Unsere Zentren, Zurückziehungsstellen und das restliche Eigentum standen im Besitz der jeweiligen Vereine, und wir wollten natürlich nicht, dass eine von den kommunistischen Chinesen kontrollierte Gruppierung unser Eigentum übernahm. Uns war bereits zu Ohren gekommen, dass einige Herren von der chinesischen Botschaft dem Kagyü-Zentrum in Stockholm einen Besuch abgestattet hatten. Glücklicherweise hatte der energische tibetische Lama dort sie vom Hof gejagt. Wir brauchten jedoch eine rechtliche Absicherung, damit sich ein solches Szenario nicht wiederholen konnte. Dazu mussten wir in unseren Satzungen festlegen, dass in Abwesenheit eines allgemein anerkannten 17. Karmapa Künzig Shamarpa die spirituelle Leitung übernehmen sollte. Dies würde unsere Priorität sein, sobald wir wieder im Westen waren.

In Russland war es noch wichtiger als anderswo, dass wir uns von jeder Gruppierung distanzierten, die mit Verbindungen zu Peking belastet war. Seit der Spaltung zwischen Mao und Chruschtschow in den späten 1950er Jahren waren die beiden Länder getrennte Wege gegangen, und nach Jahrzehnten offener Feindschaft betrachtete Moskau seinen riesigen südlichen Nachbarn inzwischen mit einer ordentlichen Dosis Misstrauen und Argwohn. Immer wieder betonte Lama Ole, dass unsere Organisation offen gegen eine von China gelenkte Splittergruppe arbeite.

Hunderte nahmen am ersten Phowa östlich des Uralgebirges teil. Irkutsk, mitten in Sibirien unweit des Baikalsees gelegen, war dafür die richtige Wahl. Es war noch die Pionierzeit unserer Arbeit in Russland, und nicht alles lief so glatt wie heute. In den ersten drei Tagen kam unser Essen nicht am Kursort an. Die Russen allerdings ließen sich von einem so unwesentlichen Detail nicht beirren und konzentrierten sich stattdessen auf die Praxis.

Das Phowa wurde zu einem vielbeachteten Ereignis. Von seinem Sitz im nahegelegenen Ulan Ude aus verfolgte der Hambo Lama – der buddhistische Führer des Mongolenstamms der Burjaten, der sich vor Jahrhunderten in Russland angesiedelt hatte – die Angelegenheit mit großer Aufmerksamkeit. In den dunklen Jahren unter Stalin war der Buddhismus in der Sowjetunion erfolgreich ausgemerzt worden. Mönche und Lamas waren getötet und Tempel dem Erdboden gleichgemacht worden. Bis vor nicht allzu langer Zeit war der Titel des Hambo Lama automatisch auf den Chef der örtlichen Geheimpolizei übergegangen. Erst in jüngster Zeit wurde eine bescheidene Wiederbelebung zugelassen. Diese jedoch war rein traditionell und beschränkte sich auf die asiatischen Volksgruppen, die dieses weite Land bewohnten. Die äußere Form war wichtig. Historisch gesehen folgten die Burjaten der tibetischen Gelugpa-Schule und nahmen daher nach und nach Verbindungen nach Dharamsala auf, dem neuen Hauptsitz des Dalai Lama in Indien. Doch der große, moderne Schub für den Buddhismus und für die Russen selbst kam jetzt mit Lama Ole, der für Karmapa arbeitete. Und so beobachtete der neue Hambo Lama Oles Erfolg mit großer Neugier und einem gewissen Neid.

Am 9. Juli stiegen wir wieder in unsere ziemlich veraltete Tupolew und flogen in die Ukraine. Das Land war damals zwar schon unabhängig, aber als wir in Kiew landeten, schienen die Beamten am Flughafen von dieser historischen Tatsache noch nichts gehört zu haben. Wir stiegen aus dem Flugzeug, überquerten das Rollfeld und traten einfach durch ein kleines rostiges Tor hinaus auf die Straße.

Hannah gelang es endlich, Chris ans Telefon zu bekommen. Wir wollten ihm weiteres Material faxen, das er übersetzen und an die Zentren in Polen weiterleiten sollte. Wir gingen davon aus, dass die ersten Informationen bereits bei allen auf dem Schreibtisch lagen. Chris war höflich, aber alles andere als begeistert. Er beharrte darauf, dass die beiden Rinpoches sich nicht irren könnten und wir ihre Weisheit nicht in Zweifel ziehen sollten. Hannah erklärte, dass das nichts damit zu tun habe, wer der 17. Karmapa sei, dass wir aber nicht zulassen durften, unter den Einfluss von Leuten zu geraten, die behauptete, Seine Heiligkeit zu repräsentieren, in Wirklichkeit aber von Peking kontrolliert wurde. Chris schien diesem naheliegenden Argument zuzustimmen und versprach, die Papiere weiterzuleiten.

In Zaporoje, einer ukrainischen Industriestadt am Dnjepr, erfuhren wir, dass Claude wieder in Deutschland war. Wie Ole vermutet hatte, ging er bereits mit Fotos aus Tsurphu von Zentrum zu Zentrum und erzählte allen, wer der richtige Karmapa sei. Da unsere Freunde wussten, wie nahe er Ole stand, hörten sie seinen Geschichten zu, so dass es anfänglich zu einiger Verwirrung kam. Ole konnte es nicht erwarten, endlich mit Claude zu reden.

Zwei Tage später rief uns Claude von sich aus in Kiew an, der Hauptstadt der Ukraine, und setzte sofort zu einem Loblied auf Urgyen Trinley an. Er sei in Tsurphu gewesen, als Karmapa dort eintraf, und es gäbe keinen Zweifel, er sei der Richtige.

Er glaubte nicht, dass der Brief eine Fälschung sei, und fand es ausgesprochen unpassend, eine wissenschaftliche Untersuchung zu fordern. Es handle sich um ein heiliges Dokument, das von Karmapa selbst stamme; eine gerichtliche Untersuchung sei eine Respektlosigkeit. Die Lügen, die Einschüchterungen und den Betrügereien tat er als reine Propaganda ab und fand es nicht schlimm, dass die kommunistischen Chinesen Karmapas Verbündete waren. Er war überzeugt, man könne ihnen trauen.

Natürlich stand es jedem frei zu glauben, was er wollte, und wenn Claude blind genug war, das Offensichtliche nicht zu sehen, so war das sein Problem. Ole bat ihn eindringlich, seine Neuigkeiten nicht in unseren Zentren zu verbreiten und seine Ansichten für sich zu behalten. Es sei eine schwierige Zeit für die Linie und Künzig Shamarpa, und deswegen müssten wir zusammenstehen. Als sein Lehrer bat er ihn, seine Vorliebe für den Kandidaten nicht öffentlich zu machen. Nach langem Zögern und mehreren Anläufen, seine Sache zu verteidigen, willigte Claude schließlich ein. Mehr gab es nicht zu sagen. Erleichtert legte Lama Ole den Hörer auf.

Unsere Reise durch Russland und die Ukraine näherte sich ihrem Ende. Sie war ein echter Erfolg gewesen. Um die zweitausend Menschen waren Buddhisten geworden und vierhundert hatten das Phowa – die Meditation des bewussten Sterbens – gelernt. Die meisten Westler aus unserer Reisegruppe würden uns noch auf der letzten Strecke von Russland nach Polen und Österreich begleiten. Tony Karam und zwei weitere Freunde waren eigens aus Mexiko angereist, um dabei zu sein. Die Bedingungen vor Ort waren für sie eine echte Herausforderung gewesen, aber die Warmherzigkeit der Russen und ihre Bereitschaft, den Buddhismus zu praktizieren, hatten sie beeindruckt. Zu Hause in Mexiko sollte das Bild von mehreren hundert von Leuten beim Phowa an den Ufern des Baikalsees in der Nähe von Irkutsk sie noch lange begleiten.

Da Tony als Vorsitzender der Casa Tibet in Mexiko City häufig in Kontakt mit dem Dalai Lama stand und das Oberhaupt der Tibeter bald treffen würde, beschloss Ole, ihm einen Brief an die höchste politische Autorität Tibets mitzugeben. So konnte er die Verwaltung Dharamsalas umgehen, und der Brief würde direkt in die Hände Seiner Heiligkeit gelangen. Mit wenigen klaren Worten erinnerte Ole den Dalai Lama daran, dass anders als von Situ und Gyaltsab behauptet, nicht alle Kagyü-Lamas der Auswahl des 17. Karmapa zugestimmt hatten, als Seine Heiligkeit von Rio de Janeiro aus die inoffizielle Bestätigung gegeben habe. Künzig Shamarpa, der ranghöchste Regent, sowie der verstorbene Jamgön Kongtrul Rinpoche hätten ernsthafte Zweifel an der Echtheit des Briefes geäußert. Es sei offensichtlich, dass die Kommunisten die Situation zu ihrem Vorteil ausnutzten. Sobald sie einen Karmapa hätten, den sie kontrollieren könnten, würden sie ihn sofort gegen den Dalai Lama und gegen tibetische Interessen ausspielen. Ole bat den Dalai Lama, all das zu berücksichtigen. „Ein Karmapa wird nicht gewählt, er wählt sich selbst. Bis es Gewissheit gibt, kann unser gemeinsames Ziel, das Überleben Tibets und seiner Kultur, großen Schaden nehmen", schloss Lama Ole.

Als er den Brief unterschrieb, wusste Ole nicht, dass der Dalai Lama Urgyen Trinley bereits zwei Wochen zuvor, am 29. Juni, formell als den 17. Karmapa anerkannt hatte. Es war jedoch zweifelhaft, ob Oles Worte den tibetischen Führer umgestimmt hätten, selbst wenn sie ihn noch vor diesem Datum erreicht hätten.

Im Anschluss an die Konferenz in Rio war Seine Heiligkeit nach Venezuela gereist. Es war ein kurzer, eintägiger Besuch, der dank der Herkulesarbeit verschiedener kultureller Gruppen des Landes zustande gekommen war. Unser Kagyü-Zentrum gehörte zu den Organisatoren. Vor der Russlandreise war es mir gelungen, Iris zu kontaktieren, die unsere Gruppe in Caracas leitete. Sie wusste daher über die aktuelle Kontroverse sehr gut Bescheid und meldete sich bei einem inoffiziellen Treffen mit dem Dalai Lama zu Wort, um ihm die entscheidenden Fragen zu stellen. Sei ihm bekannt, dass Künzig Shamarpa den Vorhersagebrief nicht akzeptiert hatte? Sei er darüber informiert worden, dass es keinen Konsens gegeben habe? „Seine Heiligkeit wurde glauben gemacht, dass alle Kagyü-Lamas einmütig hinter Situ und Gyaltsab Rinpoches Wahl stehen; aber das ist nicht der Fall", erklärte Iris nachdrücklich. Sichtlich verlegen und sogar irritiert weigerte sich der tibetische Führer, auf die Frage einzugehen. Doch es war offensichtlich, dass er Bescheid wusste. Wenige Tage nachdem er in Rio seine mündliche Bestätigung gegeben hatte, wusste er bereits, dass die Kagyü-Lehrer sich nicht so einig waren, wie Tai Situ und Gyaltsab behauptet hatten. Doch da er seine Zustimmung nun einmal gegeben hatte, wie informell sie auch gewesen war, würde Seine Heiligkeit keinen Rückzieher mehr machen. Es war unmöglich für ihn zu behaupten, sein Sekretär habe einen Fehler gemacht oder, schlimmer noch, er selbst habe sich vielleicht geirrt. Der Dalai Lama konnte keinen Fehler machen! Und so stimmten alle anderen zu, weil es der Dalai Lama getan hatte, und er hatte es getan, weil ihm gesagt worden war, alle anderen hätten es getan – eine wahre Denksportaufgabe für Logiker.

Wir verließen Russland schweren Herzens. Erst in sieben Monaten würden wir zurückkehren. Ole blickte bereits nach Westen. Die meisten seiner Schüler standen unerschütterlich hinter ihm. Er war von der Reife der Leute beeindruckt. Die Kontroverse zwang alle, selbständig zu denken, und seine Freunde bestanden den Test mit Bravour. Es gab jedoch einige Unklarheiten: Was lief in Polen und Dänemark? Auch war Claude noch in Deutschland unterwegs; inwieweit konnte Ole ihm vertrauen? Wir hofften, das bald herauszufinden.

Im Osten sah es weniger rosig aus. Die meisten Lamas waren offenbar ohne mit der Wimper zu zucken auf Situ Rinpoches Zug aufgesprungen. Wie Tenga Rinpoche reagieren würde, war immer noch nicht klar. Klugerweise hatte er sich seit Juni aus Rumtek ferngehalten, doch was wir aus Kathmandu hörten, war ziemlich widersprüchlich. Jeder behauptete, ihn auf seiner Seite zu haben.

Tenga Rinpoche gehörte zu Hannahs und Oles ersten Lehrern und war im Westen sehr beliebt. Als Ritualmeister Rumteks hatte er während Karmapas erster Weltreise 1974 auch Europa kennengelernt. Als sich seine Gesundheit verschlechterte, hatten sich Hannah und Ole und ihre dänischen Freunde in Kopenhagen des kränkelnden Lama angenommen. Der einjährige Aufenthalt in Skandinavien und die westliche medizinische Versorgung erwiesen sich als äußerst wohltuend nicht nur für Rinpoches Gesundheitszustand, sondern auch für den Zustand des Buddhismus auf dem Kontinent. Der Status eines hohen Lamas in Europa muss jedoch seine Fantasie beflügelt haben, jedenfalls legte er nach seiner Gesundung einen bemerkenswerten Einfallsreichtum an den Tag, um eine Heimreise zu vermeiden. Er ignorierte zahlreiche Aufforderungen Karmapas, seine wichtigen Aufgaben in Rumtek wieder aufzunehmen, und als er schließlich doch zurückging, ließ er sich in Kathmandu statt in Rumtek nieder.

In den Jahren nach Karmapas Tod organisierte das dänische Paar zahlreiche Europareisen Tenga Rinpoches, und Hannah übersetzte die meisten seiner Vorträge. Er war ein echter Fachmann auf vielen Gebieten, angefangen von tibetischer Medizin und Lamatänzen bis hin zu Thangkamalerei und Meditation – eine Quelle einzigartigen Wissens. Seine zwei nahen Helfer jedoch, Tenpa und Sherab, waren eine Quelle ständiger Peinlichkeiten. Tenpa, ein zwielichtiger Geschäftsmann, bereiste unsere Zentren und verwickelte einige unserer Freunde, sich auf Rinpoches guten Namen berufend, in seine zweifelhaften Deals. In den siebziger Jahren soll er angeblich in Dänemark Heroin verkauft haben. Sherab war Mönch und machte sich in Österreich einen Namen, indem er dort eine junge Frau schwängerte und anschließend versuchte, sie zu einer Abtreibung zu überreden. Solange diese beiden das Sagen hatten, erwartete Ole von Tenga Rinpoches Seite nichts Gutes. Zuletzt hatten wir gehört, Rinpoche sei klugerweise in ein geschlossenes Schweige-Retreat gegangen.

An der polnischen Grenze wurden unsere Waggons zuerst

hochgehoben und dann wieder heruntergelassen: Die Räder mussten gewechselt werden. Wir warfen den unbewegt dastehenden russischen Wachleuten einen letzten Blick zu, dann setzte sich unser Zug ruckelnd in Bewegung. Europa mit Tausenden von Schülern und hundert Zentren wartete sehnlichst auf Lama Oles Rückkehr.

Kapitel 11

Die Verwirrung

Wien begrüßte uns mit heißem Sommerwetter und weiterendurchwachsenen Neuigkeiten. Khenpo Chödrak, Tsültrim Namgyals Bruder und Hauptlehrer am Nalanda-Institut in Rumtek, hatte eine Vortragsreise durch Europa hinter sich und war jetzt unser tibetischer Verbindungsmann in der Heimat. Was er zu sagen hatte, überraschte Ole nicht im Geringsten. Von wenigen Ausnahmen abgesehen, stellten sich die meisten Lamas auf dem Kontinent einer nach dem anderen hinter Tai Situ.

In Großbritannien versammelten sich die tibetischen Lamas gehorsam hinter Akong. Immerhin stand Samye Ling, Akongs Zentrum in Schottland, im Herzen der Verschwörung, und von den Inseln drang nicht der leiseste Protest gegen die beschämenden Vorgänge in Rumtek herüber. In Frankreich war Lama Jigmela, Karmapas Vertreter in Europa und Bruder Shamarpas, natürlich auf unserer Seite, für das Hauptzentrum Dagpo Kagyü Ling in der berühmten Dordogne jedoch galt das nicht unbedingt. Die französischen Mönche, die das Zentrum unterhielten, waren nicht gerade begeistert von der Idee, sich gegen Tai Situ zu stellen. Ihr Lehrer Gendün Rinpoche nahm eine passive, beobachtende Haltung ein, und obwohl er später das Gegenteil behauptete, kam damals kein einziges Wort der Unterstützung für Lama Oles Bemühungen über seine Lippen. Uns wurde lediglich mitgeteilt, dass auch er sich im Schweige-Retreat befinde und tatsächlich mit niemandem spreche. Lama Tönsang aus einem Zentrum in der Nähe von Montchardon bildete die rühmliche Ausnahme. Er wetterte leidenschaftlich gegen Situ und seine Bande, soll aber sicherheitshalber ein Foto von Urgyen Trinley auf seinem Altar postiert haben.

Alle Zentren Kalu Rinpoches schlossen sich Situpa an, wahrscheinlich weil letzterer kurz zuvor die neue Inkarnation ihres Lehrers anerkannt hatte. Wie korrekt seine Wahl in diesem Fall war, ist selbstverständlich nicht Gegenstand dieses Buches. Der Leser möge mir nur die Bemerkung gestatteten, dass die Mutter dem Vernehmen nach schon einige Monate mit dem neuen Kalu schwanger war, als der alte Kalu starb.

In der Schweiz erklärte ein Lama Mönlam, der derselben Organisation angehörte, wider Erwarten, dass er auf Shamarpas Seite stehe. Unglücklicherweise wurde sein Ruf einige Jahre später durch einen Sexskandal schwer beschädigt. Er war nicht der einzige von Kalu Rinpoches Mönchen, der auf diese Weise zu Fall kam. Derart scheinheiliges Verhalten war offenbar die Regel. Mönlam gab seine Roben ab und erfand sich selbst als Laienlehrer neu, doch den Leuten fiel es schwer, seine buddhistischen Vorträge nach diesem peinlichen Vorfall noch ernst zu nehmen.

Aus dem fernen Norwegen und Schweden hörten wir wenig. Die Lehrer in den beiden Ländern bezogen nicht eindeutig Stellung, wobei der Lama in Stockholm ja die chinesischen Botschaftsangehörigen, die unangemeldet im Zentrum erschienen waren, vor die Tür gesetzt hatte.

Tina, eine ausgebildete Tibetisch-Übersetzerin, machte Hannah und Ole mit den Einzelheiten der formellen Anerkennung durch den Dalai Lama bekannt. Das Papier, das das Auswärtige Amt in Dharamsala am 3. Juli herausgegeben hatte, las sich, als hätten die drei Rinpoches Shamar, Situ und Gyaltsab am 29. Juni gemeinsam an einer Audienz beim Dalai Lama teilgenommen und den tibetischen Führer über die Einzelheiten zu der Inkarnation in Kenntnis gesetzt und als hätte Seine Heiligkeit daraufhin das formelle Anerkennungsschreiben aufgesetzt. Seine Worte wurden vollständig zitiert. Das Schriftstück trug die Unterschrift von Tashi Wangdi, einem Minister. In Wirklichkeit aber hatten die beiden Regenten dem Dalai Lama am Morgen einen Besuch abgestattet, Shamarpa jedoch erst am Nachmittag desselben Tages. Wahrscheinlich hatten sie auch sehr Verschiedenes zu sagen gehabt. Shamarpa hatte mitgeteilt, dass ihm andere Hinweise auf die Identität des 17. Karmapa vorlägen, und Seine Heiligkeit gebeten, diese zu prüfen, wenn die Zeit dafür reif sei. Einem Interview zufolge, das Shamarpa im August der Tibetan Review gab, hatte sich der Dalai Lama damit einverstanden erklärt.

Unter Berufung auf Aussagen Shamarpas und historische Aufzeichnungen erklärte Hannah, dass die Anerkennung des Karmapa noch nie Sache der tibetischen Regierung oder des Dalai Lama gewesen sei. Wenn der tibetische Führer in Lhasa in der Vergangenheit eine Reinkarnation Karmapas bestätigt hatte, war das eine rein politische und in keinster Weise spirituelle Entscheidung gewesen, die lediglich attestierte, dass innerhalb der Linie darüber entschieden worden war. Es ging nicht darum, ob ein Kandidat der Richtige oder der Falsche war. Ein Karmapa wurde nicht bestätigt oder gewählt, er bestätigte oder wählte sich selbst, oft durch Hinweise, die sein Vorgänger hinterlassen hatte, immer aber kraft seiner Taten. Tatsächlich reichte Karmapas Linie bis ins 12. Jahrhundert zurück, während die Wiedergeburten des Dalai Lama erst dreihundert Jahre später einsetzten. „Wie hätte er da die ersten vier Karmapas anerkennen können?", fragte Hannah.

Zusammen mit dem offiziellen, in Dharamsala ausgestellten Dokument wurde auch ein „Kurzer Ratschlag" des Dalai Lama für Tai Situ und Goshir Gyaltsab veröffentlicht.[17] Wer diesen Zusatz verfasst hatte, war nicht ganz klar. Das Schriftstück trug weder einen offiziellen Stempel noch eine Unterschrift, sollte aber eine Niederschrift der Worte Seiner Heiligkeit sein. In seiner kurzen Botschaft habe der tibetische Führer angeblich diskret darauf hingewiesen, dass in erster Linie Situ und Gyaltsab sowie die ihnen eng Verbundenen für die Auffindung der Inkarnation des Gyalwa Karmapa verantwortlich seien. Wie der Dalai Lama zu diesem Schluss gekommen war, war noch ein weiteres Rätsel.

Traditionellerweise war der Prozess der Anerkennung Karmapas nie auf einen einzigen Lama oder eine Gruppe von Lamas eingeschränkt worden, schon gar nicht auf die Situ und Gyaltsab Rinpoches, wie der Dalai Lama behauptete. Schaut man in der Geschichte zurück auf die eindeutig unparteiischen Aufzeichnungen des 8. Tai Situ Chökyi Yungne*, so entdeckt man, dass bis zur Zeit des 13. Karmapa tatsächlich Shamar Rinpoche der Hauptakteur bei der Auffindung der aufeinanderfolgenden Karmapas gewesen war. Er hatte fünf Inkarnationen seines Lehrers anerkannt. Situ Rinpoche war, einschließlich seines Beitrags zur Auffindung des 16. Karmapa, für drei verantwortlich. Dabei ist es vielleicht der Erwähnung wert, dass alle Entdeckungen Situpas in die Zeit der offiziellen Verbannung Shamarpas fielen. Gyaltsap Rinpoche hingegen hatte sich bei der Suche nach dem 10. Shamarpa einen Namen gemacht, indem er die Kandidatur eines Jungen unterstützte, die vom 13. Karmapa zurückgewiesen wurde. Der politische Führer der Tibeter war also entweder nicht vollständig informiert, oder jemand verdrehte seine Worte.

Eine weitere Eigentümlichkeit, die als unfehlbarer Beweis für die Rechtmäßigkeit des Verfahrens verbreitet wurde, war die Vision des Dalai Lama von der Wiedergeburt Karmapas. Angeblich hatte der tibetische Führer Situ Rinpoche von seinem Erlebnis erzählt, und der hatte es in seiner Ansprache an die Westler am 12. Juni in Rumtek erwähnt. In seiner Vision sah Seine Heiligkeit einen schönen, von Bergen umgebenen Ort ohne Bäume. Rechts und links floss ein Fluss, und es gab weder Menschen noch Tiere. Er hörte das Wort „Karmapa" in der Luft und wachte mit einem großen Glücksgefühl auf. Während niemand die glückverheißende Tatsache in Zweifel zog, dass der Dalai Lama tatsächlich eine solche Vision gehabt hatte, war die Beschreibung doch nur ein Beweis dafür, dass es sich bei dem, was er gesehen hatte, aller Wahrscheinlichkeit nach um sein Geburtsland Tibet handelte. Gut 90 Prozent des Landes passten in dieses Bild. Eine Bestätigung indes, dass Urgyen Trinley der 17. Karmapa war, war das nicht. Die meisten tibetischen Kinder werden in eine ähnliche Umgebung hineingeboren, wie der Dalai Lama sie beschrieben hatte. Urgyen Trinley bildete da keine Ausnahme.

Seit er die Entdeckung des Kindes bekannt gegeben hatte, hatte Situ seinen Anhängern vom ersten Augenblick an versprochen,

---

* The Garland of Moon Water Crystal, Chökyi Jungne, 8. Tai Situ.

dass Karmapa sehr bald offiziell in Rumtek eingesetzt werden würde.

Seine Ausreise nach Indien sei nur eine Sache von Tagen, allenfalls Wochen. Doch aus den Wochen wurden Monate, aus den Monaten Jahre, ohne dass Urgyen Trinley außerhalb Tibets gesehen worden war. Irgendwann konnten Tai Situ und seine Anhänger die Tatsachen nicht länger leugnen und mussten zugeben, dass Urgyen Trinley für längere Zeit Gast in China bleiben würde. Erst in den letzten Tagen des Jahres 1999 sollte er das Land verlassen – und zwar auf ganz andere Weise, als es 1992 angekündigt worden war.

Ole wusste von Anfang an, dass all die Zusicherungen Wunschdenken waren. Mit einer solchen Beute in der Hand würden die Kommunisten nicht im Traum daran denken, den Jungen gehen zu lassen. Er gab ihnen die wertvolle Gelegenheit, den Dalai Lama zu schwächen und einmal mehr die Tibeter zu einer Zeit zu spalten, in der der Panchen Lama seine historische Rolle nicht einnehmen konnte. Situ Rinpoche machte sich etwas vor, wenn er wirklich glaubte, dass die Chinesen den Jungen nach Rumtek in die Freiheit entlassen würden, damit er seinen religiösen Verpflichtungen nachkommen konnte. Es ist erstaunlich, dass er nicht sehen konnte, dass sein Kandidat ein Gefangener im goldenen Käfig bleiben würde. Außer natürlich es war seine Absicht, Karmapa im besetzten Tibet festzuhalten. Was auch immer die Wahrheit war, Situs Anhänger schienen große Erwartungen zu hegen. Das Kloster Woodstock hatte schon begonnen, Gelder für den Amerikabesuch Seiner Heiligkeit zu sammeln, der den Verlautbarungen zufolge unmittelbar bevorstand. Der Junge selbst ahnte wahrscheinlich nicht, was wirklich vor sich ging. Doch selbst wenn man ihm zu sprechen erlaubt hätte, hätte seine Meinung wohl nicht viel Gewicht gehabt, da er anderen offensichtlich nur als Marionette diente.

•

Hannah verließ uns, um in die französische Dordogne zu reisen und dort bei den Vorbereitungen für ein inoffizielles Treffen aller Kagyü-Gruppen zu helfen, die Shamarpa unterstützten. Es sah ganz so aus, als würde es eine Versammlung von Lama Oles Schülern auf französischem Boden werden. Man erwartete Shamar Rinpoches Teilnahme, sofern es die Umstände erlaubten. Ole setzte seine Europatour fort. In zwei Tagen, am 24. Juli, wurden wir in Rødby, unserem Zurückziehungszentrum in Dänemark zu einem Kurs über die vorbereitenden Übungen erwartet. Lama Tashi, der niederländische Mönch, der das Zentrum leitete, war gegen die Idee, eine forensische Untersuchung von Situpas Brief zu fordern, offenbar einzig und allein aus dem simplen Bedürfnis heraus, Ole zu widersprechen. Von alten Eifersüchteleien getrieben, legte er einen ungewöhnlichen Einfallsreichtum an den Tag, um Oles Programm im Zentrum zu sabotieren. Einmal durfte Ole nicht in dem Zimmer übernachten, das für Gastlehrer reserviert war, und seine Mahlzeiten wurden plötzlich rationiert. Wichtiger war jedoch, welche Haltung der Vorstand des dänischen Karma-Kagyü-Verbandes in der Krise einnehmen würde. Für Oktober war eine Versammlung einberufen worden, und als Vorstandsmitglied würde Tashi sicher versuchen, die anderen auf Urgyen Trinley einzuschwören. Er konnte dabei auf ein paar unzufriedene Zeitgenossen zählen.

Am 1. August flogen Ole und Caty zu einem Kurs nach Griechenland, der in den Bergen oberhalb von Korinth stattfinden sollte. In dieser schönen Gegend besaß Lama Ole zusammen mit fünf seiner griechischen Schüler ein Stück Land auf einem Bergrücken. Mit Hilfe von Freunden aus Österreich und Deutschland verwandelten wir dieses abgelegene Fleckchen Erde nach und nach in ein Zurückziehungszentrum. Wegen der drakonischen griechischen Gesetze konnten wir unsere Gruppe jedoch nicht als buddhistischen Verein eintragen lassen. In diesem Land war alles Religiöse außer der griechisch-orthodoxen Religion schlichtweg verboten. Wir mussten uns daher als Verein zum Schutz der Pinienwälder tarnen.

Der Streit um Karmapa war in Griechenland noch nicht voll herangereift. Alles hier ging seinen eigenen, trägen Gang und unsere Freunde ließen sich, nicht zuletzt, weil sie von Lama Gendün in Frankreich beeinflusst waren, Zeit, um zu einer Entscheidung zu kommen. Georgia und Magnus, die entscheidenden Leute im Zentrum, die Ole viele Jahre lang unterstützt hatte, waren von den Widersprüchlichkeiten in Rumtek nicht sonderlich beeindruckt. Sie schauten nach Kathmandu und warteten darauf, dass Tenga Rinpoche sich erklären würde. Da dieser aber ins Retreat abgetaucht war, ohne auch nur ein einziges Wort von sich zu geben, hatten sie nicht viel Eigenes beizutragen. Nachdem Ole die Tatsachen auf den Tisch gelegt und seine Freunde ermutigt hatte, stellten sich seine restlichen Schüler allesamt hinter Shamarpa. Für das kommende Jahr war also nicht allzu viel Ärger aus Athen zu erwarten.

Unser nächstes Ziel war Polen. Dazwischen nutzte Ole einen eintägigen Aufenthalt in Kopenhagen, um einen Brief an die tibetische Regierung in Dharamsala zu schreiben.[18] Es war die Antwort auf eine kürzlich veröffentlichte Verlautbarung des Ministeriums für Religion und Kultur, in der allen Beteiligten versichert wurde, dass es an der letztendlichen Bestätigung der Anerkennung des 17. Karmapa durch den Dalai Lama nichts zu bemängeln gäbe.

Im Namen von über hundert Kagyü-Zentren im Westen verwies Lama Ole einmal mehr auf die Widersprüche zwischen Situs und Gyaltsabs Behauptung, es gebe einen Konsens aller Kagyü-Lamas, und Shamar und Kongtruls Ablehnung des Briefes. Seine Heiligkeit habe seine informelle Bestätigung gegeben, weil er fälschlicherweise davon ausgegangen war, dass alle Kagyü-Rinpoches einer Meinung seien. Später sei seine Äußerung dazu benutzt worden, alle Lamas zu zwingen, den Kandidaten durch ihre Unterschrift anzuerkennen. Künzig Shamarpa sei von einem Lama, der ihm wichtige Einweihungen gegeben und ihn bedrängt habe, „Tai Situpa und Seine Heiligkeit den Dalai Lama zu respektieren“, dazu veranlasst worden, seine Forderung nach einer wissenschaftlichen Untersuchung des Briefes fallenzulassen. Seine Aussage sei jedoch als volle Anerkennung missinterpretiert worden, was sie aber in keinem Fall sei. „So erleben Tausende gut ausgebildeter und praktizierender Westler diese schmerzvolle Angelegenheit“, schloss Lama Ole.

Es steht zu bezweifeln, dass seine Briefe in Dharamsala irgendeine Wirkung erzielten. Schließlich kannte der tibetische Führer die Widersprüchlichkeiten sehr genau. Nur ein paar Tage nach der Konferenz in Rio hatte Iris ihn in Caracas mit der Angelegenheit konfrontiert, und am 29. Juni hatte er in Dharamsala gehört, was Shamarpa selbst dazu zu sagen hatte. Aber er reagierte nicht. Trotzdem war es wichtig, die Briefe zu schreiben. Später sollten die Menschen sehen können, wer in diesen schwierigen Zeiten in der Lage war, Stellung zu beziehen.

Bevor wir in Polen eintrafen, erreichte Ole eine weitere, noch wichtigere Verlautbarung. Topga Rinpoche, der Generalsekretär des Karmapa Charitable Trust, hatte sich endlich zu Wort gemeldet.

Um der Karma-Kagyü-Schule in Indien einen rechtlichen Status zu verschaffen, hatte der 16. Karmapa 1961 den Karmapa Charitable Trust gegründet. Aufgabe des Trusts war es, für die Kagyü-Linie einzutreten und ihr eine Verwaltung zu geben. Die Stiftungssatzung sah vor, dass im Falle des Todes des 16. Karmapa der 17. Karmapa erster Vorstand werden sollte. Bis der 17. Karmapa das 21. Lebensjahr vollendet hätte, sollten sieben Personen als Direktoren die Geschäfte der Stiftung mit allen in der Satzung spezifizierten Befugnissen führen. Seine Heiligkeit hatte die sieben Personen persönlich ausgewählt. Auch die Nachfolge im Falle des Todes oder des Amtsverzichts eines der beauftragten Ratsmitglieder war geregelt.

Zu Lebzeiten des 16. Karmapa und in den ersten Jahren nach seinem Tod war die Stiftung inaktiv geblieben und weitgehend in Vergessenheit geraten. Erst nach dem Tod des vorherigen Generalsekretärs und der Rumtek drohenden Finanzkrise hatte die neue Verwaltung die entsprechenden Dokumente ausgegraben und den siebenköpfigen Stiftungsrat zum Leben erweckt. Nachdem zwei Vorstandsmitglieder gestorben waren und ein weiteres sein Amt niedergelegt hatte, hatten Shamar, Situ und Jamgön Kongtrul, der Nachfolgeregelung entsprechend, deren Plätze eingenommen.

Topga Rinpoche schrieb den Brief in seiner Funktion als Generalsekretär. Es bestehe Handlungsbedarf. Seit dem Treffen vom 19. März hätten Situ und Gyaltsab den Trust bewusst ignoriert. Tai Situpa, selbst Stiftungsrat, habe es versäumt, den Sekretär und seine Stiftungskollegen über die historischen Schritte, die er unternahm, zu unterrichten, und gehandelt, als gäbe es dieses Führungsgremium nicht. Dabei könne juristisch betrachtet niemand ohne die formelle Zustimmung des Trusts im Namen der Linie handeln.

Topgas Brief war an die ehrenwerten Stiftungsräte adressiert, sein Inhalt wurde später jedoch auch anderen zugänglich gemacht.[19] Der Sekretär begann damit, in Erinnerung zu rufen, dass der Trust stets davon ausgegangen sei, dass der Vorhersagebrief des 16. Karmapa 1986 in seiner Reliquienschatulle gefunden worden war, wie von den vier Regenten bekannt gegeben. Dieser Brief sei jetzt wertlos geworden, weil Tai Situ Rinpoche einen zweiten vorgelegt habe. Der Trust sei jedoch nicht über diesen neuen Brief in Kenntnis gesetzt worden. Um die internationale Gefolgschaft Gyalwa Karmapas zufriedenzustellen, fuhr der Generalsekretär fort, müsse Situ Rinpoches Brief mit zuverlässigen Methoden geprüft werden. Da das bisher nicht veranlasst worden sei, müssten die Treuhänder eine andere Möglichkeit finden, um die Echtheit des auf dieser Grundlage anerkannten 17. Karmapa unter Beweis zu stellen.

Topga Rinpoche betonte auch, dass der Trust Maßnahmen ergreifen müsse, um die wertvollen Gegenstände zu sichern, die der 16. Karmapa unter so großen Mühen aus Tibet herausgebracht habe. Es sei ungemein wichtig zu verhindern, dass diese Schätze in die falschen Hände fielen. „Als Stiftungsräte Gyalwa Karmapas müssen wir ... dafür Sorge tragen, dass der richtige Karmapa inthronisiert wird", endete der Generalsekretär. Und fügte hinzu, dass es zum gegebenen Zeitpunkt nicht ratsam sei, die Vorgehensweise oder die Zusammensetzung des Stiftungsrates zu ändern.

Topgalas Standpunkt war eindeutig. Wo die anderen Stiftungsräte standen, blieb abzuwarten. Zumindest mussten sie sich gefragt haben, warum ihr Stiftungskollege Situpa beschlossen hatte, jede offizielle Kommunikation mit ihnen abzubrechen.

Im Bewusstsein dieser neuesten Entwicklungen bestiegen wir am 8. August in Kopenhagen eine Fähre nach Polen. Sobald wir in Stettin anlegten, wurde klar, dass Chris das Material nicht verteilt hatte. Die Leute in Polen waren nicht informiert, viele glaubten, der 17. Karmapa sei von allen Linienhaltern anerkannt worden. Obendrein blickte von der Titelseite unserer buddhistischen Zeitung Diamentowa Droga ein Farbfoto Urgyen Trinleys auf die hoffnungsvollen Leser. Die Bildunterschrift lautete: „S.H. der 17. Karmapa". Ohne sein Missfallen zu verbergen, erklärte Ole öffentlich, unser buddhistischer Präsident in Polen habe alle getäuscht.

Zwei Tage später erschien ein aufgebrachter Chris in Warschau zu einem Treffen mit Ole. Nun gut, ja, er habe die Briefe nicht verschickt, da er aber seine Zweifel an ihrem Inhalt habe, wäre er sich selbst untreu geworden, hätte er es trotzdem getan. Bezüglich der Protestbriefe, die der polnische Verband an die Regierungen in Delhi und Gangtok hatte schicken sollen, könne er nicht für die anderen sprechen, weil er deren Meinung zu der Angelegenheit nicht kannte. Natürlich hatte er sich keine Meinung über die Meinung der anderen bilden können, weil er sie gar nicht mit dem Problem vertraut gemacht hatte. Und so weiter und so fort, ad infinitum und ad abstractum. Es lag auf der Hand, dass Chris besonders schlau sein wollte und nicht auf Ole hören würde.

Unser Vorsitzender hatte sich in Begleitung weiterer Vereinsvorstände zu dem Treffen eingefunden. Sie alle schienen zu dem vielsagenden Schluss gekommen zu sein, dass der Titel „Eminenz" gleichbedeutend war mit Allwissenheit. Tai Situ und Gyaltsab Rinpoche könnten nicht irren, argumentierten sie. Fakten zählten nicht; die zwei Linienhalter stünden über den Fakten, und es ginge nicht an, die beiden in Zweifel zu ziehen, Punkt. Zweifelsohne war ihre katholische Erziehung für solch eine eigenartige Logik verantwortlich. Ole wurde klar, dass wir mit diesen Leuten nicht länger zusammenarbeiten konnten. Wenn wir erwachsen werden und diese „heilige" Mentalität loswerden wollten, brauchten wir in unserer Organisation ein neues Team.

Der Höhepunkt von Oles Programm war ein Meditationskurs in Drobin, unserem Hauptzentrum in Polen, das Ole 1985 für nur vierhundert US-Dollar gekauft hatte. Die imposanten Bäume vor dem verfallenen Gutshaus jedoch waren mit mehreren tausend Dollar pro Stück angesetzt worden. Das Angebot, sie zu kaufen, hatten wir höflich abgelehnt. Unsere Meditation kam auch ohne sie aus.

Am zweiten Kurstag traf Claude aus Deutschland ein. Er hielt in Polen Vorträge über chinesische Medizin und nutzte die Gelegenheit, Ole in Drobin zu treffen. Nach jedem Vortrag begab er sich auf die Bühne neben Ole, und wenn die Leute zu ihrem Lama kamen, um einen Segen zu erhalten, gab auch Claude seine guten Schwingungen weiter. Von dem wachsenden Durcheinander, das er verursachte, unberührt, setzte er den Leuten eine seiner Statuen auf den Kopf und segnete sie feierlich. Die ungeheure Konzentration in seinem Gesicht sprach Bände: Claude gab sich wirklich Mühe. Erst nach mehreren langen Minuten war er voll zufrieden und schien von seinen Bemühungen selbst ganz gesegnet zu sein. Wieviel Segen wirklich zu den Leuten durchsickerte, war schwer zu beurteilen, jedenfalls fühlte sich das alles sehr unnatürlich und gezwungen, wenn nicht gar lachhaft an. Aber wir lachten nicht. Claude war ein heikles Thema, und solange er die Leute nicht mit seinen Bildern aus Tsurphu segnete, mussten wir seine Eigenarten tolerieren. Doch es war klar, dass er den Wirbel um sich genoss.

Claude gab sich größte Mühe, in unseren Zentren nicht über

seine Meinung über Urgyen Trinley zu reden. Er räumte ein, dass es nicht leicht für ihn sei, er aber Glück habe. Andere hätten viele Lehrer, er selbst habe nur einen: Lama Ole. Dann erwähnte er beiläufig, dass er begonnen habe, selbst Buddhismus zu lehren und neuen Leuten die buddhistische Zuflucht zu geben. Das war eine überraschende Offenbarung. Ole war baff; er konnte sich nicht erinnern, Claude darum gebeten zu haben. „Was soll man sagen? Wir brauchen sicherlich gute Lehrer", dachte Ole. Dank seiner Vorträge über chinesische Medizin war Claude ein erfahrener Dozent. Nach einer langen Pause traf Ole eine Entscheidung. Claude solle nur das weitergeben, was er mit Sicherheit wusste. Er solle nicht einfach nur erzählen, was die Leute hören wollten, sondern vor allem, was richtig war. An Orten, zu denen in absehbarer Zeit kein Lama kommen würde, könne er auch die buddhistische Zuflucht geben.

Claude ging Caty, Ole und mir nicht mehr aus dem Sinn. Wir hatten uns eindeutig auf ein Tauschgeschäft mit ihm eingelassen. Der Franzose würde loyal bleiben, solange er in unseren Zentren lehren und Zuflucht geben durfte. Scheinbar hatte seine sizilianische Mentalität ihn eingeholt. Ole verwarf diese Gedanken schnell. Immerhin war Claude ein enger Freund. Sie hatten so vieles miteinander geteilt. Caty und ich waren nicht so leicht zu überzeugen. Wir wollten abwarten, wie lange Claude sich halten würde, bevor er sein wahres Gesicht zeigte.

In Polen hatte es nun Vorrang, in unsere Vereinssatzung Klauseln einzufügen, die die Übernahme durch eine Gruppe, die einen politischen Karmapa vertrat, verhindern konnten. Dieses Szenario war gar nicht so abwegig. Die Menschen in diesem Land waren mutig und hingebungsvoll, viele hatten aber auch eine Tendenz zu Ritualen und Förmlichkeiten. Die klangvollen Namen, die auf den Dokumenten aus Rumtek prangten, machten sicher Eindruck auf sie. Und schließlich hatte ja auch Shamarpa Urgyen Trinley am Ende seine Zustimmung gegeben, also was wollte Lama Ole eigentlich noch beweisen? argumentierten sie. Mit den Fakten über das Fehlverhalten konfrontiert, versteckten sich solche Leute bequem hinter ehrwürdigen Titeln. Um einen Schlussstrich unter die endlosen Diskussionen zu ziehen, wurde für November eine Vereinsversammlung einberufen. Wir hofften, dass sich die Delegierten eindeutig auf Shamarpas und Lama Oles Seite stellen würden. Und wir freuten uns darauf, ein frisches Gesicht an der Spitze des polnischen Karma-Kagyü-Verbands zu sehen. Chris war definitiv ein Mann der Vergangenheit. Vor unserer Abreise zählten wir sicherheitshalber schon einmal die möglichen Stimmen für November. Kein Zweifel, unseren Freunden in diesem Land stand ein heißer Herbst bevor.

•

Derweil sollte in der Dordogne, Karmapas Hauptsitz in Europa, am 27. August ein informelles Treffen der europäischen Karma-Kagyü-Zentren beginnen. Mit Caty auf dem Rücksitz raste Ole auf seiner schnellen Maschine über schmale schweizerische und französische Alpenstraßen zum Treffen. Shamar Rinpoche war aus Indien gekommen, und wir alle wollten unserem bedrängten Lehrer unsere Unterstützung zeigen. Auch Hannah war zur Stelle und kümmerte sich um die letzten Details.

Das Treffen war das zweite seiner Art und dauerte zwei Tage. Während der Hauptsitzung informierten die Vertreter der einzelnen Länder die anderen Teilnehmer über die Aktivitäten ihrer jeweiligen Zentren, die verschiedenen anstehenden Projekte und schließlich auch über ihre Haltung in der jüngsten Auseinandersetzung. Überflüssig zu erwähnen, dass alle, die gekommen waren, voll auf der Seite von Shamarpa und Lama Ole standen. Genau genommen hatte Ole fast die ganze Zeit über das Mikrofon in der Hand, um seine zahlreichen Freunde vorzustellen, die das Wort ergreifen wollten. Shamar Rinpoche versicherte allen, dass er die Hinweise, die er hatte, verfolgen würde, um den echten Karmapa zu finden. Er dankte Lama Ole für seine Unterstützung und ermutigte alle, weiterhin auf eine Untersuchung des Briefes zu dringen. Da Lama Jigmela die Versammlung leitete, hörten wir von den französischen Mönchen, die die Dordogne vertraten, ausschließlich nette Worte. Ole wünschte nur, dass ihren Worten bald Taten folgen würden.

Jeden Abend nach der letzten Sitzung verbrachten wir mehrere Stunden in Shamarpas Haus. Die folgenschweren Tage im Juni in Rumtek waren das Hauptthema am Tisch. Wenn die Diskussionen bis spät in die Nacht andauerten, kam Shamarpa meist noch einmal aus seinem Zimmer und erinnerte einmal mehr an den entscheidenden Moment, der ihn dazu gebracht hatte, Urgyen Trinley anzuerkennen. Der Gedanke an den weinenden Situpa, gestand er, habe seine Entschlossenheit geschwächt. Sangye Nyenpa habe ihm erzählt, wie Situpas Diener seinem Lehrer ein Taschentuch an die Augen gehalten und geduldig die Tränen getrocknet habe, die so reichlich über des Lamas Wangen strömten. Die Vorstellung von einem Diener, der seinem Guru das Gesicht abwischte, um ihn zu trösten, erschien uns allerdings eher komisch als tragisch, und Rinpoche lachte mit uns. Aber dann zeigte er auf sein Herz und gab zu, dass es dieser Schmerz gewesen war, der ihn veranlasst habe zu unterzeichnen. Wir wussten, dass dies ein aufrichtiges Eingeständnis war.

Am letzten Tag, an dem Shamarpa eine Einweihung geben sollte, tauchte unerwartet Clemens Kuby, ein deutscher Filmemacher, auf.

Im Jahr 1991 war Kuby in buddhistischen Kreisen durch einen Dokumentarfilm über die chinesischen Grausamkeiten in Tibet bekannt geworden. Es war eine beeindruckende Darstellung: Die Bilder der chinesischen Soldaten, die in den Innenhöfen des Jokhang, des Haupttempels von Lhasa, Mönche jagten und verprügelten, waren in der Tat schockierend. Sie waren auch ein Affront für die Kommunisten, die Kuby ins Land gelassen hatten, um den Jokhang zu filmen – wenn auch sicherlich nicht die brutalen und beschämenden Vorfälle, die sich dort ereigneten. Er war schnell auf die schwarze Liste gesetzt worden, und hatte mich sogar einmal gebeten, ihm meinen Pass zu leihen, damit er unerkannt nach Tibet einreisen konnte.

Kuby genoss seinen neu erworbenen Ruhm und richtete sein Interesse sogleich auf den 17. Karmapa. 1991 hatte es noch geheißen, die Anerkennung stehe kurz bevor, und Kuby zweifelte nicht daran, dass sich dieses geheimnisvolle Thema im Westen gut verkaufen würde. Und so hatte er sich und sein nächstes Filmprojekt in Rumtek vorgestellt.

Die Mühe hätte er sich sparen können. Er war Shamarpa gut bekannt. Im Februar 1990 war er mit einer großen Crew nach Delhi gekommen, um die offizielle Einweihung des KIBI-Instituts zu filmen. Mit seiner aufdringlichen Art hatte er jedoch alle verärgert. Er hatte sich benommen, als finde die Eröffnungszeremonie allein zu dem Zweck statt, von ihm auf Film gebannt zu werden. Shamarpa war nicht begeistert von der Idee, dass Kuby alle wichtigen Vorgänge bei Karmapas Anerkennung aus dem Hintergrund mit seiner Kamera verfolgen wollte, und so kam der Filmemacher mit seinem Lobbying nicht weit.

Damals hatte er auch Ole kontaktiert. Als Ole im Frühjahr 1991 gerade von einer Tour um die Welt zurückkam, war Kuby am Frankfurter Flughafen aufgetaucht und hatte angeboten, den dänischen Lama zu seinem Vortrag ins 150 Kilometer entfernte Wuppertal zu fahren. Er wolle wichtige Vorhaben mit ihm besprechen. Die Fahrt wurde ein mittleres Desaster. Kubys defektes Auto verlor Benzin, so dass er am Ende im Dunkeln mit Ole auf der Autobahn liegen blieb. Mehrere hundert Leute mussten stundenlang warten, bis ihr Lama von der Autobahn „geborgen“ werden konnte.

Von seiner schwachen Vorstellung unbeeindruckt, hatte der Filmemacher seinen großartigen Plan enthüllt. Er hatte von einer deutschen Fernsehanstalt zwei Millionen Mark für sein nächstes Tibet-Abenteuer erhalten und drängte Ole nun, bei Shamarpa ein gutes Wort für den Film einzulegen. In den folgenden Monaten schoss er einige langwierige Aufnahmen von Ole beim Motorradfahren und behauptete, sie seien ein wichtiger Bestandteil des Filmes. Er hatte auch darüber nachgedacht, uns im Januar 1992 mit seiner Crew nach Russland zu begleiten. Aber entweder die Aussicht auf den russischen Winter oder Shamarpas Weigerung mitzuspielen hatten seine Begeisterung gedämpft, denn in den folgenden Monaten hörten wir nur noch wenig von ihm.

1992 war er während der kritischen Tage in Rumtek an der Spitze eines großen Fernsehteams plötzlich wieder aufgetaucht. Bei dieser Gelegenheit weitete er seine Rolle aus und trat nicht mehr nur als Filmemacher, sondern auch als lautstarker Unterstützer von Situpas Kandidaten auf. Obwohl er Shamarpa im Privaten weiterhin seiner unerschütterlichen Unterstützung versicherte, war er, wie Hannah sich gut erinnern konnte, einer der lautesten dort gewesen und hatte sogar versucht, Öl ins Feuer zu gießen und mehr Spannung zu provozieren. Für seinen Film bedeutete das schlicht noch mehr sensationelles Material. Er war offensichtlich begeistert von dem Aufruhr, den Shamarpas Auftritt mit den Soldaten ausgelöst hatte, und erzählte aller Welt mit weit aufgerissenen Augen, wie ihm ein paar großartige Aufnahmen gelungen seien. Hannah vermochte nicht zu erkennen, was an der ganzen Sache so großartig sein sollte, und war von seiner armseligen Haltung zutiefst enttäuscht. Für sie stand fest: Je weiter sich Kuby von uns fernhielt, desto besser für uns.

Als hätte es die Vorfälle in Rumtek nie gegeben, klopfte Kuby nun in aller Seelenruhe in der Dordogne an und bat Shamarpa und Ole um Interviews. Er drehe einen Film über den 17. Karmapa Urgyen Trinley und wünsche sich eine Stellungnahme der beiden. Wahrscheinlich wäre es das Beste gewesen, ihn sofort wegzuschicken. Einige Zeit später würde der Filmemacher mit ihren aus dem Zusammenhang gerissenen Worten zu beweisen versuchen, dass sie berechnende Spieler seien, die die Kontrolle über die Kagyü-Linie übernehmen wollten. Als Ole Kuby während des Interviews im Vertrauen erzählte, dass es eigentlich Akong sei, der die Linie spalte, rannte Kuby sofort zu Shamarpa und versuchte, ihn gegen Ole aufzubringen. Ziemlich erstaunt über einen solchen Mangel an Charakterfestigkeit erklärte Lama Ole nachdrücklich, dass er Kubys Gesicht nicht wieder sehen wolle.

Überraschenderweise durfte Clemens Kuby wieder nach China einreisen, und sein Filmprojekt erhielt sogar offizielle Unterstützung. Der Regisseur war Pekings Ehrengast. Die Kommunisten bewiesen entweder ein bemerkenswert schlechtes Gedächtnis oder eine ziemlich rührende Nachsicht.

Kapitel 12

Die Zurückweisung

Am 27. September wurde Urgyen Trinley in Tsurphu offiziell als der 17. Karmapa eingesetzt. Angehörige des Klosters Rumtek, Mitglieder des Karmapa Charitable Trusts sowie die Vertreter der von Lama Ole gegründeten Zentren im Westen billigten den Vorgang nicht. Künzig Shamarpa, historisch gesehen in der spirituellen Hierarchie der Kagyü-Linie in der zweiten Position nach Karmapa, nahm an den Zeremonien nicht teil.

Drei Monate zuvor, am 29. Juni, hatte Peking den Karmapa offiziell anerkannt und ihm den Titel „Lebender Buddha" verliehen.[20] Die Anerkennung der Chinesen ging Hand in Hand mit der formellen Zustimmung des Dalai Lama, welche am selben Tag in Dharamsala erfolgte. Der verliehene Titel war das kommunistische Synonym für einen kooperativen Lama. Auch Akong Tulku rangierte unter den lebenden Buddhas, ein Umstand, der ganz diskret auch in der chinesischen Propagandazeitschrift Tibetan Review enthüllt wurde, die in sämtlichen chinesischen Botschaften der Welt kostenlos angeboten wurde. Dieselbe Zeitschrift ließ ihre Leser auch wissen, dass der lebende Buddha aus Schottland in die Regierung der - von den Chinesen clever so benannten - Autonomen Tibetischen Region, kurz TAR, berufen worden sei. Der kommunistische Propagandaapparat vergaß nicht zu erwähnen, dass der 17. Karmapa seinem sozialistischen Mutterland gegenüber loyal sein werde.

Die weithin angekündigte Einsetzung in Rumtek fand nicht statt. Als sich abzeichnete, dass Urgyen Trinley Tibet nicht verlassen durfte, zumindest nicht zum damaligen Zeitpunkt, mussten die beiden Regenten stattdessen mit Tsurphu vorliebnehmen.

Wir sahen die Zeremonie auf einem in China offiziell vertriebenen Video und waren sofort irritiert angesichts der Präsenz hochrangiger chinesischer Beamter. Vor der eigentlichen Inthronisierung hielten sie ihre Reden, präsentierten einen Brief aus Peking – die Genehmigung der Inkarnation und der Inthronisierung durch die Regierung –, und tauschten die traditionellen weißen Schals und Geschenke aus. Die beiden Rinpoches schienen sich allergrößte Mühe zu geben, es ihren Besuchern aus Peking recht zu machen. Die vier chinesischen Herren in adretten schwarzen Anzügen würdigten das Kind, das sie gerade anerkannten, kaum eines Blickes. Zu behaupten, dass sie auch nur ein entferntes Interesse zeigten an dem, was da vor sich ging, wäre eine Übertreibung. Ihr Hauptanliegen war es, die allgemeine Aufmerksamkeit auf das Dokument ihrer Regierung zu lenken. Ein schlecht informierter Zuschauer hätte durchaus glauben können, es handle sich hier um den berühmten Vorhersagebrief, da das Papier dauernd zur Schau gestellt wurde.

Der Altarraum war zum Bersten gefüllt, Gäste aus ganz Tibet waren gekommen. Die Tibeter, die für die von den Chinesen eingesetzte Regierung in Lhasa arbeiteten, waren vollzählig erschienen. Viele wichtige Kagyü-Rinpoches aus Nepal und Indien waren da, sowie einige Westler, vor allem U.S.-Amerikaner.

Der Junge selbst wirkte ziemlich abgelenkt, wie wohl jedes siebenjährige Kind unter diesen Umständen. Er konnte kaum einen Moment stillsitzen und hatte offensichtlich keine Ahnung, was geschah – jedenfalls wurde ihm jedes Mal, wenn die Zeremonie auch nur seiner geringsten Beteiligung bedurfte, etwas zugeflüstert - und zum Ende hin wurde er richtig ärgerlich. Auch das war für einen Jungen seines Alters, der aus einer Nomadenfamilie stammte, wohl nicht ungewöhnlich. Die Behauptung im Mitteilungsblatt von Sherab Ling, „das Verhalten des jungen Karmapa war von feierlicher Würde und Geduld geprägt", war jedenfalls überaus schmeichelhaft. Gewiss hatte man eine Menge Geduld für das Verhalten des Jungen aufgebracht, von feierlicher Würde aber war nichts zu sehen gewesen.

Das Bild, das sich in anderen Filmclips von dem Jungen abzeichnete, war sogar noch beunruhigender. Auf seinem Thron und im Goldbrokat wirkte er eher fehl am Platz; bei den Ritualen, die um ihn herum vollzogen wurden, fühlte er sich sichtlich unwohl und legte auch einen unduldsamen Charakterzug an den Tag. Er wurde schnell ärgerlich und warf ständig Dinge nach Leuten, die den Raum betraten. Seine Grimassen drückten eher offenen Zorn aus als das jungenhafte Verlangen, die Erwachsenen zu necken. Das glückliche Wiedersehen mit der Familie, das auf dem Dach des Klosters gefilmt wurde, nahm ein abruptes Ende, als der Junge seine Eltern und seine zahlreichen Geschwister mit stolzer Geste wegschickte. Wenn dies das offizielle Image des neuen Karmapa war, das der Welt gezeigt wurde, dann erschienen wir wie eine sonderbare religiöse Gruppierung, die einen sich unmöglich benehmenden Siebenjährigen verehrte – noch dazu protegiert vom kommunistischen China.*

Am nächsten Tag standen, dem Mitteilungsblatt von Sherab Ling zufolge, „30.000 Leute wohlgeordnet Schlange, um den Segen des 17. Karmapa zu erhalten." China's Tibet, eine in Peking erscheinende Vierteljahresschrift, setzte die Zahl noch etwas höher an und sprach von 40.000. Nach den Filmen, die wir von dem Jungen gesehen hatten, hegten wir keinen Zweifel, dass es eine ernsthafte Herausforderung an seine Konzentrationsfähigkeit gewesen wäre, auch nur dreißig Leute zu segnen. Auch ohne jede Voreingenommenheit konnten wir uns beim besten Willen nicht vorstellen, wie der Siebenjährige die ungeheure Zahl von dreißig- oder vierzigtausend Menschen, die angeblich an ihm vorbeimarschiert waren, hätte bewältigen sollen. Möglicherweise waren die Herausgeber der obengenannten Magazine von ihrer Begeisterung mitgerissen worden und hatten ein paar Nullen angehängt.

•

In jenen Tagen erreichte unsere Zentren ein eigenartiger Bericht. Woher er stammte, war nicht ganz klar, der Name Lobsang

---

* Ich möchte die Leser einladen, sich die Videos anzusehen und sich eine eigene Meinung zu bilden. Die Filme können sicherlich mit Hilfe einer chinesischen Botschaft beschafft werden.

Geleg Rinpoche, der unter der zweiseitigen Verlautbarung stand, war niemandem bekannt. Doch obwohl er bis dato noch keinen Ruhm erlangt hatte, wusste der ehrenwerte Lobsang Geleg viel Interessantes mitzuteilen.

Seiner schriftlichen Aussage zufolge waren der wichtigen Zeremonie in Tsurphu einige unheilvolle Ereignisse sowohl in Rumtek als auch in Tibet vorausgegangen. Zur gleichen Zeit, als Urgyen Trinley offiziell an seinen Sitz gebracht wurde, war in Rumtek ein goldenes Banner vom Schützeraltar gefallen. Auch war eines seiner Begleitfahrzeuge auf der gefährlichen Straße ins Schleudern geraten und hatte sich überschlagen, zwei Insassen waren getötet worden. Während der Inthronisation selbst waren einige Anwesende, die draußen warteten, von einem Felsbrocken verletzt worden, der sich von dem Berghang neben dem Kloster gelöst hatte. Situ Rinpoches jüngerer Bruder, der sich mit der Polizei angelegt hatte, wurde verhaftet und mehrere Stunden lang festgehalten. Schließlich waren die Mönche bei dem Versuch, die Menge zu ordnen, gegenüber den Gästen handgreiflich geworden; es schien, als sei die Atmosphäre ins Chaotische umgeschlagen.

Solche Vorkommnisse waren bei der Anerkennung und Inthronisation eines Karmapas eigentlich nicht zu erwarten. Natürlich mussten wir erst herausfinden, wer der gut informierte Lobsang Geleg war, bevor wir seinen Worten Glauben schenken konnten. Doch die beschriebenen Vorkommnisse wurden auch von anderen Augenzeugen in Tibet bestätigt, und es war klar, dass die Zeremonie in Tsurphu nicht gar so würdevoll verlaufen war wie offiziell behauptet.

•

Anfang Oktober reiste Ole nach Dänemark, um in Kopenhagen an dem wichtigen Vorstandstreffen des dänischen Kagyü-Vereins teilzunehmen. Ole Nordström, der damalige Vorsitzende, Lama Tashi und einige andere waren entschlossen, unser Zentrum im

Stadteil Hellerup und das Zurückziehungszentrum in Rødby an Situpas Kandidaten zu übergeben. Nach dieser törichten Maßnahme wäre es für die kommunistischen Chinesen ein Leichtes gewesen, unser gesamtes schwer erarbeitetes Eigentum für sich zu beanspruchen. In ihrem Eifer, sich gegen Lama Ole zu stellen, waren Tashi und seine Freunde wohl schon einen Schritt zu weit gegangen. Der Vorsitzende hatte die glänzende Idee gehabt, Tai Situ einen Unterstützungsbrief zu schicken. Im Namen der gesamten dänischen Karma-Kagyü-Schule hatte er ihn offiziell unserer vollen und bedingungslosen Unterstützung Urgyen Trinleys versichert. Dies war eindeutig eine Überschreitung seiner Befugnisse, da es einen solchen Konsens nicht gab. Glücklicherweise blieb der Schwindel nicht unentdeckt. Pedro roch den Braten und machte zur großen Schande des irregeleiteten Verfassers eine Kopie des Briefes ausfindig. Es kam zu einem Misstrauensvotum, bei dem sämtliche Verschwörer durchfielen. Sie legten ihre Vorstandsposten nieder und verschwanden alsbald aus unseren Zentren. Tashi war der einzige, der bleiben durfte. Er hatte Hannah und Ole versprechen müssen, keine eigenmächtigen Initiativen mehr zu verfolgen, sondern sich an die Entscheidungen des Vorstands zu halten. Er schluckte seinen Stolz und gab sein Wort, aber es war klar, dass seine Sympathien woanders lagen. Keine zwei Jahre später würde er seine Roben ablegen und Dänemark dauerhaft verlassen.

Zur selben Zeit erschien in Paris eine überaus informative Publikation. Sie trug den Titel The Karmapa Papers und lie-ferte eine methodische, fast wissenschaftliche Untersuchung der Ereignisse, die zur gegenwärtigen Krise geführt hatten. Unmengen von Dokumenten waren zusammengetragen und gewissenhaft aus dem Tibetischen ins Englische übersetzt worden. Es gab Niederschriften der Reden der ehrenwerten Rinpoches und Zitate aus Interviews. Die Verfasser hatten in der Geschichte nach Vorläufern der gegenwärtigen Pattsituation gesucht und Aufzeichnungen über frühere Anerkennungsverfahren Karmapas gefunden. Auch die im Umlauf befindlichen Gerüchte über Prophezeiungen, die angeblich Shamarpa und Topgala in schlechtem Licht darstellten, wurden durch eine korrekte Übersetzung und Analyse der zum Teil jahrhundertealten Voraussagen widerrufen. Es war eine beeindruckende und gründlich recherchierte Forschungsarbeit und hätte den Autoren an jeder angesehenen Universität im Westen einen Doktor in Tibetologie oder Kriminalistik einbringen können. Ich kann dem wissbegierigen Leser nur empfehlen, einen ausgiebigen Blick in diese wissenschaftliche Abhandlung zu werfen. Es ist mir derzeit noch nicht möglich, die Identität der Autoren preiszugeben, der Leser möge mir nur den Hinweis erlauben, dass die treibenden Kräfte hinter der heiklen Operation drei buddhistische Damen waren, die innerhalb der Linie wichtige Funktionen ausübten.

Das Bild, das sich aus der Lektüre der Karmapa-Papers ergab, bestätigte, was wir bereits wussten. Wir waren Zeugen einer Intrige auf höchster Ebene geworden, durch die zwei der Regenten auf der Grundlage eines gefälschten Vorhersagebriefes einen falschen Karmapa im besetzten Tibet eingesetzt hatten. Jetzt wurden wir Zeugen einer Kampagne, die ihrem Handeln Rechtmäßigkeit verschaffen und jene bloßstellen sollte, die sich gegen sie gestellt hatten: Shamarpa, Topgala und Lama Ole.

Im Osten hatte die Kampagne sicherlich einige Erfolge erzielt, in Europa jedoch hatten sich die meisten Zentren hinter Ole gestellt. Nur die Lage in Polen war noch unklar, würde sich aber bei der Mitgliederversammlung des Verbandes am 19. November zeigen. Wir erwarteten eine Auseinandersetzung mit Chris und seinen Freunden.

•

Im Oktober erreichte uns während der Vorbereitungen zu Oles alljährlicher Herbsttour nach Amerika und wie um die Tatsache zu unterstreichen, dass die geschmacklose Kampagne gegen unsere Lehrer Fahrt aufnahm, ein sehr eigenartiger Brief aus Tibet. Er war an Hannah und Ole adressiert und lag nun, im fernen

Tsurphu abgeschickt, vor uns auf dem Tisch, um in Augenschein genommen zu werden.[21] Drubpön Dechen Rinpoche, der Karmapas Sitz in Tibet leitete, hatte beschlossen, die buddhistische Szene Europas mit seinen wertvollen Kommentaren über das dänische Paar zu beehren.

Obwohl dem Titel nach ein buddhistischer Lehrer, klang der ehrenwerte Drubpön Dechen, als käme er geradewegs aus dem katholischen Mittelalter. Sicher hätte er sich auch mit der Heiligen Inquisition verbunden gefühlt, schien doch sein Brief von Geist und Kontext her ein Produkt dieser denkwürdigen Einrichtung zu sein.

Drubpön Dechen begann mit einer akribischen Aufzählung aller besonderen Anweisungen und Lehren, die Ole und Hannah vom 16. Karmapa und den höchsten Kagyü-Lehrern, sprich von Situ Rinpoche, Gyaltsab Rinpoche, Jamgön Kongtrul Rinpoche und ihm selbst, erhalten hatten. Jetzt würden sie sich gegen die 17. Inkarnation ihres Lehrers stellen. Dadurch hätten sie die grundlegendsten Gelübde zwischen Lehrer und Schüler gebrochen. Dann ging der Lama dazu über, sie über die schrecklichen Folgen gebrochener Gelübde und die furchtbaren Aussichten aufzuklären, die ihnen drohten, weil sie so viel schlechtes Karma angesammelt hätten. Ihr negatives Karma wiege in der Tat so schwer, dass es, falls sie Tsurphu besuchen würden, „diesen heiligen Ort vergiften wird; jeder, der von dem Wasser trinkt, das hier entspringt und bis in den Ozean fließt, wird von dem schlechten Karma vergiftet sein". Drubpön Dechen schloss mit der Feststellung, dass er noch viel mehr hätte sagen können als er hier gesagt habe.

Wir fragten uns, was der ehrenwerte Lama noch hätte sagen können, aber verschwieg. Das Bild, das er zeichnete, sollten Hannah und Ole je wieder in Tsurphu auftauchen, war in sich schon ziemlich schrecklich: Verseuchung der Flüsse, die in diesem Teil des Himalaja entsprangen, und Vergiftung aller, die davon zu trinken wagten. Aus der Perspektive Tsurphus war das zweifellos verheerend. Was hätte das noch toppen können?

Was auch immer der Lama und alle, die ihm beim Verfassen des Briefes Anregung und Hilfe gegeben hatten, hatten erreichen wollen: Sie erreichten mit Sicherheit das genaue Gegenteil. Jeder Westler würde Drubpöns Hauptargumente umgehend als fanatisches Gerede abtun, das vielleicht einige Nomaden in Mittelasien beeindrucken konnte, heutzutage aber ziemlich unsinnig klang. Von einer so ungesunden Argumentation war es nicht mehr weit bis zum Feuer und Schwefel mittelalterlicher Höllen. Drubpön Dechen fand kein Publikum für seine Auslassungen, und seine literarische Eskapade verstärkte nur noch die Überzeugung, dass die Zeit, in der man tibetischen Lamas blindlings folgte, im Westen endgültig vorüber war.

Der Brief verdiente vermutlich keine Antwort, doch da der Vorwurf, Hannah und Ole hätten die Gelübde gegenüber ihren Lehrern gebrochen, schwer wog und der Brief höchstwahrscheinlich auch in Indien und Nepal in Umlauf war, beschlossen sie, dem Lama aus Tsurphu zu schreiben.

Als Erstes dankten sie Drubpön Dechen für seine aufrichtige Sorge um ihre Bände zu ihren Lehrern und zeigten sich beeindruckt von seiner detaillierten Kenntnis der Einweihungen und Lehren, die sie von den verschiedenen Lamas bekommen hatten. Ihr Dank galt auch denjenigen, die dem ehrwürdigen Mönch aus Tsurphu bei seinen schriftstellerischen Bemühungen geholfen hatten. Was die schwerwiegenden Konsequenzen ge-brochener Gelübde betraf, so seien sie erstaunt zu sehen, wie Schüler dazu ermutigt worden waren, ihre Gelübde gegenüber Künzig Shamar Rinpoche zu brechen. „Sollte das im Gesetz von Karma eine Ausnahme sein?“, fragten sie.

Der strittige Punkt sei die Anerkennung des 17. Karmapa, fuhren sie fort. Aber seit wann wurde darüber mit Meinungsumfragen entschieden? Wie sollten normale Menschen entscheiden können, ob ein Kind der echte Karmapa war oder nicht? Wie konnte selbst eine Mehrheit der Rinpoches da ausschlaggebend sein? War es nicht vielmehr ein besonderes Merkmal des Karmapa, dass er Hinweise auf seine Wiedergeburt hinterließ und sich somit eindeutig selbst zeigte? Ihres Wissens nach liege die Verantwortung für das Auffinden der Reinkarnation Karmapas bei allen vier Linienhaltern und historisch gesehen speziell by Shamar Rinpoche. „Wir haben vollstes Vertrauen, dass sich Seine Heiligkeit eines Tages selbst eindeutig und ohne jeden Zweifel offenbaren wird. Sein Segen ist immer präsent, und wir sind sicher, dass er genau weiß, wer seine Gelübde mit ihm bricht und wer nicht." Hannah und Ole ließen keinen Zweifel aufkommen, dass Drubpön Dechen von jetzt an besser beraten wäre, über seine eigenen Gelübde nachzudenken.

Da keine Vertreter Rumteks an der Inthronisation in Tsurphu teilgenommen hatten, brachte Drubpön Dechen seinen ungehobelten literarischen Stil zum Einsatz, um auch die Mönche und Mitarbeiter sowie die Laiengemeinschaft an Karmapas indischem Sitz einzuschüchtern. Auch ihnen drohte der edle Lama mit gebrochenen Gelübden und negativem Karma; offenbar war er inzwischen zu einem Fachmann auf diesem Gebiet geworden. Die harschesten Worte waren an die Mönche gerichtet. Ihre Abwesenheit bei der glückverheißenden Veranstaltung in Tsurphu nannte er einen Akt gegen die Menschlichkeit. Alle Briefe beendete er mit dem Hinweis, dass es aufgrund ihres Verhaltens und der in Rumtek vorherrschenden ungesunden At-mosphäre nicht ratsam sei, einen Besuch Seiner Heiligkeit an seinem Hauptsitz in Indien zu arrangieren.

Nach den Vorgängen der folgenden Monate in Rumtek zu urteilen, mussten die Mönche und Mitarbeiter Drubpön Dechens Kommentare nicht allzu ernst genommen haben. Seine Warnung, Rumtek bei Urgyen Trinleys zukünftigen Reisen nicht zu berücksichtigen, war natürlich eine leere Drohung. Der ehrenwerte Mönch aus Tsurphu hatte nicht den geringsten Einfluss auf die Aktivitäten des Jungen, darüber hatte allein das kommunistische Politbüro zu befinden. Wenn das Kind überhaupt irgendwohin reiste, dann wahrscheinlich nach Peking. Und selbst wenn Drubpön Dechen in der Lage gewesen wäre, Rumtek in den Reiseplan des Jungen aufzunehmen, war es alles andere als sicher, ob das Kloster sein Angebot angenommen hätte.

•

Am 11. Oktober bestiegen wir in Hamburg eine Maschine der United Airlines nach New York. Lama Oles Arbeit in Amerika hatte sich seit unserem letzten Besuch verändert. Er war nicht mehr an den steifen und heiligen Stil von Woodstock gebunden, sondern konnte endlich etwas aufbauen, das seiner Arbeit in Europa ähnelte. Den neuen Leuten war es herzlich gleichgültig, wer Akong oder Drubpön Dechen waren. Sie vertrauten Ole und wollten meditieren.

Wir erwarteten, dass Unruhestifter aus den Woodstock angegliederten KTC-Zentren versuchen würden, Oles Vorträge zu stören. Sie hatten es auf sich genommen, einen heiligen und bedingungslosen Krieg gegen alle zu führen, die Urgyen Trinley anzweifelten, und glichen in ihrem Benehmen mehr und mehr Anhängern der Scientology-Kirche. Natürlich wollte Ole ihnen nur zu gern diesen Gefallen tun und wartete sehnlichst auf die Gelegenheit, den lokalen Rowdys eine Lektion zu erteilen.

Beru Khyentse Rinpoche befand sich gerade auf einer Vortragsreise durch die KTC-Zentren in Kalifornien. Er gehörte zu den Lamas, die im Juni in Rumtek die Anerkennung unterschrieben hatten. Obwohl er sich in keinster Weise für eine Untersuchung des Briefes einsetzte, hatte er sich doch einige Male mit Shamarpa getroffen und ihm seine Unterstützung zugesichert. Es blieben jedoch Lippenbekenntnisse. Beru Khyentse blieb ein nachgiebiger Mann, der es allen recht machen wollte und doch niemanden zufriedenstellte. Dass er überhaupt mit Shamarpa gesprochen hatte, muss in den Augen der KTC-Anhänger in Los Angeles allerdings schon ein schwerer Sündenfall gewesen sein. Zu seinem großen Unbehagen sagten sie seinen Vortrag einfach ab und verbannten ihn gänzlich aus der Stadt. Da es ihm nicht lag, ein Machtwort zu sprechen, nahm Beru Khyentse das kleinlaut hin und begab sich ins einige hundert Kilometer weiter nördlich gelegene Santa Cruz.

Wir erfuhren in San Diego von dieser unerwarteten Entwicklung. Lama Ole ergriff die Gelegenheit, das Vakuum zu füllen und in Los Angeles einen Vortrag zu halten. Karin, eine Schülerin Oles vor Ort, mietete einen koreanischen Tempel an, und am 17. Oktober betrat Ole mit seinen Freunden den Altarraum in Korea Town. Kurz darauf kam auch Ngodrup, der Übersetzer des Khenpo aus Woodstock, von zwei Unterstützern flankiert herein und versuchte, den Vortrag zu stören. Es war derselbe Ngodrup, der im Juni in Rumtek auf Shamarpa eingebrüllt hatte.

In San Francisco erläuterte uns Jesper, unser wichtigster Lehrer in Amerika, die amerikanische Kagyü-Politik seit Juni 1992. Kalu Rinpoches Zentrum in der Stadt, das von einem Lama Lodrö geleitet wurde, machte aggressiv Werbung für Situ Rinpoches Kandidaten. Der Resident-Lama war einer von Kalus gefallenen Mönchen, der seinen Teil zu den Sexskandalen diesseits des Atlantiks beigetragen hatte. Ole kannte den Mann gut, er hatte ihn Ende der siebziger Jahre aus unserem Kopenhagener Zentrum entfernen müssen. Heute verbreitete Lama Lodrö von seinem Zentrum in der Fell Street aus Drubpön Dechens Brief an Hannah und Ole. Wie wir erwartet hatten, war der Brief, obwohl an das dänische Paar adressiert, sofort in allen Zentren verfügbar, die gegen Shamarpa arbeiteten. Der Vorfall verdiente keine weitere Beachtung, und wir wünschten nur, Lama Lodrö hätte seinen Schülern eine etwas interessantere Lektüre zu bieten.

Zurück in Hamburg wartete wieder einmal einer dieser ungewöhnlichen Briefe, die diesen Herbst wie Pilze aus dem Boden schossen, auf Ole. Im Vergleich zu diesem jüngsten Machwerk las sich Drubpön Dechens Schöpfung wie ein literarisches Juwel. Das Pamphlet, im indischen Dharamsala abgeschickt und von einem gewissen J.-P. Smith unterschrieben, war ein derart geschmackloser Angriff auf Lama Ole, Hannah und ihre westlichen Schüler, dass jede Beschäftigung damit reine Zeitverschwendung war. Um dem Leser eine Vorstellung von dem Niveau zu vermitteln, auf dem der Verfasser sich bewegte, sei an dieser Stelle nur erwähnt, dass J.-P. Smith Ole an einer Stelle mit Hitler und seine Schüler mit Lämmern verglich, die zur Schlachtbank geführt würden. Smith war aller Wahrscheinlichkeit nach ein Deckname für jemanden, der sich in den buddhistischen Kreisen des Westhimalaja bewegte, zweifellos ein Westler und vermutlich der tibetischen Exilregierung nahe stehend. Zwar hatten wir einen konkreten Verdacht, wer der irregeleitete Schreiber sein könnte, aber da es keine Beweise gab, werde ich der Versuchung, hier seinen Namen zu nennen, widerstehen.

Unnötig zu erwähnen, dass Ole keinerlei Interesse daran hatte, J.-P. Smith durch eine Antwort Anerkennung zu verschaffen. Wir weigerten uns, auf sein Niveau hinabzusteigen. Allerdings kam uns eine Idee. Da der Brief höchstwahrscheinlich an alle Kagyü-Zentren der Welt geschickt worden war, beschloss Ole, einen Kommentar zur gegenwärtigen Krise zu verfassen und ihn mit J.-P. Smith zu unterzeichnen. Das würde Smiths Unterstützer verwirren und gleichzeitig etwas Klarheit über die Ursachen der laufenden Machtprobe innerhalb der Linie schaffen. Und wir hätten was zum Lachen.

Unser Brief war kurz, aber umfassend. Der Streit in der Linie sei ein integraler Bestandteil asiatischer Machtpolitik. Macht und Geld steckten dahinter. Im kommenden Jahr würde der amerikanische Kongress den Status Chinas im Rahmen des Meistbegünstigungsprinzips überprüfen. Peking verdiene am Handel mit den Vereinigten Staaten Milliarden von Dollar; das amerikanische Handelsdefizit gegenüber dem kommunistischen Land werde nur noch von dem Defizit gegenüber Japan übertroffen. Da mittlerweile die Demokraten im Weißen Haus saßen, sei davon auszugehen, dass die Verabschiedung des Gesetzes im Kongress nicht ganz so reibungslos laufen würde wie während der Amtszeit Bushs. China müsse der Welt und vor allem den Kongressabgeordneten auf dem Kapitol zeigen, dass es seine Minderheiten gut behandle.

Peking habe es geschafft, die Tibeter zwischen dem Dalai Lama auf der einen und dem Panchen Lama auf der anderen Seite zu spalten und so das besetzte Land zu unterdrücken, fuhr Ole fort. Doch nach dem Tod des Panchen Lama 1989 hätten die Tibeter angefangen, sich aufzulehnen. In Lhasa und in den großen Klöstern rund um die Hauptstadt habe es Demonstrationen gegen die Besatzer gegeben. Erwartungsgemäß habe das Regime hart zurückgeschlagen. Im westlichen Fernsehen liefen Bilder von chinesischen Soldaten, die buddhistische Mönche verprügelten und sogar folterten. Das Politbüro brauche jemand, der das rebellische Himalaja-Volk besänftigen könne, und so sei ihr Blick – nicht zum ersten Mal – auf Karmapa gefallen. Die chinesischen Machthaber hätten richtig erkannt, dass man die renitenten Tibeter am besten über ihre Tulkus kontrollieren konnte. Tatsächlich seien sie schon seit Jahren diskret dazu übergegangen, das Politbüro offiziell an der Anerkennung einer Inkarnation zu beteiligen. Die alten Maoisten hätten sich zu Fachleuten für die Auffindung berühmter Lamas gemausert. Ole fragte nun, wie die Kommunisten, die den Geist nicht einmal für existent hielten, zur Autorität für die Anerkennung der Inkarnation eines Geistes hatten werden können. Eine Frage, die ihm niemand beantworten konnte.

Der mit J.-P. Smith unterschriebene Brief wurde von Kopenhagen aus an die meisten Kagyü-Zentren in der ganzen Welt verschickt. Er war mehr als nur ein hohler Witz, denn die enthaltenen Informationen waren wichtig. Dennoch hatten wir wenig Hoffnung, den Menschen im Osten damit die Augen zu öffnen, und ganz bestimmt strebten wir nicht an, Smith die Augen zu öffnen; höchstens vielleicht ihm den Mund zu stopfen. Unser Trick erzwang eine Antwort. Einen Monat später traf ein zweiter Brief vom echten Smith aus Dharamsala ein. Der wütende Autor ließ einen endlosen Schwall von Beschimpfungen gegen Ole ab und beschuldigte ihn, Smiths guten Namen böswillig missbraucht zu haben. Zu jener Zeit hatten wir jedoch weit Wichtigeres im Sinn, und da die Menschen wahrscheinlich genug hatten von all den Smiths, die umherschwirrten, legten wir seinen Brief dort ab, wo er tatsächlich hingehörte: in den Papierkorb.

Am 18. November traf Ole mit einigen nahen Freunden im polnischen Posen ein. Am nächsten Tag sollte unser buddhistischer Verein in Polen über seine Haltung in der gegenwärtigen Krise abstimmen. Die turbulente Versammlung dauerte rekordverdächtige sechs Stunden und brachte kein eindeutiges Ergebnis. Zwar erhielten Ole und alle unsere Freunde einen Sitz im neuen Führungsgremium des Verbandes, doch zugleich wurde Chris – mittlerweile zum leidenschaftlichen Befürworter Urgyen Trinleys avanciert – wieder zum Vorsitzenden gewählt. Die Ergebnisse waren gemischt, und Polen blieb ein Unsicherheitsfaktor in der ansonsten geschlossenen Front unserer Zentren.

•

Lama Ole wartete nun darauf, dass Shamarpa den nächsten Zug machte. Wir waren an einem Scheideweg angelangt. Inzwischen war offensichtlich, dass der umstrittene Brief nicht untersucht werden würde. Unsere Appelle, Proteste und Forderungen stießen nur auf offene Feindseligkeit und starre Ablehnung. Hannah, Ole und ihre Schüler waren durch den Dreck gezogen und schlimmster Respektlosigkeit bezichtigt worden - weil sie verlangten, dass die moderne Welt mit ihren wissenschaftlichen Methoden dem fraglichen Dokument ihren Stempel der Anerkennung aufdrücken sollte.

In gewisser Weise war die Ablehnung verständlich. Hatte Situ Rinpoche den Brief tatsächlich gefälscht, so wäre es reichlich unklug und dumm von ihm gewesen, sein Machwerk forensisch untersuchen zu lassen. Durch die offizielle Bestätigung der Fälschung wäre sein ohnehin schon angekratzter Ruf vollends ruiniert worden, womöglich wäre er sogar im Gefängnis gelandet. Auch seinen ehrwürdigen Unterstützern, den Dalai Lama eingeschlossen, hätte das wohl den Schlaf geraubt. Und da Situpa keine bessere Rechtfertigung für seine Weigerung zu bieten hatte, versteckte er sich hinter dem Schleier heiliger Entrüstung. Seine Leute feuerten unterdessen weiter ihre Munition ab.

Jetzt war es an Shamarpa, das Feuer zu erwidern. Immerhin hatte er behauptet, einen wichtigen Hinweis erhalten zu haben. Die Zeit war gekommen, dass er in der Auseinandersetzung offiziell Stellung bezog. Seine kurze Mitteilung vom Juni wurde als bedingungslose Anerkennung Urgyen Trinleys und als Verzicht auf die forensische Untersuchung gewertet. Situpas Lager hatte eine irreführende Übersetzung seiner Worte in Umlauf gebracht. Nur wenige Stunden nach Shamarpas Unterschrift ließen sie die Welt wissen, Shamarpa habe seine unmissverständliche und freiwillige Bestätigung gegeben und werde die Angelegenheit mit der Untersuchung des heiligen Testaments daher nicht weiterverfolgen.[22] Es war eine bewusste Verzerrung der eigentlichen Bedeutung des Dokuments. Tatsächlich liest sich der kurze Text wie folgt: „Von jetzt an setze ich meine Forderung, der handgeschriebene Vorhersagebrief möge einer forensischen Untersuchung unterzogen werden, aus."[23]

Das falsche Zitat war nun das neueste Argument in Tai Situs Kampagne geworden, Urgyen Trinley zum rechtmäßigen 17. Karmapa zu erklären. „Worüber beklagt sich Shamarpa eigentlich?", fragten Situpas Unterstützer. „Er hat doch selbst unseren Karmapa anerkannt." Eine baldige und klare Aussage des Regenten war dringend erforderlich. Für die meisten Rinpoches und die Gemeinschaft der Exiltibeter stand Künzig Shamarpa offiziell hinter dem Kandidaten aus Tsurphu. Bevor Shamar Rinpoche in Aktion treten und seine Strategie entwickeln konnte, sollte Rumtek einmal mehr unter Beschuss geraten. Während Lama Ole seine Vortragsreise in Nordeuropa fortsetzte, rückten die Ereignisse im Osten wieder in den Mittelpunkt.

Kapitel 13

Der Widerstand

Nach den Ereignissen im Juni 1992 war Rumtek nicht mehr wie früher. Situpa und Gyaltsabpa benahmen sich wie siegreiche Generäle, die kurz davor standen, die volle Kontrolle über die Linie zu übernehmen. Shamarpa hatte vermutlich genug von den durchtriebenen Methoden seiner Kollegen und verließ den Schauplatz der Auseinandersetzung, um für eine Weile nach Frankreich zu gehen und an der europäischen Kagyü-Konferenz in der Dordogne teilzunehmen.

Das Hauptanliegen der Mönche von Rumtek war es, die Anweisungen ihres Lamas, des 16. Karmapa, zu befolgen. Sie versprachen, ihre Aufgaben im Kloster weiterhin zu erfüllen, und verpflichteten sich, es nicht in die Hände Außenstehender fallen zu lassen. Um zu verhindern, dass Karmapas Eigentum weggeschafft wurde, schlossen sie es ein und versiegelten die Habe Seiner Heiligkeit. Angesichts der Spaltung an der Spitze der Linie beschlossen sie, keinen der Regenten zu unterstützen und sich keinem zu widersetzen. Sie vertrauten noch immer darauf, dass die drei zu einer Einigung kommen und am Ende einmütig einen echten Karmapa präsentieren würden.Eine derart lauwarme Unterstützung für ihren Kandidaten war weit davon entfernt, Situpas und Gyaltsabpas Erwartungen zu erfüllen. Ihre Behauptung, sämtliche Kagyü-Klöster in Nepal, Indien und Tibet stünden fest hinter Urgyen Trinley, klang angesichts der Haltung Rumteks einigermaßen überzogen. Immerhin war Rumtek Karmapas Hauptzentrum, und die ganze Kagyü-Welt achtete sehr genau auf jede noch so geringe Regung, die von dort ausging. Die zwei Rinpoches müssen an dieser Stelle beschlossen haben, der Begeisterung der Mönche für ihren Kandidaten auf die Sprünge zu helfen, und so wurden die rechtmäßigen Bewohner des Klosters zunächst zur Zielscheibe von Beleidigungen, dann von Einschüchterungen und zuletzt von körperlicher Gewalt. Die Aufgabe, die standhaften Mönche umzuerziehen, fiel einer schwer zu bändigenden Gruppe von Gästen zu, die Situpa schon zu den Zeremonien für den verstorbenen Jamgön Kongtrul mitgebracht hatte. Ungefähr 60 Männer aus den Klöstern Sherab Ling und Bir im Westhimalaja, aus Ostbhutan und Kathmandu hatten sich in Rumtek niedergelassen und begonnen, sich systematisch in den Klosterbetrieb einzumischen und die rechtmäßigen Verwalter bei ihrer Arbeit zu behindern.

Anfang November 1992, als wir uns dem Ende unserer Amerikatour näherten, hielten Künzig Shamarpa und die Mönche von Rumtek zusammen mit Verwaltungsmitgliedern und einigen Stiftungsvorständen an Karmapas Hauptsitz eine Versammlung ab. Der Raum war überfüllt. Alle spürten, dass eine bedeutende Entscheidung bevorstand. Shamar Rinpoche wiederholte zunächst seine Erklärung vom Juni. Er habe Kenntnis von einer vertrauenswürdigen Person, die im Besitz der Anweisungen des 16. Karmapa betreffs seiner 17. Inkarnation sei. Jetzt sei es für ihn an der Zeit, sich mit voller Aufmerksamkeit der Erfüllung dieser Anweisungen zu widmen. Ernst erklärte er, dass er seinen Verpflichtungen in Rumtek nicht nachkommen könne, solange Seine Heiligkeit nicht in Übereinstimmung mit der echten Vollmacht gefunden worden sei. Bis auf Weiteres lege er seine Aufgaben in Rumtek nieder. Seine Worte wurden mit beklommenem Schweigen aufgenommen.

Es war eine unerwartete Kehrtwendung. Das Kloster Rumtek und das Nalanda-Institut würden ausschließlich unter der Obhut der Mönche und des Karmapa Charitable Trust stehen. Situ Rinpoche hatte am Hauptsitz der Kagyü-Linie selbstverständlich nichts zu sagen. Sein Sitz Sherab Ling lag über 1500 Kilometer entfernt im Westen. In den Jahren nach Karmapas Tod 1981 hatte Situpa so gut wie kein Interesse an den Angelegenheiten Rumteks gezeigt und nicht eine einzige Rupie zum Budget beigetragen. Sein gegenwärtiges Streben nach einer Führungsposition am Hauptsitz der Linie war in keinster Weise erarbeitet und hatte keine legitime Grundlage. Auch Gyaltsab Rinpoche hatte dem

Kloster nicht viel Unterstützung zukommen lassen, obwohl er in Rumtek ansässig war. Er hatte sich die meiste Zeit dem Bau seines eigenen Klosters Ralang Ling gewidmet. Karmapas Hauptsitz war faktisch von Generalsekretär Topgala und seiner Verwaltung geleitet und finanziell getragen worden. Shamarpa und Jamgön Kongtrul hatten ihn bei dieser Aufgabe tatkräftig unterstützt. Da Topgala sich nicht mehr in Sikkim aufhalten und seine Aufgabe erfüllen konnte – die Regierung konnte nicht für seine Sicherheit garantieren – und auch Shamarpa bald nicht mehr da sein würde, würde die Leitung allein auf den Schultern der Mönche ruhen. Die Stiftungsvorstände waren weiterhin die rechtmäßigen Verwalter, doch konnte man von den gesetzten Herren kaum erwarten, dass sie sich täglich nach Rumtek begaben, um gemeinsam mit den Mönchen die Arbeit zu erledigen. Sollten Situ und Gyaltsab Rinpoche - mit Gewalt oder auf andere Weise - versuchen, die Kontrolle über das Kloster zu übernehmen, hätten die Mönche niemanden an ihrer Seite, um den hochgestellten Lamas und ihren Verbündeten entgegenzutreten.

Shamarpas Worte bedeuteten noch etwas Anderes. Der Hauptregent ließ keinen Zweifel daran, dass er von jetzt an aktive Schritte unternehmen werde, um sicherzustellen, dass die authentischen Anweisungen des 16. Karmapa umgesetzt würden. Im Klartext hieß das, dass er sich jetzt der Aufgabe widmen würde, den richtigen Karmapa herbeizubringen. Für den Fall, dass das Kloster Bedrohungen von außen ausgesetzt wäre, ermutigte Shamar Rinpoche die Mönche, sich Hilfe suchend an Ministerpräsident Bhandari zu wenden. Unter den Teilnehmern herrschte vollkommenes Einverständnis darüber, wer mit „außen" gemeint war. Dabei war mit Bhandari als Verbündetem kaum zu rechnen. Shamar Rinpoche machte sich natürlich keine Illusionen, auf wessen Seite der Politiker stand. Sollte es hart auf hart kommen, rechnete er nicht damit, dass Bhandari hinter den hilflosen Mönchen stehen würde. Immerhin hatte Bhandaris Verwaltung bei den Auseinandersetzungen im Juni offen Situpa unterstützt. Die Wahrheit war jedoch, dass es niemand anderen gab, an den

Rinpoche sich um Beistand hätte wenden können. Rumtek lag auf sikkimesischem Hoheitsgebiet, und Shamarpa erschauderte immer noch, wenn er sich an den Vorfall mit der indischen Armee auf dem Klostergelände erinnerte. Die bloße Anwesenheit der sechs zerlumpten indischen Soldaten in Rumtek hatte in ganz Sikkim das öffentliche Leben zum Erliegen gebracht. Angesichts dieser politischen Realitäten hatte er keine andere Wahl, als Karmapas Sitz dem Schutz der Regierung in Gangtok anzuvertrauen.

Am 17. November gab Rinpoche eine offizielle Erklärung ab.[24] Er teilte mit, dass er nicht gegen die Entscheidung der chinesischen Regierung, Urgyen Trinley als Karmapa anzuerkennen, vor-gehen werde. Er habe keinerlei Hoheitsgewalt in China und keine Möglichkeit, gegen chinesische Maßnahme vorzugehen. Shamarpa erklärte, seine Zustimmung zu der Anerkennung durch den Dalai Lama allein aus Respekt vor Seiner Heiligkeit gegeben zu haben. Er versprach, weiterhin an der Tradition des Gyalwa Karmapa festzuhalten, indem er ausschließlich dessen echte Anweisungen befolgte.

Von Europa aus verfolgte Lama Ole die Vorgänge in Asien sehr genau. Der Brief Shamarpas zeigte, dass er drauf und dran war, in Aktion zu treten. Dennoch vermittelten uns seine Worte den Eindruck, dass er einen Schritt nach vorn tat und unmittelbar darauf wieder zurückwich. Dabei war die Erklärung, die seine Zustimmung zur Anerkennung vom Juni teilweise zurücknahm, kein völliges Veto gegen Situpas Kandidaten. Die vorsichtig formulierten Sätze riefen uns in Erinnerung, wie viele Interessengruppen mit dem Thema befasst waren und dass Rotchina, ob wir es wollten oder nicht, eine wichtige Rolle in der Auseinandersetzung spielte. Von seinem Sitz im fernen Peking aus warf das Politbüro einen düsteren Schatten auf die Linie. Offenbar musste sich Shamarpa an die realpolitischen Gegebenheiten der Region halten. Lama Ole war froh, freie Hand zu haben und nicht nach asiatischen Regeln spielen zu müssen.

In Rumtek stieg unterdessen die Spannung. Ankömmlinge aus Kathmandu behaupteten, Situ und Gyaltsab würden einen

Angriff auf das Kloster vorbereiten. Angeblich hätten sie massenweise Unterstützer an der sikkimesischen Grenze zu-sammengezogen. Gyaltsab Rinpoche hatte für den 27. November eine Versammlung aller Kagyü-Klöster in Indien und Nepal einberufen und reiste quer durch den Himalaja, um Leute nach Rumtek einzubestellen. Diese warteten jetzt nur auf ein Zeichen, um die Grenze zu überqueren und Karmapas Hauptsitz zu übernehmen.

Am 20. November hielt Shamar Rinpoche mit den Mönchen eine Krisensitzung ab. Sie erkannten, dass sie allein nicht die Macht hatten, die Menge davon abzuhalten, nach Sikkim einzureisen und an Karmapas Sitz ihre Versammlung abzuhalten. Einige junge Mönche wurden unruhig, doch am Ende wurde die Idee einer gewaltsamen Auseinandersetzung verworfen. Stattdessen beschlossen die Teilnehmer, Ministerpräsident Bhandari um Schutz zu bitten. Im Büro des Ministers äußerten Khenpo Chödrak, der leitende Abt, der Ritualmeister Nendo Tulku und einige andere am Nachmittag ihre Befürchtungen hinsichtlich der geplanten Konferenz. Sie erläuterten ihre Position und baten den Politiker, Maßnahmen gegen eine widerrechtliche Besetzung des Klosters zu ergreifen. Bevor sie sich verabschiedeten, überreichten sie seiner Exzellenz einen Appell.[25]

Der Brief war im Namen der gesamten Mönchsgemeinschaft von Rumtek verfasst. Die Autoren erklärten einhellig, dass die Mönche zusammen mit den Stiftungsvorständen des Karmapa Charitable Trust solange die volle Verantwortung für die Führung des Klosters tragen würden, bis ein echter Karmapa von allen akzeptiert würde. Sie bestanden darauf, dass der von Tai Situ Rinpoche vorgelegte Brief wissenschaftlich untersucht werden müsse, und versicherten, dass sie auf jeden Versuch der Einmischung in ihr Aufgabengebiet reagieren würden. Keine andere geistige oder politische Autorität als der Karmapa Charitable Trust würde in Rumtek geduldet. Die Mönche baten den Premierminister um seine Führung und Unterstützung in dieser schwierigen Zeit. Seine Exzellenz versicherte allen, sich unermüdlich für die Wahrung des Friedens in Rumtek einzu-setzen, und geleitete seine Gäste mit selbstbewusstem Lächeln zur Tür.

Am nächsten Tag trafen die Verwalter Rumteks eine Entscheidung. Sie würden das Kloster verriegeln, um die unrechtmäßige Versammlung zu verhindern. Falls es den unerwünschten Besuchern gelänge, die sikkimesische Grenze zu überqueren, würden sie am Kloster vor verschlossenen Türen stehen. Die Mehrzahl der Mönche wollte nach Nepal reisen, um an einer weiteren Zeremonie für den verstorbenen Jamgön Kongtrul teilzunehmen. Shamar Rinpoche war bereits auf dem Weg. Die Studenten des Nalanda-Instituts reisten ab in die Winterferien. Die Aktivitäten des Klosters würden weitgehend ruhen. Nur einige wenige Mitarbeiter und Mönche blieben vor Ort zurück.

Am 25. November traf die sikkimesische Polizei in Rumtek ein und bezog rund um das Kloster Stellung. Sie sollte sicherstellen, dass es nicht zu Handgreiflichkeiten kam, wenn die Gegenpartei zu ihrer geplanten Konferenz anrückte.

Überschwemmt von Briefen und Faxen saßen wir in unse-rem Zentrum in Wuppertal und verfolgten angespannt die Bemühungen der Mönche. Ole wurde täglich von Hannah in Indien auf dem Laufenden gehalten, und er machte sich keine Illusionen, was geschehen würde, wenn Situpas Helfer beschlossen, das Kloster mit Gewalt einzunehmen. Unsere kleine Schar tapferer Mönche stand der mächtigen Maschinerie der zwei Regenten gegenüber. Noch dazu glaubte niemand, dass die Regierung in Gangtok ihnen wirklich zu Hilfe eilen würde. Lama Ole hielt kurz inne: „Wie wäre es, wenn ich mit ein paar meiner deutschen Jungs in Rumtek aufkreuzen würde?“ Sein unerwartetes Erscheinen würde die hitzköpfigen Tibeter ganz bestimmt abkühlen. Womöglich würden sogar die zwei Regenten davon profitieren. Hannah erstarrte schon bei dem bloßen Gedanken daran. Sie sah schon die Schlagzeilen des Revolverblattes von Gangtok vor sich: „Dänischer Muskelmann stürmt heiligen Tempel“. „Nein, kommt nicht in Frage“, Ole sollte nicht einmal daran denken.

Am 26. November tauchte Tsechokling Rinpoche, ein Regierungsbeamter aus Gangtok, vor dem fast verlassenen Kloster auf und verlangte, die Tore auf der Stelle zu öffnen. Er hatte die Anordnung des Ministerpräsidenten dabei, das Kloster für die geplante Konferenz zugänglich zu machen.* „Hopp hopp", herrschte er den Mitarbeiter an, der allein zum Tor gekommen war, um ihn zu empfangen. Im Angesicht des sikkimesischen Würdenträgers, der ihm ein Bündel Dokumente unter die Nase hielt, fiel dem armen Kerl keine passende Antwort ein. Er zog die Schlüssel aus der Tasche und schloss stumm die Tore auf. Mehr hatte es nicht gebraucht: nur einen arroganten Beamten, der darauf bestand, das Kloster zu betreten. Da Rumtek in der Obhut einiger Weniger hinterlassen worden war, konnte es niemanden überraschen, dass Situpas Gruppe keine Schwierigkeiten hatte, das Kloster zu betreten und die Versammlung abzuhalten. Alles ging viel leichter, als sie es erwartet hatten.

Zwar wurde eine Gruppe von vierzig Khampas an der Grenze aufgehalten und durfte nicht nach Sikkim einreisen, die anderen Teilnehmer aber passierten die Grenze ohne Probleme und erreichten Rumtek in voller Stärke. Situ Rinpoche hatte von überall her Unterstützer zusammengezogen. Viele der tibetischen Besucher arbeiteten für die Regierung in Dharamsala. Da waren Mitglieder des Tibetischen Jugendverbandes, der Tibetischen Frauenvereinigung und der Vereinigung für die Unabhängigkeit Tibets – ohne Zweifel herausragende Institutionen, die in dem untadeligen Ruf standen, ihrer Gemeinschaft zu dienen. Was die ruhmreichen Aktivisten aber mit der Anerkennung Karmapas zu tun haben sollten, war eine Frage, die niemand stellte. Die zwei Regenten brauchten eine große, möglichst laute Menschenmenge.

In den folgenden Tagen reisten noch weitere Unterstützer Situpas an: Vertreter einiger wichtiger Kagyü-Klöster aus Indien

---

*Diese Anordnung des Ministerpresidenten war offensichtlich im Gegensatz zu dem, was er vorher versprochen hatte. Jahre später, nachdem er bereits seine Position verloren hatte, besuchte er Shamar Rinpoche und entschuldigte sich dafür, zu der Zeit einen großen Fehler gemacht zu haben. Aber es war bereits zu spät, denn nachdem er seine Macht verloren hatte, konnte er die Situation in Rumtek nicht mehr ändern.

und Nepal sowie Tibeter aus verschiedenen amerikanischen Zentren. Das unzertrennliche Paar aus Woodstock, Bardo Tulku und Tenzin Chönyi, ließ sich die Gelegenheit natürlich auch nicht entgehen.

Die Gäste benahmen sich, als sei Rumtek eine öffentliche Einrichtung, die speziell dazu diente, politische Versammlungen abzuhalten. Hektische Vorbereitungen für die geplante Kon-ferenz erstreckten sich über die nächsten drei Tage, und die rechtmäßigen Hüter des Klosters wurden schlicht ignoriert. Die wenigen anwesenden Verwalter fuhren jeden Tag nach Gangtok und forderten den Ministerpräsidenten auf, gegen die widerrechtliche Vereinnahmung ihres Klosters vorzugehen. Man teilte ihnen mit, dass Herr Bhandari in Delhi weile und sein Büro nicht befugt sei einzugreifen. Da sie den Überfall nicht aufhalten konnten, griffen die Mönche und Nonnen, das Nalanda-Institut und die Klosterverwaltung zur letzten noch verfügbaren Waffe. Am 29. November gaben ihre Vertreter eine weitere schriftliche Erklärung heraus.

Die Mönche und Nonnen sowie der Mitarbeiterstab teilten mit, dass sie sich mitnichten weigerten, Tai Situs und Gyaltsabs Anspruch anzuerkennen, auf der Grundlage der authentischen Instruktionen die echte Inkarnation Karmapas gefunden zu haben. Auch Shamarpas Behauptung, es gäbe authentische Anweisungen bezüglich der echten Inkarnation lehnten sie nicht ab. Sie könnten jedoch nur den Beschlüssen des Karmapa Charitable Trust Folge leisten. Unter keinen Umständen würden sie Entscheidungen von Lamas, deren Verwaltungen oder anderen politischen Gruppierungen akzeptieren. Mehr konnten die rechtmäßigen Hüter von Karmapas Hauptsitz nicht tun.

Den Protesten zum Trotz nahm die „Internationale Kagyü-Konferenz“, wie das Treffen stolz genannt wurde, am 30. November mit einigem Getöse ihren Anfang. Der Name ließ vermuten, dass Karmapas Schüler aus der ganzen Welt teilnahmen. Das war jedoch hochgradig irreführend. Das Treffen war alles andere als global, vielmehr entstammten die Teilnehmer genau genommen nur einer einzigen Nation. Es sei denn, man wollte die Tibeter, die in Indien und Nepal und teilweise in den Vereinigten Staaten im Exil lebten, als rechtmäßige Delegierte der beinahe vierzig Länder betrachten, in denen Kagyü-Zentren gegründet worden waren. Mit Ausnahme von Woodstock war keines dieser Zentren vertreten. Die wenigen aus Amerika angereisten Lamas, die für sich in Anspruch nahmen, die Kagyü-Welt zu vertreten, hätten im Grunde gar nicht für Karmapa sprechen dürfen. Im Verlauf von Kalu Rinpoches Aktivitäten im Westen hatten sich seine Schüler mit der Shangpa Kagyü-Linie identifiziert. Sie hatten ein eigenes Netzwerk von Gruppen aufgebaut, das nicht mehr dem Hauptstrom der Karma Kagyü-Linie unter Karmapa folgte. Unnötig zu erwähnen, dass kein einziges von Lama Ole gegründetes Zentrum von dem bevorstehenden Treffen informiert, geschweige denn dazu eingeladen worden wäre. Situ und Gyaltsab ließen sich von all diesen Widersprüchen nicht aus dem Konzept bringen, sondern trieben die Konferenz voran.

Der Karmapa Charitable Trust war den beiden Regenten ein schmerzhafter Dorn im Auge. Obwohl selbst im Stiftungsvorstand, stand Tai Situ innerhalb des Gremiums isoliert da. Die ehrwürdigen Vorstände, die aus namhaften und angesehenen sikkimesischen Familien stammten und in der Vergangenheit in Gangtok die Zügel der Macht in Händen gehalten hatten, nahmen sich für gewöhnlich Zeit, um zu einer Entscheidung zu gelangen. Sie waren es ganz sicher nicht gewohnt, zur Eile angetrieben, geschweige denn herumkommandiert zu werden. Und sie hatten gewiss nicht vor, Karmapas Interessen und ihren guten Ruf durch eine übereilte Anerkennung von Situs Kandidaten aufs Spiel zu setzen. Die ganze Angelegenheit war ziemlich unklar, und die beiden Regenten würden auf die offizielle Billigung ihrer Aktion wohl warten müssen.

Das war nicht gerade die Botschaft, die Situ Rinpoche hören wollte. Sein bis dahin so tadellos verlaufener Plan stieß auf Hindernisse. Erschwerend kam hinzu, dass Topgala, der Generalsekretär des Trusts, nicht die gleiche Zurückhaltung an den Tag legte wie seine Stiftungskollegen, sondern mit Volldampf gegen die zwei Regenten vorging. Situpa befürchtete, Topgala könne mit seiner Streitlust einen negativen Einfluss auf die anderen Vorstandsmitglieder haben, die dann eventuell eine aggressivere Vorgehensweise erwägen würden. Dieser gefährlichen Situation musste unmittelbar entgegengewirkt werden.

Und so machte Situ Rinpoche in seiner Eröffnungsrede den Vorschlag, die gegenwärtigen Vorstandsmitglieder des Karmapa Charitable Trust abzuberufen und durch neue zu ersetzen. Der Trust sei unter den schlechten Einfluss Topgalas geraten und übe einen unerwünschten Einfluss auf Rumtek und andere Kagyü-Zentren in der ganzen Welt aus. Der Vorstand müsse von seinen Aufgaben entbunden werden. Das Kloster und Karmapas gesamter Besitz seien nicht sicher, solange sie nicht eine neue, gesunde Basis hätten. Die bunt gemischte Versammlung von Lamas, Politikern und Aktivisten, die Situ und Gyaltsab für diesen Anlass sorgfältig ausgewählt hatten, schien mit diesen Argumenten vollkommen konform zu gehen.

Unerwarteterweise erhob sich dann doch noch Widerspruch im Saal. Einige der Anwesenden führten an, die Stiftungsvorstände seien vom 16. Karmapa persönlich ausgesucht worden. Sie zu entlassen, würde bedeuten, entgegen den Wünschen Seiner Heiligkeit zu handeln. Dieser Umstand schien die beiden ehrenwerten Regenten, die die Versammlung leiteten, nicht weiter zu stören. Tai Situ erwiderte leichthin, man könne das sehr wohl, man könne die notorischen Unruhestifter feuern und an deren Stelle anständige Stiftungsvorstände einsetzen. Sie könnten sogar einen neuen Trust gründen. Dieses Szenario erschien zwei Delegierten aus Gangtok dann doch viel zu parteiisch, sie merkten, dass sie sich plötzlich auf sehr dünnem Eis befanden, standen auf und verließen eilig den Saal. Überraschenderweise war einer von ihnen Tsechokling Rinpoche.

Die Sitzung wurde unverzüglich fortgesetzt, und der Rest der erlauchten Versammlung, die wenig Zweifel an der Rechtmäßigkeit dieser Aktion erkennen ließ und sich offenbar nicht daran störte, dass sie gegen Karmapas Vermächtnis handelte, verabschiedete die umstrittene Resolution. Der Vorstand des Karmapa Charitable Trust wurde mit sofortiger Wirkung entlassen, und sieben neue Vorstandsmitglieder wurden ernannt. Auch Topga Rinpoche wurde seiner Funktion als Generalsekretär enthoben und ein Tenzin Namgyal einstimmig zum neuen Generalsekretär gewählt.

Die „Internationale Kagyü-Konferenz" machte ihrem kosmopolitischen Namen alle Ehre und wartete mit einem historischen Beschluss auf. Aber waren sich die Delegierten bewusst, dass ihrer Entscheidung jegliche Rechtmäßigkeit fehlte? Der Karmapa Charitable Trust war eine Stiftung nach indischem Recht, und nur die Stiftungsvertreter oder Karmapa selbst, sobald er - wie in der Stiftungssatzung festgeschrieben - sein einundzwanzigstes Lebensjahr vollendet hatte, waren berechtigt, die Zusammensetzung des Vorstands zu verändern. Wer sich der Illusion hingab, eine zufällig zusammengewürfelte Gruppe von Leuten könne nach Gutdünken den Sekretär und die Vorstandsmitglieder entlassen, war entweder nicht mit den Grundregeln einer funktionierenden modernen Gesellschaft vertraut oder schlicht ein Betrüger.

Wir waren erstaunt zu erfahren, dass einige besonders leidenschaftliche Unterstützer Situpa versicherten, dass sie, sollte es dazu kommen, ihre Sache vor Gericht erfolgreich würden vertreten können. Glaubten die Regenten wirklich, dass sie mit dieser Masche durchkommen würden? Offensichtlich wollten sie ihre Erfolge von Mai und Juni wiederholen, was dieses Mal aber kein so einfaches Unterfangen war. Die Gesetze eines Landes zu ändern war schwieriger als sich eine historisch gewachsene Tradition zurechtzubiegen und ein religiöses Dokument zu fälschen.

Inwiefern die Entscheidung, von der rechtlichen Problematik abgesehen, für die Linie Gültigkeit besaß, stand natürlich noch auf einem ganz anderen Blatt. Die Gesellschaft, die sich in Rumtek zusammengefunden hatte, war kaum repräsentativ für die Karma-Kagyü-Schule. Viele Schlüsselfiguren fehlten, während andere einen Platz einnahmen, der ihnen definitiv nicht zustand. Sämtliche Aktivisten aus Dharamsala, die Beamten aus Gangtok und die Mönche Kalu Rinpoches, die zur Shangpa-Kagyü-Linie gehörten, hatten bei einer Karma-Kagyü-Versammlung nichts verloren. Ebenso gut hätten die zwei Rinpoches die heimische Fußballmannschaft aus Gangtok einladen können, deren Abstimmung wäre genauso bindend gewesen. Überhaupt war es eine fragwürdige Neuerung, willkürlich ausgewählte Lamas einzuladen und die ganze Linie an deren Beschlüsse binden zu wollen. Die einzige rechtsfähige Institution, die zum damaligen Zeitpunkt die gesamte Schule repräsentierte, war der Karmapa Charitable Trust. Alle anderen Gruppierungen, wie hochkarätig besetzt sie auch sein mochten, konnten einzig und allein für ihre Mitglieder sprechen und unter gar keinen Umständen alle Kagyüs zwingen, sich ihren Entscheidungen zu unterwerfen.

Die Entlassung Topgalas aus seinem Amt hatte das Bestreben der Organisatoren, ihren Rivalen zu demontieren, offenbar noch nicht gänzlich befriedigt. Und so wurde die Versammlung aufgefordert, den jetzigen „Ex-Generalsekretär" aufs Schärfste zu verurteilen, was die internationalen Kagyü-Delegierten nur zu gern befolgten. Sie listeten alle seine Untaten auf und stellten dann einmütig fest, dass Herr Topga Yulgyal „dem Dharma allergrößten Schaden zugefügt hat und die Versammlung seine Taten daher verurteilt".[26] In der langatmigen Resolution wurde er beschuldigt, Eigentum Seiner Heiligkeit des 16. Karmapa in Ost-Bhutan verschleudert, in Karmapas wichtigsten Einrichtungen Streit zwischen Dharmalehrern und -schülern entfacht und bewaffnete Soldaten in Karmapas Hauptsitz geführt zu haben. Anschließend entließ ihn die Versammlung von seinem Posten als Schatzmeister und Generalsekretär der Karma Kagyü Einrichtungen, sprich in diesem Fall Rumtek selbst.

Am 3. Dezember, dem letzten Konferenztag, wurde eine Schlusserklärung verabschiedet. Ordentlich gedruckt auf dem offiziellen Briefpapier Rumteks, las sich der Text wie folgt: „Wir, die Anhänger der Kagyü-Linie ... geloben mit einsgerichtetem

Vertrauen und Ehrerbietung, gegen jeden vorzugehen, der in dieser unstrittigen Angelegenheit negative und zerstörerische Handlungen plant. Wir geloben, niemals eine andere Person, welcher dieser Titel fälschlicherweise zuerkannt wird, anzuerkennen".[27] In einem Brief an den Ministerpräsidenten von Sikkim gingen die Delegierten noch einen Schritt weiter und beteuerten theatralisch: „Wir schwören den Eid, niemals einen anderen Karmapa-Kandidaten zu akzeptieren, sondern werden umfassend Widerstand leisten, sollte es jemals einen anderen Kandidaten geben."

Eine Woche später in Stuttgart beugten wir uns staunend über die oben erwähnten Dokumente, die uns in Kopie vorlagen. Besonders aufschlussreich waren die zahlreichen Unterschriften am Ende jedes Schriftstücks. Lama Ole war neugierig, wer den Eid geschworen hatte, „umfassend Widerstand gegen jeden anderen Karmapa-Kandidaten zu leisten".

Es drängten sich viele unbedeutende Namen auf dem kleinen Blatt, aber die Unterschriften der wichtigen Kagyü-Rinpoches waren sofort zu erkennen. Auf Tai Situ und Gyaltsab Rinpoche folgten Pönlop und Bokar Rinpoche, dann Bardo Tulku und die vielen Lamas von Kalu Rinpoche, unter ihnen Dorje aus Santa Cruz und Norlha aus New York. Direkt unter einem Kunga Trinley, der im Namen des Dalai Lama unterschrieben hatte, entdeckten wir auch einen Vertreter Tenga Rinpoches. Überraschenderweise stieß Ole auch auf Tralek Rinpoches Namen. Dieser hohe Kagyü-Lehrer, der inzwischen in Melbourne lebte, rühmte sich, ein moderner Mensch, ja sogar ein Gelehrter zu sein. Wie kam er dazu, derartige Gelöbnisse und Resolutionen zu unterschreiben? Bei unserer nächsten Australientour im Februar sollte Lama Ole in seinem Zentrum einen Vortrag halten. Er beschloss, erst einmal ein paar ernste Worte mit dem edlen Gelehrten zu wechseln, bevor er dessen Zentrum in Melbourne besuchte.

Zu unserer Enttäuschung stellten wir fest, dass auch Beru Khyentse mit dem Strom schwamm. Hannah hatte uns erzählt, dass er ausdrücklich zu dem Zweck an dem Treffen teilnahm, den Trust und die Mönche zu verteidigen. Ein besonders glühender Fürsprecher war er offensichtlich nicht gewesen. Auf solche Kämpfer für die Wahrheit konnten die Mönche ganz gut verzichten. Hannah würde uns später die vielen Begründungen des Lamas für seine Kapitulation aufzählen. Er habe völlig allein gegen die gesamte Versammlung gestanden; seine wenigen Verbündeten hätten eiligst den Raum verlassen, sobald ihnen klar geworden sei, was da vor sich ging. Noch dazu sei es bei der Unterzeichnung der Dokumente nicht gerade vornehm zugegangen. Waren die Rinpoches im Juni noch psychologisch unter Druck gesetzt worden, Urgyen Trinley anzuerkennen, so seien jetzt diejenigen, die keine große Begeisterung zeigten, fast körperlich bedroht und zur Unterschrift gedrängt worden.

Beru Khyentse hatte Hannah eine lebendige Schilderung der Vorkommnisse gegeben. Zwei Mönche seien gemessenen Schrittes von einem Rinpoche zum nächsten gegangen, um ihnen mit fester Hand das Schriftstück zu übergeben. Derweil hätten sich entschlossener dreinblickende Gestalten hinter dem Rücken des jeweiligen Lamas aufgestellt und genau beobachtet, was er tat. Ihr durchdringender Blick habe wenig Zweifel daran gelassen, was geschehen würde, sollte der fragliche Lama auf die Idee kommen, widerspenstig zu werden und die Briefe nicht mit angemessener Leidenschaft zu unterschreiben. Beru Khyentse habe unter diesen unwirtlichen Umständen gar keine andere Wahl gehabt, als die Unterschrift zu leisten. Ole hatte, was die vorhandenen Wahlmöglichkeiten anging, andere Vorstellungen, aber er erinnerte sich an das Verhalten des Lamas wenige Monate zuvor in Kalifornien und beschloss daher, die Angelegenheit nicht weiter zu verfolgen. Dieser Rinpoche besaß andere gute Eigenschaften, für seine Prinzipien einzustehen, gehörte nicht unbedingt zu seinen Stärken. In seiner diskreten Art ging Beru Khyentse nicht weiter auf die Frage ein, warum er nicht einfach mit den paar anderen den Raum und Rumtek verlassen hatte, bevor das Unterschreiben begann.

Einige Zeit später sollte derselbe Rinpoche, diesmal ohne unter Druck gesetzt oder in irgendeiner Weise bedroht worden zu sein, in einem plötzlichen Sinneswandel beteuern, dass der Junge aus Tsurphu tatsächlich der richtige Karmapa sei. Die Tatsache, dass Urgyen Trinley die langen Stunden und starken Energien seiner Inthronisation überlebt hatte, war seines Erachtens ein unumstößlicher Beweis. Diese unerwartete Offenbarung stellte einen weiteren Kurswechsel dar.[**]

An diesem letzten Versammlungstag wurde noch eine weitere kleinere Resolution verabschiedet. Nach der Ächtung Topga Rinpoches beschlossen die Delegierten, noch weitere Feinde der Linie zu verdammen. Da sich jedoch kein weiterer Sünder finden ließ, fassten sie stattdessen die Karmapa Papers ins Auge. Das Buch wurde als Anhäufung von „Erfindungen, Fehlinformationen und glatten Lügen“ bezeichnet. Es sei „nicht ein einziger wahrer Absatz in dieser verderbten und verlogenen Publikation zu finden“.

Die Behauptung, jeder einzelne Absatz sei eine Ansammlung von Lügen, war selbst für das niedrige Niveau der Versammlung einigermaßen übertrieben. Schlägt man das Buch beispielsweise auf Seite 42 auf, so stößt man auf den offiziellen Brief des Dalai Lama, mit dem er Urgyen Trinley anerkennt. Diese Tatsache konnten die ehrenwerten Delegierten nicht bestreiten und ganz bestimmt nicht als reine Erfindung oder, schlimmer noch, als Lüge bezeichnen. Wir fragten uns, wie viele Teilnehmer den Text, den sie so kategorisch verurteilten, eigentlich gelesen hatten. Die Situation erinnerte mich an die offiziellen Zensoren in der kommunistischen Welt, die ein Werk, das vom Politbüro als für den sozialistischen Geist ungeeignet befunden wurde, ein-

[**] Beru Khyentse Rinpoche reiste in dieser Zeit mehrmals nach Tibet und hatte eine Stiftung in Hongkong gegründet, um Geld für den Wiederaufbau von Samye Ling zu sammeln, des ersten tibetischen Klosters. Um dieses Projekt verwirklichen zu können, musste er mit den chinesischen Behörden zusammenarbeiten. Erst nachdem er den Wiederaufbau abgeschlossen hatte und nachdem sein Sohn von Karmapa Thaye Dorje als der vierte Kongtrul anerkannt worden war, beendete er seinen Rückhalt für den anderen Kandidaten. Wie oben erwähnt, traf er sich mehrmals privat mit Shamar Rinpoche und sicherte ihm seine Unterstützung zu. Im Jahr 1996 organisierte er die offizielle Inthronisation Thaye Dorjes als 17. Karmapa in Bodhgaya.

fach verboten. Sie gaben ihr negatives Urteil ab, ohne auch nur einen flüchtigen Blick in das gebrandmarkte Opus zu riskieren. Am Ende schimpften alle über etwas, das keiner zu untersuchen gewagt hatte.

Die „neuen Stiftungsvorstände" waren sich wahrscheinlich bewusst, dass die Auflösung des Trusts gewisse juristische Komplikationen nach sich ziehen würde, und suchten daher nach anderen Mitteln, um Druck auf die entlassenen Vorstände auszuüben. Da es dafür so gut wie keine legale Möglichkeit gab, entschieden sie sich für die direkte Konfrontation.

Tenzin Chönyi, der Manager von Woodstock, der frisch zum neuen Stiftungsvorstand ernannt worden war, suchte zwei der rechtmäßigen Vorstände, Herrn Densapa und Herrn Sherab Gyaltsen, in ihren Häusern in Gangtok auf. Lautstark und aggressiv forderte Tenzin die beiden auf, die Beschlüsse der Konferenz durch ihre Unterschrift anzuerkennen. Scheinbar war das Sprechen mit lauter Stimme die gebräuchliche Form der Kommunikation in Woodstock. Für Gangtok galt das nicht, zumindest nicht für die beiden früheren sikkimesischen Minister. Die distinguierten Herren klärten den aufgebrachten Tenzin darüber auf, dass sie zusammen mit fünf anderen vom 16. Karmapa selbst mit der Aufgabe betraut worden seien, vom Zeitpunkt seines Todes bis zum vollendeten 21. Lebensjahr seiner 17. Inkarnation die Verantwortung für die Führung der Linie zu übernehmen. Sie hätten keinerlei Intentionen, ihre Ämter niederzulegen, und würden unter keinen Umständen erwägen, ihre Verpflichtungen jemand anderem zu übertragen als dem 17. Karmapa. Insbesondere seien sie nicht gewillt, die rechtswidrigen und respektlosen Vorgänge der jüngsten Zeit zu akzeptieren.

Als Tenzin Chönyi merkte, dass er mit Geschrei nicht weiterkam, ging er zu konkreteren Drohungen über. Er warnte die beiden Vorstandsmitglieder, dass man sie zwingen werde, sich aus der Stiftung zurückzuziehen, sollten sie ihre Zustimmung nicht geben. Natürlich war das eine leere Drohung. Niemand außer den anderen Vorständen und Karmapa selbst, sobald er das 21. Lebensjahr vollendet hatte, konnte die beiden zum Rücktritt „zwingen". Solange sie keine eher unschönen Maßnahmen beab-sichtigten, hatten Tenzin Chönyi und seine Verbündeten keinerlei Möglichkeit, irgendein Vorstandsmitglied zum Verzicht zu veranlassen. Mit der Anerkennung der „Internationalen Kagyü-Konferenz" durch ihre Unterschrift hätten sie automatisch auch ihren Rücktritt eingereicht und sich selbst aus dem Spiel genommen. Der wichtigste Beschluss der Konferenz war die Entlassung des bisherigen Vorstands und die Ernennung eines neuen. Wie nicht anders zu erwarten, gehörten die beiden Politiker der „neuen Stiftung" nicht mehr an. Herr Sherab Gyaltsen und Herr Densapa, jeder auf seine eigene zurückhaltende Art, forderten ihren Gast schlicht auf, zu gehen.

Es konnte nicht weiter überraschen, dass Situ und Gyaltsab Rinpoches Versuch, Karmapas Stiftungsvertreter zu entlassen und durch eigene Leute zu ersetzen, fehlschlug. Als Reaktion auf zahlreiche Protestbriefe gab die Finanzbehörde in Gangtok bekannt, es hätten mehrere Anträge auf Änderung der bestehenden Stiftung vorgelegen. Allerdings hätten die betreffenden Personen ihre Anträge später wieder zurückgezogen. „Aufgrund der Rücknahme der Anträge hat die Regierung des Bundesstaates weder eine neue Stiftung registriert noch an der bestehenden, als Karmapa Charitable Trust bekannten Stiftung irgendwelche Änderungen vorgenommen."[28]

In Rumtek war die Lage komplexer. Da der neue Stiftungsvorstand keine rechtliche Grundlage besaß, waren alle Beschlüsse, die er und die Konferenz verabschiedeten, einschließlich der Entlassung Topga Rinpoches aus seinem Amt in Rumtek offenkundig null und nichtig. Tai Situ und Gyaltsab waren der Meinung, Gerichte und Gesetze seien die eine Sache, hier in Rumtek aber brauche man sich mit derlei Nebensächlichkeiten nicht zu belasten. Ungeachtet der Tatsache, dass sie die Gesetze des Landes brachen, installierten sie ihre neuen Verwalter. Die Regierung in Gangtok, die zweifelsohne über die Vorgänge Bescheid wusste, reagierte nicht auf diesen offensichtlichen Verstoß gegen das Zivilrecht und die Rechte der Mönche.

Die unmittelbare Konsequenz der Konferenzbeschlüsse für das Kloster war, dass Situpas Leute das alte Team entließen, das Rumtek seit 1982 geführt hatte. Die neue Führung setzte sich aus Individuen zusammen, die entweder von Topgala oder von Karmapa selbst des Klosters verwiesen worden waren. Der neue Sekretär Tenzin Namgyal war 1988 von seinen offiziellen Ämtern in der Verwaltung entbunden worden. Lodrö Tarchin, der neu ernannte Assistenzsekretär, war 1971 von Seiner Heiligkeit persönlich aufgefordert worden, Rumtek zu verlassen. Er hatte danach für die Regierung in Dharamsala gearbeitet und nie einen Hehl aus seiner Abneigung gegen seine früheren Gönner gemacht.

Der Nektar des Dharma, ein Informationsblatt, das von Januar 1993 an in Rumtek herausgebracht wurde, brachte in seiner ersten Ausgabe einen detaillierten Bericht über die internationale Konferenz. Außerdem enthielt es zwei Artikel über das Lebenswerk der beiden oben genannten Funktionäre, der neuen „Gouverneure von Rumtek". Dass sie Rumtek einst hatten verlassen müssen, wurde diskret verschwiegen. Der Titel des Blattes war von einem Rundbrief übernommen, der 1981 in Karmapas Hauptzentrum herausgegeben worden war. Nach und nach bemächtigte sich die neue Verwaltung des guten Rufs und der Ressourcen Rumteks.

Die Mönche Rumteks jedoch blieben standhaft und weigerten sich, Topgalas Entlassung zu akzeptieren. Da die Versammlungsbeschlüsse nicht vom Karmapa Charitable Trust gebilligt worden waren, händigten sie die Schlüssel zum Büro des Klosters nicht aus. Und so hatte Rumtek de facto zwei Verwaltungen. Die rechtmäßige, die aus Topgalas Leuten bestand, erledigte weiterhin die täglichen Aufgaben und sicherte den Betrieb des Klosters. Es fehlte jedoch eine Führungsfigur, da dem Generalsekretär von der Regierung immer noch nachdrücklich davon abgeraten wurde, nach Sikkim einzureisen und er erst unlängst an der sikkimesischen Grenze zurück nach Bhutan geschickt worden war. Auf der anderen Seite gab es die neue Mannschaft be-stehend aus dem Sekretär und zwei Assistenten, die sich damit beschäftigten, Meetings abzuhalten und Petitionen zu verfassten und ihr Bestes gaben, den rechtmäßigen Verwaltern das Leben schwer zu machen.

Das Bestreben, Urgyen Trinley nach Rumtek zu bringen, war zumindest oberflächlich noch nicht aufgegeben worden. Die beiden Regenten betonten, die Vorbereitungen in Tibet seien in vollem Gange und man führe konstruktive Gespräche mit der chinesischen Regierung. Ein „Organisationskomitee für die Inthronisation seiner Heiligkeit des 17. Karmapa“ gründete sich im Haus einer Dorfbewohnerin, das sich in kürzester Zeit zu einem Nest für illegale Aktivitäten gegen das Kloster entwickelte. Da der Zugang zum Büro des Klosters versperrt blieb, bezog der neue Sekretär zusammen mit seinen zwei Assistenten Quartier im Haus des „Komitees“. Irgendwie waren sie an Karmapas offizielles Briefpapier gelangt und begannen, Briefe an alle Kagyü-Zentren auf der ganzen Welt zu verschicken, in denen sie den falschen Eindruck vermittelten, Rumtek habe das Kind in Tsurphu am Ende doch anerkannt. Karmapas Mönche tauften das Haus treffenderweise die „chinesische Botschaft“.

Als die Einzelheiten der Geschehnisse in Rumtek nach Europa durchdrangen, überlegten Lama Ole und seine Schüler, wie man den belagerten Mönchen am besten helfen könne. Die Idee einer „Rettungsaktion“ war zumindest für den Augenblick verworfen worden. Hannah hatte ihre Meinung zu einem so törichten Unternehmen mehr als deutlich kundgetan. Die passendere Antwort wäre es, erneut Protestbriefe an die sikkimesische Regierung zu schreiben und eine Untersuchung der versuchten Auflösung des Trusts zu verlangen. Und so wurde Gangtok in den folgenden Wochen wieder einmal von Beschwerden, Stellungnahmen und Anträgen unserer Freunde aus dem Westen überschwemmt. Um die offensichtlich besorgten europäischen Schüler des 16. Karmapa zu beruhigen, verfasste die sikkimesische Finanzbehörde eine amtliche Mitteilung an den Vorsitzenden der Karma-Kagyü-Stiftung in Deutschland, in der sie erklärte, die Regierung des Bundesstaates habe keine neue Stiftung registriert und auch keine Veränderungen an der ursprünglichen vorgenommen. Zufrieden stellten wir fest, dass unsere Beharrlichkeit einige Ergebnisse gebracht hatte.

Drei Monate später, am 21. März 1993, gab Künzig Shamarpa ein offizielles Statement zum Thema der „zweiten Verwaltung" ab.[29] In seinem Brief an die Kagyü-Zentren betonte er, dass in Rumtek alles weiterlaufe wie zuvor. Der Karmapa Charitable Trust sei das rechtmäßige Organ, das die Linie repräsentiere, und die Mönchsgemeinschaft halte sich ausschließlich an dessen Entscheidungen. Der unrechtmäßige Versuch, den Trust aufzulösen, um Anspruch auf Rumtek und Karmapas Eigentum zu erheben, sei fehlgeschlagen. Rinpoche bat alle Schüler, dies zu berücksichtigen und Mitteilungen an Rumtek weiterhin an den Karmapa Trust zu richten. Es war einer von vielen offenen Briefen, die Shamarpa in den Jahren der Krise schrieb, und wir begrüßten seine immer deutlicheren Worte.

Das zweite Thema, das Ole unmittelbar beschäftigte, war das Schicksal der Schwarzen Krone und der Verbleib der Reliquien der Linie, die der 16. Karmapa aus Tibet herausgeschafft hatte. Wenn es nach Tai Situ und Gyaltsab Rinpoche gegangen wäre, hätten sie die Reliquien wahrscheinlich nach Tsurphu zurückbefördert, was natürlich den Verlust dieser einzigartigen Wertgegenstände bedeutet hätte. Die Kommunisten würden sie nie wieder aus der Hand geben. Wir mussten dafür sorgen, dass die Besitztümer der Linie in Rumtek blieben. Derzeit wurden sie offenbar von den Mönchen unter Verschluss gehalten, aber damit war ihre Sicherheit längst nicht garantiert. Da Tai Situs jüngster Versuch, Rumtek und Karmapas Besitz zu übernehmen, gescheitert war, vermutete Ole, dass er unter dem anhaltenden Druck, die Reliquien nach Tibet zu bringen, sicher nicht zögern würde, auch weniger vornehme Methoden anzuwenden.

•

Ende 1992 ergab sich für Lama Ole eine großartige Gelegenheit für seine Dharma-Arbeit in Deutschland. Er wurde zu einer der erfolgreichsten Talkshows des Landes eingeladen. „Boulevard Bio“ hatte gut drei Millionen Zuschauer. Politiker, Künstler und zahlreiche Prominente waren schon bei dem beliebten Moderator Alfred Biolek zu Gast gewesen.

Am 8. Dezember betrat Lama Ole das riesige Gebäude der ARD in Köln, und bald darauf hörten einige Millionen Deutsche zu, was ein dänischer Lama ihnen über Meditation zu erzählen hatte. Die Sendung war ein riesiger Erfolg. In den nächsten Monaten sollte das Telefon in unserem Zentrum in Schwarzenberg nicht mehr stillstehen. Die Anrufer interessierten sich besonders für den Kurs über das „Bewusste Sterben“, den Ole im Sommer geben würde. Wir rechneten mit über tausend Teilnehmern bei dem Kurs Anfang August in der Nähe von Kassel.

Dieser Kurs war ein Meilenstein in Oles zwanzigjährigen Bemühungen, den Buddhismus in den Westen zu bringen. Während die Lage in Asien immer instabiler wirkte und der jüngste Skandal die Glaubwürdigkeit der tibetischen Lamas schwer beschädigte, stand unsere Arbeit in Europa auf festem Boden. Immer mehr intelligente und reife Menschen wollten von der Weisheit des Buddhismus profitieren. Nach Dezember 1992 gab es in Mitteleuropa kaum noch einen Vortrag von Lama Ole mit weniger als mehreren Hundert Zuhörern. Diese plötzliche Berühmtheit stand auf dem festen Fundament der 130 Zentren, die Ole seit 1972 gegründet hatte. Auch das halbe Dutzend Bücher, das er geschrieben hatte, gab seiner Arbeit Gewicht. Wir waren uns sicher, dass dieser Aufschwung keine Eintagsfliege war.

Oles Fernsehauftritt war eine angenehme Ablenkung von den meist eher freudlosen Neuigkeiten, die uns aus dem Osten erreichten. Kaum hatte Ole den Sender verlassen, landete schon wieder ein Brief in unseren Zentren – diesmal aus Malaysia. Die Mehrheit der Chinesen in den reichen Enklaven im Fernen Osten unterstützte Situpa und finanzierte blind seine Abenteuer. Nun fingen sie auch mit dem Briefeschreiben an. Allerdings waren unsere Leute inzwischen immun geworden gegen den Unsinn, der da gegen Shamarpa, Lama Ole und Hannah verfasst wurde. Sie hatten keine Lust mehr, ihre Zeit mit den Absurditäten zu vergeuden, die sich irgendjemand in Dharamsala, Woodstock oder Malaysia über ihre Lehrer aus den Fingern sog. Die Briefe wurden kaum noch gelesen.

Das hieß aber nicht, dass unsere Freunde den Streit schluckten, ohne die Folgen verdauen zu müssen. Dabei war es natürlich keine Frage, wer die Aggressoren waren. Die Tatsachen sprachen für sich, und kaum jemand zweifelte noch daran, dass Tai Situ Rinpoche und Gyaltsab Rinpoche zusammen mit einigen engen Vertrauten Recht und Gesetz brachen, um einen Jungen zum 17. Karmapa zu machen, den sie selbst ausgesucht hatten. Schlimmer noch, offenbar planten die erlauchten Lamas, ihren Kandidaten im besetzten Tibet unter Verschluss zu halten. Zugleich gab es keine Frage mehr, dass die Fäden der Verschwörung bis nach Peking reichten, was Situpas und Gyaltsabs Verbindungen zum mächtigen Politbüro schmerzhaft offenlegte.

Es bestanden auch keine Zweifel mehr daran, dass Situpa oder jemand in seinem Auftrag den Vorhersagebrief gefälscht hatte. Sein Benehmen und die Aussagen derer, die die Handschrift und den einzigartigen Stil Karmapas gut kannten und die Kopie des Briefes untersucht hatten, ließen auf diese traurige Tatsache schließen. Als aufgeklärten Menschen blieb den meisten Schülern Lama Oles nichts anderes übrig, als den Fakten ins Auge zu sehen. Sie konnten dem, was der Linie seit den dramatischen Ereignissen in Rumtek im Juni 1992 widerfahren war, nicht den Rücken kehren.

Aber wie wirkte es sich aus, dass sie ihre fast erleuchteten Lehrer als machthungrige, unehrliche Menschen erlebt hatten? Manch hoher Lama war offenbar selbst von den äußerst störenden Gefühlen getrieben, die zu überwinden er seine Schüler angehalten hatte. Die meisten unsere Leute wuchsen an dieser Erfahrung.

Ohne die Lehre selbst in Zweifel zu ziehen, folgten sie den Lamas nicht mehr blind. Ein Lehrer musste sich beweisen. Der Titel eines Rinpoche und ein tibetischer Name – egal wie berühmt oder heilig – reichten nicht mehr aus, um die Türen zu den Zentren zu öffnen. Es war eine positive Entwicklung, und sie stimmte mit der buddhistischen Sichtweise überein.

Angesichts der Vorgänge im Osten lernten wir auch unseren westlichen Hintergrund zu schätzen. Das war eine notwendige Richtigstellung. Es galt das anzuerkennen, was Anerkennung verdiente, und so lernten wir, von jeder Kultur das Beste zu nehmen, was sie zu bieten hatte. Unsere Leute wurden erwachsen, und über die vergangenen sechs Monate betrachtet, hatte die gegenwärtige Krise schon eine gute Ernte eingebracht.

Es gab jedoch auch einige hartnäckige Zweifel. Wie konnten hoch verwirklichte Wesen auf derart niedrigem Niveau agieren? Immerhin hieß es, die Linienhalter hätten das Ziel fast erreicht. Irgendetwas schien hier nicht zu stimmen. Die vier mussten die Richtigen sein, schließen waren sie von Karmapa höchstpersönlich ausgewählt worden. Das stellte niemand in Frage. Aber was war dann mit ihrer Erleuchtung? Hatte man einmal eine gewisse Ebene erreicht, hieß es, könne man diese nicht mehr verlieren. War Situpa seine Verwirklichung abhanden gekommen? Und wenn nicht, was bedeutete dann der gefälschte Brief in seiner Hand? Sollte das die hohe Ebene sein, die wir alle zu erreichen versuchten?

Das alles waren konkrete Fragen und unsere Leute in den Zentren erwarteten konkrete Antworten. Glücklicherweise erklärte Shamarpa am Beispiel Tenga Rinpoches zu einem gewissen Maß die Situation der tibetischen Lamas, die Klöster in Tibet hatten (siehe das folgende Kapitel). Als das Jahr zu Ende ging, war die politische Lage in unseren Zentren geklärt. Die allermeisten Gruppen standen hinter Lama Ole und Shamarpa. Doch die Fragen zu den vermeintlich hoch verwirklichten Lehrern, die schwere Fehler begingen, kamen immer wieder auf. Es brauchte anscheinend mehr als ein paar Vorträge oder eine Reihe offener

Briefe, um sie ganz auszuräumen.

Den letzten Tag des Jahres verbrachte Ole in Hamburg und feierte das neue Jahr 1993 zusammen mit 500 Freunden. Schlag Mitternacht, noch bevor die Sektkorken knallten, nahmen 500 Menschen das Bodhisattva-Versprechen*** von ihrem Lehrer. Allen Dramen der vergangenen sechs Monate zum Trotz war unsere Arbeit noch nie zuvor so stark gewesen. Lama Ole verließ Europa mit großer Zuversicht. In einigen Stunden würden wir ein Flugzeug nach New York besteigen. Dies war der Start zur alljährlichen Vortragstour rund um die Welt.

***Ein Versprechen, zum Besten aller Wesen zu arbeiten.

Kapitel 14

Die Enttäuschung

In Südamerika hatte sich seit unserem letzten Besuch im Jahr zuvor wenig verändert, außer dass die Länder allgemein immer gefährlicher wurden und es ihnen wirtschaftlich immer schlechter ging. Hannah flog direkt nach San Francisco, um an der Westküste Shamarpa zu treffen, Caty blieb in Europa.

Es war eine Freude, die Freunde in den lateinamerikanischen Zentren wiederzusehen. Die Gruppen hielten sich aus dem gegenwärtigen Konflikt weitgehend heraus. Kaum einer kannte die schillernden Hauptdarsteller aus dem Himalaja, und Verbindungen nach Woodstock gab es praktisch nicht. Die Leute vertrauten Lama Ole, und es war ihnen einigermaßen gleichgültig, was Akong oder irgendein anderer Tibeter, den sie nicht kannten und wahrscheinlich auch nie kennenlernen würden, gesagt oder getan haben sollte. Alle hatten eifrig Protestbriefe nach Rumtek und Gangtok geschickt und waren wieder zur Tagesordnung übergegangen, ohne allzu viel darüber nachzudenken.

Im berüchtigten Medellin hatten die Veranstalter uns für den Phowa-Kurs in ein Fünf-Sterne-Hotel eingemietet. So viel Luxus waren wir nicht gewohnt; wir verspeisten unsere Drei-Gänge-Menüs zu den Klängen eines Kammerorchesters, das Vivaldis „Vier Jahreszeiten" spielte. Eine ungewöhnliche Untermalung für die Meditation auf das bewusste Sterben. Der berühmt-berüchtigte Drogenboss Pablo Escobar sollte sich angeblich in der Gegend versteckt halten. Jede Nacht hörten wir Schüsse, aber in Kolumbien hörte man sowieso jede Nacht Schüsse.

Während einer Sitzung hatte Ole eine Idee für die Fortsetzung seines Buches Über alle Grenzen. „Als der 16. Karmapa 1981 starb, hatte er genug von den heimlichen Machtcliquen in seiner Umgebung. Nun beschützt er seine Wiedergeburt, indem er diesen Leuten das Fell über die Ohren zieht. Während sie dann später damit beschäftigt sein werden zu erklären, was passiert ist, kann er in einem modernen Umfeld ausgebildet werden. Umgeben von aufgeschlossenen und freien Menschen, kann er der Welt seinen unermesslichen Segen geben.“ Ole erzählte seinen Freunden überall von dieser Vision. Und er fügte ein paar Fakten aus der wechselvollen Geschichte Tibets und aus der Vergangenheit der Linie hinzu. Das mochte den Leuten helfen, ihre Zweifel auszuräumen. Die gegenwärtigen Ereignisse waren gar nicht so ungewöhnlich. Das Königreich im Himalaja hatte schon Ähnliches erlebt. Buddhist zu sein bedeutete nicht, Buddha zu sein; aber die Methoden an sich waren fehlerlos. Es war wichtig, diese Unterscheidung im Gedächtnis zu halten.

•

Im vorangegangenen Dezember, wenige Wochen vor unserer Abreise nach Südamerika, hatte Yongdu, der Vorsitzende der Tsurphu-Stiftung, den Wunsch geäußert, auf einer so genannten europäischen Videotour mehrere Kagyü-Zentren zu besuchen. Oles Freund aus alten Tagen, der mittlerweile Vollzeit für Tai Situpa arbeitete, wollte einen Film über Urgyen Trinleys Inthronisation in Tibet präsentieren. „Die Rückkehr des 17. Karmapa nach Tsurphu“, so der Titel des Werkes, versprach einzigartige Aufnahmen von dem historischen Ereignis. Nicht nur die Haarschneide-Zeremonie* im Jokhang-Tempel in Lhasa, auch der königliche Einzug Karmapas in sein Kloster, hoch zu Ross auf einem Schimmel, würden gezeigt. Bei seiner Reise durch die Zentren würde Yongdu von seiner Freundin Katja begleitet werden. Pia, die Vorsitzende der Tsurphu-Stiftung in Europa und ebenfalls eine alte Freundin aus Dänemark, organisierte die Räumlichkeiten.

Ole hatte den hochgelobten Film noch vor seinem Abflug sehen können. Der Schimmel musste ihm zwar entgangen sein, nicht entgangen war ihm aber das seltsame Benehmen des Jun-

*Das traditionelle Ritual des Eintritts in die klösterliche Gemeinschaft, das die Ausbildung eines jeden Karmapas einleitet.

gen. Zwar war das Ganze deutlich aufpolierter als der chinesische Propagandastreifen über die Inthronisation in Tsurphu, trotzdem gab der Kandidat auch hier keine besonders gute Figur ab. Während der Haarschneide-Zeremonie schaffte der Junge zur Bestürzung der beiden Regenten kaum eine ganze Verbeugung. Er brauchte die aktive Unterstützung eines der zahlreichen Diener, die ständig an seiner Seite waren. Sein Umgang mit den beiden Rinpoches wirkte distanziert und eher kühl. Er beschränkte sich auf unschöne Grimassen und schrilles Gekreische. Am nächsten kamen die drei sich, als der Junge die beiden Regenten sichtlich verärgert mit Spielzeug bewarf. Als ihm ein Foto des 16. Karmapa gezeigt wurde, wich er verängstigt zurück. Der Film war voll von solchen Szenen, und unsere Leute fragten sich, was die Tsurphu-Stiftung damit eigentlich beweisen wollte. Wenn überhaupt, war er nur ein weiterer Beweis dafür, dass Urgyen Trinley ein verlorenes Wesen war, das unbehaglich auf dem falschen Thron saß. Wir hatten volles Mitgefühl mit dem Jungen.

Yongdus Werbetour hatte im Dezember begonnen, nun kam er mit seinem Film nach Deutschland. Die Behauptung, seine Tour führe ihn durch eine Reihe von Kagyü-Zentren, war einigermaßen übertrieben. Tatsächlich mietete er einfach Räume in den verschiedenen Städten an und zeigte jedem, der zufällig hereinschneite, das Video. Keine unserer Gruppen hatte auch nur ein leises Interesse daran bekundet, Gastgeber für seine Show zu sein. Vielleicht würde er in England und Frankreich mehr Glück haben, wo es ihm schließlich gelang, Kagyü-Gebiet zu betreten. Dabei nahmen wir Yongdu die Sache nicht übel. Er war ein ehrlicher Mensch und glaubte aufrichtig an seine Mission. Leider war er nicht in der Lage zu unterscheiden, hatte die Intrige nicht durchschaut und sich und seine geliebte Tsurphu-Stiftung unwissentlich einer zweifelhaften Sache verschrieben.

Am 22. Januar traf Ole in San Francisco wieder mit Hannah zusammen. Eine dringende Nachricht von Caty erwartete die beiden. Zusammen mit dem Film zeigte Yongdu auch ein kurzes Fax von Tenga Rinpoche. Es lautete wie folgt: „Fühlende Wesen nehmen die Dinge unterschiedlich wahr. Ich persönlich vertraue darauf, dass dies der 17. Karmapa ist, und ich bin überglücklich, dass er inthronisiert wurde." Tenga Rinpoche hatte sich endlich zu Wort gemeldet.[30]

Ole durchschaute die Taktik sofort. Das Video reichte selbstverständlich nicht aus, um die Leute zu begeistern. Die Europäer standen der Idee, diesen ungezogenen Bengel als den 17. Karmapa akzeptieren zu sollen, bestenfalls skeptisch gegenüber. Die Organisatoren wollten daher größere Geschütze auffahren. Sie brauchten dringend jemanden, der sich nicht durch die skandalösen Ereignisse vom letzten Juni in Misskredit gebracht hatte. Deswegen waren sie an Tenga Rinpoche herangetreten und hatten ihn um Hilfe gebeten.

Rinpoche war in Europa immer noch sehr beliebt, und viele hatten schon seit Monaten herauszufinden versucht, auf welche Seite er sich stellen würde. Hannah war misstrauisch geworden, als sie ihn auf einmal nicht mehr telefonisch erreichen konnte. Jedes Mal, wenn sie in Kathmandu anrief, wurde die Verbindung unterbrochen, sobald sie zu sprechen anfing. Es schien, als hätten die Telefonleitungen in Rinpoches Haus eine akute Allergie gegen ihre Stimme entwickelt. Auch ohne in Asien anzurufen, wusste Ole, was Sache war. Tengas Assistenten Tenpa und Sherab versperrten den Weg zum Ohr des Lamas. Während der Russlandreise hatte Hannah eine Nachricht für Rinpoche auf Band gesprochen und Tony aus Mexiko, der nach Nepal reisen wollte, die Kassette mitgegeben. Die Anweisungen waren klar gewesen. „Bitte gib die Kassette nur Tenga Rinpoche persönlich." Die Antwort, die sie erhalten hatte, war voller Nettigkeiten, aber hochgradig unklar gewesen. Rinpoche hatte sich nicht festlegen wollen.

Nun hatte er seine Stimme abgegeben. Tengas Brief war kurz und knapp und hatte doch mehr Gewicht als der einstündige Film. Es war wichtig, unseren Leuten in Europa die Hintergründe seiner Entscheidung zu erklären. Viele hatten bei ihm Einwei-hungen genommen, manche sogar Zuflucht, und unsere Freunde konnten seine Worte nicht einfach ignorieren. Andere hohe Rinpoches, die sich in ihrer Arbeit auf die reichen Chinesen in Südostasien konzentriert hatten, waren für die Mehrheit in Europa nur fremd klingende Namen. Tenga aber hatte unsere Zentren verlässlich über Jahre hinweg besucht. Er gehörte zu den engsten Lehrern von Hannah und Ole, hatte selbst Hunderte von Schülern und schien sich voll und ganz dem Wachstum unserer europäischen Zentren verpflichtet zu haben.

Am Ende stellte sich heraus, dass er sich seinem Kloster in Tibet doch noch stärker verpflichtet fühlte. Die meisten Lamas eilten, sobald sie die Möglichkeit hatten, zurück in ihr Heimatland, um wieder aufzubauen, was die Kommunisten zerstört hatten. Tenga Rinpoche bildete da keine Ausnahme. Er hatte beachtliche Mittel beiseitegelegt, um seinem Kloster in Kham wieder den alten Glanz zurückzugeben. Aber Peking ließ ihn nicht ins Land. Seine Visaanträge waren immer wieder abgelehnt worden.

Die kommunistische Regierung betrachtete alle tibetischen Flüchtlinge weiterhin als chinesische Staatsbürger, genau wie Tibet in ihren Augen ein untrennbarer Bestandteil des Mutterlandes war. Wenn Rotchina also Druck auf einen Exiltibeter ausüben wollte, wurde sein ausländischer Pass schlicht nicht anerkannt. Er konnte nach Tibet einreise, allerdings nur mit chinesischem Pass, den die Chinesen nur zu gern ausstellten. Die allermeisten lehnten dieses großzügige Angebot aus naheliegenden Gründen höflich ab. Offenbar hatte auch Tenga Rinpoche irgendwann einmal ein solches Angebot erhalten, es aber glücklicherweise nicht angenommen. Doch da er wegen des Wiederaufbaus seines Klosters unter großem Druck stand und keine andere Möglichkeit sah, ins Land zu gelangen, muss er am Ende eine Vereinbarung mit den Chinesen getroffen haben. Er konnte frei nach Tibet einreisen, musste aber von da an aktiv die offizielle Linie vertreten.

Rinpoches Fax kam also nicht völlig überraschend, war aber doch eine große Enttäuschung. Wir hatten uns lange der Hoffnung hingegeben, dass es ihm gelingen könnte, die politischen Zwänge abzuschütteln, und dass er, wenn nicht eine öffentliche Anklage Situpas, so doch vielleicht leise Unterstützung für Shamarpa und Ole äußern würde. Doch das blieb eine süße Illusion. Tengas Belange in Tibet hatten Vorrang, er gab nach und schrieb sein historisches Fax. Oder aber er war tatsächlich zu dem Schluss gekommen, dass Urgyen Trinley der 17. Karmapa war.

Bevor Ole darauf reagieren konnte, lenkte eine weitere Nachricht von Caty seine Aufmerksamkeit auf ein anderes Problem. Yongdu war in Hamburg eingetroffen, wo seine Show im Rampenlicht stand. Rosi und Rüdiger Findeisen, ehemalige Schüler Shamarpas und Eigentümer des Gebäudes, in dem sich damals unser Zentrum befand, hatten ordentlich die Werbetrommel für den Tsurphu-Film gerührt. Ole kannte das Ehepaar gut. Einige Jahre zuvor hatte er mit Nachdruck Rosis Ehrgeiz bremsen müssen, die uns einen tibetischen Lama ins Hamburger Zentrum hatte setzen wollen. Dauerhaft einen asiatischen Lehrer vor Ort zu haben, war eine schlechte Idee, die schon in anderen Zentren im Westen nicht funktioniert hatte, und es gab keinen Grund zu der Annahme, dass es in Norddeutschland plötzlich gutgehen sollte. Der importierte Lama mit seinen folkloristischen Gebräuchen und schlechten Englischkenntnissen würde ein modernes Publikum sofort verprellen. Er würde sich mit einem engen Kreis von Schülern umgeben und aus dem Buddhismus einen Satz altmodischer Regeln und seltsamer Rituale machen. Das Zentrum selbst würde unweigerlich in die Bedeutungslosigkeit abgleiten.

Rosi schien Ole nie verziehen zu haben, dass er ihren Wunsch, Hamburg mit einem echten tibetischen Lehrer zu beglücken, abgelehnt hatte. Seit damals hatte sie Lama Oles Arbeit zu behindern versucht, wo sie nur konnte. Ole störte das nicht weiter. Rosi war eine Rumänin mit katholischer Erziehung, die noch nicht so recht verstanden hatte, wie man ein buddhistisches Zentrum führte. Sie gehen zu sehen, war eine Erleichterung. Sie gehörte zu den ehemals prominenten Schülern Shamarpas, die sich im vergangenen Juni auf Situpas Seite geschlagen hatten. Jetzt förderte sie mit dem Geld ihres Ehemanns leidenschaftlich die Sache Urgyen Trinleys in Norddeutschland. Da die Gelegenheiten dazu rar waren, empfing sie Yongdu und seinen Film mit offenen

Armen.

Während Yongdu bei den Findeisens weilte, traf das Fax mit Tenga Rinpoches Stellungnahme in unseren Zentren in Deutschland und Österreich ein. Sonderbarerweise stand im anonymen Absenderfeld Claudes Telefonnummer. Offenbar hatte der Franzose alle Hände voll zu tun gehabt, den Brief in Umlauf zu bringen, und im Eifer des Gefechts vergessen, seine Spuren zu verwischen. Die Leute verstanden nicht, was da vor sich ging. Da war ein naher Schüler Oles, der inzwischen selbst ein Lehrer war und in Oles Namen Zuflucht gab und gleichzeitig für den Jungen in Tsurphu warb. War das eine weitere geheime Strategie?

Bei Yongdus Vorführung in Hamburg erschien auch Claude im Saal, ausgerüstet mit Kopien von Tenga Rinpoches Brief. Er muss wohl zu dem Schluss gekommen sein, dass er als erster Westler, der den 17. Karmapa gesehen hatte, nun eine prominente, ja fast schon historische Persönlichkeit war. Nicht einmal Ole konnte das von sich behaupten. Nachdem auch Tenga Rinpoche seine Unterstützung zugesichert hatte, fühlte er sich offenbar ganz auf der sicheren Seite.

In San Francisco vergeudete Lama Ole keine Zeit. Die jüngsten Berichte bestätigten nur, was er schon seit Monaten vermutet hatte. Natürlich würde er Claude nichts verbieten. Ole legte größten Wert auf mündige Beziehungen zu seinen Schülern, die frei waren, für sich selbst zu entscheiden. Claudes Handlungen aber standen in unmittelbarem Widerspruch zur Haltung unserer Zentren, Shamarpa, Hannah und Ole selbst. Also rief Ole den Franzosen in Hamburg an.

Claude klang nicht überrascht, die Stimme seines Lamas zu hören. Er hatte wohl mit einer Reaktion seines Lehrers ge-rechnet. Das Gespräch war kurz. Ole bat ihn, weiterhin seine Medizinkurse zu geben, und sagte ihm dafür seine bleibende Unterstützung zu. Er könne jedoch in unseren Zentren keine Zuflucht mehr geben und nicht mehr Buddhismus lehren. Die Lehren könne man nur durch das Band zu seinem Lehrer weitergeben. Bis die Probleme in der Linie gelöst wären, solle er in unseren

Gruppen nur noch in seiner Funktion als Arzt Vorträge halten. Der Franzose versuchte nicht, sich zu rechtfertigen. Es gab da nicht viel zu erklären. Was geschah, war zuerst und vor allem seine Entscheidung. Nach längerem Schweigen bat er Ole um eine schriftliche Stellungnahme, die seine Position klarstellen würde. Ole sagte bereitwillig zu.

Nachdem die Sache mit Claude für Ole erledigt war, ging es nun darum, den europäischen Schülern Tenga Rinpoches Haltung zu erklären. Dieses Mal übernahm Shamar Rinpoche die Aufgabe, dem westlichen Publikum das verworrene Verhalten eines tibetischen Lamas näher zu bringen. Unsere Freunde hörten aufmerksam zu. Während Hannah und Ole irgendwo im Pazifik die Datumsgrenze überquerten, erreichte Shamarpas Brief unsere Gruppen in Mitteleuropa.[31]

Rinpoche beschrieb die Situation in Form eines Gleichnisses. Er zitierte die tibetische Fabel vom Löwen und dem Elefanten, die das Auswahlverfahren für den 17. Karmapa treffend darstellte.

Der Löwe und der Elefant wollten beide König der Tiere sein. Der Löwe behauptete, der Elefant habe viel zu kleine Augen für eine so wichtige Aufgabe. Er brüllte und zeigt seine großen Zähne. Nur er allein könne die Tiere beschützen. Offenkundig brauchten sie Zeugen, um die Angelegenheit zu klären. Und so riefen sie den Tiger herbei, der sofort bestätigte, dass der Löwe bei Weitem am besten für die Aufgabe geeignet sei. Aber dann musste jemand für den Tiger Zeugnis ablegen. Also wurde der Büffel gerufen, der für den Tiger bürgte, und das Schwein für den Büffel, und so immer weiter bis zum allerkleinsten Floh. Am Ende wurde die Entscheidung, dass der Löwe der König der Tiere sein sollte, von einem Floh getroffen.

In ähnlichem Stil habe „Situ Rinpoche sich die Bestätigung selbst verschafft. Seine Handlungen wurden von Gyaltsab Rinpoche unterstützt. Situ Rinpoche und Gyaltsab Rinpoche wurden von Bokar Rinpoche und anderen Lamas unterstützt. Deren Handlungen wiederum wurden von ihren Schülern unterstützt und beglaubigt. Und so wird Gyalwa Karmapa nun faktisch von gewöhnlichen Schülern anerkannt."

Die Frage sei nicht, wie viele Rinpoches den Brief für echt erklärten, erläuterte Shamarpa. Als würde er in irgendeiner Weise echter werden, wenn zum Beispiel Jamgön Rinpoche dies bestätigt hätte, wie Tai Situ ja behauptete. Diese Argumentation schieße am eigentlichen Thema vorbei. Die Kernfrage sei, ob die Unterschrift echt war oder nicht.

Shamarpa dankte den westlichen Schülern, dass sie ihm von ihrer Verunsicherung über Tenga Rinpoches dreizeilige Erklärung berichtet hatten. Als Tibeter kenne er die Situation der Lamas sehr gut. Er verstehe, dass sie in ihrem Handeln den politischen Status quo der Region berücksichtigen müssten. Sie hätten Klöster in Tibet und trügen Verantwortung für ihre Leute in den besetzten Gebieten. Wenn sie ihre alten Klöster besuchen und ihre Positionen erhalten wollten, bliebe ihnen keine andere Wahl, als der chinesischen Linie zu folgen. Für Menschen in einer freien und demokratischen Gesellschaft mochte das schwer zu akzeptieren sein, räumte Shamarpa ein, doch die Lamas seien durch traditionelle asiatische Regeln und die jeweiligen politischen Gegebenheiten gebunden.

Bezüglich der Echtheit der gegenwärtigen Inkarnation Karmapas versprach Shamarpa, sich ausschließlich auf die authentischen Anweisungen, die Seine Heiligkeit hinterlassen habe, zu stützen. Es komme nun darauf an, geduldig darauf zu warten, dass die Informationen auftauchten. Andere Lamas, und seien es noch so viele, um Zustimmung zu bitten, beweise gar nichts. Auch die Erwartung, dass Rinpoche selbst sich seine Meinung unter dem Druck der allgemeinen Zustimmung zu Urgyen Trinley als wahrem Karmapa bilden solle, ändere daran nichts.

Shamarpas Aussage kam der Ablehnung von Situpas Kandidaten gleich. Deutlicher hatte er sich bis dahin noch nicht von der eigenen Anerkennung Urgyen Trinleys im vergangenen Juni distanziert. Shamar Rinpoche ließ keinen Zweifel daran, dass er ausschließlich Karmapas echten Anweisungen Folge leisten würde und dass der von Tai Situpa präsentierte Brief für ihn nicht in diese edle Kategorie fiel.

In den Zentren wurden seine Worte mit Erleichterung aufgenommen. Die Leute verstanden, dass sich Tenga Rinpoche im Augenblick der Wahrheit für sein Heimatland statt für seine westlichen Schüler entschieden hatte, wenn auch auf Kosten einiger Prinzipien. Und so sank die Zahl seiner Anhänger dramatisch, als er 1994 wieder in Europa auftauchte. In der Verbindung zum eigenen Lehrer akzeptierten die Europäer keine Doppelmoral, auch wenn die politischen Realitäten Kompromisse verlangten.

•

Am 6. Februar landeten wir mit unserer Gruppe mitten im heißen australischen Sommer in Sydney. Ole beschloss, seinen Auftritt im Zentrum von Tralek Rinpoche in Melbourne abzusagen. Das Verhalten des Lamas im Dezember in Rumtek war höchst peinlich gewesen. Er gehörte zu den vermeintlichen Fürsprechern der Mönche Karmapas, die am Ende ohne ein einziges Wort des Protests sämtliche Resolutionen unterschrieben hatten. Hannah war neugierig, was er zu sagen hatte, und rief ihn an.

Rinpoche war überrascht und fühlte sich offensichtlich nicht sehr wohl in seiner Haut. Mit zittriger Stimme begann er sofort, langatmige Entschuldigungen vorzubringen. Er sei sich natürlich im Klaren darüber, was er getan habe, aber er habe keine andere Wahl gehabt. Er sei psychologisch unter Druck gesetzt worden. Ganz Rumtek sei voll gewesen von Fremden. Sie hätten nicht viel gesagt, aber ihm mit drohender Geste die Papiere zur Unterzeichnung hingehalten. Was hätte er denn tun sollen? Tralek klang wie ein ungezogenes Kind, das sich vor seinen Eltern rechtfertigte. Ole lächelte leise in sich hinein: „Ein hoher Rinpoche, noch dazu ein bekannter Gelehrter. Was ist bloß aus den mutigen Tibetern geworden?“, flüsterte er Hannah zu. Auf die Entschuldigungen folgten Versprechungen. Er stehe voll und ganz auf Künzig Shamarpas Seite. Sie könnten auf ihn bauen. Lama Ole solle doch im nächsten Jahr nach Melbourne kommen und in seinem Zentrum lehren. Wenn er im Sommer nach Europa käme, würde er sich bei ihnen melden.

Natürlich bekamen Hannah und Ole Tralek weder im Sommer in Europa noch in der folgenden Saison in Australien zu Gesicht, was im Grunde kein großer Verlust war. Auch Shamarpa hatte offensichtlich eine ordentliche Dosis Versprechungen abbekommen und übertrug Tralek Rinpoche das Kamalashila-Zentrum in Deutschland. Es war auch an großzügigsten Standards gemessen ein hochgradig unattraktives Zentrum in einem kalten, düsteren Schloss, wo groteske Gemälde von degenerierten Adeligen von den Wänden herabstarrten und der Geruch gebrochener Bände in der Luft lag. Wir hielten uns so gut es nur ging von dem Gelände fern. Shamarpa jedoch musste große Pläne für Kamalashila gehabt haben und hatte es bereits Mitte der achtziger Jahre zum Mittelpunkt seiner Aktivitäten in diesem Teil Europas gemacht. Doch nach den Vorfällen vom Juni hatten die Verantwortlichen, vermutlich vom schwachen Vorbild der französischen Mönche beeinflusst, begonnen, ihre Loyalität auf die andere Seite zu verlagern. Um ein Vakuum zu vermeiden, das Situpas Leute leicht hätten ausnutzen können, beschloss Shamarpa, das Zentrum an Tralek zu übergeben. Die Vereinbarung lautete, dass der Lama aus Melbourne es als Pfeiler für Shamarpas Arbeit halten solle.

Nachdem sich Tralek Rinpoche im vergangenen Herbst in Rumtek als so wankelmütig erwiesen hatte, gab es keinen Grund zu der Annahme, dass er sich mit Frühlingsanbruch bessern und in Europa ein Verfechter der Wahrheit werden würde. Kaum hatte er die Leitung von Kamalashila übernommen, nahm das Zentrum eine feindselige Haltung zu Shamarpas und Lama Oles Arbeit ein und schlug sich schließlich ganz auf Tai Situs Seite. Dennoch erfüllte Kamalashila auch in Situpas Händen noch einen Zweck. Wir brauchten ein Zentrum, zu dem wir die Leute schicken konnten, die nicht ganz zu unserem Stil passten. Und so gab es am Ende doch etwas, wofür wir Tralek Rinpoche dankbar sein konnten.

Während wir an der Ostküste Australiens unterwegs waren, setzte Yongdu seine Show in Deutschland fort. Doch so sehr er sich auch bemühte, die Menschen für seinen Karmapa zu begeistern – es wollte ihm nicht gelingen. Die verwirrenden Szenen des Films sprachen für sich; wir mussten sie gar nicht kommentieren. Auch Tenga Rinpoches Statement hatte durch Shamarpas erklärende Worte an Gewicht verloren. Die Leute gewöhnten sich an die Tatsache, dass ihre hohen Lehrer auf die Realitäten des Lebens manchmal mit einer weniger erleuchteten Haltung reagierten.

Jetzt war es an der Zeit, eine Stellungnahme zu Claudes Rolle in unseren Zentren herauszugeben. In der Industriestadt Wollongong, gut hundert Kilometer südlich von Sydney, verfasste Ole einen Bericht über ihre langjährige Freundschaft; von der ersten Begegnung bis zu dem Augenblick, in dem Ole dem Franzosen erlaubt hatte, in seinem Namen Zuflucht zu geben. „Heute jedoch", beendete Lama Ole seine Mitteilung, „ist Claudes Haltung im gegenwärtigen Konflikt für alle untragbar geworden. Seine Lehrtätigkeit verursacht Gerüchte und Spannungen." Von nun an solle Claude in unseren Zentren nur noch chinesische Medizin unterrichten und keine Zuflucht mehr in Oles Namen geben.

Das war ein klares und ehrliches Angebot. Wir hofften, der Franzose möge seine gut bezahlten medizinischen Fähigkeiten in den Dienst unserer Leute stellen, obschon sein Ruf als Arzt der chinesischen Medizin gelitten hatte. Ihm waren wohl einige offensichtliche Fehler unterlaufen. Einige seiner Patienten waren schockiert und kamen zu Lama Ole, um sich über seine Behandlungsmethoden zu beklagen.

Einige Tage nachdem Oles Fax in Deutschland eingetroffen war, machte Claude einen eigenen Vorschlag. Er würde reisen und die Medizinbuddha-Meditation lehren, und unsere Freunde sollten seine Touren organisieren. Offensichtlich glaubte der Franzose, unsere Kagyü-Zentren in Deutschland geschlossen hinter Urgyen Trinley und sich selbst stellen zu können. Tatsächlich aber konnte er niemanden dafür gewinnen.

Alle unsere Zentren lehnten seinen Vorschlag ab. Dieser stellte eine direkte Missachtung von Lama Oles Autorität dar, und niemand dachte daran, sich anzuschließen. So verschwand Claude 1993, nachdem er seine Kurse in chinesischer Medizin zu Ende gebracht hatte, vollständig aus unserem geschäftigen Leben. 1995 tauchte er wie ein Geist aus der Vergangenheit noch ein letztes Mal unverhofft wieder auf. In einer vermutlich von Rosi Findeisen mitorganisierten Fernsehdokumentation trat er als Zeuge für Oles lasterhaften Lebenswandel auf. Mit brüchiger, überschnappender Stimme informierte unser einstiger Freund die Zuschauer, dass „Lama Ole Frauen mit seinem Penis segnet". Offensichtlich waren Claudes Emotionen seit 1993 nicht abgekühlt. Wir amüsierten uns köstlich über seine grotesken Behauptungen und hofften, dass er seinen Patienten bessere Geschichten zu erzählen hatte.

•

Oles Vortragstour führte uns von Australien nach Japan und von dort weiter nach Russland. Kurz bevor wir zum „Sprung" über das japanische Meer nach Chabarowsk im fernen Osten Russlands ansetzten, zog ein Bericht in der derzeit zwischen den beiden Seiten kursierenden Korrespondenz unsere Aufmerksamkeit auf sich. Die meisten sogenannten Protestbriefe, die unsere Zentren erreichten, enthielten geschmacklose Angriffe auf „Shamarpa und seine Bande", wie der Hauptregent und seine Unterstützer elegant betitelt wurden, sowie auf einen „selbsternannten Lama, Herrn Ole Nydahl, und seine Frau Hannah", um aus einem anderen Brief zu zitieren. Dieser neueste Bericht stand jedoch in ungewohntem Kontrast zu dem Strom von Verunglimpfungen, der sich aus Situpas Lager ergoss. Der Verfasser Samdup Tsering war ein Neuling auf der Bühne. Sein Name und sein reichlich chaotischer Stil ließen auf einen Tibeter schließen, wobei die Briefe säuberlich auf weißes Papier kopiert und aus Europa verschickt worden waren. Der unerschrockene Samdup hatte sich bereits letzten Dezember mit einem Bericht über die Vorfälle in Rumtek während der „Internationalen Kagyü-Konferenz" zu Wort gemeldet. Darin hatte er die ungesetzlichen Aktionen Tai Situs und Gyaltsabs gegen die Mönche von Rumtek und den Karmapa Charitable Trust kritisiert. Nun hatte Tsering erneut seine Feder gespitzt und sich mit einem weiteren Report aus Asien zurückgemeldet. Seine Ausführungen waren interessant zu lesen, und Hannah bestätigte viele seiner Aussagen.

Offenbar machte Situ Rinpoche sich selbst und anderen weiterhin vor, Urgyen Trinleys Ankunft in Rumtek sei nur noch eine Frage von Wochen. Ob der Lama zu jenem Zeitpunkt wirklich noch glaubte, was er sagte, vermochte Tsering nicht zu beurteilen. Er könne jedoch mit Sicherheit bestätigen, dass Rinpoche auf einer Reise durch Südostasien für diesen Zweck beachtliche Gelder gesammelt habe. Allerdings sei sein Assistent bei einem Schwarzmarktgeschäft in Delhi um einen beträchtlichen Teil dieses Geldes betrogen worden; es war die Rede von einem sechsstelligen Dollarbetrag. Darüber hinaus gehe das Gerücht, bei einem Grundstückskauf in Delhi habe Rinpoche sogar noch mehr Geld verloren. Zu allem Überfluss sollten seine Finanziers in Nepal mit Tigerknochen und Antilopenhaaren handeln, beide Spezies waren vom Aussterben bedroht.

Dann beschrieb Tsering die Situation in Rumtek. Die Mönche hätten die Kontrolle über das Kloster zurückgewonnen und die beiden Regenten daran gehindert, im Altarraum Rituale zu vollziehen. Auch hätten sie den Wunsch geäußert, dass Shamar Rinpoche bei den Lamatänzen an Losar, dem tibetischen Neujahrsfest, den Vorsitz führen solle. Kurz vor dem Ereignis sei dann Situ Rinpoche in Rumtek aufgetaucht, was ein unheilverkündendes Zeichen sei. Immer wenn Rinpoche in Sikkim auftauche, sei Ärger vorprogrammiert. Dieses Mal hätten Situs Leute darauf bestanden, dass er eine religiöse Zeremonie abhalten solle. Die rechtmäßigen Verwalter von Karmapas Sitz, die einen erneuten Ansturm von Fremden auf das Kloster befürchteten, hätten davon nichts wissen wollen. Sie hätten klar zu verstehen gegeben, dass sie keine von Rinpoches Zeremonien in ihren Räumlichkeiten wünschten. So sei ihm wenig anderes übriggeblieben, als seinen gesamten Aufenthalt in Rumtek in seinem Zimmer zu verbringen.

Doch Karmapas Hauptsitz sollte sich keiner allzu langen Friedensperiode erfreuen. Noch bevor die Tänze begannen, habe das Gerücht die Runde gemacht, eine Bande von Tibetern aus Gangtok sei im Anmarsch, um an der Zeremonie teilzunehmen und sie vermutlich zu stören. Da die Mönche Zwischenfälle um jeden Preis vermeiden wollten, hätten sie die Feierlichkeiten komplett abgesagt. Aus Respekt für den verstorbenen Jamgön Kongtrul, hieß es, würden die Lamatänze dieses Jahr nicht stattfinden. Stattdessen würde Shamarpa nur die Mahakala Rituale leiten.

Die darauffolgenden Ereignisse schilderte Tsering mit lebhaften Worten: Acht Autos mit jungen Tibetern, die Eisenstangen und Ketten dabei hatten, seien in Rumtek vorgefahren. Sie hätten einen Vorwand gesucht, um einen Streit vom Zaun zu brechen. Es hätte gar nicht lange gedauert, bis sie ihre ersten Opfer gefunden hatten, zwei von Shamar Rinpoches Assistenten. Unerwarteterweise habe die Polizei, die herbeigeeilt war, die malträtierten Mönche verhaftet und in Gangtok ins Gefängnis geworfen. Die Angreifer hätten sie laufen lassen. Später habe man die Festnahmen als Maßnahme zum Schutz der Mönche gerechtfertigt. In der Folge seien sechzig sikkimesische Soldaten in Rumtek stationiert worden. Wieder einmal sei das Militär angerückt, um in Rumtek die Ordnung aufrechtzuerhalten. In seinen Schlussworten richtete Samdup Tsering anklagend den Finger auf Situpa. Es seien seine Unterstützer gewesen, die die jungen Männer rekrutiert und bezahlt hätten. Erneut habe seine Aktivität Unfrieden zu Karmapas Sitz gebracht.

Wir waren Tsering, wer immer er auch war, für seinen journalistischen Mut dankbar. Es war wichtig, dass die Nachrichten aus Rumtek die Menschen in Europa erreichten. Situpas Benehmen beunruhigte uns dagegen zusehends. Selbst wenn wir Tserings

Bericht nur zur Hälfte Glauben schenkten, sah alles danach aus, als wäre Situ in illegale Geschäfte und zwielichtige Machenschaften verwickelt, die einem Linienhalter und erst recht einem buddhistischen Mönch schlecht zu Gesicht standen. Wir fragten uns, wie lange es dauern würde, bis seine unternehmerischen Fähigkeiten ans Licht kommen und die Aufmerksamkeit der indischen Behörden erregen würden.

Als wir uns der polnischen Grenze näherten, dachten wir an das Treffen im Poznan im November zurück. Damals war keine klare Entscheidung getroffen worden, und Chris und einige andere hatten seit unserer Abreise keine Zeit verschwendet. Sie hatten öffentlich behauptet, Ole habe sich von der Karma-Kagyü-Linie losgesagt und faktisch eine eigene „moderne Buddhismus-Marke" geschaffen, deren höchster spiritueller Führer er selbst sei. Daher rief Chris alle Vereinsmitglieder auf, sich zu entscheiden: Wollten sie einer 2.500 Jahre alten Tradition folgen oder lieber der neuesten Mode hinterherlaufen? Das war natürlich eine Verzerrung von Oles Aussagen. Weit davon entfernt, die buddhistischen Wurzeln zu verleugnen, bestand Ole lediglich darauf, das System auf die westliche Welt zu übertragen. Immerhin wurden die buddhistischen Lehren in einem klassischen Beispiel mit einem Diamanten verglichen, der in Rot erstrahlt, wenn man ihn vor einen roten Hintergrund hält.

Wir fuhren zu einem Phowa-Kurs nach Danzig. Die Stadt und ihre Leninwerft waren die Wiege der Gewerkschaft Solidarność gewesen. Zu Zeiten des Kriegsrechts hatte der dänische Lama Verlautbarungen der Gewerkschaft aus dem Land geschmuggelt. Jetzt erwarteten ihn achthundert seiner Schüler in einem überfüllten Saal. Es war eine kraftvolle Bestätigung seiner Arbeit, und wir waren zuversichtlich, dass unsere polnischen Gruppen schon bald mit einheitlicherer Stimme sprechen würden.

Ole kehrte in den Westen zurück, wo die Situation stabil war. Die Leute nahmen die Vorfälle immer noch sehr genau unter die Lupe und wägten ihre Zweifel ab, dennoch standen sie voll und ganz hinter ihrem Lehrer. Mit Ausnahme Polens bildeten unsere Zentren vom Rhein bis nach Wladiwostok eine geschlossene Front. Lama Ole hatte mehr als 130 Zentren hinter Künzig Shamarpa vereint. Jetzt war der Regent am Zug.

Kapitel 15

Die Unterstützung

Lopön Tsechu Rinpoche war Hannahs und Oles erster Lehrer. Sie waren ihm 1968 zum ersten Mal begegnet, ein Jahr bevor sie Karmapa trafen. Rinpoche hatte zu Karmapas engsten Vertrauten gehört und war auch als Berater der Könige von Nepal und Bhutan tätig. Er übte einen starken und wohlwollenden Einfluss auf die gesamte Region aus. Der Erhalt und das Wachstum des Tibetischen Buddhismus in Nepal waren dem Umstand zu verdanken, dass er den hinduistischen Herrscher in Kathmandu beriet.

Hannah und Ole hatten über die Jahre hinweg eine enge Verbindung zu ihrem ersten Lehrer aufrechterhalten. Bei ihren zahlreichen Aufenthalten in der nepalesischen Hauptstadt hatten sie es nicht ein einziges Mal versäumt, Rinpoche in seinem Haus unweit der russischen Botschaft zu besuchen. Während es andere Rinpoches im Westen und im fernen Osten Chinas zu Ruhm und Ansehen gebracht hatten, war Lopön Tsechu, der seinen Verpflichtungen im Himalaja nachging, in unseren Zentren weitgehend unbekannt geblieben. Die Leute kannten ihn nur als den geheimnisvollen durchsichtigen Lama, von dem Ole auf den ersten Seiten seines Buches Die Buddhas vom Dach der Welt erzählte. Der Guru der Wahl in Kathmandu war Tenga Rinpoche gewesen. In den späten Achtzigern hatte sich die Situation geändert. 1988 hatte Hannah Tsechus erste Tour durch Europa organisiert. Sie war ein voller Erfolg gewesen. Nun wo er aufgrund seines Alters und der neuen Gegebenheiten in Nepal teilweise von seinen politischen Aufgaben befreit war, hatte er mehr Zeit zum Unterrichten.

Lopön Tsechu war einer der wenigen Lamas, die in der gegenwärtigen Krise voll hinter Shamarpa gestanden hatten. Seine Stimme hatte in der Region Gewicht, und er übte seine Autorität auf diskrete, aber höchst wirksame Art aus. Nachdem unsere

Freunde Oles Argumente für unseren Standpunkt immer und immer wieder gehört hatten, würden sie es sicherlich begrüßen, wenn ein hoher asiatischer Lama eine ganz ähnliche Meinung vertrat.

Auf Oles Einladung hin willigte Tsechu Rinpoche ein, im Frühjahr 1993 nach Europa zu kommen, und Hannah organisierte eine zweimonatige Tour. Der Höhepunkt seines Programms sollte eine Kalachakra-Einweihung in Drobin, dem polnischen Hauptzentrum ungefähr eineinhalb Stunden von Warschau entfernt sein. Wir konnten Rinpoches Unterstützung in diesem Land sehr gut gebrauchen. Chris und seine Freunde schlugen einen immer aggressiveren Ton an. Der Vorsitzende hatte den Antrag gestellt, der Verein solle seinen Vorstand – sprich Lama Ole und seine Schüler – entlassen. Für den 12. Juni war eine weitere Mitgliederversammlung einberufen worden. Unsere erklärten Gegner wollten sichergehen, dass Ole dieses Mal nicht daran teilnehmen würde. Er würde am selben Tag in Basel einen Vortrag halten.

Lopön Tsechu und sein Assistent Lama Kalsang trafen Ende Mai in Drobin ein. Vor der langen Zeremonie ging er für eine Woche ins Retreat. Am 29. und 30. Mai nahmen mehr als eintausend Menschen aus allen Teilen Europas an den langen Ritualen teil. Am letzten Tag hielt Rinpoche eine halbstündige Lobrede auf Hannah und Ole. Er betonte, dass es in der buddhistischen Praxis keine Fortschritte geben könne, wenn man sich gegen seinen Zufluchtslehrer wende. Den meisten Anwesenden im Zelt und der großen Mehrheit der polnischen Buddhisten hatte Lama Ole Zuflucht gegeben. Es gab keinen Zweifel, wen der betagte Rinpoche im Sinn hatte, als er den polnischen Praktizierenden riet, sich nicht gegen den eigenen Lama zu stellen.

Wie der Zufall so spielte, traf der Dalai Lama just zu dem Zeitpunkt zu einem offiziellen Besuch in Polen ein, als Rinpoche die umfangreichen Rituale beendete. Adam, ein ehemaliger Schüler Oles und jetzt lautstarker Gegner, trat mit dem Vorschlag an Drobin heran, Rinpoche möge Seiner Heiligkeit doch einen

Besuch abstatten. (Adam gehörte zum Begrüßungskomitee des Dalai Lama.) Das war natürlich ein großzügiges Angebot, und wir alle staunten über Adams plötzlichen Sinneswandel. Vor gar nicht allzu langer Zeit hatte er noch öffentlich kundgetan, Lopön Tsechu sei gar nicht qualifiziert, die Kalachakra-Einweihung zu geben. „Ich kümmere mich um alles", versprach er nun. In den folgenden vierundzwanzig Stunden jedoch rief Adam mehrmals mit immer ausgefeilteren Ausreden aus Warschau an. Seine Bemühungen, das Treffen zustande zu bringen, waren nicht sehr erfolgreich. „Leider ist keine Zeit für private Termine", behauptete er. Irgendwann muss Lopön Tsechu klar geworden sein, dass er, wenn er sich auf Adam verließ, den Dalai Lama wohl bestenfalls im Fernsehen sehen würde – die landesweiten Medien berichteten ausführlich über die Treffen des tibetischen Oberhaupts mit polnischen Politikern. Also ließ Rinpoche seine eigenen Beziehungen spielen. Am letzten Tag, als er die Hoffnung bereits aufgegeben hatte, kam die Nachricht, dass für zwölf Uhr mittags eine Audienz gewährt worden sei. Rinpoche schaute auf die Uhr: Es war halb zwölf.

Auf dem Beifahrersitz eines zehn Jahre alten klapprigen polnischen Fiats muss Lopön Tsechu die Fahrt seines Lebens gehabt haben. Drobin liegt gut 55 Kilometer von Warschau entfernt, und die Strecke auf den polnischen Schlaglochpisten in 45 Minuten zu schaffen, wäre schon ein historisches Ereignis gewesen. Eine halbe Stunde war auf alle Fälle ein Rekord für die Ewigkeit.

Das Treffen dauerte nicht länger als eine Viertelstunde. Rinpoche erzählte dem tibetischen Oberhaupt von der Einwei-hung, die er gerade gegeben hatte. Der Dalai Lama dankte ihm und gab ihm einen Segen. Die Problematik um den Karmapa kam nicht zur Sprache.

Während seines kurzen Aufenthaltes in Polen gab der Dalai Lama erneut eine knappe schriftliche Erklärung ab, dass er den 17. Karmapa anerkannt habe und dass die Angelegenheit seinem Verständnis nach erledigt sei. Seine Äußerung galt vielen wieder einmal als unumstößlicher Beweis dafür, dass Urgyen Trinley der

Richtige sein müsse. Wie der Leser mittlerweile weiß, bestätigt – historisch gesehen – weder das Siegel der tibetischen Regierung noch das des Dalai Lama die Echtheit eines Karmapas. Vielmehr handelte es sich lediglich um eine bürokratische und politische Formalität, mit der der Dalai Lama beurkundete, dass der Titel des Halters der Schwarzen Krone an jemanden verliehen worden war, den die Linie als die echte Inkarnation betrachtete. Letzten Endes bewies sich der Karmapa durch seine Taten selbst. Dazu brauchte er die Unterstützung des Dalai Lama nicht.

Doch kaum jemand war für solche Argumente zugänglich. Es herrschte die allgemeine Auffassung, Seine Heiligkeit sei das politische und spirituelle Oberhaupt aller Tibeter und sein Wort demnach für sein Volk Gesetz. Im alten Königreich war das in politischen Angelegenheiten sicherlich der Fall gewesen, nicht aber in allen spirituellen Belangen. Und für westliche Praktizierende war das Wort des Dalai Lama lediglich der Ratschlag eines geachteten hohen Lehrers und keinesfalls ein verbindlicher Erlass einer übergeordneten Autorität.

•

Die Regierung in Peking ließ die Tibeter und den Rest der Welt schon bald wissen, welch große Pläne sie für den „lebenden Buddha“ hatte. Auf einer UNO-Konferenz zum Thema Menschenrechte, die Mitte Juni in Wien stattfand, gab der chinesische Delegierte bekannt, dass „der Karmapa, der zukünftige Nachfolger des Dalai Lama, auf seine Aufgaben in Tibet vorbereitet“ werde. Uns wurde erschreckend klar, wie eklatant kurzsichtig es von dem tibetischen Oberhaupt gewesen war, ausgerechnet demjenigen, den seine Feinde für seinen Thron vorbereiteten, seine Anerkennung zu geben. Schon im Juni zuvor hatte Lama Ole in der Karmapa-Krise den Dalai Lama und unsere ehrenwerten Rinpoches vor den wahren Absichten Pekings gewarnt. Es hatte nicht einmal ein Jahr gedauert, bis seine Worte schmerzliche Realität geworden waren.

Lopön Tsechus Stellungnahme bei der Kalachakra-Einweihung blieb nicht unbeachtet. Gleichzeitig waren Chris, Adam und andere zuversichtlich, dass Ole nach der Aussage des Dalai Lama in Polen ziemlich allein dastehen würde. Um dem neusten Kommuniqué des Dalai Lama noch etwas mehr Würze zu verleihen, verstieg sich Adam zu der Behauptung, Ole habe in seinem Bestreben, die tibetische Tradition zu zerstören, seinen Zorn neuerdings gegen niemand geringeren gewendet als Shamarpa. Wir hielten uns den Kopf und fragten uns, wer sich solch einen Unsinn anhören wollte.

Der Tag der polnischen Kagyü-Versammlung rückte zügig näher. Ihr Ausgang würde über die Zukunft unserer Arbeit in Polen entscheiden. Drobin, das einzige Zentrum im Land, das Kagyü-Buddhisten gehörte, war der Hauptgewinn. Da Lama Ole nicht teilnehmen konnte, erwarteten unsere Gegner leichtes Spiel, uns aus dem Verein heraus zu wählen. Während Ole in Westeuropa unterwegs war, beantworteten Wojtek und Karol, vertrauenswürdige Freunde und Mitglieder des polnischen Vorstandes, Adams zahllose Angriffe auf ihren Lehrer.

Am 12. Juni trafen die Delegierten der verschiedenen Zentren einer nach dem anderen in Drobin ein. Das Treffen sollte um 16 Uhr beginnen. Chris hielt angespannt nach Wojtek und Karol Ausschau. Kurz darauf riefen sie an, um zu sagen, dass sie sich verspäten würden. Um 16:10 Uhr bog ein grüner VW-Passat auf die Zufahrtstraße ein und raste auf das Haus zu. Adam sah Wojtek am Steuer sitzen. Vor der Treppe zum Haupthaus kam das Auto lautstark zum Stehen.

„Die brauchen wohl neue Bremsen", bemerkte Adam selbstzufrieden. Dann wurde plötzlich mit kraftvollem Schwung die Beifahrertür aufgestoßen und Lama Ole sprang vom Vordersitz heraus.

Die meisten Anwesenden rannten freudig auf ihren Lehrer zu und umarmten ihn. Einige wenige wurden blass und starrten Ole an, als sähen sie ein Gespenst. Wir gingen in den Versammlungsraum und nahmen unsere Plätze ein. „Du hast uns nichts gesagt", fuhr Chris mich an. „Natürlich nicht", antwortete ich und rang mir ein Lächeln ab.

Ole eröffnete die Versammlung. Er freue sich, wieder in Polen zu sein, erklärte er. Wir hätten heute wichtige Entscheidungen zu treffen, es gehe um die Zukunft des Vereins. Als ehrliche und erwachsene Menschen aber sollten wir nicht mit einer Person am Tisch sitzen, die unser aller Vertrauen missbraucht habe und mit schäbigen Lügen gegen Shamarpa, das gegenwärtige Oberhaupt der Linie, gegen Hannah und Ole selbst sowie gegen die meisten unserer Freunde agiere. Deshalb forderte Lama Ole die Teilnehmer auf, Adam per Votum aus der Versammlung zu entfernen. Chris setzte zu einem Monolog über die Rechtmäßigkeit eines solchen Schrittes an, doch Ole schnitt ihm das Wort ab. „Es ist zu weit gegangen. Setz dich, oder du bist der nächste, der geht." Als sich die Hände zu einem fast einstimmigen Ergebnis hoben, wurde offenkundig, dass alle von den beleidigenden Briefen, die die beiden in Umlauf gebracht hatten, genug hatten. Adam wurde hinausgewählt und verließ ohne ein einziges Wort den Raum.

Karol stand auf und wandte sich mit seinem juristisch arbeitenden Geist und seiner stählernen, monotonen Stimme an Chris. Er wolle nur erwähnen, dass unser Vorsitzender bei allem peniblen Beharren auf der Rechtmäßigkeit der Vorgänge anscheinend die juristische Basis des gesamten Vereins aus den Augen verloren habe. Karol habe Beweise – an dieser Stelle wedelte unser Freund theatralisch mit einem Bündel Papiere –, dass Chris die Existenz unserer buddhistischen Organisation in Gefahr gebracht habe. Seiner Nachlässigkeit sei es zu verdanken, dass der Verein nun jederzeit von den Behörden gesperrt oder sogar aufgelöst werden könne. Er wäre nicht weiter überrascht, wenn die Delegierten rechtliche Schritte gegen unseren – wie er hoffe – baldigen Ex-Vorsitzenden einleiten würden, nachdem sie erfahren hätten, was er, Karol, zu sagen hatte.

Karol war von seinem eigenen Auftritt sichtlich angetan und legte eine Kunstpause ein, um seinen an sich schon finsteren Worten noch mehr Wirkung zu verleihen. Chris schien sich zusehends unwohl zu fühlen und war bei den Worten „rechtliche Schritte“ erblasst. Ungerührt setzte Karol seine Anklage fort. Er habe entdeckt, dass unser Vorsitzender die meisten Vorstandsmitglieder – einschließlich Lama Ole und Jigmela als Vertreter Karmapas – in der Vereinssatzung, die im Ministerium für Religion hinterlegt sei, nicht genannt habe. Seinen eigenen Namen und die seiner Verbündeten habe er allerdings nicht vergessen. „Geschah das mit Absicht?“, fragte Karol zum Schluss mit bedeutungsschwerer Stimme.

Chris stand auf und erklärte, in einer so feindseligen Atmosphäre sehe er sich nicht in der Lage, am Treffen teilzunehmen. Auch finde er, dass er sich vor einer solchen Versammlung nicht rechtfertigen müsse. Dann legte er mit sofortiger Wirkung seinen Vorstandsvorsitz nieder und erklärte zugleich seinen Austritt aus der polnischen Kagyü-Organisation. Ohne weiteren Kommentar eilte er zur Tür.

In diesem Augenblick hatten wir Polen gewonnen. Es hatte nicht länger als zehn Minuten gedauert. Alle Zentren mit einer Ausnahme schlossen sich Lama Ole an. Der Landesverband wurde der spirituellen Leitung Künzig Shamarpas unterstellt. Genau ein Jahr nachdem das Drama in Rumtek seinen Anfang genommen hatte, vereinte Lama Ole die letzten seiner Gruppen. Nun mussten wir nur noch in der im Ministerium hinterlegten Satzung korrigieren lassen, was Chris übersehen oder womöglich seinen Erfordernissen angepasst hatte.

Später am Abend erzählte Ole den Freunden, wie es ihm gelungen war, alle zu überraschen und unverhofft in Drobin aufzutauchen. Es lag auf der Hand, dass sein unerwartetes Erscheinen unseren Sieg möglich gemacht hatte. Während der Amerikatour einige Wochen zuvor sei ihm klar geworden, dass seine Anwesenheit bei dem entscheidenden Treffen in Polen unverzichtbar war. Seit Beginn der Krise im vergangenen Sommer hatte er noch keinen einzigen Vortrag abgesagt und war dennoch bei den Geschehnissen nicht untätig geblieben. Am Tag des Treffens hätte er in Basel einen Vortrag halten sollen, also ziemlich weit weg von Drobin. Doch bei einem genaueren Blick in den Reiseplan war uns aufgefallen, dass Lopön Tsechu an diesem Tag von Athen kommend in Basel eintreffen sollte. Er könnte den Vortrag übernehmen und Hannah würde übersetzen. Alles Weitere war Geschichte. Am Morgen des 12. Juni bestiegen Ole und ich ein Flugzeug nach Warschau. Delta Airlines bewarben gerade ihre Osteuropaflüge, so dass ein Hin- und Rückflug von Zürich schon für 200 Dollar zu haben war. Wojtek und Karol, die als einzige eingeweiht waren, hatten geduldig am Warschauer Flughafen gewartet. Sofort nach der Landung machten wir uns auf den Weg nach Drobin. Um Punkt 16:10 Uhr stieg Ole aus dem Auto und betrat den Versammlungsraum. Fünf Minuten später wurde Adam zum Gehen aufgefordert, Chris folgte ihm bald darauf.

Am nächsten Tag flogen wir nach Basel zurück. Wir freuten uns auf das Treffen mit Tsechu Rinpoche. Ole erzählte dem betagten Lama, dass nun ganz Polen auf unserer Seite stünde. Rinpoche lud Ole, Caty und mich in sein Zimmer ein. Er habe uns etwas Wichtiges zu sagen. Der Lama räusperte sich und bat Kalsang, die Tür zu schließen. Als Karmapas Herz bei seiner Verbrennung aus dem Stupa gerollt war, sei es nicht in Situpas Hand gelandet. Es seien viele Leute dabei gewesen und einige könnten sich noch genau erinnern. Es sei auf ihn, Lopön Tsechu, zugekommen. Zwei Khampa-Mönche hätten neben ihm gestanden. So sei es geschehen. Ole könne das an seine Schüler weitergeben. Wir verließen gerade den Raum, als uns Rinpoche zurückrief. Die Namen der beiden Mönche: Ngödrup und Dorje.

Ole dachte an die Tage im Jahr 1981 zurück. Sowohl er als auch Hannah hatten sich sehr über Situpas gelassene Behauptung gewundert, das Herz sei in seiner Hand gelandet. „So war es nicht", hatten sie sich gesagt, aber den Gedanken sofort wieder verworfen. „Wir müssen sehr starke Störgefühle haben, dass wir denken, Situpa könnte lügen. Immerhin ist er Linienhalter. Er wird es schon wissen." Auch Jahre später ging Lama Ole in seinem Buch Über alle Grenzen nicht auf ihre damalige Skepsis ein, sondern bestätigte sogar noch Situpas Geschichte. Nun war es wichtig zu erzählen, was tatsächlich passiert war, und der weise Lopön Tsechu wusste das sehr genau.

•

Der Höhepunkt in Oles Programm im Sommer 1993 war der geplante Phowa-Kurs in der Nähe von Kassel. Auch Künzig Shamarpa begab sich in diesem Sommer auf eine Vortragsreise. Aus gegebenem Anlass suchte er nicht nur seine üblichen Ziele in Europa auf, sondern besuchte auch die Zentren in Deutschland, Dänemark, Polen und Österreich, die ihn so sehr unterstützt hatten. Ende Juli sollte er für die letzten vier Kurstage nach Kassel kommen.

Davor flog Ole noch nach Griechenland zu seinem alljährlichen Kurs in Berchen Ling, unserem Zurückziehungszentrum in der Nähe von Korinth. Es war nicht ganz klar, wie sich die Situation mit Georgia und Magnus, den beiden Zentrumsmitgliedern mit dem größten Unternehmergeist, entwickelte. Im Laufe der Jahre hatte Ole dem Paar in allen möglichen Belangen mit Rat und Tat zur Seite gestanden, angefangen bei Familienangelegenheiten bis hin zu geschäftlichen Fragen. Da sich die beiden von Ritualen leicht beeindrucken ließen, hatten sich ihre Loyalitäten mehr zu Tenga Rinpoche hin verschoben, was Lama Oles Argumente über die im asiatischen Stil erfolgten Manipulationen in der Karmapa-Frage nutzlos machte. Wir hatten dieses Muster schon bei anderen bemerkt. Sobald sich jemand auf die Autorität eines hohen Lamas berief, zählten die Fakten plötzlich nichts mehr und selbst gestandene Buddhisten konnten unangenehm sektiererisch werden und unfähig, die Gedankenfreiheit zu genießen, zu der Buddhas Lehren einluden.

Sollte es in Griechenland zu Konflikten kommen, wäre das Grundstück in der Nähe von Korinth das größte Streitobjekt. Die Anzahl der beständig Praktizierenden in diesem Land hatte das Dutzend noch nicht überschritten, und nach fast zwanzig Jahren regelmäßiger Besuche auch anderer Lehrer hatte Lama

Ole kaum noch Hoffnungen, hier ein größeres Publikum für den Buddhismus gewinnen zu können. Während es an anderen Orten vor allem darum ging, unsere Leute zügig über die sich überschlagenden Ereignisse zu informieren, fehlten uns in Griechenland die Massen, die diese Informationen erhalten sollten. Die allgemeine Öffentlichkeit wusste kaum, wer der Dalai Lama, geschweige denn Karmapa war, und es war ihnen herzlich gleichgültig, ob Urgyen Trinleys Anspruch auf den Thron rechtmäßig war oder nicht.

Berchen Ling gehörte Ole zusammen mit fünf seiner Schüler aus Athen, unter anderem Georgia und Magnus. Die anderen drei standen voll hinter ihrem Lama, so dass das Zentrum Situ Rinpoches Kandidaten bislang nicht akzeptierte. Das Paar hatte vor, nach Kathmandu zu fliegen, um Georgias neuen Favoriten Sangye Nyenpa Rinpoche nach Griechenland einzuladen. Es war davon auszugehen, dass sie mit Gerüchten und schwerer Munition gegen Shamarpa und Ole aus dem Osten zurückkehren würden. Tenga Rinpoches Assistenten würden sie nur zu gern mit beidem versorgen. Als Ole aus Griechenland abreiste, war er sich sicher, noch nicht das Letzte von den beiden gehört zu haben; er spürte deutlich, dass es nach ihrer Nepalreise einen schwerwiegenden Bruch mit den beiden geben würde.

Fast 900 Leute kamen nach Kassel, um an dem großen Phowa-Kurs teilzunehmen. Der Kurs sollte zehn Tage dauern, und für die letzten Tage des Programms wurde Künzig Shamarpa erwartet. Die hohen Teilnehmerzahlen waren das Ergebnis der zwanzigjährigen Aktivität Lama Oles in Europa. Den Streitigkeiten in Asien zum Trotz waren wir zu Hause ein wachsendes Unternehmen. Bei der ersten Sitzung in dem riesigen Zelt war Ole zum ersten Mal versucht, ein Fernglas zu benutzen. Die Leute in den hintersten Reihen waren kaum zu sehen.

Nach ein paar Kurstagen hatten wir einen unerwarteten Gast. Früh morgens, als ich gerade dabei war, unseren Tisch von einem Berg von Papier freizuschaufeln, hörte ich hinter mir jemanden auf Zehenspitzen herumschleichen. Mit einem Papierstapel in den Armen drehte ich mich um und sah mich von Angesicht zu Angesicht Clemens Kuby, dem Filmemacher, gegenüber. Wie es ihm gelungen war, im Morgengrauen mitten in dem weitläufigen Camp unentdeckt in unserem Haus aufzutauchen, hatte ich keine Zeit herauszufinden.

„Was machst du denn hier?“, hörte ich Hannah sagen, die gerade mit Ole aus ihrem Zimmer kam. Kuby grinste, murmelte irgendetwas über Journalismus und sein Recht auf Information und der Zweck heilige die Mittel. Hannah erinnerte sich noch gut an seine Methoden vom vorigen Jahr in Rumtek und entschied, dass mit ihm zu reden sicher gar nicht heiligte. Ole überlegte schon, wie er Kuby auf dem schnellsten Weg vor die Tür befördern könne, um dann aber wohl zu dem Schluss zu gelangen, dass der Mann den Aufwand nicht wert war.

Derweil fing Kuby an, die Gründe für seinen Besuch zu erläutern. Sein Dokumentarfilm über die Anerkennung des 17. Karmapa sei so gut wie fertig und er wolle ein weiteres Interview mit Lama Ole führen und vielleicht sogar seinen Vortrag filmen. Schließlich müsse er als Reporter objektiv sein; er wolle die Wahrheit. Was immer Kuby wollte, Ole würde es ihm nicht geben. Er hatte das verlogene Verhalten des Filmemachers im vergangenen Jahr in der Dordogne, wo er wortwörtlich die gleichen Versprechungen gemacht hatte, noch sehr gut in Erinnerung. Ole hatte keine Lust, sich weitere Argumente anzuhören, stand auf und ging mit Hannah aus dem Haus. Kuby trabte hinter ihnen her. Als er das Vortragszelt betrat, sagte Ole so laut, dass alle es hören konnten: „Der edle Herr da hinter uns soll den doppelten Preis bezahlen.“ Das schien fürs Erste gereicht zu haben. In den nächsten acht Monaten hörten wir nichts mehr von Kuby.

Am 29. Juli traf Shamarpa in Kassel ein. Es war der Auftakt zu einer ausgedehnten einmonatigen Vortragstour durch Europa. Es war seine erste seit Beginn der Krise, und die Leute waren gespannt, was er zu sagen hatte. Viele sahen den Hauptregenten der Linie zum ersten Mal, und ihre Erwartungen waren groß.

Kassel empfing Rinpoche mit strahlendem Sonnenschein. Das

Kurszelt platzte aus allen Nähten. Shamarpas nüchterne, moderne und praktische Art kam bei allen gut an. Er gehörte nicht zu denen, die ihr Publikum stundenlang festhielten; seine Vorträge und Einweihungen waren definitiv kurz. Genau wie Lama Ole bestand er darauf, dass sich die Menschen die Lehren selbst zu eigen machten, ohne das kulturelle Beiwerk. Von einem solchen tibetischen Lama konnte der Westen mit Sicherheit am meisten profitieren.

Shamarpa brachte gemischte Nachrichten aus Rumtek mit. Während die Mönche weiter tapfer die Stellung hielten, schien Situpa erneut eine verdeckte Operation zu planen. Rinpoche klang beunruhigt. Die Lage in Sikkim setzte ihm zu.

Wie um seine Befürchtungen zu bestätigen, erfuhr Shamarpa am 1. August, dass Situ Rinpoche wenige Tage nach Shamarpas Abreise wieder an Karmapas Sitz aufgetaucht war. Das roch nach Gefahr. Die nächsten vierundzwanzig Stunden klebte Hannah am Telefon und besprach sich mit loyalen Kontakten im Kloster. Dabei benutzte sie die direkte Telefonverbindung in Rinpoches Haus in Rumtek. Am frühen Nachmittag des 2. August hastete sie zu Rinpoches Zimmer in Kassel. Der große Kurs war vorbei. Die Leute packten zusammen und fuhren nach Hause. Niemand vermutete, dass Shamarpa sehr bald genau das Gleiche tun würde. Nach wenigen Minuten mit Shamarpa rannte Hannah los, um Ole zu suchen. Shamar Rinpoche würde seine Tour abbrechen und umgehend nach Indien zurückfliegen. In Rumtek waren Kämpfe ausgebrochen!

Kapitel 16

Der Wendepunkt

Im Verlauf des ersten Halbjahrs 1993 wurde die Lage in Rumtek wieder zusehends angespannter. Situ und Gyaltsab Rinpoche war es gelungen, sich den Rückhalt einiger sikkimesischer Politiker zu sichern, und die Regierung des Bundesstaates verbot dem noch amtierenden Generalsekretär Topgala per Erlass, in den Ostteil Sikkims einzureisen. Die Unterstützer der beiden Regenten wurden von Tag zu Tag dreister und aggressiver. Es gab keinen Zweifel mehr, dass kriminelle Elemente nach Rumtek gebracht worden waren und das Nalanda-Institut unterwandert hatten. Gewalt war an der Tagesordnung. Im Mai wurde ein Auto, das dem Kloster gehörte, mutwillig zerstört, und Mitte Juni wurde im Nalanda-Institut ein Lehrer von einem gewissen Trinley Dorje niedergestochen. Die Situation war alarmierend.

Angesichts der offensichtlichen Bedrohung berichteten die Mönche der Polizei von den Vorfällen. Die Behörden unternahmen jedoch nichts, um die Eindringlinge zu vertreiben oder auch nur die Täter zu verhaften. Polizei und Staatsbeamte in Gangtok legten nicht nur eine eigentümliche Gleichgültigkeit gegenüber der Notlage der Opfer an den Tag, sondern ließen auch keinen Zweifel daran, wem ihre Sympathien galten.

Da sie von offizieller Seite keine Hilfe bekamen, beschlossen die Mönche, dass sie selbst eine strenge Aufsicht im Kloster führen müssten, um die Übernahme durch Außenstehende zu verhindern. Zu dem Zeitpunkt war es bereits zu einer Spaltung zwischen einer Gruppierung von Mönchsstudenten am Institut und der Klostergemeinschaft Rumteks gekommen. Die neu eingeschriebenen Studenten – überwiegend finstere Gestalten, die aus Bhutan nach Sikkim gebracht worden waren – waren treue Unterstützer Situs und glaubten als solche, ihre Meinung auf zunehmend militante Art äußern zu müssen.

Das traditionelle sechswöchige Yarney- oder Regenzeit Retreat rückte näher. Der Brauch ging auf den Buddha selbst zurück, der jeden Sommer während des Monsuns eine gewisse Zeit mit seinen Schülern in Meditation verbrachte. Seit Erbauung des Klosters war der Brauch in Rumtek jedes Jahr gepflegt worden, und normalerweise führten die Mönche und Studenten zur Vorbereitung auf diese lange Studien- und Meditationsphase eine Zeremonie durch. Aber es war klar, dass es unausweichlich zu Zusammenstößen kommen würde, sollten die beiden Parteien das Retreat oder auch nur die vorbereitende Puja gemeinsam durchführen. Um die Lage zu beruhigen, beschlossen Shamarpa als Direktor des Instituts und Khenpo Chödrak als Abt, der Schule frei zu geben. Das Nalanda-Institut wurde geschlossen und die meisten Studenten fuhren nach Hause. Diejenigen, die vor Ort blieben, standen in voller Opposition zur Klostergemeinschaft von Rumtek und bereiteten sich auf eine Kraftprobe vor.

Am 26. Juli war Shamarpa für seine Vortragstour nach Europa geflogen. Wie einem vertrauten Muster folgend, traf wenige Tage später Situ Rinpoche in Rumtek ein und kam mit Gyaltsab Rinpoche zusammen, der bereits vor Ort war. Situ erklärte, in Übereinstimmung mit den beim Treffen der vier Regenten im vergangenen März getroffen Vereinbarungen nun seine Aufgabe als Direktor des Nalanda-Instituts zu übernehmen. Am 31. Juli ließ er einen Brief zu Shamarpas Haus unterhalb des Klosters bringen, in dem er bekannt gab, dass er die Leitung der Schule übernehme und die Herausgabe aller Akten und Dokumente von Rumtek fordere.

Derweil bestand die Minderheit im Institut darauf, an den für den 2. August angesetzten Pujas teilzunehmen. Da die Mönche eine Konfrontation befürchteten, beschlossen sie, die Zeremonie zu boykottieren und informierten Situ Rinpoche über die eskalierenden Spannungen und ihren Wunsch, der Veranstaltung fern zu bleiben. Rinpoche aber zeigte wenig Verständnis. Sie müssten die Rituale zusammen mit den Studenten des Instituts durchführen. Niemand dürfe ausgeschlossen werden. Das sei eine Anweisung. Da sie sonst niemanden hatten, den sie um

Rat fragen konnten, beschlossen die Bewohner des Klosters spät in der Nacht des 1. August, die Türen zum Hauptaltarraum zu verschließen. Als rechtmäßige Verwalter Rumteks fühlten sie sich für das Kloster verantwortlich. Sie wollten nicht zulassen, dass Außenstehende Unruhe stifteten. Unter diesen bedrohlichen Umständen würden sie das Kloster nicht öffnen.

Am nächsten Morgen erschien die Gruppe aus dem Institut, angeführt von Situ und Gyaltsab Rinpoche, um an der Puja teilzunehmen. Als sie vor der Tür des Altarraums ankamen und feststellten, dass sie abgeschlossen war, beschlossen sie, sich davor auf den Boden zu setzen. In diesem Augenblick fuhren mehrere Autos hintereinander auf den Hof und eine große Menschenmenge versammelte sich. Die beiden Regenten begannen, auf die verschlossenen Tore starrend, Mantras zu rezitieren. Die Leute betrachteten die zwei hohen Rinpoches, die da vor verschlossenen Türen auf dem Fußboden saßen, mit einiger Verwunderung. Wie die Mönche von Rumtek später erfuhren, hatte Tai Situ in Gangtok verkünden lassen, er werde eine besondere und öffentliche Einweihung geben. Seine Strategie war es, Menschen nach Rumtek zu locken und es so aussehen zu lassen, als würden die Mönche den ehrenwerten Rinpoches den Zugang zum Tempel verwehren und sie so daran hindern, die versprochene Einweihung zu geben. Die Neuankömmlinge wussten nicht, dass normalerweise während des Sommerretreats keine Einweihungen und keine öffentlichen Veranstaltungen stattfanden. Der Tradition entsprechend waren die Eröffnungszeremonie und das Yarney-Retreat eine rein klösterliche Praxis.

Dass sie die beiden Regenten so bescheiden auf dem Fußboden kauern sahen, beunruhigte die Leute, zumal sie nicht wussten, warum der Altarraum abgeschlossen war. Alle folgerten, die gefühllosen Mönche würden ihre heiligen Rinpoches schikanieren. Solange die Türen zum Altarraum verschlossen blieben, konnte die Einweihung offensichtlich nicht stattfinden. Wütende Schreie ertönten, die Mönche sollten die Schlüssel herausgeben. Die Stimmung wurde immer aggressiver. Auch wurde klar, dass nicht alle Gäste normale Besucher waren, die an einer religiösen Zeremonie teilnehmen wollten. Vielmehr hatte es den Anschein, als seien mehrere Personen eigens zu dem Zweck nach Rumtek gebracht worden, um für Unruhe zu sorgen. Bandenmitglieder von den Marktplätzen Gangtoks und gewöhnliche Schläger meldeten sich in der immer dichter werdenden Menschenmenge laut und deutlich zu Wort.

Wie zufällig hatte Sikkims Ministerpräsident zusätzlich eine massive Polizeieinheit zum Kloster beordert. Auch hohe Regierungsbeamte gaben sich die Ehre. Der Innenminister in Begleitung des Polizeipräsidenten und weiterer Kabinettsmitglieder zitierte den Vertreter der Mönche ins Büro und forderte unter lautstarken Drohungen, den Altarraum unverzüglich für die Allgemeinheit zu öffnen. Die Zeremonien sollten ohne weitere Verzögerung beginnen. Sherab Tharchin, Gyaltsabpas Sekretär, schloss sich mit weiteren Drohungen an. Die Beamten weigerten sich zu begreifen, dass das Kloster während des Yarney-Retreats für Besucher nicht zugänglich war. Derart unter Druck gesetzt, verriet Omze Ngedön, der Gesangsmeister, dass sich der Schlüssel bei den Mönchen befände, die sich im Speisesaal versammelt hätten. Die Beamten befahlen ihm, den Schlüssel auf der Stelle zu holen. Da der Omze zu einem improvisierten Büro gerufen worden war, das sich nicht im Hauptgebäude befand, musste er sich seinen Weg durch die gesamte Menschenmenge bahnen, um zum Speisesaal zu gelangen. Mittlerweile waren die Leute draußen unverhohlen feindselig geworden und drohten ihm Prügel an. Aufgebrachte Stimmen forderten lautstark, die respektlosen Mönche zu bestrafen. Der Omze wich zurück, woraufhin ihm zwei Polizeibeamte ihren Schutz anboten. Sie beharrten darauf, dass er gehen solle, und schoben ihn vor die Tür.

Kaum war er draußen, fingen mehrere Männer und besonders auch einige Frauen an, ihn zu schubsen und zu schlagen. Sie wickelten ihm seine gelbe Zeremonienrobe um den Hals und zerrten ihn über den Hof zum Kloster. Die Polizisten standen daneben und schauten zu, wie die Leute ihn beschimpften und schlugen. Als sie das Gebäude erreicht hatten, rannten vier Mönche aus dem Speisesaal und konnten den Omze aus den Klauen des Pöbels befreien. Sie trugen den verletzten Mann in den Saal und verbarrikadierten sich zusammen mit den anderen Mönchen. Nun griff die Menge ihre Unterkunft an und warf mit Ziegeln und Steinen. Die Bandenmitglieder zückten ihre Messer, Fensterscheiben gingen zu Bruch, und fünf weitere Mönche wurden schwer verletzt. So gut sie konnten, warfen die Mönche die Steine zurück. Die zwei Regenten Situ und Gyaltsab blieben während der Zusammenstöße reglos in Meditation sitzen.

Schließlich bereiteten die Soldaten den Auseinandersetzungen ein Ende. Der Innenminister und weitere hohe Beamte gaben den Opfern fünf Minuten Zeit, um die Schlüssel herauszurücken. Sie drohten den Klosterbewohnern Gefängnisstrafen an, sollten sie nicht kooperieren. Den Mönchen blieb keine andere Wahl. Der Altarraum wurde geöffnet und Situpa konnte mit seiner Ein weihung beginnen. Die Polizei bot sich freiwillig an, die Verletzten zur Behandlung in ein Krankenhaus zu bringen. Sie wurden in ein Polizeiauto verfrachtet und stattdessen ins Gefängnis geworfen.

Angesichts dieser Einschüchterungen und Gewalttaten flohen einige Mönche in der Nacht in die nahegelegenen Wälder. Es blieb ihnen kaum etwas Anderes übrig, als das Kloster zu verlassen. Sie hatten das Gefühl, um ihr Leben rennen zu müssen. Die Lage war äußerst gefährlich.

Am nächsten Tag stürmten Anhänger von Tai Situ und Gyaltsabpa in Begleitung von Polizisten den Speisesaal, wo die verbliebenen Mönche aßen, und stellten ein Foto von Urgyen Trinley hoch oben auf einem Regal auf. Mit vorgehaltener Waffe befahlen sie den Mönchen, sich vor dem Foto zu verbeugen und einen Eid zu schwören, dass der Junge der richtige Karmapa sei. Jeder, der es wage, diese Tatsache zu leugnen, habe mit rechtlichen Konsequenzen zu rechnen, hieß es. Anschließend sammelten die Polizisten eine bunte Auswahl an Küchenmessern, Äxten und Sägen zusammen, legten sie auf dem Tisch aus und befahlen den

Mönchen, sich dahinter aufzustellen. Ein Polizeibeamter machte Fotos. Diese gestellten Aufnahmen wurden später als Beweis für die aggressiven Absichten des Klosters und seiner rechtmäßigen Verwalter benutzt.

In Folge der Ereignisse vom 2. August wurden die Klosterbewohner aus ihren Quartieren vertrieben, ihr Eigentum wurde gestohlen und ihre Zimmer verschlossen oder von Außenstehenden übernommen. Den Tempel durften sie nicht mehr betreten. Da sie nicht wussten wohin, suchten sie in Künzig Shamarpas Haus Schutz. Über 170 Mönche, fast die gesamte Klostergemeinschaft Rumteks, flohen zu Rinpoches Haus, das gut einen Kilometer vom Kloster entfernt lag. Zu dem Zeitpunkt wusste Shamarpa noch nichts von ihrer Notlage. Es herrschten schwierige Zustände. Das Haus war natürlich nicht darauf ausgerichtet, so viele Menschen zu beherbergen. Es fehlte am Nötigsten, und es gab wenig Hoffnung, dass die Mönche ihre Studien und ihre klösterlichen Pflichten würden fortsetzen können. Es war der Beginn einer langen, schweren Zeit als Vertriebene ihres eigenen Klosters.

Wieder war Situpa und Gyaltsab ein Coup gelungen. Die gesamte politische Führung Sikkims hatte diskret zur Seite geschaut, als die beiden Rinpoches mit Gewalt und gegen das Gesetz die Kontrolle über Karmapas Eigentum an sich gerissen hatten. Die Martangs, die den Rauswurf ihres zweifelhaften Tulku-Sohnes Gyaton aus Rumtek im Jahre 1983 nicht vergessen hatten und immer noch Hoffnungen hegten, ihr Sprössling könne eines Tages in Rumtek auf einem hohen Thron sitzen, hatten Tai Situ bereitwillig zur Seite gestanden. Es gab kaum noch Zweifel, dass auch höchstrangige Politiker aus Gangtok in die Sache verwickelt waren. Ministerpräsident Bhandari, der die Himalaja-Enklave seit vierzehn Jahren mit eiserner Hand regiert hatte, stellte den beiden Rinpoches seine unbegrenzten Mittel zur Verfügung. Statt die Opfer zu beschützen, machte es sich die Lokalpolizei zur Aufgabe, die hilflosen Mönche zu drangsalieren und in einigen Fällen sogar körperlich zu misshandeln. Man hätte niemandem vorwerfen können zu denken, in Wahrheit seien die beiden Regenten die neuen Polizeipräsidenten, da die Polizeibeamten nur ihre Befehle befolgten. Es war ein offenes Geheimnis in Sikkim, dass Bhandari und seine Kumpane für ihre Dienste ansehnlich entlohnt worden waren.

In den folgenden Tagen starteten Tai Situ und seine Leute eine regelrechte Kampagne, um sich selbst als Opfer der Aggression der Mönche und als alleinige Verteidiger von Karmapas Vermächtnis zu inszenieren.

Shamarpa wurde als wesentlicher Anstifter der Gewalttätigkeiten dargestellt. In einem Brief an den Hauptregenten, der von zahlreichen Personen sämtlicher Gesellschaftsschichten Sikkims unterschrieben worden war, wurde er beschuldigt, Schande über alles, angefangen bei den buddhistischen Roben bis hin zu den heiligen buddhistischen Schriften, gebracht zu haben. Die aufgebrachten Bürger warfen dem Regenten auch vor, sie, die „sanftmütigen Bürger Sikkims", dazu gebracht zu haben, einen solchen Brief zu schreiben.

Die Presse in Gangtok, die von Bhandaris Regime kontrolliert wurde, schlug sich ebenfalls auf die Seite der Angreifer. „Polizei bändigt aufsässige Geistliche", lautete eine Schlagzeile im sikkimesischen The Courier. Mit den aufsässigen Geistlichen waren, wie man sich denken konnte, die Mönche Rumteks gemeint. Die Zeitungen druckten zahlreiche Fotos, auf denen Arsenale von Ziegelsteinen, Waffen und anderen Gerätschaften zu sehen waren. Die in Delhi erscheinenden Zeitungen, die dem Vorfall ein gewisses Maß an Aufmerksamkeit widmeten, waren in ihrer Beurteilung ziemlich objektiv. „Prochinesischer Coup in Gangtok Kloster", lautete eine Überschrift in der Hindustan Times. An der Grenze zum chinesisch kontrollierten Tibet gelegen, war Sikkim für Indien von hoher strategischer Bedeutung, und die leisesten Anzeichen, Rotchina könnte in der Enklave Fuß fassen, reichten aus, um in der indischen Hauptstadt die Alarmglocken schrillen zu lassen. Situ Rinpoche wanderte, ob bewusst oder unbewusst, auf einem schmalen Grat, und sein Flirt mit Peking sollte ihn schon bald teuer zu stehen kommen.

Um ihre Besetzung Rumteks zu legitimieren, versicherten sich die beiden Regenten der Hilfe verschiedener Organisationen aus Gangtok. In einer Erklärung vom 13. August verurteilten die „Sikkim Tribal Youth Association“, die „Sikkim Tribal Women Association“ und ähnliche Vereine das, was sie als „Sabotage religiöser Zeremonien“ durch „eine Handvoll Mönche“ bezeichneten, aufs Schärfste. Dem Dokument zufolge, das von insgesamt acht Gruppen unterzeichnet war, seien „zahlreiche Praktizierende“ am 2. August von einer kleinen Gruppe von Mönchen daran gehindert worden, einen Segen zu empfangen. Außerdem war zu erfahren, dass die Strafverfolgungsbehörden später ein Waffenlager gefunden hätten, das dieselbe Handvoll Mönche angelegt habe, um es gegen Praktizierende zu richten. Natürlich verurteilten die empörten Aktivisten derartige Aktionen aufs Nachhaltigste und bezeichneten sie als „niederträchtig, unvertretbar und voller Hintergedanken“. Sie wussten auch zu berichten, dass die fraglichen Aktivitäten von „ausländischen Elementen“ mit „eigenen Interessen“ angestiftet worden seien, und riefen die Regierung des Bundesstaates dazu auf, das Eigentum aller beteiligten Ausländer zu beschlagnahmen. Dies wurde als Fingerzeig auf Topga Rinpoche verstanden, der einen bhutanesischen Pass besaß. Offensichtlich war den Beteiligten dabei nicht bewusst, dass auch Situ und Gyaltsab mit Diplomatenpässen desselben Landes reisten. Am Ende hatten die Delegierten beschlossen, sich allen vom Ausland gelenkten Drahtziehern entgegenzustellen, und zu diesem Zweck ein Aktionskomitee gegründet.

Dieses Aktionskomitee entwickelte sich zu einer lärmenden Truppe, die in geschmacklosester Weise auf jeden, der es wagte, Situpas Brief und seinen Kandidaten anzuzweifeln, Druck ausübte. Kurz nach der Gründung setzte das Komitee eine lautstarke Demonstration vor dem Obersten Gerichtshof in Gangtok in Szene. Sie richtete sich gegen die Petition mehrerer angesehener Bürger Sikkims, Anhänger des 16. Karmapa, die eine wissenschaftliche Untersuchung des umstrittenen Briefes forderten.

Als sich die Gemüter erhitzten, geriet die Menge einigermaßen außer Kontrolle und marschierte zum Haus von Herrn Sherab Gyaltsen, einem der Stiftungsvorstände des Karmapa Charitable Trust. Bei der anschließenden gewalttätigen Demonstration wurden Fensterscheiben eingeworfen und Angehörige Gyaltsens beschimpft. Auf dem Weg nach Rumtek suchten die aufgebrachten Demonstranten das Haus eines Mannes heim, der die Petition unterzeichnet hatte. Auch hier kam es zu wüsten Sprechchören und fliegenden Steinen.

In Europa verlor Shamar Rinpoche keine Zeit. Nachdem er dem deutschen Kagyü-Dachverband eine kurze Einschätzung der Lage gegeben hatte, flog er am 5. August nach Indien zurück. Aber weiter als bis Delhi kam er erst einmal nicht. Die Stimmung im von Situpa kontrollierten Rumtek und in Gangtok war, gelinde ausgedrückt, seinen Argumenten nicht zugänglich. Solange Bhandari und seine Partei an der Macht waren, standen die Chancen gegen Shamarpa. Er würde von der indischen Hauptstadt aus juristischen Druck auf die beiden Regenten und den Ministerpräsidenten ausüben und auf einen Machtwechsel in der sikkimesischen Politik hoffen müssen. Viel mehr konnte Shamar Rinpoche nicht tun. Er fand sich damit ab, zusehen zu müssen, wie Rumtek in den Händen der Eindringlinge zu einem Ort der Verfolgung für all jene wurde, die Urgyen Trinley nicht akzeptierten.

Die unmittelbare praktische Herausforderung bestand darin, den Mönchen in Shamarpas Haus Unterstützung zukommen zu lassen. Die rechtmäßigen Bewohner des Klosters legten beim Innenminister in Gangtok Beschwerde gegen die Festnahmen ohne Haftbefehl, die Misshandlungen in der Haft und die Beleidigungen durch die Polizei ein, aber Shamarpa erwartete von der Regierung nicht viel. Die älteren Mönche waren fest entschlossen, vor Gericht zu ziehen, wenn die Behörden weiterhin untätig blieben.

•

Nach dem Kurs in Kassel setzte Lama Ole seine Tour durch Osteuropa fort. Zugleich überlegte er, wie am Besten auf die illegale Übernahme Rumteks zu reagieren sei. Eine Befreiungsaktion war natürlich eine Möglichkeit. Wieder einmal war Ole versucht, mit ein paar seiner Schüler in Rumtek aufzutauchen und dort für Ordnung zu sorgen. Den beiden Regenten würde er höchstpersönlich eine anständige Tracht Prügel verpassen. Den Schlägertypen und Kriminellen aus Bhutan und Gangtok, die an Karmapas Sitz ihr Unwesen trieben, würde es noch leidtun, jemals einen Fuß in das Kloster gesetzt zu haben. Doch auf lange Sicht würde so eine verwegene Aktion nur den Gegnern in die Hände spielen. Er konnte die Gerechtigkeit in Sikkim nicht einfach selbst in die Hand nehmen. So etwas konnte sogar international für Empörung sorgen. Shamarpa und der Trust sollten stattdessen mit rechtlichen Mitteln in Indien gegen die Übernahme vorgehen. Fürs Erste würden Rumtek und die Mönche wieder einmal mit Protestbriefen vorliebnehmen müssen. Ole hatte zwar seine Zweifel, ob die Petitionen, die seine Schüler auf der ganzen Welt so fleißig abschrieben und verschickten, im Osten irgendeine Wirkung zeigten, aber sie mussten es noch einmal versuchen. Noch wichtiger war es, die bhutanesische Regierung auf die Tatsache aufmerksam zu machen, dass die beiden Regenten, die fröhlich mit bhutanesischen Pässen herumreisten, in gesetzwidrige Aktivitäten verwickelt waren. Ihr kriminelles Verhalten war eine Schande für den guten Ruf des Himalaja-Königreiches. Ole erwog ernsthaft, bei der Regierung in Thimpu, der bhutanesischen Hauptstadt, eine formelle Beschwerde einzulegen.

Hannah hatte Topga Rinpoche gebeten, nach Europa zu kommen und für Shamarpa einzuspringen. Eine Vortragsreise wäre sicher eine willkommene Ablenkung von der ansonsten ziemlich düsteren Realität, mit der er im Osten konfrontiert war. Neben seinen Verwaltungsaufgaben als Generalsekretär war Topgala ein äußerst fähiger Lama und Gelehrter. Er war zum Dorje Lopön, Meditationsmeister, ausgebildet worden und hatte Tenga Rinpoche in dem in Tsurphu verwendeten Ritual unterwiesen. Nachdem ihm der Zugang zum Kloster Rumtek verwehrt worden war, war er Dozent am „Karmapa International Buddhist Institute“ in Delhi geworden und unterrichtete die Studenten in tibetischer Sprache und buddhistischer Philosophie. Da Rumtek vorübergehend nicht zur Verfügung stand, sollte das Institut, das seit drei Jahren bestand, schon bald zum Mittelpunkt unserer Arbeit im Osten werden. Jeden Herbst verbrachte Hannah drei Monate im KIBI, wie es allgemein genannt wurde, wo sie lehrte, übersetzte, organisierte und sich um Shamarpas Angelegenheiten kümmerte.

Nach anfänglichem Zögern willigte Topgala ein, nach Europa zu kommen, und am 4. August hießen wir ihn in Warschau willkommen. Seine Belehrungen waren von einer akademischen Herangehensweise geprägt, und zur großen Enttäuschung unserer polnischen Freunde, die die Vorträge organisiert hatten, weigerte er sich, auf dem hohen Thron Platz zu nehmen, den sie eigens für diese Gelegenheit gebaut hatten. Alle intellektuell Veranlagten konnten von seinem Wissen enorm profitieren, und Hannah und Ole waren mehr als froh, dass er unsere Zentren besuchte. Von untadeliger Integrität, war Topgala einer der kostbaren Wenigen im Osten, die sich geweigert hatten, Kompromisse zu schließen, und der im Angesicht von Todesdrohungen und allgemeinen Hass- und Diffamierungskampagnen Rückgrat bewiesen hatte.

Im selben Jahr fand während unserer Sommerreise durch Russland und die Ukraine eine wichtige Entwicklung statt. Am 10. September wurde in Aluschta auf der Krim-Halbinsel, ungefähr 50 Kilometer vom historischen Jalta entfernt, der Buddhistische Kagyü-Verein Russlands offiziell ins Leben gerufen. Delegierte aus über dreißig von Lama Ole gegründeten Zentren zeichneten das offizielle Dokument, das unserer Arbeit in diesem Land einen rechtlichen Rahmen gab. Künzig Shamarpa wurde zur höchsten spirituellen Autorität bestimmt, und Lama Ole sollte die Zentren leiten. Angesichts der laufenden Auseinandersetzung und des wachsenden Einflusses der chinesischen Kommunisten auf Situpas Leute und deren Karmapa-Kandidaten war dieser Paragraph unbedingt erforderlich.

In der Zwischenzeit schrieb Shamar Rinpoche in Ermangelung anderer Möglichkeiten in Delhi einen offenen Brief an Situpa, von dem Kopien auch an Gyaltsab und andere Unterstützer gingen.[32] In dem vom 12. September datierten Schreiben listete Shamarpa die vielen Handlungen Tai Situs, ebenfalls Vorstandsmitglied des Karmapa Charitable Trust, auf, die er ohne Billigung des Vorstands und in vielen Fällen sogar gegen die Interessen des Trusts unternommen hatte. Im Besonderen habe Situ Rinpoche die Gründung einer unrechtmäßigen Stiftung unterstützt und gefördert, deren Ziel es sei, die Kontrolle über Karmapas Besitztümer zu erlangen. Er warf ihm vor, das Kloster Rumtek mit Gewalt eingenommen und die dort ansässigen Mönche vertrieben zu haben, was zu deren Verhaftung geführt habe. Er beschuldigte ihn, der indischen Regierung – ihrem Gastgeber – große Probleme zu bereiten. Shamarpa sei der Überzeugung, die Handlungen seines Kollegen hätten die Kagyü-Linie in eine große internationale Intrige hineingezogen, in die Tibet, China, Indien und andere Staaten verwickelt wären. Der Hauptregent teilte mit, aus diesen Gründen habe er die Mitglieder des Karmapa Charitable Trust aufgefordert, zusammen mit ihm „die jüngsten Veränderungen, die Tai Situ am Zustand und am Frieden des Klosters Rumtek herbeigeführt habe, mit allen rechtlichen Mitteln wieder rückgängig zu machen“. Niemals werde er Gewalt gegen Mönche zur Übernahme eines Klosters, noch dazu im Namen der Religion, akzeptieren.

Damit hatte Künzig Shamarpa seinen Kollegen Situ offiziell krimineller Aktivtäten in Rumtek beschuldigt, die die Linie in die machtpolitischen Ränkespiele der Region verwickelt hätten. Er kündigte an, vor Gericht zu ziehen, um Karmapas Sitz zurückzugewinnen. Tai Situs heimliche Kollaboration mit dem kommunistischen China war nun in Indien kein Geheimnis mehr. Sein Bündnis mit Peking und seine aggressive Kampagne für Urgyen Trinleys Einzug nach Sikkim wurden in Delhi in höchsten Regierungskreisen mit großer Sorge betrachtet. Wahrscheinlich auf Drängen Situpas vertrat Bhandari die Sache des Jungen aus

Tsurphu höchstpersönlich vor den indischen Ministern, aber seinem Antrag, das Kind nach Sikkim einreisen zu lassen, und sei es nur für einen kurzen Besuch, wurde eine klare Absage erteilt. China war die einzige Nation, die Indiens Herrschaft über Sikkim nicht anerkannte, und schon der bloße Gedanke an einen von den Kommunisten ernannten Karmapa, einen chinesischen Staatsbürger, der in Rumtek residierte oder zwischen Tsurphu und Gangtok hin und her pendelte, ließ die indischen Politiker vor Unbehagen erschaudern. Von da wäre es nur noch ein kleiner Schritt, bis er als Chinese sein Eigentum in Sikkim für sich beanspruchte. Situpas amateurhafte Avancen an die Chinesen und sein Dilettieren im sensiblen politischen Gefüge Sikkims hatten in der indischen Hauptstadt schon öfter für hochgezogene Augenbrauen gesorgt. Delhi hatte allmählich genug von seinem umtriebigen Gast.

Für Situpa kam erschwerend hinzu, dass die Herren in Peking nicht im Geringsten geneigt waren, ihren Karmapa außer Landes reisen zu lassen. Die Kommunisten hatten für ihr Vorhaben, die Tibeter zu spalten, ein echtes Druckmittel gewonnen und ihr Interesse an Situ Rinpoche sogleich verloren. Er würde schon bald feststellen müssen, dass ihm die einst so einladend geöffneten Türen in der chinesischen Hauptstadt nun verschlossen blieben. Doch er war blind für die politischen Realitäten und gab nicht auf. Aufgrund seiner Versprechungen drängten geschäftstüchtige Komitees im amerikanischen Woodstock, in Samye Ling in Schottland und Gangtok in Sikkim ihre Anhänger, etwas zur bevorstehenden offiziellen Inthronisation Urgyen Trinleys außerhalb Chinas beizutragen. In einem Brief von Tenzin Chönyi an die „lieben Dharmafreunde" hieß es, alle teilten die Freude über die Anerkennung, und höchstwahrscheinlich werde Seine Heiligkeit Woodstock Anfang 1994 mit seiner Anwesenheit beehren. Insgesamt zweihunderttausend Dollar würden für die Vorbereitungen des Besuchs benötigt. Tenzins „Vision" war, dass jeder die Kleinigkeit von tausend Dollar beisteuern solle.

•

Nach der Übernahme war Rumtek kaum noch wiederzuerkennen. Die ansässigen Mönche, die in Shamarpas Haus Unterschlupf gefunden hatten, durften das Klostergelände nicht mehr betreten. Mehrere dubiose Typen in Roben waren zum Kloster gebracht worden, um deren Plätze einzunehmen. Die Ritual-, Gesangs- und Disziplinmeister wurden allesamt entlassen, aber die neu Ernannten hatten offensichtlich einige Schwierigkeiten, ihre Fähigkeiten unter Beweis zu stellen. Wie viele der Neuankömmlinge echte Mönche waren, wagte oder bemühte sich niemand, im Dorf zu fragen. Die Menschen wurden gezwungen, Treueschwüre, Petitionen und Denunziationen zu unterschreiben. Die Minderheit, die lediglich neutral zu bleiben versuchte, wurde auf die schwarze Liste gesetzt und sofort von der Polizei schikaniert. Die örtlichen Polizisten im nahen Ranipul sahen es als ihre heilige Pflicht an, die weniger begeisterten Unterstützer Urgyen Trinleys umzuerziehen. Die Namgyals und einige wenige andere Familien, die ganz offen treu zu Shamarpa standen, wurden schikaniert.

Gegen Ende August tauchte ein deutsches Filmteam im Dorf auf. Ein ziemlich großer Lastwagen mit einem riesigen Generator und Tonnen von Ausrüstung kurvte über die enge und unbefestigte Zufahrt zum Kloster. Nach einigen wilden Manövern auf einer Straße, die noch nie zuvor ein so großes Fahrzeug gesehen hatte, erreichte der Fahrer sein Ziel und brachte den LKW erleichtert und mit kreischenden Bremsen vor dem Klosterhof zum Stehen. Ulli und Sabine, zwei Freunde aus Berlin, die zu dem Zeitpunkt in Rumtek waren, wurden Zeugen dieses ungewöhnlichen Ereignisses. Mehrere Männer luden Unmengen Kabel, zahlreiche Kameras, Scheinwerfer und andere elektronische Gerätschaften ab. Der Schauplatz wurde für größere Dreharbeiten vorbereitet. Die redseligen Filmleute erzählten, dass sie auf die offizielle Genehmigung warteten, um in einem versiegelten Raum drehen zu dürfen, der angeblich irgendwelche geheimnisvollen Gegenstände enthielt. Unseren Freunden war sofort klar, dass es sich um den Raum handelte, in dem die Reliquien der Linie – unter anderem die schwarze Krone und der umstrittene Brief – aufbewahrt wurden. Seit den dramatischen Vorfällen vom Juni 1992 war der Raum verschlossen und versiegelt gewesen, und eine Abordnung sikkimesischer Soldaten, die der Zentralregierung unterstanden, hatte rund um die Uhr vor der Tür Wache gestanden.

Am nächsten Tag wurde der Leiter des Filmprojekts von den beiden Regenten herzlich begrüßt. Er schien ein alter Bekannter zu sein und bewegte sich auf dem Klostergelände wie jemand, dem es wohlvertraut war. Er gab seinem Kameramann Anweisungen für die Aufnahmen, welche Perspektive er nehmen und für welche Eindrücke er sorgen sollte. Es war offensichtlich, dass Clemens Kuby sehr froh war, wieder in Rumtek zu sein. Sein Dokumentarfilm über die Entdeckung des 17. Karmapa kam in die entscheidende Phase. Damals wussten unsere Freunde nicht, dass Kuby auch ein „alter Bekannter" von Shamarpa und Ole war.

Die beiden Regenten hatten ein Gesuch an den Minister-präsidenten Bhandari gerichtet mit der Bitte, den versiegelten Raum zu öffnen. Die Rinpoches waren entschlossen, sich Zugang zu diesem Bereich zu verschaffen. Die schwarze Krone und die Reliquien auf der einen, der umstrittene Brief auf der anderen Seite waren für die beiden von hohem Wert. Der Gedanke, dass sich der entscheidende Beweis gegen seinen immer umstritteneren Anspruch hinter einer versiegelten Tür befand und von ein paar örtlichen Soldaten bewacht wurde, muss bei Situ Rinpoche für Nervosität gesorgt haben. Hätte die Entscheidung allein bei Bhandari gelegen, hätte er den beiden Regenten den Brief nur zu gern gegeben, und alle Reliquien und den ganzen Rest von Rumtek obendrauf. Delhi jedoch war nicht so großzügig. Die Auseinandersetzung hatte internationalen Ruhm erlangt, und die indische Regierung konnte es sich nicht leisten, die wichtigsten Wertgegenstände der Linie in China verschwinden zu sehen, wo sie später Ansprüche auf Rumtek untermauern könnten. Das Gesuch wurde abgelehnt, und Bhandari bekam die strikte Anweisung, den Raum weiterhin zu sichern.

Kuby kam also nicht dazu, in dem Raum zu filmen, und er durfte auch den Brief nicht sehen. Den wahrheitssuchenden Filmemacher schien es nicht zu stören. Das Ereignis wurde einfach inszeniert. Situpa las eine Kopie des Briefes vor und Gyaltsab Rinpoche interpretierte seinen Inhalt. Einige Tage später zog der Filmemacher mit seinem Team nach Tibet weiter, um den historischen Moment der Entdeckung des Kindes, der schon mindestens eineinhalb Jahre zurücklag, zu filmen. Unsere Freunde fragten sich, wie er das zustande bringen würde. Mit diesem Projekt brach Kuby zu völlig neuen Ufern auf und entwickelte eine bislang unbekannte Art der Reportage: Liveaufnahmen von längst vergangenen Ereignissen.

•

In Europa war die Neuigkeit des Herbstes ein Leitartikel über den 17. Karmapa Urgyen Trinley im Stern, dem bekannten deutschen Wochenmagazin. Ole hatte schon einen Monat vorher erfahren, dass das Magazin den Artikel plante. Natürlich sprach nichts dagegen, dass die Medien Themen wie Tibet oder Buddhismus aufgriffen. In vielen Fällen konnte das dazu beitragen, unsinnige Vorstellungen über östliche Religionen richtig zu stellen. Auch konnte es die tibetische Sache fördern und Rotchina dem Druck der Weltöffentlichkeit aussetzen. In diesem Fall jedoch hatte es den Anschein, dass die Autoren unter dem parteiischen Einfluss Kubys und seiner Unterstützer standen und Druck nur auf Künzig Shamarpa und Lama Ole ausüben wollten. Offenbar brauchte die Zeitschrift eine simple und exotische Story mit Schurken und Helden und es sah aus, als würden die Beweise für kommunistische Manipulationen, die unsere Zentren an die Herausgeber geschickt hatten, ignoriert werden.

Am 21. Oktober schaute der deutschen Öffentlichkeit von der Titelseite des Stern ein ganzseitiges, attraktives Farbfoto von Urgyen

Trinley entgegen. Die fett gedruckte Überschrift lautete: „Ein Kind ist Gott". „Vom Nomadenjungen zum neuen Buddha", war eine weitere Schlagzeile, die die Leser neugierig machen sollte. Noch am gleichen Tag hatte Lama Ole mehrere Exemplare der Ausgabe auf dem Tisch liegen. Sofort steckten wir die Nase in die Seiten des Hochglanzmagazins.

Nach einer recht guten Einführung in die Geschichte der Linie schilderte der Autor die beinah wundersame Entdeckung des Vorhersagebriefes durch Situ Rinpoche und die nicht weniger wundersame Auffindung des neuen Karmapa. Er erzählte, dass es dem Team des Stern dank einer Empfehlung Clemens Kubys erlaubt worden sei, über drei Minuten mit dem Gottkind zu verbringen. In seinem Verhalten gleiche der neue Buddha jedoch eher einem Nomadenjungen; der Kreis von Lamas, der ihn ständig umgebe, missbillige deutlich sein Benehmen. Besonders verstörend war offenbar die Angewohnheit des Gottes, ständig auf den Boden zu spucken. Der Reporter befand, das Kind sei klug, aber einsam, da es ihm nicht erlaubt sei, nach draußen zu gehen oder mit anderen Kindern zu spielen. Tatsächlich dürften ihn nur sehr wenige Menschen berühren, da man befürchte, negative Energien von gewöhnlichen Wesen könnten den Gott verunreinigen. Er werde ständig von mehreren hingebungsvollen Dienern gewaschen und geschniegelt und selbst bei kurzen Toilettenbesuchen begleitet. Der Stern-Reporter enthüllte auch, dass das Gottkind mit Vögeln spreche und auf einer Mauer einen Handabdruck hinterlassen habe.

Weiterhin war aus dem Artikel zu erfahren, dass China das Gottkind in einer überraschenden Geste als den 17. Karmapa anerkannt und ihm den Titel „lebender Buddha" verliehen habe. Der Dalai Lama – der Gottkönig – glaube, durch ihre formelle Anerkennung des Gottkindes nähere sich die chinesische Seite einem Kompromiss. Es gebe jedoch Buddhisten, die mit einer harmonischen Lösung nicht einverstanden seien, fuhr der Autor fort. Der größte Unruhestifter sei ein Verwandter des vorherigen Karmapa, der umtriebige Shamar, der durch diese neue Situation offensichtlich an Einfluss verliere. Sein Hauptagitator in Europa sei ein dänischer Lama namens Ole Nydahl.

Dann berichtete der gut informierte Autor von den Vorfällen in Rumtek, die sich im August zugetragen hatten. Seinen Quellen zufolge hätten sich sechzig unzufriedene Mönche, die sich der Anerkennung des Gottkindes widersetzten, mit Äxten und Messern bewaffnet in der Klosterküche verbarrikadiert und die Gläubigen, die gekommen waren, um mit Situ Rinpoche zu beten, mit Säurecocktails beworfen. Es folgte eine weitere überraschende Enthüllung, diesmal über die unmittelbare Zu-kunft Karmapas. Im November, so der sachkundige Verfasser, solle das Gottkind vom Dalai Lama in Rumtek inthronisiert werden. In Tsurphu zweifele niemand daran, dass der Junge der richtige Karmapa sei. Situ Rinpoche habe die Geschichte von seinem Traum von dem Tal mit den zwei Flüssen erzählt – genau der Ort, wo der Suchtrupp den Nomadenjungen gefunden habe. Die Mönche wiederum seien besonders von der gebieterischen Art beeindruckt, mit der der junge Buddha seinen Dienern Anweisungen erteile. Nach Ablauf der drei Minuten sei das Stern-Team hinausgeleitet worden, damit das Gottkind seine Studien fortsetzen könne.

Wir alle lasen die Geschichte und betrachteten die zahlreichen ganzseitigen Hochglanzfotos. Der Artikel war ein Paradebeispiel für billigen Journalismus. Er war nicht nur voreingenommen, sondern erwähnte keinen der Beweise, die wir vorgelegt hatten und stellte die gesamte Bandbreite des Tibetischen Buddhismus in einem folkloristischen und simplifizierenden Licht dar. Selbst unerschütterliche Anhänger Urgyen Trinleys mussten zugeben, dass der Junge und die ganze Szenerie in Tsurphu wie ein folkloristisches Kuriosum daherkamen. Die große Weisheit des Buddhismus kam mit keinem Wort zur Sprache. Doch offenbar hatte der Verfasser von Anfang an die Absicht gehabt, ein so primitives Bild zu vermitteln: eine Schwarzweißgeschichte mit fremdländischem Flair für die breite Masse. Die Frage nach der Wahrheit schien den Reporter nicht im Geringsten zu interessieren.

In einem Brief an die Zeitschrift wies Lama Ole im Namen unserer damals vierzig deutschen Zentren daraufhin, dass der Stern mit einer solchen Reklame für einen von den Chinesen ernannten Karmapa genau genommen die Unterdrücker Tibets unterstütze. Der Artikel, der die grundlegenden Tatsachen, die unsere Leute geliefert hätten, nicht erwähne, spiele den Kommunisten in die Hände. Auch viele unserer Freunde schrieben einzeln oder im Namen ihres Zentrums Leserbriefe, doch die Proteste stießen auf taube Ohren. Nicht einer unserer Briefe wurde abgedruckt oder auch nur beantwortet. Überraschenderweise veröffentlichte der Stern dafür das Glückwunschtelegramm einer deutschen buddhistischen Organisation, die Situ Rinpoche nahe stand und aus genau zwei Zentren bestand. Die chinesische Botschaft in Bonn dürfte nicht nur stolz, sondern auch dankbar gewesen sein.

Wir bemühten unsere Kontakte in deutschen Medien, um eine Richtigstellung des Stern-Artikels zu erreichen, aber niemand zeigte großes Interesse. Eine Kontroverse zwischen unbekannten Mönchen im Himalaja und die Tatsache, dass der Stern behauptet hatte, ein gewisser Nomadenjunge sei ein berühmter Lama, was ein paar deutsche Buddhisten ablehnten – solche Feinheiten galten nicht gerade als „heißes" Thema. Drei Jahre später, als China gegen den Dalai Lama vorging und einen eigenen Panchen Lama kürte, sollte die Welt endlich auf Pekings manipulative Aktivitäten zur Spaltung der Tibeter aufmerksam werden. Für den Augenblick mussten wir uns mit Artikeln in unserer eigenen Zeitschrift Kagyü Life* zufriedengeben. Aus heutiger Sicht betrachtet, hätten wir uns wahrscheinlich keine Sorgen machen müssen. Die allgemeine Öffentlichkeit zeigte an dem ganzen Thema so gut wie gar kein Interesse. Für die Stern-Leser war es eine exotische Geschichte aus einem fernen Land, der sie ungefähr so viel Aufmerksamkeit schenkten wie vielleicht der Entdeckung eines bislang unbekannten Stammes im Amazonasbecken.

Alarmierender war die Nachricht, dass Kuby seinen Doku-

---

*Die Zeitschrift Kagyü Life wurde im Jahr 1996 in Buddhismus Heute umbenannt.

mentarfilm im nächsten Frühjahr deutschlandweit ins Kino bringen wollte. Damit würde er auf dem Kamm einer Tibet-Welle reiten, die mit Bertoluccis Little Buddha ihren Anfang nahm. Die 35 Millionen Dollar teure amerikanisch-italienische Hollywoodproduktion sollte Anfang des folgenden Jahres in Europa anlaufen, und eine riesige Werbekampagne war bereits in vollem Gang. Kuby betitelte sein Werk passenderweise The Living Buddha. Der Titel ähnelte nicht nur auffallend dem von Bertolucci, sondern zollte auch dem kommunistischen China und den mit ihm kollaborierenden Lamas gebührend Anerkennung.

•

In der zweiten Oktoberhälfte 1993 flog Hannah nach Delhi. Sie wollte bis zum Jahresende im KIBI bleiben, um zu unterrichten und Shamarpa bei seinen Bemühungen zu unterstützen, Rumtek auf juristischem Wege zurückzugewinnen. Doch es gab noch einen wichtigeren Grund für ihre Anwesenheit in Indien. Eineinhalb Jahre nach Beginn der Krise sah es so aus, als stünde Shamarpa kurz vor einem historischen Schritt.

Bislang hatte er lediglich auf die eskalierenden Ereignisse reagiert; die Initiative war stets von Situpa ausgegangen. Shamarpa hatte hilflos zusehen müssen, wie sich die Angriffe auf seine Person mit unerwartetem Erfolg entwickelten. Trotz seines untadeligen Verhaltens waren sein Einfluss und sein Ansehen bei den Exiltibetern zusehends geschwunden. Außerhalb Asiens war das relativ bedeutungslos. Die ungewöhnliche Tatsache, dass die große Mehrheit der religiösen Würdenträger Tibets sich für einen von den Kommunisten ernannten Karmapa ausgesprochen hatte, war für die meisten Buddhisten in Europa nicht mehr von Belang. Die einst hoch verehrten Lehrer hatten sich in den Augen der Europäer unglaubwürdig gemacht, und den Praktizierenden in Dänemark oder Deutschland war es vollkommen gleichgültig, ob ein gewisser berühmter Rinpoche aus Kathmandu sich auf die Seite des Hauptregenten stellte oder nicht.

Künzig Shamarpa konnte sich diesen Luxus verständlicherweise nicht erlauben. Seine Stellung als zweithöchster Lama der Linienhierarchie war in hohem Maße davon abhängig, ob er von seinen tibetischen Brüdern unterstützt wurde. Doch Worte des Beistands seitens seiner Landsleute waren erschreckend selten. Vielmehr geriet Shamarpa wegen seiner nunmehr offiziellen Ablehnung des Kandidaten in Tsurphu von allen Seiten unter Beschuss. Seine Gegner kamen sowohl aus sämtlichen Himmelsrichtungen Asiens als auch aus einigen hasserfüllten Ecken in England, Frankreich und den USA. Es war an der Zeit, seine Behauptungen zu untermauern und Karmapas authentische Anweisungen, die sich seiner Aussage zufolge noch immer in der Obhut einer vertrauenswürdigen Person befanden, zu befolgen. Wir konnten uns nicht mehr darauf beschränken, Situpas Jungen einfach nur abzulehnen. Unsere stärkste Waffe gegen die mutmaßliche Fälschung, die Untersuchung des umstrittenen Briefes, würde allem Anschein nach nicht zum Einsatz kommen. Rumtek befand sich in Situpas Griff und besagter Brief war für Shamarpa unerreichbar und drohte sogar vernichtet zu werden. Es war von äußerster Wichtigkeit, dass Shamarpa einen eigenen Kandidaten für den 17. Karmapa präsentierte. Das war natürlich ein höchst riskantes Unterfangen, und ein Fehler konnte gravierende Folgen haben. Rotchina würde ganz gewiss nicht untätig bleiben und interessiert zuschauen, wie ihnen ein Konkurrent für ihren Karmapa unter der Nase weg entführt und an seinem Sitz in Indien installiert wurde. Wenn sie die Möglichkeit bekämen, würden die Kommunisten jeden, der auch nur die geringste Bedrohung für den Thron ihres Tulkus darstellte, dauerhaft aus dem Verkehr ziehen.

Es war mit hoher Wahrscheinlichkeit anzunehmen, dass sich Shamarpas Kandidat irgendwo im besetzten Tibet befand – ein namenloses Kind, das glücklich bei seiner Familie lebte und von dem weder Tibeter noch Chinesen etwas ahnten. Wie er schon mehrfach erklärt hatte, wusste der Hauptregent von einem Mann, der das brisante Geheimnis hütete.

Als sich das Jahr 1993 dem Ende neigte, begannen unsere Freunde in Europa allmählich zu spüren, dass irgendeine Aktion in Planung war. Es fiel kein einziges Wort darüber, doch irgendwie lag die Spannung in der Luft, und unsere Freunde auf dem Kontinent richteten ihre Blicke erwartungsvoll auf Lama Ole. Alle warteten auf irgendeine winzige Andeutung, die Karmapas Erscheinen bestätigen würde.

Zu dieser Zeit war Oles einzige Ablenkung von den Ereignissen in Asien die Situation in Griechenland. Wie er im Juli richtig vorausgesagt hatte, kehrten Georgia und Magnus in recht kämpferischer Stimmung aus Kathmandu zurück. Jeden Anschein von Höflichkeit ablegend, bliesen die beiden sofort zum ihrer Ansicht nach überfälligen Angriff auf alle Gegner Urgyen Trinleys. Sie teilten Ole und seinen Schülern im griechischen Vorstand mit, dass Tenga Rinpoche auf die dringende Bitte der Mitglieder hin die spirituelle Leitung Berchen Lings, oder „Schwarzer Berg", wie unser Zurückziehungszentrum in der Nähe von Korinth genannt wurde, übernommen habe. Seine erste Amtshandlung als Vorstandsvorsitzender bestand darin, den Zentrumsnamen still und leise in Karma Kamtsang zu ändern und Georgia und Magnus zu seinen alleinigen Vertretern zu ernennen, die das Zentrum leiten sollten.[33] Weiterhin gab das Paar bekannt, dass es bedauerlicherweise ihre Kräfte übersteigen würde, Lama Oles Programm in Karma Kamtsang im kommenden Sommer zu organisieren, weil Tenga Rinpoche zur gleichen Zeit die große Kalachakra-Einweihung geben werde. Selbstverständlich würden sie nicht zögern, Ole zu kontaktieren, sollten sie seine Dienste als Lama zufällig einmal benötigen.

Falls sich Georgia und Magnus der Illusion hingegeben haben sollten, ihren einstigen Lehrer überraschen zu können, indem sie Tenga Rinpoche in die Auseinandersetzung einbezogen, dann musste Oles Antwort sie schnell auf den Boden der Tatsachen zurückgebracht haben. Den bevorstehenden Ärger ahnend, hatte Lama Ole kurz nach den dramatischen Ereignissen in Rumtek 1992 Künzig Shamarpa gebeten, die spirituelle Leitung der

130 Zentren zu übernehmen, die Ole bis dahin für Karmapa gegründet hatte. Rinpoche hatte klugerweise zugestimmt, und im August 1992 war der „Schwarze Berg“ genau wie alle anderen Zentren unter die spirituelle Schirmherrschaft von Karmapas Hauptregenten gestellt worden. Dieser Schritt hatte uns in den darauf folgenden eineinhalb turbulenten Jahren einiges Kopfzerbrechen erspart. Die Position des höchsten Lamas in Berchen Ling war also schon besetzt und würde in absehbarer Zeit nicht vakant werden. Ole wusste sehr genau, dass Tenga Rinpoche nicht einen Sitz beanspruchen konnte, der bereits dem obersten Linienhalter gegeben worden war, welcher in der peinlich genau eingehaltenen tibetischen Hackordnung weit über Tenga stand. Höflich setzte Ole Georgia und Magnus über diesen Umstand ins Bild und brachte seine Hoffnung zum Ausdruck, dass sie nicht darauf bestehen würden, dem ehrwürdigen Tenga Rinpoche eine Aufgabe aufzuzwingen, die von Shamarpa bereits einwandfrei ausgefüllt werde. Dann entließ er sie aus ihren Funktionen in Berchen Ling und wünschte ihnen viel Erfolg in einem anderen Arbeitsbereich für den Buddhismus in Griechenland.

Der Name und die Autorität Künzig Shamarpas waren mehr als ausreichend, Tenga Rinpoches Begeisterung für ein Stück Berg im fernen Griechenland zu dämpfen. Gegen Georgias und Magnus‘ Drang, das Retreatzentrum zu übernehmen, wirkten sie allerdings nicht. In Ermangelung weiterer Argumente, aber nach wie vor fest entschlossen, machten sie sich die unglaubliche Mühe, das Grundstück einzuzäunen, um uns den Zugang zu verwehren. Angesichts der Größe des Geländes und der Unzugänglichkeit einiger Stellen zweifelsohne eine beeindruckende Leistung. Der glänzende Stacheldrahtzaun lief über steile Abhänge und zerfurchte Bergrücken und umfasste jeden einzelnen Zentimeter des Anwesens. Gleichzeitig aber war ihre gewaltige Anstrengung vollkommen unsinnig und nützte einzig und allein den Männern, die engagiert worden waren, den Zaun aufzustellen.

Um nicht hintanzustehen, zahlten unsere Freunde aus der Gruppe mit gleicher Münze zurück. Sie hatten wenig Sinn für

Georgias und Magnus‘ Bemühungen, die Landschaft mit Stacheldraht zu verschönern, und brachten das starrsinnige Paar vor Gericht, um ihr Zentrum zurückzubekommen. Der ungewöhnliche Fall weckte das Interesse des örtlichen Bezirksanwalts, der sich angesichts der augenfälligen Verletzung von Eigentumsrechten persönlich für uns einsetzte. Auf einmal sahen sich unsere Gegenspieler mit hohen Geldstrafen konfrontiert, und sogar eine Gefängnisstrafe stand drohend im Raum. Am Ende wurden die beiden nach zähem Rechtsstreit in dem komplizierten griechischen Justizsystem im Sommer 1994 dazu verurteilt, den Zaun abzubauen und uns so den Zugang zu unserem Zentrum zu ermöglichen. Und da alle anderen Mitglieder des griechischen Vorstandes hinter Lama Ole standen, blieb der Schwarze Berg in unserer Hand und Georgia und Magnus mussten ihren Ehrgeiz auf ein anderes Ziel richten.

•

Das Jahr 1994 nahte mit Riesenschritten, und Ole war sich darüber im Klaren, dass die kommenden Monate in unserem Kampf gegen Situ Rinpoches Leute entscheidend sein würden. Der Versuch, die Linie mit einem von den Kommunisten kontrollierten Karmapa zu beehren, könnte schon bald ein für allemal vereitelt sein, doch bis dahin stand uns noch ein harter Kampf bevor. Wir hatten unzweifelhaft die meisten Zentren im Westen. Wir hatten genug Kraft und Selbstvertrauen gewonnen, um die bloßgestellten Lamas davon abzuhalten, als unsere Lehrer wieder zu uns zu kommen. Es gab keinen Grund, jemanden wieder willkommen zu heißen, der sich mit den Feinden seines Heimatlandes verbündet und einen derartigen Mangel an politischem Bewusstsein und Rückgrat an den Tag gelegt hatte. Wir standen also auf festem Grund, trotzdem fehlte uns noch etwas Entscheidendes. Die Welt sollte noch erleben, dass Shamarpas Versprechen Wirklichkeit würde. Wir alle warteten noch immer ungeduldig darauf, dass der echte 17. Karmapa vorgestellt wurde und sich eindeutig zu erkennen gab. Eingedenk der politischen Tagesordnung und Rotchinas Entschlossenheit, Tibet in eisernem Griff zu halten, machten wir uns auf raue und höchst gefährliche Zeiten gefasst.

Ende Dezember, kurz vor Beginn unserer jährlichen Vortragsreise rund um die Welt, nahm Ole Caty und mich mit in sein Zimmer im Untergeschoss unseres Kopenhagener Zentrums. „Wenn alles gut geht", hörte ich Oles kräftige Stimme sagen, „können wir Karmapa in weniger als drei Wochen in Delhi in Empfang nehmen."

Kapitel 17

Karmapa

Am 2. Januar 1994 standen wir wieder einmal auf dem Bahnhof im ehemals kommunistischen Osten Berlins, um einen russischen Zug nach Wladiwostok im äußersten Osten Russlands zu besteigen. Genau zwei Jahre war es her, dass wir vom selben Bahnsteig aus gen Osten abgereist waren, aber es fühlte sich an wie eine Ewigkeit. Damals hatten die gut hundert Menschen, die gekommen waren, um ihren Lama zu verabschieden, keinen Zweifel gehabt, dass Karmapas Anerkennung in wenigen Wochen bevorstand. Ihre erwartungsvollen Gesichter hatten Bände gesprochen. Wir hatten zwar das Feuerwerk verpasst, trotzdem hatte eine festliche Stimmung geherrscht. Dieses Mal war alles etwas gedämpfter und die Erwartungen nicht so hochgeschraubt. Die vergangenen 18 Monate hatten für unkritische Tibet Enthusiasten wie eine kalte Dusche gewirkt. Es war, um es richtig zu verstehen, eine dringend nötige Dusche gewesen. Wir waren erwachsen geworden und konnten nun zwischen den zeitlosen Werten des Buddhismus und seinen relativen, kulturell geprägten Beimischungen unterscheiden. Die Leute fielen nicht mehr auf religiöse Spektakel herein, selbst wenn sie mit aufwendigen Ritualen aufgepeppt und von Personen mit klangvollen Namen geleitet wurden. Zugleich achteten wir bei aller kritischen Haltung auch darauf, nicht übertrieben skeptisch oder zynisch zu werden.

Obwohl die meisten der am Bahnhof Anwesenden gespürt haben müssen, dass es höchste Zeit wurde, dass Shamarpa seine Versprechen wahr machte, dachte noch niemand ans Feiern. Dabei gab es in Wirklichkeit durchaus Grund für ein diskretes Fest. Von Freunden und Feinden unbemerkt, hatte der Countdown für Karmapas Ankunft in Indien begonnen. Während wir unsere Plätze im Zug einnahmen, wurde in Asien ein echtes Mantel- und Degenstück in Gang gesetzt.

Eine Zugreise durch Russland liefert genug Material für ein

eigenes Buch. Jedes Mal, wenn wir auf der Fahrt gen Osten in den kuscheligen, völlig überhitzten Abteilen tagelang aufeinander hockten, während draußen der eisige Winterwind heulte und der Frost durch die ewig schmutzigen Fenster zu kriechen versuchte, fühlten wir uns wie Pioniere, die ein unberührtes Land entdeckten. Die üblicherweise schlechte Laune der allgegenwärtigen provod-nitza – eine robuste babuschkaartige Frauengestalt, die für den Waggon zuständig war –, der unerträgliche Gestank, der aus den immerzu verschlossenen Toiletten drang, und die absurde Vorschrift, dass um neun Uhr abends alle Lichter zu löschen waren – all diese widrigen Umstände konnten das Gefühl von Abenteuer nicht vertreiben, das wir hier erlebten. Verstärkt wurde dieses Gefühl jetzt noch durch die Ahnung der Gefahr, die die Ereignisse in Asien in sich bargen. So sehr Ole die winterlich weiße Weite des Nordens genoss, seine Gedanken waren verständlicherweise südwärts, in Richtung Tibet gerichtet, wo der bis zu diesem Zeitpunkt entscheidende Akt des Kagyü-Dramas seinen Lauf nahm.

Wir hatten vor, täglich mit Hannah Kontakt aufzunehmen, was allerdings leichter gesagt war als getan. Zwei Jahre nachdem die russische Wirtschaft ihre kommunistischen Fesseln abgeschüttelt hatte, war sie genau wie die meisten der riesigen Staatskonzerne im Chaos versunken und stand am Rande des Zusammenbruchs. Für die gewöhnlichen Russen waren die Segnungen des frisch importierten Kapitalismus noch nicht so recht zu erkennen. Das Fernmeldewesen bildete in der allgemeinen Unordnung natürlich keine Ausnahme. War das Telefon in weiten Teilen der alten Sowjetunion komplett unzuverlässig und praktisch nicht funktionsfähig gewesen, war es nun auch noch absurd teuer geworden.

Und so wurde ich nach eineinhalb Jahren erneut zur Geisel der Telefon- und Telegrafenämter entlang unseres Weges nach Wladiwostok, und meine Tage und einige Nächte verliefen nach einem immer gleichen Muster. Nachdem ich die meiste Zeit eines beliebigen Abends herumgesessen und jeden Quadratzentimeter des tristen Postamts genau in Augenschein genommen hatte, wurde ich plötzlich aus meiner Apathie gerissen. Delhi war in der Leitung. Eine blecherne Stimme aus einem Lautsprecher dirigierte mich zu einer der winzigen Telefonzellen, die das Postamt zierten. Hastig in das dunkle Kabuff tretend, in dem sich nicht ein einziges Sauerstoffatom befand, überfiel mich die Erkenntnis, dass dieser Kasten ausschließlich zu dem Zweck entworfen worden war, den ahnungslosen Kunden dem Erstickungstod zu überführen. Während die Türe zufiel, gab ich mir redlich Mühe, Hannahs gewichtige Worte zu entschlüsseln, die aus dem Hörer drangen. Um ihr zu antworten, musste ich mir die Lunge aus dem Leib schreien und hoffen, dass die Russen in diesem speziellen Postamt der dänischen Sprache noch nicht ganz mächtig waren. Durch die schneidende Kälte zum Vortragssaal zurückzurennen, um Ole die neuesten Nachrichten zu überbringen, war nach der Tortur der vergangenen Stunden eine willkommene Erholung. Unter diesen herausfordernden Bedingungen erreichten uns die Neuigkeiten aus Indien in chaotischen Häppchen.

Am 12. Januar schob sich unser Zug langsam durch den Ural, der Europa von Asien trennt. Bewaffnete Wachleute durchsuchten geschäftig die Abteile. Aus einem nahegelegenen Gefängnis waren mehrere gefährliche Sträflinge entflohen und überfielen nun die vorbeifahrenden Züge. Natürlich gab es keinen Grund zur Beunruhigung. „Nur eine Routineinspektion“, wurde uns versichert. Aller Routine zum Trotz dauerte die Durchsuchung geschlagene zehn Stunden, und die Soldaten blieben bis Nowosibirsk, unserer ersten Stadt in Sibirien, im Zug.

Auch dieses Jahr reiste wieder eine große Gruppe von Russen und Westlern mit uns. Offenbar konnten die vorherrschenden Temperaturen von -15° C das wilde Verlangen der Europäer, Sibirien im Winter zu erobern, nicht voll befriedigen. Alle wünschten sich tosende Schneestürme und arktische Bedingungen, und so wurde angesichts der behaglichen Wetterverhältnisse Ole um Hilfe gebeten. Konnte er nicht irgendetwas tun, um das entschieden zu milde Klima zu beeinflussen? Unsere Freunde sahen wirklich enttäuscht aus. Doch sie mussten sich nicht lange grämen. Als wir weiter ostwärts fuhren, zeigte Sibirien sein wahres Gesicht. Kurz vor Krasnojarsk fielen die Temperaturen auf beachtliche -40° C, und im Waggon der Europäer brach sofort das Heizungssystem zusammen. Die Leute fanden sich in einer spannenden Realität wieder, in der der Fußboden des Abteils nun eine Eislauffläche war. Brot war zu Eisblöcken gefroren. Das schien seine Wirkung zu tun. Wir hörten keine Klagen mehr über warme russische Winter.

Währenddessen stieg in Indien und Tibet die Temperatur weiter an. Am 16. Januar erreichten wir Irkutsk unweit des Baikalsees. Tags darauf gelang es uns, Hannah ans Telefon zu bekommen. Ihre Botschaft war eindeutig: Große Neuigkeiten standen unmittelbar bevor! Wir sollten unter allen Umständen in den nächsten 48 Stunden noch einmal anrufen. Uns stellten sich die Haare zu Berge. Ein Blick auf die Landkarte verriet uns, dass wir gar nicht so weit weg vom Schauplatz der Ereignisse waren. Irkutsk liegt knapp 250 Kilometer nördlich der mongolischen Grenze. Würde man von dort aus weiter nach Süden reisen, käme man unweigerlich irgendwo in Osttibet an, wo wahrscheinlich gerade die Vorbereitungen für Karmapas Abreise im Gange waren.

Die folgenden zwei Tage waren schwer zu ertragen. Seit dem Tod des 16. Karmapa 1981 waren dies ohne Zweifel die entscheidendsten Momente für die Zukunft der Linie. Die Gruppe fragte sich schon, warum wir die ganze Zeit mit Delhi telefonierten. „Ein großes Programm im KIBI“, erklärte Ole dann ganz sachlich. Die neugierigeren unter unseren Freunden bemerkten, es müsse in der Tat ein riesiges Programm sein, wenn Ole dafür jeden Tag stundenlang mit Hannah telefoniere.

Am 19. Januar – ein Tag, der uns lange im Gedächtnis bleiben würde – erreichten wir Ulan-Ude, die Hauptstadt von Burjatien, einer traditionell buddhistischen Republik innerhalb Russlands. Der Hambo Lama, spirituelles Oberhaupt der Burjaten, lud Ole auf eine Tasse Tee und einen Plausch in sein restauriertes Hauptquartier außerhalb der Stadt ein. Sein Volk hatte über Jahrhunderte den Gelugpas nahegestanden, und nach der jahrzehntelangen Unterdrückung durch die Sowjets wurden nun die alten Verbindungen zur „Gelbhut"-Schule nach und nach wiederhergestellt. Im eiskalten Zimmer des Hambo Lamas an seinem lauwarmen Tee nippend und den Erzählungen des Mönchs von seinem Aufenthalt in Dharamsala lauschend, war Oles Aufmerksamkeit völlig von Tibet eingenommen. Der Hambo ahnte nicht, dass einige tausend Kilometer weiter südlich just in diesem Augenblick Geschichte geschrieben wurde. Meine Aufmerksamkeit war auf etwas Naheliegenderes gerichtet: auf das örtliche Postamt. Heute sollten wir Hannah zurückrufen, und ich konnte es kaum erwarten, ein Telefon in die Finger zu bekommen. Nach einer langen Stunde eilten wir erleichtert aus Hambos eisigem Quartier zurück nach Ulan-Ude.

Während Ole am Abend vor einer recht großen burjatischen Zuhörerschaft einen Vortrag hielt, bezog ich erwartungsvoll in Ulan-Udes einzigem Postamt Position. Es erwies sich selbst für den niedrigen russischen Standard als ganz besonders unangenehm und ineffizient. Gleich zu Beginn gab man mir nachdrücklich zu verstehen, dass eine Verbindung nach Delhi vielleicht in ein oder zwei Tagen zustande kommen würde. Ich hatte keine andere Wahl, denn von einem normalen Hausanschluss nach Indien durchzukommen, konnte leicht eine ganze Woche in Anspruch nehmen. Es sah ganz so aus, als sei die Region noch fest in den Fängen des Kommunismus.

Nach dem Vortrag sollte Ole mit einem gewissen Lama Tsewang, dem einzigen Schüler Lopön Tsechus in diesem Teil der Welt, zu einem Gespräch zusammenkommen. Genau wie in der Mongolei, wo sich der gerade wieder hergestellte Buddhismus überwiegend auf ein kulturelles Revival beschränkte, bedeutete der Titel eines „Lama" in der Regel, dass sich der Träger als Buddhist betrachtete. Auf keinen Fall war er eine Garantie dafür, dass er sich in den buddhistischen Schriften oder Ritualen auskannte. Tsewang war, obwohl er den Titel eines Lamas trug, ein typisches Beispiel dafür. Er hatte die Leitung für ein großangelegtes

Stupa-Projekt übernommen, das die Burjaten mit Lopön Tsechus Hilfe im letzten Jahr der Herrschaft Gorbatschows begonnen hatten, und gab sich nun alle Mühe, die Millionen von Dollar aufzutreiben, die für die Fertigstellung gebraucht wurden. Als der Kommunismus zusammenbrach, hatte Gorbatschow - wohl in dem Bemühen, die internationale Meinung für sich einzunehmen -, die ethnischen Minderheiten Russlands mit Geldmitteln überhäuft. Auch das große Vorhaben in Burjatien hatte davon profitiert. Inzwischen stand das Land am Rande des Bankrotts, und Jelzin war nicht mehr so großzügig. Die Gelder für Bildung und erst recht für ausgefallene religiöse Unternehmungen waren zusammengestrichen worden. Das große Projekt war ins Stocken geraten, daher war es wichtig, sich Tsewangs Sorgen wenigstens anzuhören. Sollte die Verbindung nach Delhi zustande kommen, sollte ich auf der Stelle vom Postamt zu unserem Hotel sprinten, wo Ole und Caty sich bis spät in die Nacht mit Tsewang beraten würden.

Die Stunden des Wartens zogen sich schmerzlich in die Länge. Nach Mitternacht wurde meine Nachtwache von ein paar Männern gestört, die sich im Wartesaal des Postamts einfanden. Die abgerissen aussehenden Typen zeigten keinerlei Interesse an irgendwelchen Ferngesprächen, sondern streckten sich auf dem schmutzigen Fußboden aus und verwickelten sich sofort in eine hitzige Diskussion. Im Nu war alles mit Flaschen, Papierfetzen und anderem Müll übersät. Eine verdächtig aussehende Flasche mit einer gelblichen Flüssigkeit wurde herumgereicht. Erstaunt beobachtete ich, wie der Lauteste in dem Haufen den kompletten Inhalt der Flasche hinunterstürzte und mit offenkundiger Befriedigung nach mehr schrie. Ein metallischer Geruch stieg mir in die Nase. Just in diesem Augenblick durchschnitt das Schrillen eines Telefons die dicke Luft. Ich sprang auf und rannte zu der einzigen Kabine, die, wohlüberlegt und strategisch günstig, in der Mitte des Raumes platziert worden war. Ich riss den Hörer hoch und lauschte, wie der russische Telefonist die lang ersehnten Worte sprach: Neu-Delhi.

Die Stimme des großen Tashi klang undeutlich und weit entfernt, doch der Inhalt seiner Worte war unmissverständlich. Nein, Hannah sei nicht verfügbar und nein, er könne nicht sagen, wo sie sei, und schließlich: Ja, sehr gute Nachrichten. „Bitte, nur für Lama Oles Ohren", flüsterte Tashi vertraulich. Und er fügte in aller Ruhe hinzu: „Karmapa ist in Delhi." Auf einmal konnte ich jeden einzelnen Ton hören, der durch die überlastete und antiquierte Leitung von Indien nach Ulan-Ude drang. Die übliche Kakophonie der Geräusche, die jedes Ferngespräch in diesem Teil der Welt begleitete, verwandelte sich in meinem Geist in eine herrliche Symphonie. Ich sprang aus der Kabine, bezahlte die Gebühren, schenkte meinen Quälgeistern vom Postamt ein strahlendes Lächeln, stand wenige Sekunden später draußen in der Eiseskälte und steuerte schnurstracks auf unser Hotel zu.

Als Caty, Lama Ole und ich spät nachts schweigend in der dunklen Hotellobby saßen, muss Ole gefühlt haben, dass eine Schwelle überschritten worden war. Sein fast zwei Jahre währender Kampf hatte zu guter Letzt ein äußerst wünschenswertes Resultat erbracht. Wenige Stunden zuvor war Karmapa in Delhi eingetroffen. Voller Freude und Erleichterung wollte Ole die gewaltigen Neuigkeiten mit unseren Freunden teilen. Doch noch barg die ganze Unternehmung einige Gefahren, und wir mussten erst mit Hannah reden, bevor wir irgendwelche Schritte unternehmen konnten. Aber in diesem Moment sah die Zukunft endlich rosig aus. Zum ersten Mal seit den Ereignissen von 1992 fühlten wir uns dem Sieg greifbar nahe.

•

Jahre später, auf einer internationalen Karma-Kagyü-Konferenz im KIBI, Neu-Delhi, im Jahre 1996 würde Shamar Rinpoche die Ereignisse schildern, die zur Auffindung und Anerkennung des 17. Karmapa geführt hatten. Die Frage lag allen auf der Zunge: Wie hatte der junge Karmapa, der völlig anonym im besetzten Tibet lebte, die Aufmerksamkeit seines engsten Schülers auf sich gezogen? Immerhin lebte Shamarpa einige tausend Kilometer entfernt in Nordindien, hatte kaum Zugang zu Tibet und keinerlei Einfluss dort. Anders als Situ Rinpoche stand er bei den Chinesen, den wahren Herren in Lhasa, in Ungnade. Auch Karmapas authentische Anweisungen über seine nächste Wiederkehr waren, sofern es sie überhaupt gab, für den Hauptregenten nicht verfügbar.

Shamarpas Antwort führte uns in die turbulenten Jahre nach dem Tod des 16. Karmapa 1981 zurück. Wie der Leser erkannt haben wird, herrschten zwischen den Rinpoches, die für die Zukunft der Kagyü-Schule verantwortlich waren, Misstrauen und Feindseligkeiten. In jener bewegten Zeit wurde der Prozess der Auffindung des nächsten Karmapa, eigentlich eine rein spirituelle Aufgabe, zur Geisel weltlicher Ziele. Einige Lamas waren auf Geld und Macht aus. Shamarpa war gezwungen, in einem weltlich gesinnten Umfeld zu agieren, und wohl in der Überzeugung, sein schärfster Rivale Situpa würde sich über Karmapas Interessen hinwegsetzen, hatte er sich für einen Alleingang entschieden. Die Geschichte, die er bei der Konferenz erzählte, enthüllte das Ausmaß der Spannungen, die schon geraume Zeit vor 1992 an der Spitze der Linie aufgetreten waren. Und sie vermittelte uns einen Einblick in die verschlungene Art und Weise, in der die 17. Inkarnation Karmapas sich zu manifestieren beschlossen hatte.

1986, als Shamarpa sich in Delhi aufhielt, um den Bau des KIBI zu beaufsichtigen, hatte er unerwarteten Besuch erhalten. Chobgye Tri Rinpoche, ein hochqualifizierter Sakya-Lama, der beim 16. Karmapa in höchstem Ansehen gestanden hatte, hatte dem Hauptregenten der Kagyüs eine wichtige Botschaft zu übermitteln.

„Kurz bevor der letzte Karmapa starb, hatte ich einen Traum“, begann Chobgye Tri geheimnisvoll. „Seine Heiligkeit umschritt in seiner üblichen Dharma-Robe einen Stupa. Er wirkte traurig. In dem Traum war auch ich traurig und weinte. Kurz nach diesem Traum starb Karmapa. Wenige Tage bevor ich hierher kam, hatte ich einen weiteren Traum. Darin war Seine Heiligkeit in eine gelbe Robe gekleidet, und wieder umwandelte er einen Stupa. Das Gelb seiner Robe strahlte, und Seine Heiligkeit war in freudiger Stimmung. Am gleichen Tag kam gegen Mittag ein Verwandter aus Lhasa zu Besuch. Er brachte ein Foto von einem kleinen Jungen mit, der in der Gegend, aus der mein Verwandter stammte, gut bekannt war. Die Leute dort wussten, dass er schon mehrmals gesagt hatte, er sei Karmapa."

Als er das gehört habe, habe Chobgye Tri Rinpoche gespürt, dass er Shamarpa die Neuigkeit mitteilen müsse. Deswegen habe er einen Besuch in seinem Kloster verkürzt und sei sofort nach Delhi gereist. „Du darfst auf der Grundlage dessen, was ich dir erzählt habe, keine Entscheidung treffen", sagte Chobgye Tri zum Schluss mit großem Ernst. „Dein Urteil muss sich auf die Anweisungen stützen, die der verstorbene Karmapa hinterlassen hat, und auf die Visionen und Erlebnisse qualifizierter Meister der Linie."

Das Kind auf dem Foto sah sehr jung aus. Shamarpa schätzte ihn auf nicht einmal drei Jahre. Er war tief beeindruckt von dem, was er gehört hatte, und muss wohl beschlossen haben, die Sache für sich zu behalten, jedenfalls erzählte er seinen drei Kollegen nichts davon. Auch muss er zu dem Schluss gekommen sein, dass der Hinweis es wert war, weitere Nachforschungen anzustellen. Die Gelegenheit dazu ergab sich Anfang 1987, als Lopön Tsechu Rinpoche als Repräsentant der buddhistischen Vereinigung Nepals nach Lhasa entsandt wurde. Shamarpa bat ihn, das Kind unauffällig aufzusuchen und dabei sicherzustellen, dass niemand den wahren Zweck seiner Mission erfuhr. Damals lebte die Familie des Kindes im Barkhor-Viertel von Lhasa. Sein Vater war Mipham Rinpoche, ein sehr bekannter Nyingma-Meister.

Lopön Tsechu Rinpoche kehrte mit einer Fülle von Informationen nach Nepal zurück. Er kannte die Namen der Eltern, ihre Vergangenheit sowie den Geburtsort und die Geburtszeit ihrer beiden Söhne. Tsechu Rinpoche hatte auch erfahren, dass der Vater im Besitz mehrerer religiöser Gegenstände und Briefe war, die dem vorherigen Mipham gehört hatten. Einer dieser Briefe erregte Lopön Tsechus Aufmerksamkeit. Darin stand, in seiner nächsten Inkarnation werde Mipham einen Sohn mit Namen Rigpe Yeshe Dorje zeugen. Shamarpa muss sofort erkannt haben, dass der „Rigpe Dorje"-Teil des Namens einen deutlichen Bezug zum letzten Karmapa Rangjung Rigpe Dorje herstellte. Dieser Hinweis war überaus ermutigend.

Shamarpa schickte einen weiteren Gesandten nach Tibet, um noch mehr in Erfahrung zu bringen. Dieser kehrte mit neuen aufregenden Nachrichten zurück. Insbesondere eine Geschichte muss Shamarpa aufgerüttelt haben.

Eines Tages ging der kleine Junge zusammen mit einem Freund seines Vaters zum Jokhang-Tempel in Lhasa. Während sie den Tempel umschritten, bemerkten sie eine große Menschenmenge, die sich vor dem Eingang versammelt hatte. Sie folgten der Menge und sahen im Inneren des Tempels einen kräftig gebauten Lama, der das Gesicht einer Buddhastatue mit Gold bemalte. Als das Kind den Lama erblickte, rannte es zu ihm und fragte: „Erkennst du mich?" Der Lama entgegnete: „Nein." Der Freund des Vaters berichtete den Eltern später von dem Vorfall. Sie wurden neugierig und wollten mit dem Lama reden. Sie stellten Erkundigungen an und erfuhren, dass es Gyaltsab Rinpoche gewesen war. Doch als sie aufbrechen wollten, um den bedeutenden Rinpoche zu treffen, hielt ihr Sohn sie zurück. „Ich will ihn nicht sehen, weil er mich nicht erkannt hat", rief er und weigerte sich, den Lama aufzusuchen.

Shamarpas Aussage bei der Kagyü-Konferenz zufolge trat ungefähr zu dieser Zeit eine sehr angesehene Person, ein Schüler des 16. Karmapa, mit einer überaus wichtigen Mitteilung an ihn heran. Diese hoch geachtete Person behauptete, im Besitz von Karmapas Anweisungen zu sein, die Hinweise auf die kommende Inkarnation Seiner Heiligkeit enthielten. Er behauptete, die Information direkt von Karmapa selbst erhalten zu haben, sie aber den Anweisungen seines Gurus zufolge, an die er sich gebunden fühlte, noch nicht preisgeben zu können.

Je mehr Hinweise Shamarpa auf Karmapas nächste Wiedergeburt erhielt, desto weniger schien er geneigt, die anderen drei Rinpoches einzuweihen. Zwar nahm er an den wenigen ergebnislosen Treffen der Vier in Delhi teil, erzählte ihnen aber genau gar nichts. Er musste schon damals jedes Vertrauen in seine Kollegen verloren haben. Selbst der Dalai Lama lief mit seiner Anfrage ins Leere und musste sich mit der allgemein gehaltenen Zusage begnügen, dass in der Tat jemand aufgetaucht sei, der versicherte, im Besitz der Anweisungen des letzten Karmapa zu sein. Shamarpa weigerte sich kategorisch, die Identität dieser Person preiszugeben. Er machte nicht die leiseste Andeutung, dass es auch in Tibet bedeutsame Hinweise gab.

Shamarpa betrieb seine Nachforschungen im Geheimen und beschloss, einen dritten Boten nach Lhasa zu schicken. Der Vater des Kindes nahm als bekannter Lama eine Sonderstellung ein. Viele Menschen baten ihn in spirituellen und weltlichen Angelegenheiten um Beistand. Das Heim der Familie stand allen offen – jeder konnte vorbeischauen, um den Segen oder den Rat des Lamas zu erbitten. Shamarpa wies seinen Gesandten an, die Familie unter dem Vorwand aufzusuchen, er brauche in geschäftlichen Dingen einen Rat. Daraufhin solle er täglich zurückkehren und das Kind dabei heimlich beobachten. Doch es klappte nicht ganz so wie erwartet. Kaum hatte Shamarpas Mann das Haus betreten, da schien es ihm schon wieder angeraten zu gehen. Ein kleiner Junge mit heller Haut trat auf ihn zu und sagte ganz ruhig: „Du bist gekommen, um mich zu suchen." Das genügte. Der Mann blieb noch einige Tage in Lhasa und kehrte dann unverzüglich nach Nepal zurück. Die Geschichte, die er zu erzählen hatte, war nur ein weiterer Beweis für die außergewöhnlichen Fähigkeiten des Jungen. Die Nachforschungen nahmen Fahrt auf.

Um entscheiden zu können, wer der Junge wirklich war, beschloss Shamarpa, ins Retreat zu gehen. Diese Methode wurde traditionell von Lamas angewandt, um ihre Wahl einer Reinkarnation auf ihre Richtigkeit zu prüfen. Wenn keine authentischen Anweisungen vorlagen, waren verlässliche Zeichen nur durch Meditation zu erlangen. Am Morgen des siebten Retreattages hatte Shamarpa einen einzigartigen Traum. Der 16. Karmapa vollführte ein Ritual für einen Verstorbenen. Nachdem er die Gebete beendet hatte, erklärte er: „Jetzt kann ich überall hinkommen, wo du willst.“ Tags darauf hatte Shamarpa noch einen Traum. Darin sah er eine goldene Buddhastatue von enormen Ausmaßen. Als er Reiskörner auf den Buddha werfen wollte, verwandelte sich der Reis in Regen, der auf die Statue fiel. Von einer sehr großen Butterlampe, die mit Nektar gefüllt war, begann Licht in alle Richtungen hinauszustrahlen.

Angesichts dieser glückverheißenden Visionen muss der Regent der Kagyü zu der Überzeugung gelangt sein, dass das Kind in Lhasa die echte Reinkarnation war. Voller Vorfreude traf er Vorbereitungen, um nach Tibet zu reisen und das Kind heimlich zu prüfen. Er wollte als Geschäftsmann in die tibetische Hauptstadt reisen, das Haus der Familie unter dem Vorwand aufsuchen, den Vater um Rat fragen zu wollen, und den Jungen in Augenschein nehmen. Dieser Plan schien denkbar einfach, und so muss Shamarpa voller Zuversicht, bald zum ersten Mal den jungen Karmapa zu sehen, zu seiner verdeckten Mission aufgebrochen sein.

Die einzigen Menschen jedoch, die er in Tibet ständig zu Gesicht bekam, waren tibetische Kaufleute aus Kathmandu, die auf Geschäftsreise in Lhasa weilten. Der ausgezeichnete Plan schlug fehl. Shamarpa war noch nie in Lhasa gewesen und hatte sich das Barkhor-Viertel, in dem die Familie wohnte, so groß vorgestellt, dass man dort unauffällig untertauchen konnte. Tatsächlich erwies sich der Barkhor als ein winziges, von Menschen überquellendes Viertel mit ein paar engen Gassen, die zum Jokhang-Tempel führten. Es hatte Ähnlichkeit mit der Einfriedung einer kleinen Klosteranlage. Zu seiner großen Enttäuschung musste sich Shamarpa eingestehen, dass er sich nicht unerkannt unter die Leute würde mischen können. Zu allem Überfluss waren die Straßen voll von tibetischen Händlern aus Nepal – darunter einige seiner Nachbarn aus Kathmandu – die es als mindestens sonderbar, wenn nicht als völlig bizarr empfunden hätten, den höchsten Kagyü-Regenten im Geschäftsanzug durch Lhasa spazieren zu sehen. Es war damit zu rechnen, dass er sofort auffliegen würde, sollte er sich in die Nähe des Hauses wagen.

Die chinesischen Behörden waren auch nicht dumm und hatten wahrscheinlich schon Wind davon bekommen, dass Shamar Rinpoche nach Tibet eingereist war und in der tibetischen Hauptstadt den Touristen mimte. So war er auf die Sicherheit seines Hotelzimmers beschränkt und muss gemerkt haben, dass er unter Beobachtung stand. Jeder Versuch, unter diesen widrigen Bedingungen das Haus der Familie aufzusuchen, hätte schwerwiegende Konsequenzen nach sich ziehen können. Er hatte keine andere Wahl, als die Aktion abzubrechen. Um die chinesische Polizei zu verwirren, unternahm Shamarpa stattdessen einen Ausflug nach Namtso, einem Touristengebiet im Norden des Landes. Nach seiner Rückkehr nach Lhasa nahm er schnell den nächsten Flug zurück nach Kathmandu.

Dort angekommen, griff er zu der letzten verbliebenen Methode, seine Vermutung zu bestätigen. Wenn man in Tibet nach Zeichen für eine Reinkarnation suchte, war es Tradition, die verschiedenen Möglichkeiten aufzuschreiben, die Zettel in Teig einzurollen und die Kugeln in ein Gefäß zu geben. Anschließend begab man sich an einen heiligen Ort und meditierte darauf, dass die Kugel mit dem richtigen Hinweis herausfallen würde, wenn man das Gefäß umdrehte. Um zu überprüfen, was für ihn zu diesem Zeitpunkt schon so gut wie sicher gewesen sein muss, schickte Shamarpa seinen ältesten Ratgeber, Lama Tsultrim Dawa, zu mehreren heiligen Orten in und um Kathmandu, um dort das traditionelle Ritual durchzuführen. Parphing war einer dieser Orte und bei Pilgern äußerst beliebt. Damals kursierten in Nepal schon zahlreiche Spekulationen über die wahre Identität des 17. Karmapa, und so beschloss Shamar Rinpoche, lieber seinen gelehrten Lama zu schicken, als sich selbst dort sehen zu lassen. Der Anblick des höchsten Kagyü-Regenten bei einem Vorhersageritual hätte nur Anlass zu weiterem unkontrollierten Gerede gegeben.

Zwei Zettel wurden in das Gefäß gelegt: Auf dem einen stand, dass Mipham Rinpoches Sohn die Reinkarnation des 16. Karmapa sei, auf dem anderen, dass er es nicht sei. Lama Tsultrim Dawa wiederholte das Ritual viermal an vier verschiedenen Orten, und jedes Mal fiel das Papier heraus, auf dem stand, dass der Junge der 17. Karmapa war. In Shamarpas Augen war die Beweislage eindeutig. Nachdem er genügend Beweise gesammelt hatte, nahm Shamarpa zu der Person Kontakt auf, die behauptet hatte, im Besitz der Anweisungen des letzten Karmapas zu sein. Nachdem der Mann Shamarpas Bericht über das einzigartige Kind und die Erkundungsreisen nach Lhasa gehört hatte, erklärte er, keine Einwände gegen den von Shamar Tulku eingeschlagenen Weg zu haben. Er betonte jedoch, dass er seine Informationen noch immer nicht preisgeben könne, da die Zeit dafür noch nicht gekommen sei.

Obwohl Shamarpa eine ganze Reihe von Bestätigungen erhalten hatte, verlor er kein einziges Wort darüber. Den drei Rinpoches gegenüber machte er nicht die geringste Andeutung, dass er tatsächlich glaubte, die echte Reinkarnation gefunden zu haben. Grund für seine Geheimhaltung musste wohl die recht unerfreuliche Annahme gewesen sein, dass seine Kollegen, ob mit Absicht oder nicht, Karmapas Aktivität behindern würden, sobald sie Gelegenheit bekämen, ihn unter ihre Fittiche zu nehmen. Vielleicht hegte Shamarpa auch den Verdacht, Situ Rinpoche könne, wenn er die Möglichkeit dazu hätte, den Jungen fröhlich im besetzten Tibet festsetzen. Situpas Allianz mit den kommunistischen Chinesen war zu jener Zeit bereits ein offenes Geheimnis.

Und als folgten die Geschehnisse einem bösartigen Skript, bestätigten sich bei dem entscheidenden Treffen der Regenten im März 1992 Shamarpas schlimmste Befürchtungen. Situ Rinpoches „Vorhersagebrief" war nach allem, was Shamarpa wusste, nur eine schlechte Fälschung. Zwar weigerte er sich, den Brief als aus Karmapas Feder stammend anzuerkennen, erwähnte aber zugleich seinen eigenen Durchbruch in der Sache mit keiner Silbe.

Stattdessen bestand er darauf, den Brief wissenschaftlich untersuchen zu lassen. Eine Konfrontation wurde unvermeidlich. Die jenem Treffen folgenden dramatischen Entwicklungen wurden in diesem Buch bereits detailliert geschildert.

Nachdem Situ und Gyaltsab Rinpoche ihren Plan im Handumdrehen umgesetzt und ihren Kandidaten mit formeller Zustimmung des Dalai Lama und mit Hilfe der Chinesen vorgestellt und anerkannt hatten, war Shamar Tulku ins Hintertreffen geraten. In Ermangelung weiterer Optionen hatte er einmal mehr die Person, die Karmapas Anweisungen hütete, um Rat gebeten. Shamarpa wollte wissen, ob der Brief echt war und wie er im Lichte der jüngsten schändlichen Vorfälle weiter verfahren solle. Ohne zu zögern erklärte der Mann, Situpas „Vorhersagebrief" sei falsch. Da er aber im Moment nichts weiter tun könne, empfahl er ihm, die anderen zu Ende bringen zu lassen, was sie so heimtückisch begonnen hatten. Und so hatte der Kagyü-Regent fast eineinhalb Jahre lang geduldig auf seine Stunde gewartet, manchmal nicht wissend, was zu tun war, aber die ganze Zeit mit dem geheimnisvollen Hüter in Verbindung und voll und ganz davon überzeugt, dass der Junge in Lhasa der richtige Karmapa war.

Schließlich, gegen Ende 1993 musste Shamarpa zu dem Schluss gekommen sein, dass die Zeit zum Handeln gekommen war. Dank Lama Oles unerschütterlichem Beistand wusste er fast 160 Kagyü-Zentren im Westen hinter sich. Noch dazu stieg mit jeder weiteren Verzögerung das Risiko, dass die Chinesen von seinen wahren Absichten Wind bekamen und das Kind in Lhasa aufspürten. Mit Sicherheit würden sich Tibeter finden, die eine solche Aktion tatkräftig unterstützten. Als letzten Schritt, bevor er endgültig aktiv wurde, weihte er den geheimen Vertrauten in seinen Plan ein, den Jungen und seine Familie nach Delhi einzuladen. Selbstverständlich wusste niemand, dass dieser Junge Shamarpas Wahl für den 17. Karmapa war, und er muss froh gewesen sein, dass die Ausreise des Jungen aus China ganz legal arrangiert werden konnte. Sobald der Junge in Indien eingetroffen sei, fügte Shamarpa hinzu, wolle er mit seiner Überzeugung an die Öffentlichkeit gehen und das Kind als den echten Karmapa vorstellen. Der Mann hatte keine Einwände. „Du bist die Inkarnation Shamarpas. Ich kann nichts Falsches an deinem Vorgehen erkennen", erklärte er nachdenklich. Zugleich fügte er hinzu, dass er die Anweisungen Karmapas immer noch nicht offen legen könne. Er beharrte darauf, alles genau so zu machen, wie es ihm aufgetragen worden war. Die Zeit sei noch nicht reif, die Nachricht, die man seinem Schutz anvertraut hatte, zu offenbaren.

In Tibet tickte derweil die Uhr. Das Kind und seine Familie waren in jüngster Zeit zur Zielscheibe behördlicher Schikanen geworden. Diese standen zwar in keinem Zusammenhang zu der noch immer geheim gehaltenen Tatsache, dass Shamarpa ihren jüngsten Sprössling ins Visier genommen hatte. Shamarpa wusste jedoch sehr gut, dass es nur noch eine Frage von Monaten, vielleicht sogar Wochen war, bevor die Chinesen einen Zusammenhang zwischen der wachsenden Bekanntheit des Jungen in seiner Gemeinschaft und der geheimen Suchaktion des Kagyü-Regenten in Lhasa herstellen würden. Daher beantragten der Junge und seine Eltern im Januar 1994 eine Genehmigung, um nach Kathmandu reisen zu dürfen, und brachen sofort auf dem Landweg Richtung Nepal auf, sobald sie ihre Pässe erhalten hatten. Es war ein legaler Kunstgriff. Die Chinesen erkannten zu spät, dass sie dem 17. Karmapa die Ausreise aus dem von ihnen kontrollierten Tibet gestattet hatten. Die Mipham-Sippe war völlig legal durch das engmaschige Netz geschlüpft, das ihr Land umspannte, und unentdeckt zuerst nach Nepal und später nach Delhi gereist. Für uns war diese Nachricht so erfreulich, wie sie für die Chinesen niederschmetternd gewesen sein muss.

•

In Russland mussten wir unsere Freude zurückhalten. Bevor er die wichtigen Neuigkeiten bekannt geben konnte, musste Lama Ole erst mit Hannah sprechen. Früh am nächsten Morgen eilten Ole, Caty und ich zu dem mittlerweile wohl bekannten Postamt in Ulan-Ude und meldeten ein weiteres Ferngespräch nach Delhi an. Die Gestalten der letzten Nacht waren verschwunden, aber die Unordnung, die sie der Tagschicht vermacht hatten, konnte noch besichtigt werden. Dieses Mal stand die Verbindung nach Neu-Delhi in weniger als einer Stunde. Ole lauschte aufmerksam jedem einzelnen Wort Hannahs. Ja, endlich sei es soweit, der junge Karmapa sei in Delhi angekommen. Sein Name sei Tenzin Khyentse. Bislang wüssten nur sehr wenige vertraute Akteure Bescheid. Im KIBI ahnte niemand, dass sich das Oberhaupt der Linie an einem geheimen Ort in der indischen Hauptstadt aufhielt. Shamar Rinpoche wolle noch ein paar Wochen abwarten, bevor er ihn offiziell vorstellte. Das Risiko sei offensichtlich noch immer sehr groß. Es sei schwer vorauszusehen, wie China und Situpas Clique auf unseren Coup reagieren würden, aber mit einer Konfrontation war mit Sicherheit zu rechnen, vielleicht sogar mit einem gewaltsamen Angriff auf das KIBI. Ole solle noch nichts sagen. Und ja – Hannah habe Karmapa gesehen. Sie habe keine Zweifel, dass er der Richtige sei. Er habe Ole auf einem neueren Foto wiedererkannt und angemerkt, dass sich sein Schüler in den vergangenen Jahren eine neue Frisur zugelegt habe. Ole solle unbedingt so schnell wie möglich nach Delhi kommen. Hannah hoffte, ihren Mann in ein paar Tagen in der indischen Hauptstadt begrüßen zu können.

Als wir zurückeilten, um die Reisegruppe zu treffen, schwirrte uns von den jüngsten Neuigkeiten der Kopf. Karmapa war bei uns, dem Zugriff der Kommunisten entzogen. Für Rotchina war das eine komplette Niederlage. Einer Hand voll Idealisten war es gelungen, eine totalitäre Supermacht auszutricksen. Wir hatten allen Grund, stolz zu sein. Das Wichtigste aber war, dass das Oberhaupt der Kagyü-Linie jetzt die Möglichkeit hatte, seine großartige Aktivität in der Welt zu verbreiten und unzähligen Wesen zu nutzen. Wir wiederum konnten uns endlich aus den politischen Verstrickungen befreien und uns wieder dem Buddhismus zuwenden, wenn auch um einiges an Erfahrung reicher. Fürs Erste aber mussten wir unsere Aufmerksamkeit wieder auf Russland lenken und in der Gegenwart unserer Freunde unsere Begeisterung etwas dämpfen. Eine verfrühte Andeutung, dass Karmapa in Neu-Delhi sei, könnte den Jungen und seine Familie in Gefahr bringen. Das Risiko war real. Also lernten wir, unsere Gefühle zu bändigen, und taten für den Rest unserer Russlandreise so, als wäre in Indien oder Tibet nichts von Bedeutung geschehen.

Ole von Sibirien aus nach Delhi zu bringen, war keine leichte Aufgabe. Zunächst sah es so aus, als wenn die einzig vernünftige Option darin bestand, in die russische Hauptstadt zurückzukehren und darauf zu hoffen, einen Platz in einem der völlig überbuchten Flüge nach Neu-Delhi zu ergattern, die Aeroflot und Air India anboten. Von unserem momentanen Standort Ulan-Ude aus war schon die Reise nach Moskau per Flugzeug oder Zug ein langwieriges und von Unwägbarkeiten gepflastertes Unterfangen. Die trübe Aussicht, erst in zwei Wochen in Indien anzukommen, war gar nicht so unrealistisch. Da Ole keine Lust hatte, eine Woche lang zur russischen Hauptstadt unterwegs zu sein und eine weitere Woche auf der Warteliste nach Delhi festzusitzen, beschlossen wir, Moskau fallenzulassen, die Russlandtour wie geplant abzuschließen und dann von Australien aus nach Indien zu fliegen. Wir würden in der ersten Februarwoche über Tokio nach Sydney fliegen. Den Phowa-Kurs in Japan, unserem nächsten Ziel nach Russland, wollte Ole nicht absagen, da er der Meinung war, dies könnte vielleicht die einzige Möglichkeit für die Japaner sein, diese Praxis zu erlernen.

Und so wurde mir die originelle Aufgabe zuteil, von der Metropolregion Ulan-Ude aus einen kostengünstigen Flug von Sydney nach Delhi und zurück zu organisieren. Die Tickets mussten in weniger als fünf Stunden unter Dach und Fach sein – der Zug würde nicht warten –, und niemand durfte von meiner Unternehmung Wind bekommen. Es war klar, dass wir Oles Reise geheim halten mussten. Alle Welt würde von Lama Oles spontanem Abstecher nach Delhi sofort darauf schließen, dass sich der 17. Karmapa wahrscheinlich in der indischen Hauptstadt befand. In Ermangelung anderer Mittel, um mit der Außenwelt in Kontakt zu treten, verbrachte ich den Rest unserer knappen Zeit in Ulan-Ude in meinem Postamt und orderte in dem verzweifelten Bemühen, die richtigen Flüge zu buchen, Telefonate mit Reisebüros in Sydney.

Am frühen Nachmittag des 20. Januar verließ unser Zug die burjatische Hauptstadt und rollte ostwärts gen Wladiwostok, unserer letzten Station in Russland. In den folgenden Tagen waren die Informationen, die aus Neu-Delhi zu uns durchsickerten, wie üblich mager, aber ermutigend. Karmapa war in Sicherheit und kein Mensch ahnte, dass er, statt in Tibet unter der chinesischen Unterdrückung zu leiden, die Freiheit und das Chaos Indiens genoss. Situpa und seine Leute hatten keinen Schimmer, dass in Kürze ein ernstzunehmender Rivale ihres Kandidaten aus Tsurphu offiziell in Delhi vorgestellt werden würde. Ole erfuhr von Hannah, dass Karmapas offizielle Vorstellung im KIBI für Mitte März geplant war.

Die Zeit in Russland neigte sich dem Ende entgegen. Nach mehrwöchiger Reise durch die schneebedeckten, mit Birken übersäten sibirischen Weiten erreichte unsere Gruppe Wladiwostok im fernen Osten Russlands. Als Hauptstützpunkt der russischen Pazifikflotte war die Stadt sowohl für Russen als auch für Ausländer seit den 1930er Jahren Sperrgebiet gewesen, das erst zwei Jahre zuvor, Mitte Januar 1992, in den ersten Monaten der postsowjetischen Ära aufgehoben worden war. Zehn Tage nach der Öffnung war Ole und seinen Schülern die große Ehre zuteil geworden, als erste Westler diese Gegend zu besuchen. Nun, zwei Jahre später, erfreuten wir uns bereits einer recht großen Kagyü-Gruppe in dieser entlegenen Stadt.

Am 27. Januar, unmittelbar vor dem kurzen Flug nach Niigata in Japan, erreichte uns eine dringende Nachricht aus dem KIBI. Shamar Rinpoche hatte in Neu-Delhi bekannt gegeben, dass die 17. Inkarnation Karmapas gefunden worden sei. Seine knappe Ankündigung ließ keine Fragen offen: „Hiermit verkünde ich, dass die authentische Wiedergeburt des 16. Karmapa Rangjung Rigpe Dorje gefunden wurde. Seine Heiligkeit der 17. Karmapa hält sich zurzeit in Indien auf. Einzelheiten über die traditionellen Zeremonien für seine Einsetzung werden in naher Zukunft bekanntgegeben."[34] Die historische Tatsache wurde somit öffentlich bekannt. Endlich durfte Ole seinen Schülern davon erzählen. Eine Woche später, nach Beendigung des Phowa-Kurses in Fujino, einem kleinen Künstlerdorf westlich von Tokio, verfasste er einen eigenen Bericht an seine Freunde in aller Welt. Der Brief, vor einem Vortrag in Hiroshima geschrieben, wurde per Fax an unsere Hauptzentren in Europa und anderswo verschickt. Kurz und bündig erklärte Lama Ole, dass er selbst Karmapa erst in ein paar Tagen sehen werde, dass aber die Freude Shamar Rinpoches, ein intensiver Traum, den er selbst gehabt habe, sowie die Erlebnisse Hannahs und einiger seiner Schüler ihn überzeugt hätten, dass wir die richtige Inkarnation gefunden hätten. Und er teilte mit, dass Seine Heiligkeit bei öffentlichen Zeremonien im März in Delhi zu sehen sein werde.[35]

Wir konnten uns die Freude unserer Freunde über diese überwältigende Nachricht lebhaft vorstellen. Seit Jahren hatten die Leute auf diese Worte gewartet. Wir hatten etwas geschafft, das wenige Monate zuvor noch Jahre entfernt zu sein schien. Sofort erreichten uns die ersten Faxe im fernen Japan. Zu gerne wäre Ole bei seinen Schülern gewesen, um die Früchte seiner zwanzig Jahre währenden Arbeit für Karmapa zu feiern. Doch wir mussten unser dicht gedrängtes Programm einhalten und nach Australien weiterfliegen.

Dass Ole darauf bestanden hatte, den Japanern das Phowa zu lehren, erwies sich als sehr passend. Ein Jahr später sollte ein verrückter japanischer Guru namens Shoko Asahara seiner gehirngewaschenen Schar befehlen, in Tokios U-Bahnen Giftgas freizusetzen. Zur großen Bestürzung der Tibeter unterhielt Asahara Verbindungen zu diversen bekannten tibetischen Lamas. Ein Foto, auf dem der irregeleitete Meister dem Dalai Lama die Hand hielt, wurde von den Medien ausgeschlachtet. Es tauchten Hinweise auf, dass der ehrenwerte Kalu Rinpoche ihm eine Praxis gegeben hatte, die Ashara selbst als Phowa bezeichnet hatte.

Später hatte der selbsternannte Prophet für seine Anhänger in der Heimat Phowa-Kurse organisiert. Im Lichte der kriminellen Aktivitäten seiner Organisation und der Verbindungen des Guru nach Tibet war die Stimmung in Japan weder für den Tibetischen Buddhismus im Allgemeinen noch für irgendeine Praxis, die sich „Phowa“ nannte, sonderlich empfänglich. Bis auf weiteres würden wir das fernöstliche Land in Oles Vortragsreisen nicht mehr einbeziehen.

•

Der Zeitpunkt, an dem Lama Ole den 17. Karmapa treffen würde, rückte immer näher. Sobald wir in Sydney gelandet waren, konnte ich erleichtert unsere Tickets nach Indien in Empfang nehmen. Wider Erwarten waren meine Telefonate von Ulan-Ude aus erfolgreich gewesen. In wenigen Tagen würden Ole und ich schon wieder im Flugzeug sitzen und nach Delhi fliegen. Wir wagten es nicht, anderen davon zu erzählen, dass Ole dort den Karmapa wiedersehen würde. Der Aufenthaltsort der jungen Heiligkeit musste immer noch geheim gehalten werden. Shamarpa hatte lediglich bekannt gegeben, dass sich der Junge in Indien aufhielt. Kaum jemand ahnte, dass er in einer komfortablen Villa in Neu-Delhi untergebracht war. Wir warteten auf Situpas Reaktion. Seine Leute waren wahrscheinlich gerade mit großem Unbehagen damit beschäftigt, die Nachricht zu verdauen, dass ihr Tulku jetzt einen Herausforderer hatte. Mehr noch, es muss sie die Sorge beschlichen haben, dass sich Shamarpas Kandidat als der fähigere erweisen könnte.

Was China im Sinn hatte, war nicht so leicht vorherzusehen. Die Kommunisten hatten praktisch keine rechtliche Handhabe, dem jungen Karmapa in Indien Unannehmlichkeiten zu bereiten. Schließlich hatten sie, ohne es zu wissen, die ganze Familie legal ausreisen lassen. Davon abgesehen würde sich die indische Regierung wohl nicht verpflichtet fühlen, auf eine chinesische Beschwerde zu reagieren, dass Delhi gegen den Wunsch Pekings einen Karmapa-Kandidaten beherbergte, der in den Augen Pekings chinesischer Staatsbürger war. Die beiden Länder waren eingeschworene Feinde, und die indische Regierung würde nur zu gern die Gelegenheit ergreifen, ihren Rivalen der Lächerlichkeit preiszugeben. Zugleich machten wir uns keine Illusionen, dass China wenn nötig auch einen härteren Kurs fahren würde als nur formellen Protest einzulegen, daher auch die strenge Geheimhaltung.

Am 9. Februar nahm Hannah Ole und mich am Flughafen von Neu-Delhi in Empfang. Unsere Reisegruppe war in Sydney geblieben und wartete, dass ihr Lehrer zurückkehrte und die Australientour fortsetzte. Nur Caty und zwei weitere Freunde kannten den wahren Grund für unsere schnelle Abreise aus Australien.

Während wir den chaotischen Flughafen in dem klapprigen Wrack eines Abassador-Taxis verließen, hörten wir gespannt Hannahs jüngsten Bericht. Es gab bereits eine erste Antwort auf Shamarpas Bekanntmachung. In einem formellen Brief an den Dalai Lama stellten Vertreter verschiedener Kagyü-Klöster in Indien und Nepal klar, dass sie mit Shamarpas unrechtmäßiger Entscheidung nicht einverstanden seien. Sie betonten, es könne nur einen Karmapa geben, und erinnerten den Dalai Lama daran, dass er Urgyen Trinley bereits bestätigt habe. Wie Hannah schon zuvor erklärt hatte und jetzt noch einmal nachdrücklich betonte, benötigte Karmapa für sein Erscheinen in der Welt von niemandem eine Einwilligung. Und ganz gewiss brauchte er nicht die Wahlstimmen der Lamas, wie berühmt sie auch sein mochten. „Wenn wir den Richtigen haben", bemerkte Hannah, „wird er Karmapas einzigartige Fähigkeiten zeigen, unabhängig davon, was andere denken mögen."

Spät abends trafen wir im KIBI ein. Die westlichen Studenten waren einigermaßen überrascht, Ole mitten in der Nacht in ihrem Institut zu sehen. Wir gaben uns größte Mühe zu erklären, dass er nach Delhi gekommen sei, um eine Woche mit Hannah zu verbringen. Wie überzeugend wir damit waren, war schwer zu beurteilen, aber immerhin wurden keine weiteren Fragen gestellt.

Im KIBI brodelte die Gerüchteküche. In vollstem Vertrauen wurde ich in die geheime Tatsache eingeweiht, dass sich der junge Karmapa zurzeit in Bhutan aufhalte und in genau einundzwanzig Tagen in Indien erwartet werde. Wir durften keine Miene verziehen und mussten tiefes Verständnis für solche Theorien zeigen. Außer Shamarpa, Topga Rinpoche, dem Khenpo aus Rumtek und dem großen Tashi, die zu dem Zeitpunkt alle im KIBI waren, wusste niemand, dass sich der Junge nur wenige Kilometer vom Institut entfernt aufhielt.

Hannah und Ole sollten am darauffolgenden Tag mit Karmapa zusammentreffen. In Begleitung Tashis, der sie zu dem Treffen fahren sollte, verließen sie unbemerkt das KIBI und tauchten für die nächsten Stunden im Gewühl von Delhi ab. Ungeduldig zählte ich die Minuten und versuchte, mir das außergewöhnliche Ereignis auszumalen. Als sie endlich zurückkehrten, sprach Oles strahlendes Gesicht Bände. Ja, er habe nicht den geringsten Zweifel, dass wir die richtige Inkarnation hätten. In der Gestalt eines kleinen Jungen habe seine erleuchtete Essenz den ganzen Raum ausgefüllt, in dem sie sich getroffen hätten. Sein Segen sei wieder mit ihnen, genau wie damals, als sie ihn zum allerersten Mal getroffen hätten. Dann nahm mich Ole beiseite und flüsterte mir die lang ersehnte Nachricht ins Ohr: Am nächsten Morgen sollte ich mich am Eingang des Instituts bereithalten.

•

Zu fünft saßen wir in den Land-Rover gequetscht, den Tashi geschickt durch die überfüllten Straßen Delhis steuerte. Didi, ein Freund aus Hattingen, saß schweigend auf dem Rücksitz. Er war unerwartet genau zur gleichen Zeit am Flughafen der indischen Hauptstadt aufgetaucht, als Ole und ich aus Sydney gelandet waren. Er muss unsere Pläne gerochen haben und hatte in der Hoffnung, Zeuge von Oles erster Begegnung mit dem 17. Karmapa zu werden, einen Flug nach Delhi gebucht. Sein Timing war ziemlich beeindruckend, und da Ole seinen Schüler nicht mit leeren Händen nach Deutschland zurückschicken wollte, hatte er ihn mitgenommen.

Wir waren schon den halben Vormittag in der verstopften Stadt herumgekurvt. Offensichtlich wollte Tashi sicherstellen, dass uns niemand folgte. Zum zweiten Mal an diesem Tag fuhren wir in eine Wohngegend, und der Verkehr ließ nach. Ich drehte mich um und schaute durch die Heckscheibe, die Straße war praktisch leer. Ich spürte instinktiv, dass wir uns Karmapas geheimem Aufenthaltsort näherten. Das Einfahrtstor zu einer großen Villa öffnete sich, und Tashi lenkte das Auto in die Auffahrt. Ich stieg aus und folgte Hannah und Ole ins Haus. Noch auf den ersten Treppenstufen hörten wir eine Kinderstimme.

In seinem Zimmer im ersten Stock sah ich die Umrisse eines Jungen. Karmapa saß im Jogginganzug und mit Baseballkappe auf einem Stuhl. Er wirkte klein und etwas blass. Als wir eintraten, erkannte er Hannah und Ole sofort und lächelte. Es war deutlich zu spüren, dass ihr Treffen vom Vortag noch frisch in seinem Geist war. Es wurde wenig geredet, trotzdem fühlte ich mich völlig entspannt. Ole schenkte dem kleinen Jungen sein Buch Über alle Grenzen, das von ihren Reisen mit der 16. Inkarnation durch Europa und Amerika erzählte. Karmapa blätterte durch die Seiten und hielt bei einigen der vielen Fotos inne, um sie genauer zu betrachten. Riefen die dort festgehaltenen Szenen Erinnerungen an sein letztes Leben wach? Konnte er sich an Begleitumstände erinnern? Zeitweise kam es mir so vor, doch später, nachdem wir das Haus verlassen hatten, war ich mir nicht mehr so sicher. Es folgten weitere Geschenke. Eine Taschenlampe der Spitzenklasse aus Dänemark – von Tommy, einem nahen dänischen Freund – weckte die Neugier des Jungen. Er wusste sofort, wie der komplizierte Mechanismus funktionierte. Wir saßen auf dem Boden, und die Zeit muss stillgestanden haben. Gefühlt nach wenigen Minuten bedeutete mir Hannah mit einer Geste, ich solle mir einen Segen holen. Als der Junge meinen Kopf berührte, glaubte ich ein Funkeln in seinen Augen zu sehen. In dem Moment wusste ich, dass wir uns bald wiedersehen würden.

Im Gänsemarsch verließen wir fünf das Haus und stiegen ins Auto. Zu meiner Überraschung stellte ich fest, dass wir zwei Stunden dort gewesen waren. Die Rückfahrt zum KIBI dauerte keine zwanzig Minuten. Wir schauten einander in völliger Übereinstimmung an. Wir brauchten keine Worte. Jeder von uns muss auf seine eigene Art die Sicherheit bekommen haben, dass das Kind jemand Besonderes war. „Schon sehr bald werden ein paar hundert Freunde nach Delhi kommen müssen, um den Jungen zu beschützen", unterbrach Oles feste Stimme die Stille. Als Tashi das Auto in die enge Einfahrt zum Institut steuerte, fragte ich mich, was Lama Ole damit gemeint haben könnte.

Kapitel 18

Rüpel in Roben

Ende Februar 1994 gab Shamar Rinpoche bekannt, der neue Karmapa Trinley Thaye Dorje werde am 17. März im KIBI in Neu-Delhi offiziell seinen Schülern vorgestellt. Alle seien eingeladen, nach Delhi zu kommen, um an dem Ereignis teilzunehmen. In unseren Zentren wurde diese Nachricht mit Begeisterungsstürmen aufgenommen. Die indischen Konsulate in diversen nordeuropäischen Hauptstädten wurden mit Visaanträgen überschwemmt. In Deutschland wurden umgehend zwei Flugzeuge gechartert, die gut fünfhundert erwartungsvolle Schüler Lama Oles nach Asien bringen sollten.

Was die meisten jedoch nicht ahnten, war, dass die Zusammenkunft in Indien für unsere Freunde nicht nur inspirierend, sondern auch gefährlich werden sollte. Da Shamarpa niemand anderen hatte, an den er sich wenden konnte, bat er Ole und seine Schüler, den jungen Karmapa und das Institut während der Begrüßungszeremonie im März zu beschützen. Ihm war zu Ohren gekommen, dass Situpas Unterstützer sich auf eine gewaltsame Auseinandersetzung vorbereiteten. So sehr er es sich gewünscht hätte, Shamarpa konnte diese Berichte nicht als leere Drohung abtun, die nur dazu dienen sollten, ihn zu entmutigen und von seinem Kurs abzubringen, erst recht nicht, seit die Verleumdungen aus Situ Rinpoches Lager einen immer bedrohlicheren Ton annahmen. Und so machten sich unsere Leute in Europa auf Oles Bitte hin bereit, Karmapa bei der Veranstaltung im KIBI zu schützen. Wer auch immer vorhaben mochte, Thaye Dorje zu schaden oder den Ablauf der Veranstaltung im Institut zu stören, würde sich zuerst mit den Europäern auseinandersetzen müssen, die sich auf den Weg nach Indien machten.

•

Am 15. März landeten Ole und ich auf der Pazifikinsel Kauai, Hawaii, wo ein dreitägiges Programm organisiert worden war. Bei diesem zweiten Besuch auf der Insel in zwei Jahren wurde uns bewusst, dass sich ein Kreis schloss. Vor genau zwei Jahren hatte uns Oles Sekretärin Sys in diesem entlegenen Teil der Erde angerufen, um uns eine alarmierende Botschaft zu überbringen: Eine tibetische Gruppierung in Kathmandu, die vermutlich mit einem der Linienhalter in Verbindung stand, hatte sich gegen die gemeinsame Regentschaft des Quartetts erhoben. Der kämpferische Brief, den die Tibeter in Umlauf gebracht hatten, war zum Ausgangspunkt einer nunmehr zwei Jahre währenden Odyssee geworden, bei der es darum ging, die Kagyü-Schule vor der Übernahme durch die Kommunisten zu verteidigen und den Tibetischen Buddhismus für einen ausgewogenen Eintritt in das 20. Jahrhundert vorzubereiten.

Als wir nun das Strandhaus betrachteten, in dem Ole 1992 Sys' dringenden Anruf entgegengenommen hatte, wussten wir sehr wohl, dass unser Kampf vielleicht noch nicht endgültig vorüber war, aber doch vor einem entscheidenden Durchbruch stand. In weniger als achtundvierzig Stunden sollte der 17. Karmapa öffentlich im KIBI vorgestellt werden. Hannah, Caty und mehrere hundert Schüler Oles waren schon vor Ort in Delhi und erwarteten Karmapas ersten offiziellen Auftritt.

Shamarpas Plan für den Morgen des 17. März sah vor, das Kind heimlich von seinem geheimen Aufenthaltsort zum Institut zu fahren, wo die Begrüßungsrituale stattfinden sollten. Shamar Tulku hoffte, dass letztlich die Vernunft siegen würde und trotz der kämpferischen Stimmung seiner Rivalen eine direkte Konfrontation vermieden werden konnte. Die Zeichen, die das KIBI erreichten, waren jedoch gemischt. Zahlreiche Unterstützer Situ Rinpoches hatten sich in Indiens Hauptstadt versammelt, und das sicherlich nicht, um Karmapa willkommen zu heißen. Shamarpas lautstärkste Gegner unter den hohen Kagyü-Lamas waren ebenfalls zur Stelle. Es ging das Gerücht, dass sie vorhatten, den Dalai Lama, der zufällig an einer Menschenrechtskonferenz in Neu-Delhi teilnahm, aufzufordern, Shamarpa zu verurteilen, Lama Ole anzuklagen und Thaye Dorje abzulehnen. Würden sie versuchen, zum Institut zu marschieren und unsere Veranstaltung platzen zu lassen? Die fast siebenhundert Gäste, die an der Zeremonie im KIBI teilnehmen wollten, gingen im Geist alle möglichen Szenarien durch, die für diesen entscheidenden Tag zu erwarten waren. Je näher der 17. März rückte, umso mehr erhitzten sich auf beiden Seiten die Gemüter.

Lama Ole, der mitten im Pazifik Vorträge hielt, war vom Schauplatz des Geschehens weit entfernt. Nachdem er mehrere Weissagungen (tib. Mo) befragt und wochenlang darüber nachgedacht hatte, war er zu dem Entschluss gekommen, sich von Delhi fernzuhalten. Es war klar, dass Ole nicht untätig blei-ben würde, sollte irgendein ungebetener Gast auch nur im entferntesten Karmapas Sicherheit bedrohen oder den Frieden im Institut stören. Jedem Angreifer würde er sofort mit seiner Körperkraft und seinen Kämpferqualitäten entgegentreten. Und die Chancen standen gut, dass ein solches Zusammentreffen für den leichtsinnigen Gegner unschöne Folgen haben würde. Wir konnten uns die reißerischen Schlagzeilen in den indischen Zeitungen lebhaft vorstellen: „Durchgedrehter dänischer Lama läuft Amok." Im vollen Vertrauen, dass unsere Freunde die Sache auch ohne uns meistern würden, setzten Ole und ich, statt in Indien einen Skandal anzuzetteln, lieber die Vortragstour fort und blieben auf der Insel Kauai. Dabei warteten wir die ganze Zeit mit gespitzten Ohren auf das Klingeln des Telefons, unserer einzigen direkten Verbindung zu den Geschehnissen in der indischen Hauptstadt.

Wie so oft in solchen Fällen erreichten uns die dramatischen Nachrichten, als wir am wenigsten damit rechneten. Da wir ständig rund um die Welt unterwegs waren, hätte uns klar sein müssen, dass sich Hawaii und Delhi in zwei sehr unterschiedlichen Zeitzonen befinden, doch diese so offensichtliche Tatsache war uns irgendwie entgangen. Ohne zu ahnen, dass der frühe Abend dieses 16. März auf Hawaii genau die Zeit war, zu der in

Neu-Delhi Karmapas Einzug ins KIBI stattfinden sollte, hatten wir es uns in unserem Haus bequem gemacht und beantworteten Oles Post. Plötzlich, ohne ein erklärendes Wort von sich zu geben, schnellte Ole von seinem Stuhl hoch und setzte sich kerzengerade auf den Fußboden. So verweilte er in Meditation und fixierte einsgerichtet irgendeinen Punkt im Raum. Liliana, eine Freundin aus Kolumbien, und ich beobachteten die Szene etwas verwundert, sagten aber nichts. Nachdem vielleicht eine halbe Stunde vergangen war, stand Ole auf und bat mich, im KIBI anzurufen. In diesem Moment wurde mir klar, dass die Veranstaltung in Delhi in vollem Gang war.

Dieses eine Mal hatten wir Glück. Es dauerte nur Sekunden, bis im Institut jemand ans Telefon ging. Zu unserer Überraschung hörten wir statt unverständlicher Laute oder der großen Leere, die uns sonst bei Anrufen im KIBI entgegenschlug, Catys klare Stimme. Was sie zu berichten hatte, war so schockierend, dass wir drauf und dran waren, den nächsten Flug nach Indien zu nehmen. Die anhaltenden Gerüchte waren hässliche Realität geworden. Situ Rinpoches nahe Begleiter (ordentlich in Roben gekleidet), seine Armee wütender Mönche (mit Steinen und Stöcken ausgerüstet) und zahlreiche nicht weniger aggressive Unterstützer (ein Mob von ungefähr hundertfünfzig Leuten) hatten en masse das Institut angegriffen. Die Angreifer waren von unseren Leuten zurückgeschlagen worden. Die indischen Soldaten, die zum Schutz des Instituts eingesetzt waren, hatten sich in Luft aufgelöst, sobald der erste Stein auf dem Gelände gelandet war. Juliusz, ein Freund aus Polen, war mit Kopfverletzungen ins Krankenhaus gebracht worden. Karmapa war für den Moment in Sicherheit. Das zehnjährige Oberhaupt der Kagyü hatte mit großer Gelassenheit reagiert und die Ereignisse nach Beendigung der Zeremonie von seinem neuen Quartier im dritten Stock des Gebäudes aus verfolgt. Unsere Freunde hatten sich tapfer geschlagen; dank ihrer entschlossenen Reaktion war das KIBI nicht mutwillig zerstört worden und eine Tragödie größeren Ausmaßes hatte verhindert werden können. Doch das Institut wurde immer noch belagert. Und tatsächlich hörten wir über das Telefon im Hintergrund Schreie und das Klirren von Glasscheiben, während Caty über die Vorfälle berichtete. Wir einigten uns schnell darauf, dass Hannah uns in ein paar Minuten zurückrufen sollte. Nachdem Ole den Hörer aufgelegt hatte, schauten wir drei uns schweigend an. Oles entschlossenes Gesicht sprach für sich selbst. Er wünschte, er könnte in Delhi bei seinen Freunden sein, um den jungen Karmapa zu beschützen. „Rüpel in Roben", war sein einziger Kommentar.

Als Hannah eine Stunde später anrief, war die Lage im KIBI unter Kontrolle. Die Polizei war endlich auf der Bildfläche erschienen und hatte die Demonstranten zusammengetrieben. Neun besonders aggressive Aufrührer waren festgenommen worden und wurden später wegen Aufruhrs, Beschädigung öffentlichen Eigentums, Körperverletzung und Widerstand gegen die Staatsgewalt angeklagt. Der Rest war weggeschickt worden. Juliusz lag im Krankenhaus, und sieben Freunde von uns waren ärztlich behandelt worden. Karmapa war in Sicherheit und völlig gelassen. Obwohl Sondereinheiten der Polizei in die Gegend beordert worden waren, hatten die Westler beschlossen, die Sache selbst in die Hand zu nehmen. Sie hielten abwechselnd auf dem Dach des Gebäudes Wache, um Alarm zu schlagen, sollten Situpas Mönche noch Lust auf Aktion verspüren. Als Hannah ihren Bericht beendet hatte, hatten wir ein umfassendes Bild von den Ereignissen der vorangegangenen zwei Tage.

•

Am Abend des 16. März, dem Tag vor der geplanten Zeremonie, muss Shamarpa klar geworden sein, dass Situpas Anhänger um jeden Preis versuchen würden, vor dem KIBI eine Demonstration zu inszenieren. Shamarpas ursprüngliche Idee, Thaye Dorje am frühen Morgen des 17. März in das Institut zu bringen, war unter diesen Umständen ein gefährliches Unterfangen. Der kleine Junge würde womöglich durch ein dichtes Gedränge feindseliger Menschen in die Sicherheit seines neuen Wohnsitzes eskortiert werden müssen. Das war nicht nur riskant, sondern lebensgefährlich. Es war nicht vorhersehbar, wie eine feindselige und aufgebrachte Menge reagieren würde, wenn den Menschen klar wurde, dass sie den „falschen“ Karmapa in den Fängen hatten. Shamarpa hatte nicht vor, das herauszufinden. Die einzige vernünftige Lösung bestand darin, den Jungen im Schutz der Dunkelheit abzuholen, bevor die Demonstranten sich vor dem Institut versammelten. Hannah schlug vor, am nächsten Morgen ein leeres Auto loszuschicken und es so aussehen zu lassen, als sollte es den Jungen ins KIBI bringen. Da die Zeit drängte, setzte Shamarpa den Plan sofort in die Tat um, und wenige Stunden später traf der junge Karmapa sicher im Institut ein. Nicht einmal die Bewohner des KIBI ahnten, dass ihr Hauptlehrer bereits den Komfort des Instituts genoss, das seinen Namen trug.

In den frühen Morgenstunden des folgenden Tages versammelte sich eine große Menschenmenge vor den Toren des KIBI. Mehrere hundert Besucher, die an dem historischen Ereignis teilnehmen wollten, wurden einer nach dem anderen von unseren Leuten durchsucht, bevor sie passieren durften. Die Westler wollten kein Risiko eingehen, und einige potentielle Unruhestifter wurden freundlich, aber bestimmt aufgefordert zu gehen. Situpas Mönche und einige sichtlich aufgebrachte Typen waren in Bussen herangekarrt worden, und nahmen, sobald die Gäste im Gebäude verschwunden waren, auf der von Schlaglöchern übersäten Straße vor dem Institut Aufstellung. Sie waren mit einer breiten Palette an Transparenten ausgerüstet, auf denen nicht nur Shamarpa und Topgala diffamiert wurden, sondern auch damit gedroht wurde, gegen den „Marionetten-Karmapa“ der beiden vorzugehen. Überraschenderweise wurde auf ein paar Plakaten behauptet, dass sich die Kundgebung der Unterstützung des Dalai Lama erfreue. Während die Menge vor dem Institut immer größer wurde, rollte langsam ein schwarzer Mercedes aus der Einfahrt und raste dann einem unbekannten Ziel entgegen. Der geheimnisvolle Wagen erregte sofort die Aufmerksamkeit der Demonstranten, die sich nun vom Gebäude weg auf die Straße und zuletzt auf das davonfahrende Auto richtete. Die Anführer des Pöbels verkündeten, dass die Limousine bald mit dem „falschen" Karmapa zurückkehren werde. Rinpoches und Hannahs Trick erwies sich als ebenso clever wie zeitlich auf den Punkt gerichtet. Während Situpas Leute draußen die Muskeln spielen ließen und die Straße blockierten, um Thaye Dorje den Zutritt zum KIBI zu versperren, gab Shamar Rinpoche drinnen das Zeichen, dass die Zeremonie beginnen könne.

Der 17. Karmapa Trinley Thaye Dorje betrat, von Künzig Shamarpa angeführt, unter dem traditionellen Schirm den Hauptaltarraum des KIBI und schritt gemessen auf die Buddhastatue zu, die den hohen Raum beherrschte. Der Klang der Hörner und das Klingeln der Zimbeln erfüllte die Luft. Die Halle war zum Bersten gefüllt. Karmapas Mönche, mehrere hundert Europäer und einige wenige chinesische Gäste aus Südostasien saßen auf dem Boden vor dem Altar. Als der Junge durch die Halle schritt, erhob sich die Menge, um einen Blick auf das neue Oberhaupt der Kagyüs zu erhaschen.

Anmutig verbeugte sich der junge Karmapa vor der Buddhastatue und bestieg zum ersten Mal in der Öffentlichkeit seinen Thron. Nendo Tulku, der Zeremonienmeister von Rumtek, reichte ihm eine symbolische Nachbildung des schwarzen Hutes und legte ihm eine Brokatrobe um die Schultern. Als das Schmettern der Hörner und der Rhythmus der Trommeln anschwollen, setzte sich Karmapa in voller Konzentration den schwarzen Hut auf. Die offizielle Puja begann.

Etwa zwei Stunden später, als sich die Zeremonie dem Ende zuneigte, wurde der Klang der Glocken plötzlich vom Klirren der Fensterscheiben übertönt. Wilde Schreie drangen bis in die Halle. Die Gäste im KIBI tauschten überraschte und zunehmend bestürzte Blicke. Die Demonstranten, die die Straße versperrt und vergeblich darauf gewartet hatten, den „falschen" Karmapa abzufangen, mussten schließlich erkannt haben, dass Karmapas Begrüßungszeremonie schon Stunden zuvor begonnen hatte und jetzt so gut wie vorüber war. Eine Horde von Mönchen, rasend vor Wut, weil es ihnen nicht gelungen war, das verhasste Ereignis aufzuhalten, stürmte den Eingang des Instituts. Die indischen Soldaten, die den Eingang bewachen sollten, öffneten ohne den geringsten Widerspruch oder gar irgendwelche Anstalten, den Angriff abzuwehren, das Tor und gaben in geordneter Manier Fersengeld. Mit Steinen und Knüppeln bewaffnet stürmten die Angreifer vorwärts.

Als im Altarraum die ersten Fensterscheiben zu Bruch gingen, stürmten unsere Männer, die dem Ritual beiwohnten, nach draußen. Ein Hagel von Ziegelsteinen und Flaschen ging auf sie nieder. Gut zwanzig von Situpas Mönchen, die schon ziemlich weit auf das Gelände vorgedrungen waren, versuchten die Halle zu stürmen. Daran wurden sie durch einen vom KIBI kommenden Steinhagel gehindert, so dass sie den Rückzug vom Institutsgelände antreten mussten. Daraufhin unternahmen die Westler den Versuch, das Tor zu verriegeln, mussten aber bald aufgeben, da sie von einem Steinhagel eingedeckt wurden. Juliusz lag bewusstlos am Boden und blutete aus einer Kopfwunde; ein paar andere hatten leichtere Verletzungen davongetragen. Aber die Angreifer waren in Schach gehalten.

Die Meditationshalle glich einer belagerten Festung. Die meisten Fenster waren zerstört. Irres Geschrei vom Hof her durchdrang die Luft. Das Krachen der Ziegel, die gegen die Wände prasselten, mischte sich mit den bedrohlichen Parolen der Angreifer. Diejenigen, die im Altarraum in der Falle saßen, hatten reichlich Anlass zur Sorge, wenn nicht gar zur Panik, aber kaum einer verlor die Fassung. Eine ältere Tibeterin brach in Tränen aus, aber es war eher ein schmerzvolles Schluchzen als ein ängstliches Geheul. Karmapa wirkte vollkommen gefasst. Er stand zusammen mit Shamar Rinpoche hinter einem Vorhang neben dem Altar. Nachdem der Pöbel vertrieben war, wurde der Junge unauffällig in seine Zimmer im dritten Stock des KIBI begleitet, von wo aus er die Ereignisse in Sicherheit beobachten konnte. Hannah rief die Männer zur Zurückhaltung auf; unter gar keinen Umständen sollten sie Gewalt anwenden oder den Aufruhr fördern. Doch obwohl unsere Männer eine bemerkenswerte Disziplin und Zurückhaltung an den Tag legten, beschuldigten Situpas Unterstützer schon unmittelbar nach dem Vorfall öffentlich „Nydahls deutsche Truppen, sie hätten friedliche Demonstranten mit Elektroschockern angegriffen."

Karmapas Mönche legten weniger Selbstkontrolle an den Tag als die Westler. Bei ihnen rief die Konfrontation schmerzhafte Erinnerungen an die bewegten Tage im August 1993 wach, als eine ähnliche Menschenmenge sie aus ihrem Kloster in Rumtek vertrieben hatte. Nach Mäßigung war ihnen da nicht zumute, sie wollten es den Angreifern mit gleicher Münze heimzahlen. Alle Wurfgeschosse, die von der Straße hereinflogen, wurden akribisch aufgelesen und über den Zaun zurückbefördert. Als sich die Lage immer weiter zuspitzte, sahen sich die Westler gezwungen, die energischeren Mitglieder der Mönchsgemeinschaft von Rumtek zu entwaffnen. Der Anblick von Männern in Roben, die zwei gegensätzlichen Lagern angehörten und sich just vor einer buddhistischen Akademie eine Steinschlacht lieferten, hätte den Buddhismus und die tibetische Sache nicht gerade glaubwürdiger gemacht.

Trotz massiver Bemühungen gelang es den Randalierern nicht, noch einmal ins KIBI einzudringen. Mit vereinten Kräften schafften es unsere Leute, das Tor zu schließen. Die wütende Horde wurde auf gebührlicher Distanz zum Tor gehalten. Von den anhaltenden Provokationen unberührt, ließen sich die Westler von den Demonstranten nicht in Tätlichkeiten verwickeln. Sie wollten den guten Ruf des KIBIs und Karmapas nicht aufs Spiel setzen. Zwar segelten noch immer Steine über die Köpfe der Gäste hinweg, doch schien den Angreifern allmählich der Schwung auszugehen. Ihre Chancen, das Institut zu stürmen, schwanden in dem Maße, wie ihre Leidenschaft nachließ. Als zu guter Letzt die indische Polizei auf der Bildfläche erschien, brauchte sie keine zehn Minuten, um die aufsässige Menge zu bändigen. Sobald die Ordnung wiederhergestellt war, tauchten auch die indischen

Soldaten, die das Institut hatten bewachen sollen, einer nach dem anderen wieder auf und brannten darauf, es mit den Angreifern aufzunehmen. Dieser ungewöhnliche Akt der Kühnheit wurde im Institut mit einem diskreten ironischen Lächeln bedacht.

Als die letzten Demonstranten abgezogen waren, krempelten das Team vom KIBI und die Gäste die Ärmel hoch und machten sich ans Aufräumen. Das Hauptgebäude war nicht ernsthaft beschädigt worden, aber das Institut besaß keine einzige heile Fensterscheibe mehr, der Fußweg zur Halle war zerstört, die Pfosten und Querhölzer des Zaunes zerbrochen und das Wachhäuschen der indischen Soldaten völlig demoliert. Der Hof, der mit Steinen, Glasscherben und diversen anderen Wurfgeschossen übersät war, glich einem Schlachtfeld. Die Verwalter des KIBI überschlugen die Schadenssumme und bekamen große Lust, Situpa die Rechnung zu schicken. Einige der sensibleren und schlechter informierten Besucher hatten große Schwierigkeiten, sich auf den brutalen Auftritt der Mönchsgemeinschaft von Sherab Ling einen Reim zu machen. Lama Oles Schüler waren nicht so überrascht, weil sie über den Konflikt Bescheid wussten. Auch waren sie nicht weiter verwundert, als diverse tibetische Anführer in den kommenden Tagen so taten, als handle es sich bei dem Angriff auf Karmapas Wohnsitz nur um die friedliche Ausübung des Demonstrationsrechts. Die Geschichte wiederholte sich eben.

In ihrem Drang, gegen Thaye Dorje vorzugehen, behaupteten die Protestler auch, im Namen des Dalai Lama zu sprechen – oder auch zu schreien. Ob und in welchem Ausmaß das Exil-Oberhaupt der Tibeter von einer derart zweifelhaften Truppe repräsentiert werden wollte, war zunächst nicht ganz klar. Obschon der Dalai Lama zum Zeitpunkt des Angriffs auf das KIBI auf einer Menschenrechtskonferenz eine Rede hielt, versäumte er es an diesem Tag, sich von den Angreifern zu distanzieren. Noch dazu ließ er es sich nicht nehmen, am darauffolgenden Tag Situ Rinpoche zu empfangen, der an der Spitze mehrerer Kagyü-Lamas, die sich gegen Thaye Dorje stellten, in die indische Hauptstadt gekommen war. Es war eine ironische Wendung, dass sich der

Dalai Lama für die Rechte der Tibeter in seinem Heimatland einsetzte – wofür er alle Bewunderung verdiente –, und sich zugleich gegenüber den Exzessen seiner Landsleute in Neu-Delhi, die sie in seinem Namen verübten, blind stellte. Diese Haltung war ebenso unverständlich wie ärgerlich, und unsere Freunde im KIBI hatten das Bedürfnis, das Kapitel über diesen bedauerlichen Vorfall so schnell wie möglich abzuschließen. Erst Wochen später sagte der Dalai Lama mehrere geplante Besuche in verschiedenen indischen Klöstern ab, weil einige Mitglieder der jeweiligen Mönchsgemeinschaften an dem Angriff auf das KIBI beteiligt waren und dabei seinen Namen auf Plakaten in Misskredit gebracht hatten.

•

Als sich der Staub des Angriffs gelegt hatte, wich unsere Entrüstung einem Gefühl von Erfolg. Das Blatt hatte sich endlich zu unseren Gunsten gewendet. Der seit zwei Jahren andauernde Kampf war in seine vorläufige Schlussphase getreten. Aus unserer Sicht war der 17. Karmapa gefunden und anerkannt worden und, was genauso wichtig war, das Oberhaupt der Kagyüs lebte in der freien Welt, frei von politischen Zwängen und kulturellen Fesseln und in der Lage, zahllose Wesen zu erreichen.

Vielleicht wird bald der Tag kommen, an dem die Leute erkennen, dass die Prüfungen der Kagyü-Krise im Grunde die fruchtbarste Phase ihres buddhistischen Weges waren. Für viele leuchtete Buddhas große Weisheit nie klarer als zu der Zeit, da sie gezwungen waren, klare Entscheidungen zu treffen. Als passive Beobachter waren sie in die Auseinandersetzung eingetreten und hatten sich an ihrem Höhepunkt zu unabhängigen Menschen entwickelt. Und vielleicht war letzten Endes genau das Karmapas größtes Geschenk an uns alle.

Nachwort

Im August 1994 wurde Situ Rinpoche von der indischen Regierung aus Indien ausgewiesen. In einem Rundschreiben des Innenministeriums wurden dem hohen Lama antiindische Aktivitäten vorgeworfen. Nach der Ausweisung aus dem Land, in dem er mehr als dreißig Jahre gelebt hatte, begab er sich auf eine ausgedehnte Vortragsreise durch Europa. Seine Auftritte in Cambridge und in Freiburg Ende 1994 fielen überraschenderweise mit Vorträgen Lama Oles in den gleichen Städten zusammen. Den Werbeunterlagen für Rinpoches Tour war ein Spendenaufruf beigelegt, der seinen akuten Bedarf an finanziellen Zuwendungen betonte. Da er mittlerweile auch in China nicht mehr willkommen war, pendelte Rinpoche über Jahre zwischen Woodstock in der Nähe von New York und Samye Ling in Schottland. Nachdem bei einem Regierungswechsel der indischen Regierung ein Freund von ihm Minister wurde, wurde ihm Ende August 1998 die Wiedereinreise nach Indien unter Auflagen gestattet. Er lebt nun wieder in seinem Kloster Sherab Ling im nordindischen Bundesstaat Himachal Pradesh.

•

Im September 1994 wurde Urgyen Trinley nach Peking zitiert. Den Berichten der chinesischen Medien zufolge erklärte der „lebende Buddha Garmaba" bei einem Treffen mit einem Funktionär des Politbüros, er werde „fleißig studieren und der Kommunistischen Partei Chinas immer folgen". People's Daily, das Sprachrohr der Kommunistischen Partei, zitierte den Zehnjährigen mit den Worten: „Lang lebe die Volksrepublik China." Lange Zeit lebte Urgyen Trinley weiterhin in der auferlegten Isolation im Kloster Tsurphu im besetzten Tibet. Die chinesischen Behörden schränkten den Zugang zu seinem Kloster stark ein - eine Vorsichtsmaßnahme.

•

Im Dezember 1994 wurde in Sikkim gewählt. Bhandaris Regierungspartei erlitt eine peinliche Niederlage. Die despotische Herrschaft des Ministerpräsidenten war damit beendet. Später musste sich Bhandari wegen Korruptionsvorwürfen vor dem Obersten Gerichtshof Sikkims verantworten.

•

Am 8. August 1995 zogen Topga Rinpoche und Karmapas Mönche friedlich zum Kloster Rumtek, um an ihre Meditationsstelle zurückzukehren. Man begegnete ihnen mit Gewalt und verwehrte ihnen den Zugang zu ihrem Kloster. Um gegen die anhaltende Besetzung zu protestieren, begannen die Mönche vor den Toren der Anlage einen Hungerstreik. Zwei Monate später sahen sie keine Aussichten mehr, ihr Kloster zurückzugewinnen, und brachen den Streik ab. Rumtek befindet sich weiterhin in der Hand von Außenstehenden, während die Mönche wie Flüchtlinge leben und man sie nicht in ihr Zuhause zurückkehren lässt.

•

Im März 1996 fand im KIBI in Neu-Delhi eine internationale Karma-Kagyü-Konferenz statt. Sie war auf Bitten der Klostergemeinschaft von Rumtek einberufen worden. Vertreter einiger Kagyü-Klöster der Region und mehrerer Kagyü-Zentren aus der ganzen Welt nahmen teil. Shamar Rinpoche schilderte den Anwesenden die Hintergründe seiner Anerkennung von Thaye Dorje als der 17. Inkarnation Karmapas.

•

Im Dezember 1996 leitete Thaye Dorje das Mönlam Chenmo, die „Großen Wunschgebete“ in Bodhgaya, dem Ort von Buddhas Erleuchtung. Zum ersten Mal in der Geschichte wurden einem Karmapa in Bodhgaya die Haare geschnitten – die Zeremonie markiert den formellen Beginn seiner Aktivität in der Welt. Mehr als sechstausend Mönche und Nonnen sowie zahlreiche Lamas aus dem Himalaja wohnten dem Ereignis bei. Viele Jahre lang lebte Thaye Dorje in Kalimpong im Osthimalaja, nur einige Autostunden von Rumtek entfernt. Später zog er zurück nach Neu Delhi, um bei seinen Reisen beweglicher zu sein. Er empfängt immer mehr einheimische und ausländische Schüler und Unterstützer.

•

Im September 1997 starb Topga Rinpoche an Leberkrebs. Einen Monat später wurde Thaye Dorje bei dessen Verbrennungszeremonie in Timphu, Bhutan, von der bhutanesischen Königsfamilie offiziell als der 17. Karmapa empfangen.

•

Die Geschichte endete nicht im Oktober 1997 in Bhutan, und auch 1998, als dieses Buch fertiggestellt wurde, war noch keine endgültige Lösung in Sicht. Die buddhistische Welt muss nach wie vor mit der außergewöhnlichen Tatsache leben, dass es auf dem höchsten Kagyü-Thron zwei Karmapas gibt. Die Zeit wird jedoch mit Sicherheit zeigen, welcher der beiden Anwärter die wahre Inkarnation und damit rechtmäßiger Besitzer der Schwarzen Krone ist. (Für viele scheint dieses Thema noch immer genauso eindeutig zu sein wie damals im Jahre 1994, als die beiden Kandidaten zum ersten Mal öffentlich miteinander verglichen werden konnten.) In der Zwischenzeit geht das Leben weiter. Viele bedeutende Kagyü-Lamas unterstützen weiterhin standhaft Urgyen Trinley und damit auch Rotchina. Sie wollen oder können nicht akzeptieren, dass die Methoden des alten Tibet ins Geschichtsbuch gehören. Die Praktizierenden haben ihren Beitrag geleistet und ihre Wahl getroffen und widmen sich weiter ihrer buddhistischen Praxis. Die große Weisheit Buddhas wird auch weiterhin den Wesen nutzen.

Anhang

Die Briefe, auf die sich im Text bezogen wird, sind auf den folgenden Seiten abgedruckt.

1. Brief des Mitarbeiterstabes von Rumtek bezüglich der Vollendung der Rituale
2. Situ Rinpoches Pfauen-Brief
3. Situ Rinpoches Brief über das Treffen am 19. März
4. Brief der Derge-Gruppe vom März 1992
5. Lama Oles Brief über Jamgön Kongtrul Rinpoche
6. Situ Rinpoches Brief über die Suche nach dem 17. Karmapa
7. Der von Situ Rinpoche vorgelegte Vorhersagebrief
8. Shamarpas erster Brief im Verlauf der Krise
9. Die vorbehaltliche Anerkennung Urgyen Trinleys als 17. Karmapa durch das Privatbüro des Dalai Lama
10. Lama Oles erste Ablehnung Urgyen Trinleys
11. Schreiben zur Anerkennung Urgyen Trinleys durch die Rinpoches
12. Der Dankesbrief der Rinpoches an den Dalai Lama
13. Offizielle Anerkennung Urgyen Trinleys durch den Dalai Lama
14. Lama Oles Brief an die Linienhalter und den Karmapa Charitable Trust
15. Lea Terhunes Brief
16. Lama Oles Brief zur Unterstützung Shamar Rinpoches
17. Kurzer Ratschlag des Dalai Lama
18. Lama Oles Brief an die Tibetische Regierung in Dharamsala
19. Topga Rinpoches Brief an den Karmapa Charitable Trust
20. Die Anerkennung Urgyen Trinleys als 17. Karmapa durch das kommunistische China
21. Drubpön Dechens Brief
22. Shamar Rinpoches Anerkennung Urgyen Trinleys, übersetzt von der Seite Situ Rinpoches
23. Die von Shamar Rinpoche autorisierte Übersetzung

24. Shamar Rinpoches Stellungnahme zur Niederlegung seiner Aufgaben in Rumtek
25. Brief des Mitarbeiterstabs von Rumtek an Ministerpräsident Bhandari
26. Verurteilung Topga Rinpoches durch die Internationale Kagyü-Konferenz
27. Die Schlussresolution der Internationalen Kagyü-Konferenz
28. Brief der sikkimesischen Finanzbehörde
29. Shamar Rinpoches Stellungnahme zur Schattenverwaltung in Rumtek
30. Tenga Rinpoches Fax
31. Shamar Rinpoches Brief mit der Fabel
32. Shamar Rinpoches Brief an Situ Rinpoche
33. Tenga Rinpoches Brief über Berchen Ling
34. Shamar Rinpoches Anerkennung des 17. Karmapa
35. Lama Oles Brief über die Anerkennung des Karmapa

Dokumente

Dokument 1:

Brief des Mitarbeiterstabes von Rumtek bezüglich der Vollendung der Rituale (Tibetisch)

INTERNATIONAL
KAGYU HEADQUARTERS
OF
HIS HOLINESS
THE GYALWA KARMAPA

DHARMA CHAKRA CENTRE
P. O. RUMTEK 737 135
GANGTOK, SIKKIM,
INDIA.
CABLE : DHARMACHAKRA, SIKKIM, INDIA.
PHONE : 363 GANGTOK

༄། དཔང་ལྡན་བདེན་ཚིག་ཐུན་ཁྲམ་གྱི་འདབས་ཕྱི་བརྗོད་མཐོའི་འབྱུང་དུ།

མཚོན་སྐར་ཟླ་སྤུང་གི་དབྱེ་ཚན་ལས་བྱེད་མགྲིན་གཅིག་གིས་ཞུ་གསོལ། ད་ལམ་ཀུན་གཟིགས་ཞྭ་དམར་རིན་པོ་ཆེས་དབུས་རྒྱས་ཐེ་ཞུས་པ་བཞི་ནི། སྤྱང་དཔང་ཡིད་ནོར་ཅིན་བོད་སྐྱ་འཁྱུལ་ཡང་སྲིད་རིན་པོ་ཆེའི་སྐར་མ་འཛིན་འགན་ཟབ་པའིས་བཀྲིན་བསྐྱངས་དེ། ད་ལམ་ཕྱི་ལོ་ ༡༩༨༨ ཟླ་ ༣ ཚེས་ ༦ རིམ་གཟབ་ཕྱག་ཕྱ་མཚམས་ཀྱི་འཁྲུལ་སྐོར་དང་འབྲེལ་བའི་ཐུ་གྲོའི་ཆར་ འདིར་ཡོད་ལས་ཞེལ་ཞེ་རང་གི་ཕྱག་ཕྱིམ་དོ་མ་ཕྱག་མཛོད་བྱུང་བའི་བཀའ་ཁྱབ་སྐབས་ལྡན་ནམས་པ་ཚར་བའི་ཆབ་བཟང་དཀའ་ཧྲོན་ཟླ་ན་མིད་པ་ཐོབ་བར་ཕྱིང་སྐོང་ཞུས་པའི་གཉིང་ནས་དྲན་དེ་ཞི་ཤིས་གསོལ་ལྷ། ཡང་བསྒྱུར་ ཉི་གསར་སྟོན་འདྲིགས་ཀྱི་དགེ་བཞི་ལྟ་བོད་པང་ནང་མིད་ཀུང་ ཞབ་ཅིམས་རིན་པོ་ཆེའི་དགོངས་དོན་གྱི་ཆ་ཕྱིན་ཆོད་རྒྱ་རང་བྲུལ་ཡོད་ཅི་ དགོངས་དོན་དེ་བཞིན་ཅན་རྒྱལ་འཇུག་ཐར་གནང་ཐབས་དང་འབྲེལ་ འདི་ཤེས་ཀྱི་དོན་བྱ་རང་ཡལ་ཏུ་སོན་པའི་རྒྱབ་འདུག་པར་འབྱུངས་མ་སོང་བར་རྒྱུགས་ཏེ་ཅི་བ་ལྟ་བྱ་དང་ སྐབས་འཚྭངས་ཡང་སྲིད་རིན་པོ་ཆེ་བྱིད་ཞིབས་ཀྱི་ཆེད་དུ་བསྐྱལ་ཐོས་གང་ལཅོས་དེ་དང་དེའི་དབྱིད་ཀྱི་བཀའ་ཁྱབ་ཀུང་གནང་སྟོང་ཞུ་བྱ་བཅས་ནས་མཇུག་ཚིག་སྒྲུང་དུ་མངད་པར་མཇྱིད་ མཇྲིད་ལྷ།

གསུམ་ལྡན་ནམས་ཀྱིས་ ༡༩༨༨ ཟླ་ ༣ ཚེས་ ༣ ལ།

Dokument 1:
Brief des Mitarbeiterstabes von Rumtek bezüglich der Vollendung der Rituale (Deutsch)

An die Stiftungsräte des Karmapa Charitable Trust
Wir, die Unterzeichneten, die wir für die Verwaltung des Klosters Rumtek tätig sind, möchten hiermit Shamar Rinpoche, Situ Rinpoche, Jamgön Rinpoche und Gyaltsab Rinpoche unseren Dank dafür aussprechen, dass sie die Verantwortung für das Verfahren zur Auffindung der Wiedergeburt des 16. Karmapa auf sich genommen haben. Wir sind hocherfreut über die Nachricht, dass die unmissverständlichen schriftlichen Anweisungen Seiner Heiligkeit des 16. Karmapa zur Bestätigung seiner Wiedergeburt gefunden wurden.

1986 gabt Ihr bekannt, welche Rituale durchzuführen waren, um Hindernisse für das Auffinden der Wiedergeburt des 16. Karmapa zu beseitigen. Diese Rituale sind nun abgeschlossen. Deshalb ersuchen wir Euch, Bemühungen anzustellen, um die Wiedergeburt schnell zu finden. Bitte tut alles in Eurer Macht Stehende, um die authentische Wiedergeburt so schnell wie möglich zu finden, und teilt uns mit, welche Vorbereitungen für seine Inthronisierung zu treffen sind.

Generalsekretär:	Topga Rinpoche
Zeremonienmeister:	Trinle Yongdu
Öffentlichkeitsarbeit:	Ngodrub Dorje
Verwaltung:	Lodrö Sherab
Verwaltung:	Tsultrim Namgyal
Leiter der Rituale:	Thubten Zangpo
Leiter der Rituale:	Ngedön Tenzin
Leiter der Rituale:	Jigme Wangchuk
Sekretär:	Tenzin Namgyal
Disziplinmeister:	Puntsog Namgyal
Sekretär:	Konchog
Sekretär:	Tashi Namgyal
Schatzmeister:	Kacho
Schatzmeister:	Geten
Koordination:	Zitar Dorje

Dokument 2:

Situ Rinpoches Pfauen-Brief (Tibetisch)

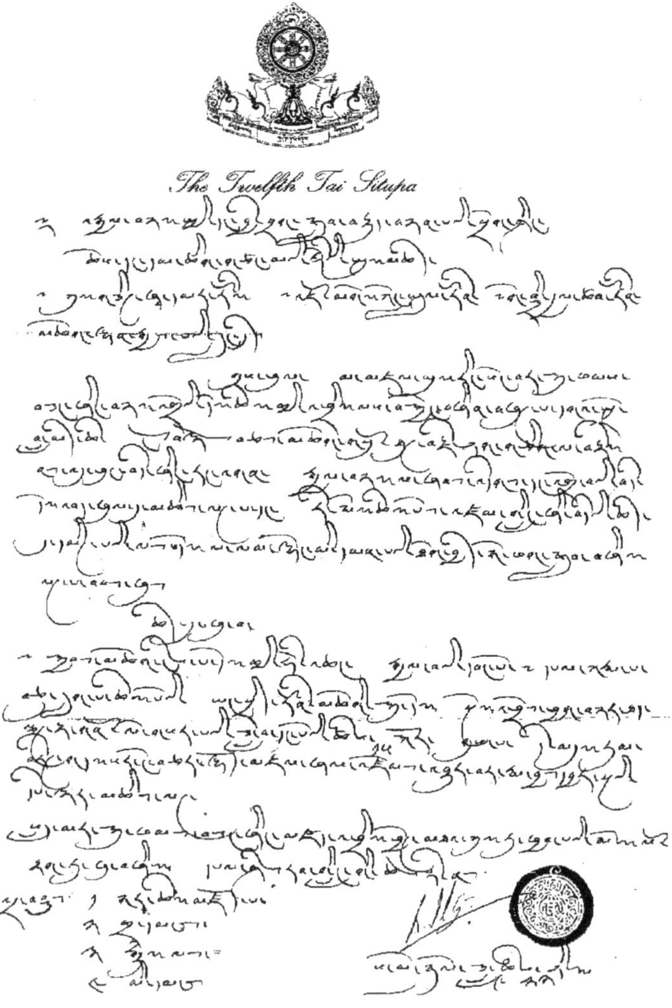

The Twelfth Tai Situpa

Dokument 2:
Situ Rinpoches Pfauen-Brief (Deutsch)

An
Künzig Shamar Rinpoche, Jamgön Kongtrul Rinpoche und Goshir Gyaltsab Rinpoche

Ich habe Euch lange nicht gesehen, aber ich hoffe, es geht Euch gut und Eure Aktivität ist von Erfolg gekrönt. Dank des Segens der Drei Juwelen geht es mir gut, und ich bemühe mich, die buddhistischen Lehren zu verbreiten. Ich hege große Erwartungen an meine Arbeit für den Weltfrieden, und meine bisherigen Bemühungen waren fruchtbringend.

Der Anlass für meinen Brief sind die Anweisungen, die S.H. der 16. Karmapa hinsichtlich seiner nächsten Wiedergeburt gab. Ich werde am fünfzehnten des ersten Monats im tibetischen Jahr des Eisen-Pferdes (1990) nach Rumtek kommen, um darüber zu sprechen. Ich habe gute Nachrichten, vergleichbar den Freudenschreien von Pfauen.
Ich bete für Euer langes Leben und den Erfolg Eurer Arbeit.

Sherab Ling,
im Erde-Schlangen-Jahr, am 21. Tag des neunten Monats (1989)

Tai Situ

Dokument 3:
Situ Rinpoches Brief über das Treffen am 19. März (Tibetisch)

The Twelfth Tai Situpa

SHERAB LING
INSTITUTE OF BUDDHIST STUDIES
P.O. BHATTU DISTRICT KANGRA HIMALCHAL PRADESH 176-125 INDIA

Dokument 3:
Situ Rinpoches Brief über das Treffen am 19. März (Deutsch)

Brief von:	Tai Situpa Rinpoche Sherab Ling Buddhist Institute P.O. Upper Bhattu, Dist. Kangra, H.P., Indien
Brief an:	Shamar Rinpoche, Jamgön Kongtrul Rinpoche, Gyaltsab Rinpoche

An die Sonne der Kagyü-Linie, Künzig Shamar Rinpoche, Jamgön Kongtrul Rinpoche, Goshir Gyaltsap Rinpoche, voller Hochachtung

Seit einer Weile haben wir uns nicht gesehen; ich hörte, dass Eure Aktivitäten gedeihen, und bin froh. Dank des Segens von Buddha, Dharma, Sangha erfreue ich mich guter Gesundheit und tue mein Bestes, dem Buddhismus zu dienen.

Am 22. Januar 1992 schrieb ich Euch Rinpoches einen Brief betreffs der Wiedergeburt Gyalwa Karmapas. Nun wollte ich Euch Rinpoches um ein Treffen am 16. März 1992 im Kloster Rumtek bezüglich der Inkarnation des Gyalwa Karmapa gemäß seinen schriftlichen Anweisungen ersuchen. Ich spüre, dass das sehr wichtig ist. Sollte es sich hinauszögern, da ich bereits eine Einladung zu einem Stiftungstreffen erhalten habe, könnte es zu knapp werden, und diese wichtige Angelegenheit sollte nicht von anderen Dingen verdrängt werden. Bitte bedenkt es. Ich werde schon vor diesem Datum in Rumtek sein. Ich lege den Zeitpunkt für das Treffen fest, wie ich es in jüngster Zeit immer getan habe, und tue es mit Dringlichkeit; bitte versteht es nicht als Anmaßung. Zum Besten aller fühlenden Wesen, des gesamten Buddhismus und insbesondere unserer Linie und der Wiedergeburt des Gyalwa Karmapa, bitte kommt diesem aufrichtigen Wunsch nach.

Ich bete für Euch tausend Mal. Ich bete immer, dass Ihr ein langes Leben habt und Eure Arbeit gedeiht.

Tai Situpa, 1. Februar 1992

Dokument 4:
Brief der Derge-Gruppe aus März 1992 (Englisch)

Dege Tibetan Buddhist Cultural Association

Boudha Nath
Post Box 737
Kathmandu, Nepal.

CIRCULAR LETTER

Ref. No.............. Date March 5, 1992

Dear friends in Holy Dharma,

We, as felow Vajrayana Budhist folowers, wish to share with you this information regarding His Holiness the 16th Gyalwa Karmapa's Reincarnation.

For the benefit of those who do not read Tibetan and also to avoid any possible confusion, an english translation of each letter is attached so as you will be able to understand and will be aware of what exactly has been happening.

We have great hope that as result of many efforts, out of which few of them you will see in this file, will bring some good news about the long awaited incarnation-the 17th Gyalwa Karmapa.

We all know that traditinally it is the responsibility of Tai Situ Rinpoche to interpret the written instruction of previous Karmapa and to make the final recognition of the reincarnation. However, with understanding, we do accept Tai Situpa's agreement with Shamar Rinpoche, Jangon Rinpoche, and Gyaltsap Rinpoche to share the responsibility and to work with them collectivily on this issue. This seems to be cause of delay, but we try to understand and believe that there is genuine reason for all of this confusion and disappointment of long 11 years of waiting.

We are like all of you eagerly waiting for a good news soon in the future. In the meantime we will keep in touch with you.

Yours faithfully in Budhadharma,

Dokument 4:
Brief der Derge-Gruppe aus März 1992 (Deutsch)

Tibetisch-Buddhistischer Kulturverein Derge

Rundbrief
Datum: 5. März 1992

Liebe Freunde im heiligen Dharma,

als Brüder im Vajrayana möchten wir diese Informationen über die Wiedergeburt Seiner Heiligkeit des 16. Gyalwa Karmapa mit Euch teilen.

Für jene, die kein Tibetisch lesen können, und auch um jedwede Verwirrung zu vermeiden, ist allen Briefen eine englische Übersetzung beigefügt, damit Ihr ganz genau versteht und wisst, was sich zugetragen hat. Wir hegen große Hoffnungen, als Ergebnis der vielen Anstrengungen, von denen Ihr einige in den Unterlagen sehen werdet, gute Neuigkeiten über die lang erwartete Wiedergeburt zu erhalten – den 17. Karmapa.

Wir alle wissen, dass es traditionell in der Verantwortung Tai Situ Rinpoches liegt, die schriftlichen Anweisungen des vorherigen Karmapa zu deuten und die Wiedergeburt letztgültig anzuerkennen. Dennoch billigen wir, mit Verständnis, Tai Situpas Vereinbarung mit Shamar Rinpoche, Jamgön Rinpoche und Gyaltsap Rinpoche, die Verantwortung zu teilen und mit ihnen gemeinsam daran zu arbeiten. Offenbar führt dies zu Verzögerungen, aber wir versuchen zu verstehen und glauben, dass es einen guten Grund für all die Verwirrung und Enttäuschung der elf langen Jahre des Wartens gibt.

Wie Ihr alle, warten auch wir sehnlich auf gute Nachrichten in baldiger Zukunft. Bis dahin werden wir mit Euch in Verbindung bleiben.

Hochachtungsvoll im Buddhadharma,
(Unterschrift unleserlich)

Dokument 5:
Lama Oles Brief über Jamgön Kongtrul Rinpoche (Englisch)

27 April, 1992

Dear Friends,

After our painful loss of H.E. Jamgon Kontrul Rinpoche we are probably all asking ourselves the same question.

That we honor Rinpoche, best by working even harder, is clear. Holding on to the past benefits no one. But how could such an enlightened teacher have such an accident?

Hannah and I have turned it over in our minds. We knew H.E. since 1969 in Nepal. Hannah organized his plans and translated for him over the last 15 years and he treated me as an older brother. As he travelled with H.H. the Karmapa in the West, he knew well the direction of our growth.

No high Bodhisattva has an easy time staying in this world, and students breaking their bonds are the biggest hinderance. The radiant Rinpoche we knew from so many initiations, privately assumed too many responsibilities. He kept students anyone else would have fired, arbitrated continually in the politics of the Tibetans and in the power-games of the Chinese. In this regard, our centers gave him little trouble.

The last major initiations he gave were at Rumtek. There, several ofe our friends had the good fortune of receiving Kagyu Ngadzo from him. Then he helped in the decisions concerning the next Karmapa.

We shall soon see Rinpoche again, and let us send him all our thanks.

We shall soon meet.

Mexico City, yours Hannah and Ole

Yours Han - Ole

Dokument 5:
Lama Oles Brief über Jamgön Kongtrul Rinpoche (Deutsch)

27. April 1992

Liebe Freunde,
nach unserem schmerzlichen Verlust S.E. Jamgön Kongtrul Rinpoches stellen wir uns vermutlich alle dieselbe Frage.

Dass wir Rinpoche am besten ehren, indem wir noch härter arbeiten, ist klar. An der Vergangenheit festzuhalten, hilft niemandem. Aber wie konnte solch ein erleuchteter Lehrer einen solchen Unfall haben?

Hannah und ich haben uns im Geist immer wieder damit beschäftigt. Wir kannten Seine Eminenz seit 1969 in Nepal; in den letzten 15 Jahren organisierte Hannah seine Pläne und übersetzte für ihn, und mich behandelte er wie einen älteren Bruder. Da er mit S.H. dem Karmapa im Westen unterwegs war, kannte er die Richtung unseres Wachstums sehr gut.

Kein hoher Bodhisattva hat es leicht, in dieser Welt zu bleiben, und Schüler, die ihre Bände brechen, sind das größte Hindernis. Der strahlende Rinpoche, den wir von so vielen Einweihungen kannten, übernahm privat zu viele Verantwortungen. Er behielt Schüler, die jeder andere fortgeschickt hätte, und vermittelte unaufhörlich in der tibetischen Politik und den Machtspielen der Chinesen. In dieser Hinsicht bescherten ihm unsere Zentren wenig Ärger.

Die letzten großen Einweihungen gab er in Rumtek. Einige unserer Freunde hatten dort das große Glück, das Kagyü Ngagdzö von ihm zu erhalten. Dort half er auch bei den Entscheidungen hinsichtlich des nächsten Karmapas.

Wir werden Rinpoche bald wiedersehen; schicken wir ihm alle unseren Dank.

Wir werden uns bald sehen.

Mexico City,
Eure Hannah und Ole

Dokument 6:
Situ Rinpoches Brief über die Suche nach dem 17. Karmapa (Englisch)

March 26, 1992

TO FOLLOWERS OF BUDDHISM AND PARTICULARLY THE KAGYU LINEAGE:

I am pleased to let you know at this time that according to the details written by the 16th Gyalwa Karmapa, Ranjung Rigpe Dorje, the organization for the search and recognition of the 17th incarnation is now in place.

At the end of six months, as the result of the activity already underway, and with the prayers and blessings of His Holiness the Dalai Lama and other vajrayana leaders, the final confirmation of the incarnation will be made and announced.

With Pure Supplication and Prayers to the
Buddha, Dharma and Sangha,

THE TWELFTH TAI SITUPA

6 HYDERABAD ROAD
ALEXANDRA PARK
SINGAPORE 0511
TEL: 65 - 278-0700
FAX: 65 - 278-1295

SHERAB LING
INSTITUTE OF BUDDHIST STUDIES
P.O. UPPER BHATTU DIST. KANGRA
HIMALCHAL PRADESH 176-125
INDIA

Dokument 6:
Situ Rinpoches Brief über die Suche nach dem 17. Karmapa (Deutsch)

26. März 1992

An die Schüler des Buddhismus und insbesondere der Kagyü-Linie:

Mit Freuden teile ich Euch am heutigen Tag mit, dass die Organisation für die Suche und Anerkennung der 17. Wiedergeburt entsprechend den schriftlichen Ausführungen des 16. Gyalwa Karmapa Rangjung Rigpe Dorje nun einsatzbereit ist.

Als Ergebnis der bereits begonnenen Aktivität und dank der Gebete und des Segens Seiner Heiligkeit des Dalai Lama und anderer Vajrayana-Lehrer wird die endgültige Bestätigung der Wiedergeburt nach Ablauf von sechs Monaten erfolgen und bekannt gegeben werden.

Mit reinen Bitten und Gebeten an Buddha, Dharma und Sangha,
der zwölfte Tai Situpa

Dokument 7:

Der von Situ Rinpoche vorgelegte Vorhersagebrief (Tibetisch)

HIS HOLINESS
THE GYALWA KARMAPA

DHARMA CHAKRA CENTRE
RUMTEK
GANGTOK
SIKKIM
(INDIA)

Dokument 7:
Der von Situ Rinpoche vorgelegte Vorhersagebrief (Deutsch)

Dies ist der Brief, den Situ Rinpoche 1992 als Schreiben Seiner Heiligkeit des 16. Karmapa mit den Angaben zu seiner 17. Wiedergeburt präsentierte:

Emaho. Eigen-Bewusstheit ist stets höchste Freude;
Der Dharmadhatu hat weder Mitte noch Grenze.
Von hier Richtung Norden (im) Osten (des Landes) des Schnees liegt
ein Gebiet, wo heiliger Donner spontan entbrennt.
(An) einem wunderschönen Nomadenort mit dem Zeichen
einer Kuh ist das Mittel Dondrup und die Weisheit ist Lolaga.
(Geboren im) Jahr des Einen, der für die Erde steht (Mit) dem
wundersamen, weit reichenden Ton des Weißen:
(Dies) ist der, der als Karmapa bekannt ist.
Er wird gehalten von Lord Amoghasiddhi;
Ohne sektiererisch zu sein, durchdringt er alle Richtungen;
Nicht manchen nah und anderen fern, ist er der Beschützer aller Wesen:
Die Sonne von Buddhas Dharma, die anderen nützt, strahlt immer.

Dies ist die korrigierte Version des Briefes, die 1993 vom Nationalen Tibetischen Radio ausgestrahlt wurde; Änderungen sind mit *gekennzeichnet:

* Emaho, unser Land ist ein sehr angenehmer Ort.
* Der Dharmadhatu ist ohne künstliches Licht.
* Das ist der südliche Teil des Ostens im verschneiten Norden.
Es ist ein Land, wo heiliger Donner spontan entbrennt.
* Im Land der Nomaden habe ich einen schönen Garten gesehen.
* Der Geist vollbringt alles und der Weisheitsgeist ist weiß.
* Das gute Jahr, das die Erde genießt, Mit dem wundersamen, weit
reichenden Ton des Weißen: (Dies) ist der, der als Karmapa bekannt ist.
* Ein Mann, der die Dinge gut verwirklicht, wird der Führer sein.
Ohne sektiererisch zu sein, durchdringt er alle Richtungen;

Nicht manchen nah und anderen fern, ist er der Beschützer aller Wesen:
Die Sonne von Buddhas Dharma, die anderen nützt, strahlt immer.
* Ein Mann, der die Dinge gut vollbringt, wird der Führer sein.
Nicht sektiererisch, durchdringt er alle Richtungen; Nicht Einigen
nahe und von anderen entfernt, ist er der Beschützer aller Wesen:
Die Sonne von Buddhas Dharma, die anderen nützt, scheint immer.

Dokument 8:
Shamarpas erster Brief im Verlauf der Krise (Englisch)

KUNZIG SHAMAR RIMPOCHE

June 11, 1992

Dear Karma Kagyu Members,

From reliable sources I was informed that Tai Situ Rinpoche and Goshir Gyaltsab Rinpoche, in my absence sent representatives such as Akong Rinpoche and others to recognise and bring the 17'th Gyalwang Karmapa to Tsurpu in Tibet.

If this is the case, the recognition must be based on the letter brought by Tai Situ Rinpoche, supposed to be a letter written by His Holiness Karmapa.

Unfortunately the authentity of this letter is doubtful, and untill appropriate tests have been done and confirmed, it is not adviseable for anybody to rush into any kind of action.

I have full confidence, however, that at the end all information concerning the 17'th incarnation of His Holiness Karmapa will come out clearly and without any doubts, when time is ripe, in accordance with the original instructions given by H.H. the 16'th Gyalwang Karmapa.

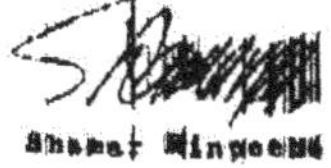

Shamar Rinpoche

Dokument 8:
Shamarpas erster Brief im Verlauf der Krise (Deutsch)

10. Juni 1992

Liebe Angehörige der Karma Kagyü,

von verlässlicher Quelle wurde mir mitgeteilt, dass Tai Situ Rinpoche und Goshir Gyaltsab Rinpoche in meiner Abwesenheit Repräsentanten wie beispielsweise Akong Rinpoche und andere ausgesandt haben, um den 17. Gyalwa Karmapa anzuerkennen und nach Tsurphu in Tibet zu bringen.

Sollte das der Fall sein, muss die Anerkennung auf dem von Tai Situ Rinpoche vorgelegten Brief beruhen, der vermeintlich von Seiner Heiligkeit Karmapa geschrieben sein soll.

Leider ist die Echtheit des Briefes zweifelhaft, und bis entsprechende Tests durchgeführt und bestätigt wurden, ist es für niemanden ratsam, in irgendeiner Weise in Aktion zu treten.

Trotz allem habe ich vollstes Vertrauen, dass am Ende alle Informationen über die Wiedergeburt Seiner Heiligkeit Karmapa klar zutage treten werden und dass sie, wenn die Zeit reif ist, ohne jeden Zweifel den ursprünglichen Anweisungen Seiner Heiligkeit des 16. Karmapa entsprechen werden.

Shamar Rinpoche

Dokument 9:

Die vorbehaltliche Anerkennung Urgyen Trinleys als 17. Karmapa durch das Privatbüro des Dalai Lama (Tibetisch)

སྐུ་སྒེར་ཡིག་ཚང་།

OFFICE OF HIS HOLINESS THE DALAI LAMA

༄༅། ༡༩༩༢།༦།༡༧ ཉིན། སི་ཏུ་རིན་པོ་ཆེ་དང་། རྒྱལ་ཚབ་རིན་པོ་ཆེ་རྣམ་གཉིས་ནས་ད་ས་བཞུགས་སྒར་དུ་ཕེབས་འགྱུར་སྐབས་༸གོང་ས་༸སྐྱབས་མགོན་ཆེན་པོ་ལྷོ་ཨ་མི་རི་ཀའི་ཁུལ་ཆིབས་སྒྱུར་སྐབས་འཁེལ་བས། དེ་ཉིན་དགོང་དྲོ་ཨ་རི་ཞལ་དཔར་བརྒྱུད་རིན་པོ་ཆེ་རྣམ་གཉིས་ནས་༸གོང་ས་༸སྐྱབས་མགོན་ཆེན་པོར་༸སྙན་སེང་གནང་དོན་དུ། ༸རྒྱལ་དབང་ཀརྨ་པ་རིན་པོ་ཆེའི་འདའ་ཁའི་ཞལ་ཆེམས་ནང་། བོད་ཀྱི་ཤར། འདོད་འཇོ་མཚན་པའི་འབྲོག་བདེ། ཐབས་ནི་དོན་འགྲུབ་ཤེས་རབ་བློ་ལ་དགའ། ཞེས་པའི་མིང་སྒྲ་བཅས་གསལ་དོན་བཞིན། བརྟག་ཞིབ་ཞུས་པར། བོད་ཡུལ་ས་གནས་ལྷ་ཐོག་དཀར་ལེགས་དགོན་གྱི་ཉེ་འགྲམ། བ་ཀོར་འབྲོག་སྡེར། ཡབ་ཀརྨ་དོན་འགྲུབ་བཀྲིས་དང་། ཡུམ་བློ་དགའ་གཉིས་ཀྱི་བུ་ཤིང་གླང་ཟླ་བ་ལྔ་པའི་ཚེས་བརྒྱད་ལ་འཁྲུངས་པ་འདི་ཡིན། འཁྲུངས་རྗེས་རོལ་མོའི་སྒྲ་དཔག་ཏུ་མེད་པ་དང་། ཁྱད་པར་དུ་ལུང་བསྟན་ལྟར། པར་སྣང་ནས་དུང་དཀར་གྱི་སྒྲ་ཡུལ་མི་ཐམས་ཅད་ཀྱིས་ཐོས་པ་ཚོད་གཉིས་རིང་གྲགས་པས་མཚོན་ངོ་མཚར་བའི་ལྟས་དུ་མ་བྱུང་འདུག་པ་འདི་ར། གྲུས་ཅག་སྔང་དོག་ནུམ་སྐེགས་ཆོས་སྒར་དང་། མཚུར་ཕུ་དགོན། དཔལ་སྤུངས་དགོན་བཅས་ཀྱི་བླ་སྤྲུལ་འདུས་དམངས་གཙོ་སྒྱུར་གཞིས་བྱེས་ཀརྨ་པའི་དགོན་ཁག་ཚང་མའི་བླ་སྤྲུལ་འདུས་དམངས་ཐམས་ཅད་ནས་རེ་མོས་རྩེ་གཅིག་ཞུ་བཞིན་ལགས་ན། གོང་གསལ་བུ་ཤིང་གླང་ལོ་པ་དེ་བཞིན་ཀརྨ་པ་བཅུ་བདུན་པ་ཆེན་པོའི་ཡང་སྲིད་སྤྲུལ་སྐུར་ངོས་འཛིན་ཞུས་ན་ཆོག་མིན་བཀའ་སློབ་ཐུགས་རྗེ་ཆེ་བ་ཞེས་སྙན་སེང་དང་སྦྲགས། འདའ་ཁའི་ཞལ་ཆེམས་དང་། བརྟག་དཔྱད་ཞུ་ལུགས། འཁྲུངས་ཡུལ་གྱི་ས་ཁྲ། ཀརྨ་པའི་མཚན་བྱང་འགའ་ཤས་འཁོད་པའི་གུ་རུའི་ལུང་བསྟན། སྔང་དོག་ཏུ་གྲོས་ཚོགས་ཞུས་པའི་ཡིག་ཆ་བཅས་གློག་དཔར་ཐོག་ཕྱུན་ཞུར་འབུལ་བསྒྲིགས་ཞུ་གནང་གི་ཕྱིར་ཕེབས་སུ། སྤྲུལ་སྐུའི་འཁྲུངས་ཡུལ་དང་། ཡབ་ཡུམ་གྱི་མཚན་སྔ་སོགས་འདའ་ཁའི་ཞལ་ཆེམས་དང་མཐུན་ཞིང་། རང་ཁུངས་གཞིས་བྱེས་བླ་སྤྲུལ་དགོན་ཁག་ཚང་མའི་རེ་མོས་རྩེ་གཅིག་ཡིན་ཆེ་གང་ལེགས་ལ་དེ་དོན་ངོས་འཛིན་གནད་འཁེལ་ཆོག་འཐུས་བཀའ་འཁྲོལ་སྩལ་སྙིན་བྱུང་སོང་བ་དགོངས་འཛེགས་ཞུ། ད་ས་བཞུགས་སྒར་སྐུ་སྒེར་ཡིག་ཚང་ནས། ༡༩༩༢ ཟླ་ ༦ ཚེས་ ༣ ལ་

(T. C. Tara)
Principal Secretary to
HIS HOLINESS THE DALAI LAMA

Thekchen Choeling, McLeod Ganj 176219, Dharamsala, Himachal Pradesh. Tel : 3 4 3

Dokument 9:
Die vorbehaltliche Anerkennung Urgyen Trinleys als 17. Karmapa durch das Privatbüro des Dalai Lama (Deutsch)

Ein Brief des Privatbüros Seiner Heiligkeit des Dalai Lama zur Bestätigung der Wiedergeburt Seiner Heiligkeit des XVI. Gyalwang Karmapa

Als Situ Rinpoche und Gyaltsap Rinpoche am 7. Juni 1992 in Dharamsala eintrafen, befand sich Seine Heiligkeit der Dalai Lama auf einem Besuch in Südamerika. Am Abend desselben Tages telefonierten die beiden Rinpoches mit Seiner Heiligkeit, um ihn über Folgendes in Kenntnis zu setzen:

Im Dakhaishalcham (heiliger Brief mit Angaben zur Wiedergeburt) Seiner Heiligkeit des Gyalwang Karmapa heißt es: „Im Osten Tibets, in einer Nomadengemeinde mit dem Zeichen einer Kuh, ist das Mittel Dondrup und die Weisheit ist Lolaga." Anhand dieser eindeutigen Beschreibung der Namen wurde eine gründliche Suche durchgeführt, und in der Nomadengemeinde mit Namen Bakor in der Region Lhathok im Osten Tibets wurde am achten Tage des fünften tibetischen Monats im Holz-Ochsen-Jahr ein Junge geboren, dessen Vater Karma Dondrub Tashi und dessen Mutter Loga heißt. Nach seiner Geburt gab es viele wundersame Zeichen, so wie den grenzenlosen Klang von Musik und, entsprechend der Vorhersage, den Klang der Dharma-Muschel, der zwei Stunden lang durch den Raum hallte und von allen Menschen in der Gegend vernommen wurde.

Die Tulkus, Lamas und Sangha in und außerhalb Tibets, aus Gangtok, Rumteks Ort des Dharma, den Klöstern Tsurphu und Palpung und allen anderen Klöstern Karmapas baten mit einsgerichteter Hingabe und Hoffnung um den mitfühlenden Rat, ob es angebracht sei, den oben beschriebenen Jungen aus dem Holz-Ochsen-Jahr als die Wiedergeburt des XVI. Karmapa anzuerkennen. Die Bitte wurde von weiteren Angaben begleitet, unter anderem dem heiligen Brief, der Art und Weise der Suche, einer Zeichnung des Geburtsortes, Guru Rinpoches

Prophezeiung, die eine Liste mit den Namen einiger Karmapas enthält, und einem Schreiben über das Treffen und die Gespräche in Gangtok.

All dies wurde Seiner Heiligkeit gefaxt, und er gewährte diese Antwort: „Der Geburtsort der Reinkarnation, der Name der Mutter und des Vaters und so weiter stehen in Übereinstimmung mit dem heiligen Brief. Es ist sehr gut, dass die Tulkus, Lamas und Klöster der Linie außerhalb und innerhalb Tibets sämtlich einsgerichteter Hingabe und Hoffnung sind. Aufgrund obiger Ausführungen ist die Anerkennung und Bestätigung angemessen."

Diese Verfügung wurde gegeben und empfangen. Möge sie bekannt werden.

Unterschrieben von Tenzin Chönyi Tara, Hauptsekretär Seiner Heiligkeit des Dalai Lama,

Dharamsala, den 9. Juni 1992

Dokument 10:
Lama Oles erste Ablehnung Urgyen Trinleys (Englisch)

KARMA DRUB DJY LING

ved GJALVA KARMAPA

· Center for tibetansk Buddhisme ·

Karma Gön, Spain, June 10th , 1992

To Our Venerable Lineage-Holders,
c/o H.H. the Sharmapa

With great expectations we learn about the recent private initiative to find H.H. the 17th Karmapa. We look forward very much to that decision by H.H. the Sharmapa and our Rumtek headquarters which make any recognition official.

On behalf of the worldwide Karma Kagyü centers under H.H. Sharmapa, Topga Rinpoche and the Rumtek Trust.

With greatest devotion, yours

Lama Ole Nydahl

Copies sent to main centres in all continents.

Dokument 10:
Lama Oles erste Ablehnung Urgyen Trinleys (Deutsch)

Karma Gön, Spanien, 10. Juni 1992

An unsere ehrenwerten Linienhalter
c/o S.H. Shamarpa

Mit hoher Erwartung erfahren wir von der jüngsten privaten Initiative zur Auffindung seiner S.H. des 17. Karmapa. Freudig blicken wir der Entscheidung S.H. Shamarpas und der Leitung Rumteks entgegen, welche die Anerkennung offiziell machen.

Im Namen aller Karma-Kagyü-Zentren weltweit unter S.H. Shamarpa, Topga Rinpoche und der Rumtek-Stiftung.

Mit größter Hingabe,
Euer Lama Ole Nydahl

Dokument 11:
Schreiben zur Anerkennung Urgyen Trinleys durch die Rinpoches (Tibetisch)

INTERNATIONAL
KAGYU HEADQUARTERS
OF
HIS HOLINESS
THE GYALWA KARMAPA

DHARMA CHAKRA CENTRE
P.O. RUMTEK 737 135
GANGTOK, SIKKIM
INDIA.
CABLE : DHARMACHAKRA, SIKKIM, INDIA.
PHONE : 2370 GANGTOK

Dokument 11:
Schreiben zur Anerkennung Urgyen Trinleys durch die Rinpoches (Deutsch)

16. Juni 1992
An die wiedergeborenen Rinpoches, Lamas, Mönche und Anhänger der Linie:

Für den Vollzug der Anerkennung der kostbaren Reinkarnation Seiner Heiligkeit des 16. Gyalwa Karmapa, der Zuflucht für uns alle seine Schüler, ist es gemäß dem von ihm hinterlassenen eindeutigen Brief sowie der heiligen Vision Seiner Heiligkeit des Dalai Lama, höchste Zuflucht und Schützer, welcher am 7. Juni 1992 seine Bestätigung gab, gewiss, dass die neue Inkarnation Seiner Heiligkeit des Gyalwang Karmapa für den 17. Tag des vierten tibetischen Monats zu seinem Sitz Akanishta Tolung Tsurphu eingeladen ist, und es wird geplant, ihn später in Rumtek, Sikkim, zu inthronisieren. In Anbetracht der ausgedehnten Aktivität der kostbaren Inkarnation Seiner Heiligkeit und dem Wunsch, dass diese Aktivität ohne Hindernisse ausgeführt werden möge, ist es wichtig, dass alle Mitglieder der Sangha so viel wie möglich die Puja von Mahakala und Mahakali, die erweiterte Version der Einhunderttausend-Tshog-Puja und andere passende Gebete praktizieren. Bitte haltet all das im Geist.

Aus Rumtek, Karmapas Stelle des Dharma, unterschrieben von:

Tai Situ Rinpoche
Tsurphu Gyaltsap Rinpoche
Urgyen Tulku Rinpoche
Beru Khyentse Rinpoche
Thrangu Rinpoche
Bokar Rinpoche
Pönlop Rinpoche
Sangye Nyenpa Rinpoche
Zurmang Garwang Rinpoche
Chökyi Nyima Rinpoche
Lopön Tsechu
Karmä Khentrul Rinpoche
Ripa Tenpe Nyima Rinpoche
Katrul Drubten Rinpoche
Dondrup Rinpoche
Rigden Tulku Rinpoche
Wangchuk Choktrul Rinpoche
Dzogdzi Jetrung Rinpoche
Thuthob Tulku Rinpoche
Nendo Tulku Rinpoche
Drupseng Rinpoche
Nendo Kuchung Rinpoche
Dilyak Drupon Rinpoche
· Kagyü-Vertreter in der Regierung Seiner Heiligkeit des Dalai Lama in Dharamsala:
Lodrö Tarchin und
Kunga T. Tamotsang

Dokument 12:
Der Dankesbrief der Rinpoches an den Dalai Lama (Tibetisch)

INTERNATIONAL
KAGYU HEADQUARTERS
OF
HIS HOLINESS
THE GYALWA KARMAPA

DHARMA CHAKRA CENTRE
P.O. RUMTEK 737 135
GANGTOK, SIKKIM
INDIA.
CABLE : DHARMACHAKRA, SIKKIM, INDIA.
PHONE : 2370 GANGTOK

Dokument 12:
Der Dankesbrief der Rinpoches an den Dalai Lama (Deutsch)

Kronenschmuck von Samsara und Nirwana wie auch der Welt der Götter, der die höchsten Ebenen erlangt hat, Führer von Göttern und Menschen, Zuflucht und Schützer, siegreich, kraftvoll und allwissend, Dir mit großer Weitsicht bringen wir dies am Fuße Deines goldenen Thrones dar.

Durch unsere drei Tore wenden wir uns mit dem größten Respekt und mit Verbeugungen an Eure Heiligkeit. Heute, großer Schützer, sind die Verpflichtungen Deiner Wünsche zur rechten Zeit herangereift, und die größeren und kleineren Zeichen der Essenz des Mitgefühls, welches Du bist, haben sich ganz natürlich gezeigt. Wir danken Dir, unübertroffen Gütiger, der Du elende Wesen zu Frieden und Glück führst und dessen Rede wie der Nektar des Dharma heilt und fühlende Wesen zur Reife führt. Wir, Deine respektvollen Untertanen, leben und weilen im erfrischenden Schatten des Mitgefühls Eurer Heiligkeit, unseres Schützers, und wir streben danach, alle unsere Verantwortungen zu erfüllen.

Die Essenz der Angelegenheit, die wir Eurer Heiligkeit mitteilen möchten, ist, dass die Reinkarnation Seiner Heiligkeit des 16. Karmapa, Halter der Dagpo-Kagyü-Linie, in dem eindeutigen Brief, den er hinterlassen hat, klar beschrieben ist und dies auch mit der heiligen Vision übereinstimmt, die der tiefsten Weisheit Eurer Heiligkeit entsprang. Als wir diese höchst kostbare Bestätigung auf unsere bescheidenen Häupter erhielten, waren wir so froh, als hätten wir unseren Fuß auf die erste Bodhisattva-Stufe gesetzt, und wir brachten Eurer Heiligkeit tiefsten Dank dar.

Da der Gyalwang Karmapa in Tibet, dem Land des Schnees, geboren wurde, das nun unter der Herrschaft der chinesischen Kommunisten steht, bitten wir Eure Heiligkeit voller Respekt, Wunschgebete zu machen, so dass alle widrigen Umstände und Hindernisse befriedet werden. Weiterhin bitten wir Eure Heiligkeit, uns unter dem Schutz Eures grenzenlosen Mitgefühls Beistand zu gewähren.

Mit dem größten Respekt unterzeichnet von:

Tai Situ Rinpoche
Urgyen Tulku Rinpoche
Thrangu Rinpoche
Pönlop Rinpoche
Zurmang Garwang Rinpoche
Lopön Tsechu
Ripa Tenpe Nyima Rinpoche
Döndrup Rinpoche
Wangchug Choktrul Rinpoche
Thuthob Tulku Rinpoche
Drupseng Rinpoche
Dilyak Drupön Rinpoche

Tsurphu Gyaltsab Rinpoche
Beru Khyentse Rinpoche
Bokar Rinpoche
Sangye Nyenpa Rinpoche
Chökyi Nyima Rinpoche
Karmae Khentrul Rinpoche
Katrul Drubten Rinpoche
Rigden Tulku Rinpoche
Dzogdzi Jetrung Rinpoche
Nendo Tulku Rinpoche
Nendo Kuchung Rinpoche

Kagyü-Repräsentanten in der Dharamsala-Regierung:
Lodrö Tarchin und Kunga T. Tamotsang

Dokument 13:
Offizielle Anerkennung Urgyen Trinleys durch den Dalai Lama (Englisch)

DEPARTMENT OF INFORMATION AND INTERNATIONAL RELATIONS

For Immediate Release:

H.H.THE DALAI LAMA RECOGNISES KARMAPA'S REINCARNATION

The reincarnation of the 16th Gyalwa Karmapa has been recognised by His Holiness the Dalai Lama. The 16th Karmapa, who was the head of the Kagyu lineage of Tibetan Buddhism, had passed away on November 6, 1981.

The reincarnation, Ugen Thinley, has been found in Lhathok in eastern Tibet, born to a nomadic family on June 26. 1985.

The karmapas have the tradition of leaving behind a prediction letter detailing the whereabouts of their reincarnation. Aided by such prediction letters, the Dalai Lamas traditionally made the final confirmation of the reincarnation. In early June 1992, His Holiness the Dalai Lama, who was then on a tour of Brazil, was informed about the prediction letter of the 16th Karmapa. After studying the letter and the information concerning the eight-year old boy in Tibet, His Holiness confirmed the boy as the 17th Karmapa.

Soon after His Holiness the Dalai Lama's return to Dharamsala from South America, the three regents of Rumtek Monastery (the seat of the Karmapa in exile) - Shamar Rinpoche, Tai Situ Rinpoche and Gyaltsab Rinpoche - came to Dharamsala. During an audience with His Holiness on June 29, 1992, the regents personally apprised him of the details concerning the reincarnation. His Holiness then provided the formal confirmation letter. The letter reads, " The boy born to Karma Dhondup and Loga in the Wood-Ox Year (of the Tibetan calendar) identifies with the prediction letter (left by the late Karmapa) and is hereby recognised as the reincarnation of the 16th Karmapa. With prayers for his wellbeing and for the success of his activities. The Dalai Lama."

Tashi Wangdi
Kalon (Minister)

July 3, 1992

Central Tibetan Administration, Dharamsala, H.P. (INDIA) 176215 Tel: (01892) 2457, 2598; Fax: 01892-4357
Delhi Office Telex No. 31-66140 BDL IN

Dokument 13:
Offizielle Anerkennung Urgyen Trinleys durch den Dalai Lama (Deutsch)

Ministerium für Information und internationale Beziehungen
Zur sofortigen Veröffentlichung:

S.H. Dalai Lama erkennt Reinkarnation Karmapas an

Die Reinkarnation des 16. Gyalwa Karmapa wurde von Seiner Heiligkeit dem Dalai Lama anerkannt. Der 16. Karmapa, der das Oberhaupt der Kagyü-Linie des Tibetischen Buddhismus war, war am 6. November 1981 verstorben.

Die Reinkarnation, Ugen Thinley, wurde in Lhathok in Ost-Tibet gefunden; er wurde am 26. Juni 1985 als Sohn einer Nomadenfamilie geboren.

Die Karmapas haben die Tradition, einen Vorhersagebrief mit Einzelheiten zum Ort ihrer Wiedergeburt zu hinterlassen. Mit Hilfe solcher Vorhersagebriefe gaben traditionell die Dalai Lamas die letztendliche Bestätigung der Reinkarnation. Anfang Juni 1992 wurde Seine Heiligkeit der Dalai Lama, der sich zu jener Zeit auf einer Brasilienreise befand, über den Vorhersagebrief des 16. Karmapa in Kenntnis gesetzt. Nach Prüfung des Briefes und der Informationen über den achtjährigen Jungen in Tibet bestätigte Seine Heiligkeit den Jungen als den 17. Karmapa.

Bald nach der Rückkehr Seiner Heiligkeit des Dalai Lama aus Südamerika fanden sich die drei Regenten des Klosters Rumtek (Exilsitz des Karmapa) – Shamar Rinpoche, Tai Situ Rinpoche und Gyaltsab Rinpoche – in Dharamsala ein. Während einer Audienz bei Seiner Heiligkeit am 29. Juni 1992 schilderten ihm die Regenten persönlich Einzelheiten bezüglich der Wiedergeburt. Daraufhin schrieb Seine Heiligkeit den formellen Anerkennungsbrief. In diesem Brief heißt es: „Der Junge, der Karma Dhondup und Loga im Jahr des Holz-Ochsen (nach tibetischem

Kalender) geboren wurde, wurde anhand des Vorhersagebriefs (den der verstorbene Karmapa hinterlassen hat) identifiziert und wird hiermit als die Wiedergeburt des 16. Karmapa anerkannt. Mit Gebeten für sein Wohlbefinden und den Erfolg seiner Aktivitäten. Der Dalai Lama."

Tashi Wangdi Kalon (Minister)

3. Juli 1992

Tibetische Zentralregierung, Dharamsala, H.P. (Indien)

Dokument 14:
Lama Oles Brief an die Linienhalter und den Karmapa Charitable Trust (Englisch)

Venerable Lineage-holders and
Karmapa Charitable Trust.
Rumtek.

Now that the phase of damage-control has come, after the less than brilliant performance we have shown to the world, here a few essential thoughts which have come to Hannah and myself in historical NYZNY NOVGOROD in Russia.

We must regain the confidence especially of the western students. To Asians, rights follows might, but not in free countries. This means writing a thorough-going self-critical analysis of the points - including personal likes or dislikes and bad advice - which were acted upon and brought about the recent fray and splits. Others can only guess, YOU KNOW, and you owe it to all future Karmapas and to your own work that it be psychologically convincing and true. Westerners are smarter than you probably think. If rumors get a chance to dig in, the devotional approach, our speciality which permits of such rapid transformation, will soon be blocked to our more intelligent people.

This is something only you can do. People have invested masses of hope and love in you and your examples so please don't let them down. Some are already saying that we are like the Catholic Church, after all, and that is no compliment.

② Another important point is the outer politics. What shall we do if the Chinese use the newly elected H.H. Karmapa as a pawn or even as a hostage? They will surely try to pit him against H.H. the Dalai Lama or against other Tibetan interests. We - Hannah and I - had already informed H.E. Jamgon Kongtrul Rinpoche and Kunzig Shamarpa that we have all things prepared for taking a boy his presumed age out of Tibet. Doing things from Rumtek, as planned, would have left us completely free, but with our Chinese enemies in control, because of all the haste, how much freedom have we now?

A last point to prepare for is if an officially chosen Karmapa, of own will or prodded by the Chinese, demands that the Black Crown and other relics be returned to Tibet. How will we delay or refuse the request?

So this is all we can think of now, and here also some good news: I give at least 100 people Refuge every day, in new towns across this vast country, and we have so far 18 good centres.

Again, with devotion and best hopes,

Yours: signed for

Hannah and Ole.

Dokument 14:
Lama Oles Brief an die Linienhalter und den Karmapa Charitable Trust (Deutsch)

An die ehrwürdigen Linienhalter und den Karmapa Charitable Trust
Rumtek

Da nach der alles andere als brillanten Vorstellung, die wir der Welt geboten haben, nun die Phase der Schadensbegrenzung gekommen ist, hier ein paar grundlegende Gedanken, die Hannah und mir im historischen Nishni Nowgorod in Russland gekommen sind.

Wir müssen das Vertrauen insbesondere der westlichen Schüler zurückgewinnen. Für Asiaten folgt das Recht der Macht; in freien Ländern gilt das nicht. Dies bedeutet, dass eine gründliche selbstkritische Analyse aller Punkte – einschließlich persönlicher Vorlieben und Abneigungen und schlechter Ratschläge –, nach denen gehandelt wurde und die den jüngsten Streit und die Spaltungen herbeiführt haben, zu verfassen ist. Andere können nur Mutmaßungen anstellen, Ihr aber wisst Bescheid, und Ihr schuldet es allen zukünftigen Karmapas und Eurer eigenen Arbeit, dass die Analyse psychologisch überzeugend und wahrheitsgemäß ist. Westler sind klüger, als ihr wahrscheinlich denkt. Wenn Gerüchte die Chance bekommen sich festzusetzen, wird der Zugang über die Hingabe, unsere Spezialität, der so schnelle Veränderungen ermöglicht, für unsere intelligenteren Leute sehr bald blockiert sein.

Nur Ihr könnt das tun. Die Menschen haben Berge von Hoffnung und Liebe in Euch und Euer Beispiel investiert, deshalb lasst sie bitte nicht im Stich. Einige sagen schon, dass wir im Grunde wie die katholische Kirche sind, und das ist kein Kompliment.

Ein anderer wichtiger Punkt ist die äußere Politik. Was sollen wir tun, wenn die Chinesen den neu gewählten S.H. Karmapa als Marionette oder gar als Geisel benutzen? Sie werden ganz bestimmt versuchen, ihn gegen S.H. Dalai Lama oder gegen andere tibetische Interessen auszuspielen. Wir – Hannah und ich – hatten S.E. Jamgön Kongtrul Rinpoche und Künzig Shamarpa bereits darüber informiert, dass wir vorbereitet waren, einen Jungen in dem vermuteten Alter aus Tibet herauszubringen. Wie geplant von Rumtek aus zu agieren, hätte uns völlige Freiheit gelassen, aber nun wo wegen der ganzen Eile unsere chinesischen Feinde die Kontrolle haben, wieviel Freiheit haben wir noch?

Ein letzter Punkt, auf den wir uns vorbereiten müssen: Wenn ein offiziell erwählter Karmapa, ob aus eigenem Willen oder auf Druck der Chinesen, verlangt, dass die Schwarze Krone und andere Reliquien nach Tibet zurückgebracht werden – wie wollen wir diese Forderung abwiegeln oder zurückweisen?

Das ist alles, woran wir im Augenblick denken können, aber es gibt auch gute Nachrichten: Ich gebe jeden Tag in immer neuen Städten in diesem riesigen Land mindestens 100 Menschen Zuflucht, und bislang haben wir schon 18 gute Zentren.

Nochmals, mit Hingabe und besten Hoffnungen,

Eure
Hannah und Ole
durch Sys Leube

Dokument 15:

Lea Terhunes Brief (Englisch)

FROM: LEA TERHUNE TO: Bardor Tulku/Khenpo Karthar/Staff
FAX: (91-11)462-6699 FAX: (914) 679-4625 USA

Dear Friends,

There is some great news. His Holiness Karmapa has been found in Tibet He now is Tsurphu, and will probably soon be enthroned there. There are grave problems, however. The faction at Rumtek which has opposed the recognition of the Karmapa for so many years has come out in the open and things have become very difficult. This faction is composed of members of the previous Karmapa's family and is headed by Shamarpa and the General Secretary Topga Yugyal. As soon as Situ Rinpoche and Gyaltsap Rinpoche received word from Tibet they immediately left for Dharamsala to have it confirmed by H.H. Dalai Lama. In their absence Shamarpa, who had left Rumtek for abroad a few days after Jamgon Kongtrul Rinpoche's death without meeting Situ Rinpoche (Shamarpa had announced that he was in retreat for several days, during which period he was seen by several people in Gangtok; he then left without warning) returned to Rumtek. He called a meeting of Tibetans on 9 June, and on 10 June for Westerners which I attended, in which he made accusations against Situ Rinpoche and Gyaltsap Rinpoche, also utilizing the fact that Jamgon Rinpoche is dead and cannot deny anything to say how he has been in full agreement with Shamarpa about holding up the process of finding Karmapa — something that anyone who knew Jamgon Rinpoche well knows to be false. Jamgon Rinpoche spent a great deal of energy in coverups of the behavior of Shamarpa and the General Secretary Topga Yugyal, for the sake of the lineage and His Holiness. In this talk Shamarpa accused the two Rinpoches of lying and trying to put up a fake Karmapa, implying that Situ Rinpoche faked the letter, saying that there is no urgency to recognize the Karmapa. In the course of his talk he made several statements which I personally know to be untrue. When Situ Rinpoche and Gyaltsap Rinpoche returned, they called a meeting to inform people of what was happening and answer questions — as Situ Rinpoche told me the evening before, in Delhi, "since Shamar Rinpoche has started to talk about what we all four agreed to keep secret, according to tradition, then I will go ahead and tell the whole story." As Situ Rinpoche was finishing the English talk on 12 June Shamarpa, accompanied by some bodyguards, came into the meeting in order to stop it. Some fights broke out among bystanders, the meeting broke up and Shamarpa and his soldiers went down the hill to his house. (Situ Rinpoche and Gyaltsap Rinpoche are fine, by the way, though many people are concerned for their welfare. Many people find the accident which killed Jamgon Rinpoche highly suspicious and there is an investigation going forward.)

Situ Rinpoche told me how the letter came into his hands: in 1981, when His Holiness Karmapa was staying in the Oberoi Grand Hotel, Situ Rinpoche had a long talk with him concerning his own practice. His Holiness gave Situ Rinpoche some advice and, in order to avoid obstacles, also gave him a text to keep with him for Rinpoche's protection. Not long ago Situ Rinpoche happened to look at this text and realized that it contained instructions for finding the 17th Karmapa. He immediately called a meeting, the one in March of this year. When he showed the letter to the other three Rinpoches, Jamgon Kongtrul Rinpoche and Gyaltsap Rinpoche were very happy, and wanted to go ahead immediately. Shamarpa, as always, did not wish to, but the pressure of Buddhist groups, the Sikkim Government, in addition to the consensus of the other three Rinpoches finally won the day.

Please inform people of what is going on and continue to pray for the preservation of the true lineage holders and the safety of H.H. Gyalwa Karmapa. Thank you.

Sincerely in Dharma,

Lea

Dokument 15:
Lea Terhunes Brief (Deutsch)

Von: Lea Terhune
An: Bardor Tulku / Khenpo Karthar / Mitarbeiter
Fax: (91-11) 462-8699 Fax: (914) 679-4628 USA

Liebe Freunde,
es gibt phantastische Neuigkeiten. Seine Heiligkeit Karmapa wurde in Tibet gefunden, ist nun in Tsurphu und wird wahrscheinlich bald dort inthronisiert werden. Es gibt jedoch ernste Probleme. Die Splittergruppe in Rumtek, die sich so viele Jahre lang gegen die Anerkennung Karmapas gestellt hat, hat sich nun offen gezeigt, und die Lage ist sehr schwierig geworden. Diese Gruppierung besteht aus Familienangehörigen des letzten Karmapa und wird von Shamarpa und dem Generalsekretär Topga Yugyal angeführt. Sobald Situ Rinpoche und Gyaltsap Rinpoche Nachricht aus Tibet erhalten hatten, reisten sie umgehend nach Dharamsala, um die Sache von S.H. Dalai Lama bestätigen zu lassen. In ihrer Abwesenheit kehrte Shamarpa, der Rumtek wenige Tage nach Jamgön Kongtruls Tod verlassen hatte, um ins Ausland zu reisen – ohne Situ Rinpoche getroffen zu haben (Shamarpa hatte erklärt, er werde einige Tage im Retreat sein, wurde während dieser Zeit aber von mehreren Leuten in Gangtok gesehen und reiste dann ohne Ankündigung ab) –, nach Rumtek zurück. Am 9. Juni rief er die Tibeter zu einem Treffen zusammen, am 10. Juni versammelte er die Westler, da war ich dabei. Bei der Versammlung erhob er Anschuldigungen gegen Situ Rinpoche und Gyaltsap Rinpoche und machte sich dabei den Umstand zunutze, dass Jamgön Kongtrul tot ist und sich nicht mehr dagegen wehren kann, dass gesagt wird, er sei mit Shamarpa voll und ganz einer Meinung gewesen, die Suche nach dem Karmapa zu verzögern – dabei weiß jeder, der Jamgön Rinpoche kannte, dass das nicht wahr ist. Jamgön Rinpoche hat einen großen Teil seiner Energie darauf verwandt, das Verhalten Shamarpas und des Generalsekretärs Topga Yugyal zu vertuschen - um der Linie und Seiner Heiligkeit willen. Shamarpa beschuldigte die beiden Rinpoches, zu lügen und einen falschen Karmapa installieren zu wollen, und machte Andeutungen,

Situ Rinpoche habe den Brief gefälscht. Er sagte, es gebe keine Dringlichkeit, den Karmapa anzuerkennen.

In seiner Rede stellte er mehrere Behauptungen auf, von denen ich persönlich weiß, dass sie nicht wahr sind. Nachdem Situ Rinpoche und Gyaltsap Rinpoche zurückgekehrt waren, beriefen sie eine Versammlung ein, um alle über die Geschehnisse zu informieren und Fragen zu beantworten. Wie Situ Rinpoche mir am Abend davor in Delhi sagte, „nun wo Shamar Rinpoche begonnen hat zu erzählen, was wir vier der Tradition entsprechend geheim halten wollten, werde ich jetzt die ganze Geschichte darlegen". Als Situ Rinpoche am 12. Juni seinen Vortrag auf Englisch abschloss, platzte Shamarpa in Begleitung mehrerer Leibwächter herein, um die Versammlung zu beenden. Unter den Umstehenden kam es zu Handgreiflichkeiten, die Versammlung löste sich auf, und Shamarpa ging mit seinen Soldaten den Hügel hinunter zu seinem Haus. (Situ Rinpoche und Gyaltsap Rinpoche geht es übrigens gut, obwohl sich viele um ihr Wohlergehen Sorgen machen. Viele halten den Unfall, bei dem Jamgön Rinpoche ums Leben kam, für höchst verdächtig, und derzeit laufen Untersuchungen.)

Situ Rinpoche erzählte mir, wie der Brief in seine Hände gelangt war: Als sich Seine Heiligkeit Karmapa 1981 im Oberoi Grand Hotel aufhielt, hatte Situ Rinpoche ein langes Gespräch mit ihm über seine Praxis. Seine Heiligkeit gab ihm Ratschläge und, um Hindernisse fernzuhalten, einen Text, den Rinpoche zum Schutz bei sich tragen sollte. Vor kurzem nun holte Situ Rinpoche den Text zufällig hervor und stellte fest, dass er Anweisungen zum Auffinden des 17. Karmapa enthielt. Sofort berief er ein Treffen ein, das vom März diesen Jahres. Als er den drei anderen Rinpoches den Brief zeigte, waren Jamgön Kongtrul Rinpoche und Gyaltsap Rinpoche sehr froh und wollten auf der Stelle aktiv werden. Shamarpa, wie immer, wollte das nicht, doch am Ende siegten der Druck buddhistischer Gruppen und der sikkimesischen Regierung wie auch der Konsens der drei anderen Rinpoches.

Bitte erzählt allen von den Ereignissen und betet weiterhin für den Erhalt der wahren Linienhalter und für die Sicherheit S.H. Gyalwa Karmapas. Danke.

Mit Dharma-Grüßen, Lea

Dokument 16:
Lama Oles Brief zur Unterstützung Shamar Rinpoches (Englisch)

My students and friends everywhere.

When Hannah and I brought the dignitaries of Tibet into your lives, we were sure this could only be good. We thought they were trustworthy in daily matters and somehow we did not understand that the state of their country must also be Karma they all share. When embarassing politics, rumors or behavior surfaced - though nothing was ever as bad as these last weeks - we simply pushed it aside as "Non-Kagyu".

In this way, we built up expectations in you which have now been shattered, and for this we wish to apologize. We truly didn't know any better ourselves. The question is now what we have left: When so blatantly egotistical traits surface as during the recent search for the official Karmapa-Candidate. When the examination of the letter is refused which all intelligent beings must insist upon after the massive lying which has taken place. When so many and distasteful rumors are spread . . . Where, then, can we place our trust ? Who is still up to the standards of Western idealism?

I would say: Kunzig Shamar Rinpoche, our senior lineage holder and Jamgon Kontrul Rinpoche who joined him in doubting the letter. He died in the tragic accident. Also the Tobga and Garwang Rinpoches, who had the courage not to sign. Partially free from blame are Lamas who spread no bad rumors but simply signed. As traditional Tibetans, they had no choice. When H.H. the Dalai Lama had been told that our lineage was in agreement and had given his O.K. there was nothing else they could do. I won't claim this makes them look heroic. However great their teachings may be: That they did not insist on an examination of the disputed letter shows a lack of democratic maturity, a failing to understand the Free World. It doesn't make them into bad people, however, and we have oceans of good to thank them for. The Dharma must now grow even more for the benefit of all.

Kunzig Shamarpa is not an orator to the masses, a victorious general nor a sly politician. For ten years he was too well-behaved to address the low rumors which old Tibetan interest were spreading about him, often via the Woodstock monastery, north of New York. His Bodhisattva-qualities, however, have recently come to impress Hannah and me more than ever. He has manifested a balance and endurance which are worthy of a saint. With deep compassion he excuses the very people throwing the worst dirt at him.

We are better off without Tibetan politics. Until we have a Karmapa all can accept, we are placing our centers around the world under Kunzig Sharmarpa's guidance. There is nothing better we can do. Now practise and meditation are in.

Yours,

Hannah and Ole

Dokument 16:
Lama Oles Brief zur Unterstützung Shamar Rinpoches (Deutsch)

Meine Schüler und Freunde überall,

als Hannah und ich die Würdenträger Tibets in Euer Leben brachten, waren wir sicher, dass das nur gut sein konnte. Wir hielten sie in alltäglichen Dingen für vertrauenswürdig und verstanden irgendwie nicht, dass der Zustand ihres Landes auch Karma sein muss, das sie alle miteinander teilen. Wann immer peinliche Politik, Gerüchte oder seltsames Verhalten aufkamen – obwohl nichts jemals so schlimm war wie die letzten Wochen – taten wir es als „Nicht-Kagyü" ab.

So bauten wir bei Euch Erwartungen auf, die jetzt zerschlagen wurden, und dafür möchten wir uns entschuldigen. Wir wussten es selbst ganz ehrlich nicht besser. Die Frage ist nun, was uns geblieben ist: Wenn sich so offensichtlich egoistische Charakterzüge zeigen wie während der jüngsten Suche nach dem offiziellen Karmapa-Kandidaten. Wenn eine Untersuchung des Briefes, die nach den massiven Lügen, die es gab, jedes intelligente Wesen fordern muss, abgelehnt wird. Wenn so viele und so geschmacklose Gerüchte gestreut werden... Wem können wir unser Vertrauen schenken? Wer genügt noch den Standards des westlichen Idealismus?

Ich würde sagen: Künzig Shamar Rinpoche, unser Hauptlinienhalter, und Jamgön Kongtrul Rinpoche, der wie er den Brief anzweifelte. Er starb bei dem tragischen Unfall. Auch Tobga und Garwang Rinpoche, die den Mut hatten, nicht zu unterschreiben. Teilweise frei von Schuld sind Lamas, die keine üblen Gerüchte verbreiteten, sondern einfach nur unterzeichneten. Als traditionelle Tibeter hatten sie keine Wahl. Nachdem S.H. Dalai Lama gesagt worden war, unsere Linie sei in Übereinstimmung, und er sein O.K. gegeben hatte, konnten sie nicht anders handeln. Ich will nicht behaupten, dass sie das heldenhaft aussehen lässt. Wie großartig ihre Lehren auch sein mögen: Dass sie nicht darauf bestanden, den fraglichen Brief untersuchen zu lassen, zeigt einen Mangel an demokratischer Reife und fehlendes Verständnis von der freien Welt. Das macht sie aber nicht zu schlechten Menschen, und es gibt unendlich viel Gutes, für das wir ihnen zu danken haben. Der Dharma muss nun zum Nutzen aller noch mehr wachsen.

Künzig Shamarpa ist kein Redner für die Massen, kein siegreicher General und kein schlauer Politiker. Zehn Jahre lang war er zu höflich, um auf die üblen Gerüchte einzugehen, die alte tibetische Interessengruppen über ihn in Umlauf brachten, oft vom Kloster Woodstock nördlich von New York aus. Seine Bodhisattva-Qualitäten jedoch haben Hannah und mich in letzter Zeit mehr denn je beeindruckt. Er hat eine Ausgeglichenheit und Ausdauer gezeigt, die eines Heiligen würdig sind. Mit tiefem Mitgefühl findet er Entschuldigungen für die Leute, die ihn mit dem übelsten Schmutz bewerfen.

Wir sind besser dran ohne tibetische Politik. Bis wir einen Karmapa haben, den alle akzeptieren können, stellen wir unsere Zentren auf der ganzen Welt unter die Leitung Künzig Shamarpas. Wir können nichts Besseres tun. Jetzt sind Praxis und Meditation „in“.

Eure
Hannah und Ole

Dokument 17:
Kurzer Ratschlag des Dalai Lama (Englisch)

Brief Advice from His Holiness the Dalai Lama
Translated from His Message
To Tai Situ Rinpoche and Goshir Gyaltsap Rinpoche
Taped on June 30th, 10:45am in Dharamsala

It is mainly Situ Rinpoche, along with Tsurphu Gyaltsap Rinpoche and those closely connected, who are responsible for finding the reincarnation of Gyalwang Karmapa Rinpoche and I am very happy about this. The Gyalwang Karmapa is a supreme master of Buddhist teachings in general, a magnificent lama of Tibet, and in particular, of the Kagyu tradition's Karma Kamtsang lineage. To have found his reincarnation, therefore, is a great benefit for Buddhism in general and for the Kagyu lineage in particular, and so I am very happy.

In Tibetan, there is a proverb that says where there is great Dharma, there is immense Mara, and so there has been a little disharmony and some difficult situations, but these do not have great importance. What is important, is the focus on what has real and profound significance. Until now you have worked, keeping in mind what is most important and essential, and you should continue to focus on what is vital, what is crucial.

In the world today, many people have an active interest in Buddhist teachings in general, and especially in eastern philosophy, and particularly, in the teachings of Tibetan Buddhism, which bring together the sutra and tantra traditions. In the future, there will be more people who have this interest. The activities of the previous XVIth Gyalwang Karmapa were most successful; he planted the roots of Dharma and the Buddha's teachings generally flourished. At such a time, we Buddhists, who follow the same teacher, Shakyamuni Buddha, and count ourselves his disciples, should continuously maintain pure vision and serve the teachings well, so that numberless sentient beings may always enjoy the source of happiness. We usually pray that the teachings will help all sentient beings; if this is not immediately possible, then at least we can help those on this earth, and especially human beings. This is very important, and so everyone should do whatever possible not to harm others and to travel the noble path of peace.

I pray that this precious reincarnation will have a long life and that his activity, as that of the previous incarnation of the Gyalwang Karmapa, will flourish for the benefit of the teachings and sentient beings. Whatever his wishes are, may they be spontaneously accomplished. I wish you all Tashi Delek.

Dokument 17:
Kurzer Ratschlag des Dalai Lama (Deutsch)

Kurzer Ratschlag Seiner Heiligkeit des Dalai Lama,
übersetzt von Seiner Nachricht
an Tai Situ Rinpoche und Goshir Gyaltsap Rinpoche
Aufgezeichnet in Dharamsala, am 30. Juni um 10:45 Uhr

Es ist in erster Linie Situ Rinpoche zusammen mit Tsurphu Gyaltsap Rinpoche und Personen, die ihnen eng verbunden sind, die für das Auffinden der Reinkarnation des Gyalwang Karmapa Rinpoche verantwortlich sind, und ich bin darüber sehr froh. Der Gyalwang Karmapa ist ein hoher Meister der buddhistischen Lehre im Allgemeinen, ein hervorragender Lama Tibets und im Besonderen der Karma-Kamtsang-Linie der Kagyü-Tradition. Diese Reinkarnation gefunden zu haben, ist daher für den Buddhismus im Allgemeinen und für die Kagyü-Linie im Besonderen von großem Nutzen, und so bin ich sehr froh.

Im Tibetischen gibt es ein Sprichwort, das besagt, wo großes Dharma ist, ist auch immenses Mara, und so gab es ein wenig Disharmonie und einige schwierige Situationen, die aber nicht von großer Bedeutung sind. Wichtig ist die Konzentration auf das, was wahre und tiefgründige Bedeutung hat. Bis jetzt habt ihr gearbeitet und im Geist gehalten, was wirklich wichtig und wesentlich ist, und Ihr solltet Euch weiter auf das konzentrieren, was grundlegend und bedeutend ist.

In der heutigen Welt haben viele Menschen ein aktives Interesse an den buddhistischen Lehren im Allgemeinen und insbesondere an der östlichen Philosophie, und ganz speziell an den Lehren des Tibetischen Buddhismus, der die Traditionen des Sutra und des Tantra zusammenbringt. In Zukunft wird es immer mehr Menschen mit diesem Interesse geben. Die Aktivitäten des letzten 16. Gyalwang Karmapa waren äußerst erfolgreich; er pflanzte die Wurzeln des Dharma und Buddhas Lehren allgemein blühten auf. In einer solchen Zeit sollten wir Buddhisten, die wir dem gleichen Lehrer, Buddha Shakyamuni, folgen und uns seine Schüler nennen, ständig die reine Sicht bewahren und den Lehren dienen, damit unzählige fühlende Wesen sich immer an der Quelle des Glücks erfreuen mögen. Wir beten immer wieder, dass die Lehren allen fühlenden Wesen helfen mögen; wenn dies nicht sofort möglich ist, dann können wir wenigstens denen auf dieser Erde helfen, besonders den Menschen. Das ist sehr wichtig, und so sollte jeder alles in seiner Macht Stehende tun, um anderen nicht zu schaden und den edlen Pfad des Friedens zu gehen.

Ich bete, dass diese kostbare Reinkarnation ein langes Leben haben möge und dass seine Aktivität, wie die des letzten Gyalwang Karmapa, zum Nutzen der Lehre und der fühlenden Wesen gedeihen möge. Was auch immer seine Wünsche sein mögen, mögen sie sich spontan erfüllen. Ich wünsche Euch allen Tashi Delek.

Dokument 18:
Lama Oles Brief an die tibetische Regierung in Dharamsala (Englisch)

KARMA DRUB DJY LING ved GJALVA KARMAPA

· Center for tibetansk Buddhisme ·

To the Department of Religion and Culture
Gangchen Kyishong,
Dharmasala, 176215, Dist. Kangra,
H.P. INDIA

Dear friends of the Tibetan Government,
Department of Religion and Culture.

Thank you very much for the trouble you took to explain your position on the boy recently recognised as the official Gyalwang Karmapa in Tibet.

We understand you have no other option the way things have been presented to you, especially by two lineage-holders of the Karma Kagyu.

As you had the kindness to share your views on the matter, it is only right that you know how our hundred-plus Western Karma Kagyu centres around the world see the whole affair. There are a few points which disturb us a lot:

Kunzig Shamarpa and H.E. Jamgon Kongtrul Rinpoche never accepted the letter of prediction which Tai Situpa brought. There had been much lying about an earlier letter which didn`t exist and we hear from Tibet that Tai Situpa gave a name to the candidate already a year ago. This was not mentioned during the meetings in Rumtek. Apparently at that time, several in Kham considered the boy an incarnation of Lama Mipham.

Very painful to Western sensitivities are the rumours which have been circulated against Kunzig Shamarpa and V.Ven. Topga Rinpoche before and during the whole affair. They are so distasteful and extreme that we are very reluctant to trust their source. They were spread by the party which has now delivered the child into the hands of the Communist Chinese.

Prominent are here the "Derge Committee", a non-Kagyu organization which was recently active in intimidating our Rinpoches and the people at Rumtek. Our centres had already received letters from them this March. These so exclusively praised Tai Situpa and so slandered our personal friend, V.Ven. Topga Rinpoche, that my students returned them at once. Later the "Committee" sent another mailing, again praising Tai Situpa,

Svanemøllevej 56 · DK 2100 Kbh. Ø. · Danmark Tel. 01 29 27 11 · Giro konto nr 9 20 15 64 which we also returned. Here they wrote that they had coerced the other lineage holders into promising to show a Karmapa by a certain date this autumn.

Our students and centres are convinced that things happened like this: Kunzig Shamarpa and H.E. Jamgon Kongtrul Rinpoche refused to accept the letter which Tai Situpa produced at their meeting in March. H.E. Jamgon Kongtrul Rinpoche died in an accident on his way to Tibet to check the proposed child and Kunzig Shamarpa went to America, England and Germany with a photocopy of the letter.
Here he was told that a forensic test can only be made on the original itself.

While he was travelling, Tai Situpa and Goshir Gyaltsapa contacted H.H. the Dalai Lama at the Green Conference in Rio. By telling him that all Kagyu had agreed, they obtained his acceptance of their candidate. With this on a fax, and the gentlemen of the Derge Committee behind them, they went from one Rinpoche to the next. During the last ceremonies for H.E. Jamgon Kongtrul Rinpoche at Rumtek, they forced our finest Lamas to vote for a child they had never seen.

For two days, Kunzig Shamarpa was strongly influenced by a Rinpoche who had given him very important initiations. When he was told that blood would flow in Kham and at Rumtek if he wouldn`t agree, Kunzig Shamarpa wrote "that he must respect Tai Situpa and H.H. the Dalai Lama" and therefore refrains from insisting that the letter should be scientifically examined. Today, this statement has circulated in a false translation as a complete acceptance, which it in no way is.

This is how the whole painful affair appears to thousands of educated and practising Westerners. Since Kunzig Shamarpa and H.E. Jamgon Kongtrul Rinpoche doubted the letter, it has to be examined, internationally and by experts. A Karmapa is not chosen, he chooses himself and till there is certainty, much damage may be done to our common goal, the survival of Tibet and its culture.

With deep devotion to His Holiness, and much thanks for your statement,

Karma Drub Djy Ling, Copenhagen, Denmark
Friday, 7th August 1992

Yours,

Hannah and Ole Nydahl

Dokument 18:
Lama Oles Brief an die tibetische Regierung in Dharamsala (Deutsch)

An das Ministerium für Religion und Kultur
Gangchen Kyishong
Dharamsala, 176215, Dist. Kangra,
H.P. India

Liebe Freunde von der tibetischen Regierung und dem Ministerium für Religion und Kultur,

vielen Dank, dass ihr Euch die Mühe gemacht habt, Eure Haltung zu dem Jungen zu erläutern, der kürzlich in Tibet als der offizielle Gyalwang Karmapa anerkannt wurde.

Wir verstehen, dass Ihr keine andere Wahl hattet, so wie Euch die Sache - besonders von zwei Linienhaltern der Karma Kagyü - präsentiert wurde.

Da Ihr die Freundlichkeit hattet, Eure Sicht der Dinge darzustellen, ist es nur richtig, dass Ihr auch wisst, wie unsere hundert und mehr Zentren in der westlichen Welt die Angelegenheit sehen. Es gibt da ein paar Punkte, die uns sehr stören:

Künzig Shamarpa und S.E. Jamgön Kongtrul Rinpoche haben den von Tai Situpa vorlegten Vorhersagebrief nie akzeptiert. Es hatte schon früher viele Lügen über einen anderen Brief gegeben, der gar nicht existierte, und aus Tibet erfahren wir, dass Tai Situpa dem Kandidaten bereits vor einem Jahr einen Namen gegeben hatte. Bei den Treffen in Rumtek kam das nicht zur Sprache. Offenbar hielten viele Menschen in Kham den Jungen damals für eine Inkarnation Lama Miphams.

Sehr schmerzlich für das westliche Feingefühl sind die Gerüchte über Künzig Shamarpa und den Sehr Ehrwürdigen Topga Rinpoche, die vor und während der Affäre in Umlauf gebracht wurden. Sie sind derart geschmacklos und extrem, dass wir in keinster Weise geneigt sind, ihrer Quelle zu vertrauen. Sie wurden von der Fraktion verbreitet, die das Kind jetzt in die Hände der kommunistischen Chinesen ausgeliefert hat.

Besonders hervorgetan hat sich hier das „Derge-Komitee“, eine Nicht-Kagyü-Organisation, die in jüngster Zeit aktiv an der Einschüchterung unsere Rinpoches und der Menschen in Rumtek arbeitete. Unsere Zentren hatten schon im vergangenen März Briefe von ihnen erhalten. Darin wurde ausschließlich Tai Situpa derart gepriesen und unser persönlicher Freund, der Sehr Ehrwürdige Topga Rinpoche, derart diskreditiert, dass meine Schüler die Briefe umgehend zurückschickten. Später versandte das Komitee einen weiteren Brief, in dem erneut Tai Situpa gepriesen wurde und den wir ebenfalls wieder zurückschickten. In dem Brief schrieben sie, sie hätten die anderen Linienhalter genötigt zu versprechen, bis zu einem bestimmten Datum in diesem Herbst einen Karmapa zu präsentieren.

Unsere Schüler und Zentren sind der festen Überzeugung, dass die Geschehnisse wie folgt abgelaufen sind: Künzig Shamarpa und S.E. Jamgön Kongtrul Rinpoche akzeptierten den von Tai Situpa bei Ihrem Treffen im März vorlegten Brief nicht. S.E. Jamgön Kongtrul Rinpoche starb bei einem Unfall auf dem Weg nach Tibet, wo er das fragliche Kind in Augenschein nehmen wollte, und Künzig Shamar Rinpoche reiste mit einer Fotokopie des Briefes nach Amerika, England und Deutschland.

Dort wurde ihm mitgeteilt, dass für eine forensische Untersuchung das Original gebraucht werde.

Während er auf Reisen war, kontaktierten Tai Situpa und Goshir Gyaltsabpa während der Umweltkonferenz in Rio S.H. den Dalai Lama. Indem sie ihm sagten, dass sich alle Kagyüs einig seien, erhielten sie seine Zustimmung zu ihrem Kandidaten. Mit dieser auf einem Fax und den Herren des Derge-Komitees im Rücken gingen sie nun von einem Rinpoche zum nächsten. Während der letzten Zeremonien für S.E. Jamgön Kongtrul Rinpoche in Rumtek zwangen sie unsere besten Lamas, für ein Kind zu votieren, das sie noch nie gesehen hatten.

Zwei Tage lang wurde Künzig Shamarpa von einem Rinpoche, der ihm sehr wichtige Einweihungen gegeben hatte, stark beeinflusst. Als ihm gesagt wurde, dass in Kham und Rumtek Blut fließen würde, falls er seine Zustimmung verweigerte, schrieb Künzig Shamarpa, er müsse „Tai Situpa und S.H. den Dalai Lama respektieren “ und deshalb davon absehen, weiter auf einer wissenschaftlichen Untersuchung des Briefes zu bestehen. Heute zirkuliert diese Aussage in einer falschen Übersetzung, nämlich als völlige Akzeptanz, die sie in keiner Weise ist.

So stellt sich die ganze peinliche Angelegenheit für Tausende von gebildeten und praktizierenden Westlern dar. Da Künzig Shamarpa und S.E. Jamgön Kongtrul Rinpoche Zweifel an dem Brief hegten, muss er untersucht werden, international und von Fachleuten. Ein Karmapa wird nicht gewählt, er wählt sich selbst, und bis Gewissheit herrscht, kann unserem gemeinsamen Ziel, dem Überleben Tibets und seiner Kultur, viel Schaden zugefügt werden.

Mit tiefer Hingabe an Seine Heiligkeit und vielem Dank für Eure Erläuterung,

Karma Drub Djy Ling, Kopenhagen, Dänemark
Freitag, den 7. August 1992

Mit freundlichen Grüßen,
Hannah und Ole Nydahl

Dokument 19:

Topga Rinpoches Brief an den Karmapa Charitable Trust (Englisch Seite 1)

INTERNATIONAL
KAGYU HEADQUARTERS
OF
HIS HOLINESS
THE GYALWA KARMAPA

DHARMA CHAKRA CENTRE
P.O. RUMTEK 737 135
GANGTOK, SIKKIM
INDIA.
CABLE : DHARMACHAKRA, SIKKIM, INDIA.
PHONE : 2370 GANGTOK

Date : 03/08/92

The Trustees,
Karmapa Charitable Trust,
Dharma Chakra Centre,
RUMTEK : SIKKIM

Honourable Trustees,

I would like to address all of you in connection with the recent event of the recognition of the 17th Gyalwa Karmapa. A matter that has become very urgent.

The Trust was always under the impression that the letter written by **His Holiness, The Late 16th Gyalwa Karmapa,** pertaining to his own rebirth, was found in the **"Tengam"** at the Dharma Chakra Centre of Rumtek, as declared by Shamar, Sithu, Gyaltsab and the late Kongtrul Rinpoches on the 23rd of February 1986.

This letter and the declaration on the 23rd of February 1986 of its authenticity by the four Rinpoches has now become invalid because of the letter produced by **His Eminence Tai Sithu Rinpoche.** It is worth nothing that the **Trust** has never officially been informed of this letter produced by His Eminence, Tai Sithu Rinpoche.

To satisfy all the international following of the Gyalwa Karmapa, the letter produced by His Eminence Tai Sithu Rinpoche must be tested and proven by reliable methods as to its authenticity. Since this is not being done, not only to contend the followers of the 16th Gyalwa Karmapa, but also to satisfy ourselves, atleast morally, the Trust must find an alternative to prove the genuineness of the 17th Karmapa so recognized.

The **Trust** must also take measures to safeguard all the very valuable articles that the late Gyalwa Karmapa brought from Tibet with so much effort. It is extremely important that we prevent these treasures from falling into the wrong hands. Every effort must be used to see that all the articles are finally handed over to the 17th Gyalwa Karmapa, who will

Dokument 19:

Topga Rinpoches Brief an den Karmapa Charitable Trust
(Englisch Seite 2)

INTERNATIONAL
KAGYU HEADQUARTERS
OF
HIS HOLINESS
THE GYALWA KARMAPA

DHARMA CHAKRA CENTRE
P.O. RUMTEK 737 135
GANGTOK, SIKKIM
INDIA.
CABLE : DHARMACHAKRA, SIKKIM, INDIA.
PHONE : 2370 GANGTOK

become the sole Trustee of the Karmapa Charitable Trust at the age of twenty years.

As the Gyalwa Karmapa's Trustees, we are not only bound by duty to protect his treasures, but must also see to it that the **real** Karmapa be enthroned. God forbid a wrong person from being recognised and misleading thousands and thousands of devotees! The capability of the trustees would be extremely questionable if it were incapable of ensuring that the genuine Karmapa be rightfully enthroned.

At this juncture, it is not advisable to consider making any changes either to the policies or the Trustees.

I would like to emphasis how strongly I feel about the issues mentioned in this letter. I request that all of you come forward in this hour of need, stand firm, and act unhesitatingly to secure the interests of the Late Gyalwa Karmapa.

I beg to remain.

Yours most respectfully,

[Topga Yulgyal]
General Secretary-Cum-Trustee
Karmapa Charitable Trust

Dokument 19:
Topga Rinpoches Brief an den Karmapa Charitable Trust (Deutsch)

Internationaler Hauptsitz
Seiner Heiligkeit des
Gyalwa Karmapa Datum: 03.08.92

An die
Stiftungsräte des Karmapa Charitable Trust
Dharma Chakra Zentrum
Rumtek, Sikkim

Ehrenwerte Stiftungsräte,

ich schreibe Ihnen hier bezüglich der kürzlich erfolgten Anerkennung des 17. Gyalwa Karmapa - einer Angelegenheit, die große Dringlichkeit erlangt hat.

Die Stiftung war stets davon ausgegangen, dass der Brief, den Seine Heiligkeit der verstorbene 16. Karmapa bezüglich seiner Wiedergeburt verfasst hatte, im „Tengyam" im Dharma Chakra Zentrum in Rumtek gefunden wurde, wie von Shamar, Sithu, Gyaltsab und dem verstorbenen Kongtrul Rinpoche am 23. Februar 1986 verkündet.

Dieser Brief sowie die Aussage der vier Rinpoches vom 23. Februar 1986 über seine Echtheit haben nun aufgrund des Briefes, der von Seiner Eminenz Tai Sithu Rinpoche vorgelegt wurde, ihre Gültigkeit verloren. Dabei ist es wichtig anzumerken, dass die Stiftung zu keinem Zeitpunkt offiziell über den von Seiner Eminenz Tai Sithu Rinpoche vorgelegten Brief informiert wurde.

Um der gesamten internationalen Anhängerschaft des Gyalwa Karmapa Genüge zu tun, muss der von Seiner Eminenz Tai Sithu Rinpoche vorgelegte Brief mit verlässlichen Methoden auf seine Echtheit geprüft und bestätigt werden. Da dies nicht geschieht, muss die Stiftung einen anderen Weg finden, um die Echtheit des als 17. Karmapa Anerkannten unter Beweis zu stellen, und das nicht nur, um die Anhänger des 16. Gyalwa Karmapa, sondern auch uns selbst – wenigstens moralisch – zufriedenzustellen.

Darüber hinaus muss die Stiftung Maßnahmen ergreifen, um die überaus kostbaren Gegenstände zu sichern, die der verstorbene Gyalwa Karmapa unter so großer Anstrengung aus Tibet hierher gebracht hat. Wir müssen unbedingt dafür Sorge tragen, dass diese Schätze nicht in die falschen Hände gelangen. Es muss jede Anstrengung unternommen werden, um dafür zu sorgen, dass alle diese Gegenstände letztlich dem 17. Gyalwa Karmapa übergeben werden, der mit 20 Jahren den alleinigen Vorsitz des Karmapa Charitable Trust übernehmen wird.

Als Stiftungsvertreter Gyalwa Karmapas sind wir nicht nur verpflichtet, seine Schätze zu bewahren, sondern müssen auch dafür sorgen, dass der echte Karmapa inthronisiert wird. Unter keinen Umständen darf es geschehen, dass eine falsche Person anerkannt wird und Tausende und Abertausende Anhänger in die Irre führt! Die Fähigkeiten der Stiftungsvertreter würden sehr in Frage gestellt, wenn sie nicht in der Lage wären sicherzustellen, dass der echte Karmapa rechtmäßig inthronisiert wird.

Unter diesen Umständen ist es nicht ratsam, irgendwelche Änderungen an der Vorgehensweise oder der Zusammensetzung des Stiftungsrates in Erwägung zu ziehen.

Ich möchte betonen, wie stark meine Gefühle in den in diesem Brief geschilderten Angelegenheiten sind. Ich ersuche Euch alle, in dieser Stunde der Not hervorzutreten, Stellung zu beziehen und entschlossen zu handeln, um die Interessen des verstorbenen Gyalwa Karmapa zu vertreten.

Ich verbleibe mit größter Hochachtung

Tobga Yulgyal,
Generalsekretär und Vertreter des Karmapa
Charitable Trust

Dokument 20:

Die Anerkennung Urgyen Trinleys als 17. Karmapa durch das kommunistische China

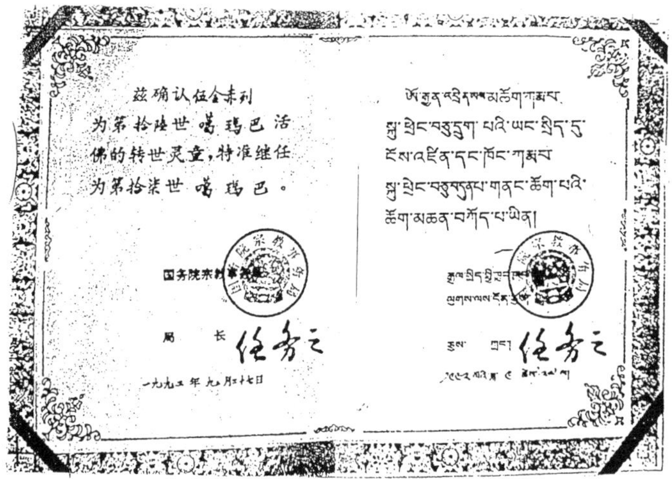

兹确认伍金赤列
为第拾陆世噶玛巴活
佛的转世灵童，特准继任
为第拾柒世噶玛巴。

国务院宗教事务局

局　长

一九九二年九月二十七日

ཨོ་རྒྱན་འཕྲིན་ལས་མཆོག་ཀརྨ་པ་
སྐུ་ཕྲེང་བཅུ་དྲུག་པའི་ཡང་སྲིད་དུ་
ངོས་འཛིན་དང་ཁོང་ཀརྨ་པ
སྐུ་ཕྲེང་བཅུ་བདུན་པ་གནང་ཆོག་པའི་
ཆོག་མཆན་བཀོད་པ་ཡིན།

Dokument 20:
Die Anerkennung Urgyen Trinleys als 17. Karmapa durch das kommunistische China (Deutsch)

Englische Übersetzung der chinesischen und tibetischen Fassung

Chinesisch:
Hiermit erkennen wir Ugyen Thinley als die Reinkarnation des 16. Lebenden Buddha Karmapa an und erlauben ihm, diesem als 17. Lebender Buddha Karmapa nachzufolgen.

Tibetisch:
Hiermit erkennen wir Ugyen Thinley als die Reinkarnation des 16. Lebenden Buddha Karmapa an und erlauben ihm, diesem als 17. Karmapa nachzufolgen.

(Unterzeichner)
Wu Ren-zhi,
Leiter des Büros für Religionsangelegenheiten im Staatsrat,
27. September 1992

Dokument 21:
Drubpön Dechens Brief (Englisch, Seite 1)

1 October, 1992

Dear Ole and Hannah,

You both have met the Gyalwang Karmapa, taken many initiations and teachings from him, attended numerous Black Crown Ceremonies, and received many blessed substances from him. Now you are opposing his reincarnation. The purest of blessings, coming down from Dorje Chang through the XVIth Gyalwang Karmapa, you have received. With this blessing from the Karmapa, you might be able to attain enlightenment in this lifetime or in the bardo after death, or within sixteen lifetimes. By opposing the reincarnation of the Karmapa, you have broken the the most basic and important samaya, that between the guru and disciple. As a result of this, it will take many lifetimes to purify your negative karma and to attain again a precious human rebirth.

Secondly, do you know that Chamgon Situ Rinpoche will return in this fortunate aeon as the fifth Buddha? When Tai Situ Rinpoche and you were in Ladakh, due to your relentless requests, you received from him full explanations that covered the preliminary practices up through the Six Yogas of Naropa. Gampopa has written: "The Six Yogas of Naropa are extremely profound instructions that represent the essence of all the Buddha's teaching on sutra and tantra. They are, indeed, unexcelled." These very teachings you have received from Situ Rinpoche and now you have broken this samaya, a sacred bond. This rupture is another cause tor your tremendous negative karma.

From Jamgon Kongtrul Rinpoche, you have received the initiation of the Kagyu Ngak Dzo, which contains the major empowerments of our lineage, and other initiations, numerous teachings, and kind advice throughout the years. As soon as he passed away, you totally misrepresented him, took advantage of him in his absence, and used his name in a way that completely went against what he stood for and what he would do if he were alive. You have lied about him and broken your samaya with him as well.

ལྷ་ས་སྟོད་ལུང་བདེ་ཆེན་ཤན། གུ་རུམ་ཆུས། སྣ་མཁར་ཤང་། མཚུར་ཕུ་དགོན་པ།
拉萨堆龙德青县 古荣区 那卡乡 楚布寺
Tolung Tsurphu Monastery, Nakhar Village, Gurum District, Tolung Dechen Dzong, Lhasa, Tibet, PRC

Dokument 21:
Drubpön Dechens Brief (Englisch, Seite 2)

In Rumtek, you have received from Gyaltsap Rinpoche the Red Hat Ceremony, many teachings, and blessed substances, and you have also broken your samaya with him, which is another cause for tremendous suffering in your future. In Ladakh, you have also taken many teachings from me and now you are creating opposition to my root guru, who will remain so for the many lives to come until enlightenment. You have broken samaya with him and therefore, with me as well.

If samaya is broken, it does not mean that it cannot be repaired. The Buddha's teaching is full of skillful mans to tame all kinds of sentient beings. Through his great compassion, the Buddha provided the skillful means of confession. Ole and Hannah, you make claims to be teachers and to have knowledge of Dharma, but what you are now doing proves that you merely possess some information: you have not attained any true realization through practice. Your present actions clearly show this to be true and reveal who you really are.

I am telling you this with compassion so that you may reduce the suffering you have created for yourself in the future. You both should make sincere confessions with intense regret. In order to accomplish this, you should do at least ten sets of preliminary practices (ngondro) and a long retreat. Until you have completed this purification, I ask both of you not to visit Tsurphu Monastery. Your negative karma is so severe that it will contaminate this sacred place; anyone who drinks the water that springs from here, all along its way to the ocean, will be contaminated by it.

This may seem extreme and too traditional, but these basic truths do not change. As Milarepa said in his song: " I am not afraid of anything except the worst obstacle to liberation — the negative karma of broken samaya." What I have expressed here is actually much less than what I might have said. I am writing to you with the compassionate intention that you will be able to see your situation clearly, no longer lead innocent people on the path to suffering, and cease accumulating further negative karma.

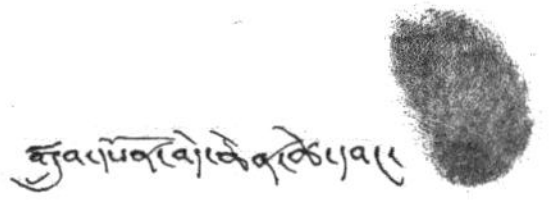

Drupon Dechen of Tolung Tsurphu Monastery.

Dokument 21:
Drubpön Dechens Brief (Deutsch, Seite 1)

1. Oktober 1992

Lieber Ole, liebe Hannah,

Ihr habt beide den Gyalwang Karmapa getroffen und viele Einweihungen und Lehren von ihm erhalten, habt an zahlreichen Schwarze-Krone-Zeremonien teilgenommen und viele gesegnete Substanzen von ihm bekommen. Jetzt stellt Ihr Euch gegen seine Wiedergeburt. Ihr habt den reinsten Segen erhalten, der von Dorje Chang durch den 16. Gyalwang Karmapa zu euch kam. Mit diesem Segen Karmapas hättet ihr die Möglichkeit, in diesem Leben, im Bardo nach dem Tod oder innerhalb von sechzehn Lebenszeiten Erleuchtung zu erlangen. Indem ihr Euch gegen die Wiedergeburt Karmapas stellt, habt Ihr das grundlegendste und wichtigste Samaya – das zwischen Guru und Schüler - gebrochen. Als Folge davon wird es viele Lebenszeiten dauern, dieses negative Karma zu reinigen und eine kostbare menschliche Wiedergeburt zu erlangen.

Zweitens, wisst Ihr eigentlich, dass Chamgon Situ Rinpoche in diesem glücklichen Zeitalter als der fünfte Buddha zurückkehren wird? Aufgrund Eurer unablässigen Bitten habt Ihr in Ladahk von Tai Situ Rinpoche die vollständigen Erklärungen zu den Vorbereitenden Übungen bis hin zu den Sechs Yogas von Naropa erhalten. Gampopa schrieb: „Die Sechs Yogas von Naropa sind überaus tiefgründige Unterweisungen, die die Essenz aller Lehren Buddhas von Sutra und Tantra darstellen. Sie sind unübertroffen." Diese Lehren habt Ihr von Situ Rinpoche erhalten, und nun habt Ihr dieses Samaya gebrochen, ein heiliges Band. Dieser Bruch ist eine weitere Ursache für Euer gewaltiges negatives Karma.

Von Jamgön Kongtrul Rinpoche habt Ihr die Einweihung des Kagyü Ngak Dzö erhalten, welches die wichtigsten Ermächtigungen unserer

Dokument 21:
Drubpön Dechens Brief (Deutsch, Seite 2)

Linie enthält, viele weitere Einweihungen, zahlreiche Lehren sowie über all die Jahre freundlichen Rat. Sobald er gestorben war, habt Ihr ihn völlig falsch wiedergegeben, habt ihn euch in seiner Abwesenheit Zunutze gemacht und seinen Namen in einer Weise verwendet, die vollkommen gegen alles ging, wofür er stand und was er tun würde, wenn er noch am Leben wäre. Ihr habt Lügen über ihn verbreitet und auch Euer Samaya ihm gegenüber gebrochen.

In Rumtek habt Ihr von Gyaltsap Rinpoche die Rote-Krone Zeremonie, viele Lehren und gesegnete Substanzen erhalten, und auch Euer Samaya ihm gegenüber habt ihr gebrochen, was eine weitere Ursache für gewaltiges Leid in der Zukunft ist. In Ladakh habt Ihr auch von mir viele Lehren erhalten, und jetzt wendet Ihr Euch gegen meinen Wurzelguru, der das über viele weitere Lebenszeiten bis zur Erleuchtung bleiben wird. Indem Ihr das Samaya zu ihm gebrochen habt, habt Ihr es auch zu mir gebrochen.

Wenn Samaya gebrochen wurde, bedeutet das nicht, dass es nicht wiederhergestellt werden kann. Buddhas Lehre enthält zahllose geschickte Mittel, um alle Arten fühlender Wesen zu zähmen. In seinem großen Mitgefühl gab der Buddha das geschickte Mittel des Bekenntnisses. Ole und Hannah, Ihr behauptet, Lehrer zu sein und Kenntnis des Dharma zu besitzen, aber Eure gegenwärtigen Taten zeigen, dass Ihr lediglich über Informationen verfügt: Ihr besitzt keine echte Verwirklichung durch Praxis. Eure gegenwärtigen Handlungen zeigen deutlich, dass dies wahr ist und wer Ihr wirklich seid.

Ich sage Euch dies aus Mitgefühl, damit Ihr das Leid, das Ihr Euch für die Zukunft geschaffen habt, vermindern könnt. Ihr solltet beide aufrichtig und mit starker Reue Bekenntnis ablegen. Dazu solltet Ihr mindestens zehnmal die Vorbereitenden Übungen (Ngöndro) machen sowie eine lange Zurückziehung. Bis Ihr diese Reinigung beendet habt, bitte ich Euch beide, das Kloster Tsurphu nicht zu besuchen. Euer negatives Karma ist so heftig, dass es diese heilige Stätte vergiften würde; jeder, der von dem Wasser trinkt, das hier entspringt, auf dem ganzen Weg bis hinunter zum Ozean, wird davon vergiftet werden.

Dies mag extrem und übertrieben traditionell erscheinen, aber die grundlegenden Wahrheiten ändern sich nicht. Wie Milarepa sang: „Ich fürchte nichts außer dem schlimmsten Hindernis zur Befreiung: dem negativen Karma gebrochener Samayas." Was ich hier zum Ausdruck gebracht habe, ist tatsächlich viel weniger, als ich hätte sagen können. Ich schreibe Euch in der mitfühlenden Absicht, dass Ihr in die Lage versetzt werdet, Eure Situation klar zu erkennen und nicht länger unschuldige Menschen auf den Weg zum Leiden führt und aufhört, noch mehr negatives Karma anzusammeln.

Drupön Dechen vom Kloster Tolung Tsurphu

Dokument 22:

Shamar Rinpoches Anerkennung Urgyen Trinleys, übersetzt von der Seite Situ Rinpoches (Tibetisch)

KUNZIG SHAMAR RIMPOCHE

[illegible]

HIGH SKY LUMBITA, P.O. RUMTEK-737135, GANGTOK, SIKKIM, INDIA PHONE : 91-359-2228

Dokument 22:
Shamar Rinpoches Anerkennung Urgyen Trinleys, übersetzt von der Seite Situ Rinpoches (Deutsch)

Am 19. März 1992 kamen Tai Situ Rinpoche, Jamgön Kongtrul Rinpoche, Gyaltsab Rinpoche und ich zu einem Treffen zusammen, bei dem Tai Situ Rinpoche uns den handgeschriebenen Vorhersagebrief Seiner Heiligkeit vorlegte, das heilige Testament, das in Situ Rinpoches Schutz-Talisman gefunden worden war. Zu jener Zeit kam in meinem Geist ein leiser Zweifel auf, doch nun habe ich volles Vertrauen in Situ Rinpoche und den Inhalt dieses Briefes erlangt, demgemäß die Reinkarnation endgültig gefunden und auch von Seiner Heiligkeit dem Dalai Lama als die Inkarnation Seiner Heiligkeit des Gyalwang Karmapa bestätigt wurde.

Ich gebe meine freiwillige Zustimmung und werde die Angelegenheit der Untersuchung des heiligen Testamentes etc. nicht länger verfolgen.

Shamarpa,
bezeugt von Orgyen Tulku Rinpoche.

Übersetzt von Michele Martin

Dokument 23:
Die von Shamar Rinpoche autorisierte Übersetzung (Deutsch)

Am 19. März 1992 legte Situ Rinpoche bei einem Treffen mit Jamgön Rinpoche, Gyaltsab Rinpoche und mir einen handgeschriebenen Vorhersagebrief aus seinem Schützerbeutel vor und erklärte, es handle sich um die schriftlichen Anweisungen S.H. des 16. Karmapa (seine Wiedergeburt betreffend). Ich hatte Zweifel (an der Authentizität des Briefes).

Zum gegenwärtigen Zeitpunkt verlasse ich mich auf Situ Rinpoche (dass er mich korrekt über die Entscheidung S.H. des Dalai Lama informiert hat). Mich auf unser vertrauliches Gespräch verlassend, schließe ich mich der Entscheidung S.H. des Dalai Lama an, dass gewiss eine Reinkarnation als Reinkarnation S.H. des Gyalwa Karmapa gefunden wurde.

Daher setze ich meine Forderungen aus, wie beispielsweise die nach einer (forensischen) Untersuchung des handgeschriebenen Vorhersagebriefs.

17. Juni 1992

Shamar Chökyi Lodrö,
bezeugt von Urgyen Tulku

Dokument 24:

Shamar Rinpoches Stellungnahme zur Niederlegung seiner Pflichten in Rumtek (Englisch)

KUNZIG SHAMAR RIMPOCHE

17/11/92

To : The monks of Rumtek Monastery,
the legal seat of His Holiness the Gyalwa Karmapa
and the students of Karma Shri Nalanda institute,

During the past 11 years I have assumed the responsibility here in Rumtek for the following reasons:

The monks economic necessities such as food, clothing etc;
The monks' education and teachers;
The upkeep and new construction of the monks' quarters;
The furnishing of the main shrine hall;
The building of the new main golden Buddha image;
and the printing of several thousand volumes of Karmapas' books to be used for the monks' study.

Also during this time I completed the construction of the new Institute in New Delhi and began the study course there. I, believe these accomplishments to be not insignificant.

Unfortunately now our integrity concerning the reincarnation of His Holiness the Gyalwa Karmapa has been called into question. Tibetan politicians have used this opportunity to create many disasters. I would like now to briefly state several points.

I will not object to the Chinese Government's decision in recognising a child as Karmapa as I have no right and no jurisdiction in China and am completely unable to stop it.

My agreement to His Holiness the Dalai Lama's decision was only because of my respect for His Holiness the Dalai Lama.

I will hold firmly to the sacred traditions of His Holiness the Gyalwa Karmapa by following his genuine instructions whenever the time is right.

Until His Holiness the Gyalwa Karmapa's genuine instructions are found and his true reincarnation is manifest, the administration of Rumtek Monastery should be held jointly by Monks of Rumtek together with the Trustees of the Karma Kagyu Trust.

In order to develop your strength and security you should ask the Chief Minister of the Government of Sikkim to provide protecti[on] for you and for the Monastery. Until the issue of His Holiness the Gyalwa Karmapa's reincarnation can be fully clarified you must keep your dignity and integrity. You should remain fully independant and not obey any outsiders or any spiritual teacher from inside or outside.

These are my heart-felt prayers.

Shamarpa Rimpoche

HIGH SKY LUMBITA, P.O. RUMTEK-737135, GANGTOK, SIKKIM, INDIA PHONE : 91-359-2228

Dokument 24: Shamar Rinpoches Stellungnahme zur Niederlegung seiner Pflichten in Rumtek (Deutsch)

An: die Mönche des Klosters Rumtek,
Sitz Seiner Heiligkeit des Gyalwa Karmapa,
und die Studenten des Karma Shri Nalanda Institute

In den vergangenen 11 Jahren habe ich aus folgenden Gründen hier in Rumtek die Verantwortung übernommen:

Ökonomische Bedürfnisse der Mönche wie Nahrung, Kleidung etc.;
Ausbildung und Lehrer der Mönche;
Unterhaltung und Neubau der Mönchsquartiere;
Ausstattung der großen Altarhalle;
Bau der neuen goldenen Haupt-Buddhastatue;
Druck mehrerer tausend Bände der Bücher Karmapas für das Studium der Mönche.

Auch vollendete ich in dieser Zeit den Bau des neuen Instituts in Neu-Delhi und begann dort den Studienkurs. Ich halte diese Leistungen für nicht unbedeutend.

Bedauerlichweise wurde in der Angelegenheit der Wiedergeburt Seiner Heiligkeit des Gyalwa Karmapa nun unsere Integrität in Frage gestellt. Tibetische Politiker haben die Gelegenheit genutzt, viel Unheil anzurichten. Dazu möchte ich nun gern einige kurze Punkte erläutern.

Ich werde gegen die Entscheidung der chinesischen Regierung zur Anerkennung eines Kindes als Karmapa keine Einwände erheben, da ich in China weder Recht noch Hoheitsgewalt besitze und keine Möglichkeit habe, dagegen vorzugehen.

Meine Zustimmung zur Entscheidung Seiner Heiligkeit des Dalai Lama gab ich ausschließlich aus Respekt für Seine Heiligkeit den Dalai Lama.

Ich werde entschieden an den heiligen Traditionen Seiner Heiligkeit des Gyalwa Karmapa festhalten und seine authentischen Anweisungen befolgen, wann immer die Zeit dafür reif ist.

Bis die authentischen Anweisungen Seiner Heiligkeit des Gyalwa Karmapa gefunden sind und sich seine wahre Reinkarnation gezeigt hat, sollte die Verwaltung des Klosters Rumtek von den Mönchen Rumteks zusammen mit den Stiftungsvertretern des Karma Kagyü Trusts geführt werden.

Um Eure Kraft und Sicherheit zu stärken, solltet Ihr den Premierminister der Regierung von Sikkim um Schutz für Euch und das Kloster bitten. Bis das Thema der Wiedergeburt Seiner Heiligkeit des Gyalwa Karmapa völlig geklärt werden kann, müsst Ihr Eure Würde und Integrität wahren. Ihr solltet vollkommen unabhängig bleiben und keinem Außenseiter oder einem spirituellen Lehrer von innen oder außen Folge leisten.

Dies sind meine aufrichtigen Gebete.
Shamarpa Rinpoche

Dokument 25:
Brief des Mitarbeiterstabs von Rumtek an Ministerpräsident Bhandari (Englisch)

Pal Karmae Sangha Dhuche

Dharma Chakra Centre
P. O. Rumtek, Gangtok
SIKKIM-737 135

To:
Shri N.B. Bhandari,
Hon'ble Chief Minister of Sikkim,
Gangtok,
Sikkim.

20th November, 1992

We, the monks community of Rumtek Monastery unanimously consent to the following points mentioned below:

(a) Until the proper clarification of the genuine Karmapa, we the monks of Rumtek MOnastery will hold full responsibility for the administration of the Monastery together with the Trustees of the Karmapa Charitable Trust.

(b) Regarding the proclaimation of H.E. Sharmapa Rinpoche of a genuine Karmapa, following the availability of a letter of instr-uction of the Late His Holliness the 16th Gyalwa Karmapa leading to the discovery of the reincarnate Rinpoche; he will hold sole responsibility foo this and as for the prediction letter provided by H.E. Tai Situ Rinpoche, which is lying in the MOnastery under protection, needs to be clarified with the help of the Scientific forensic test. This is the responsibility of the Karmapa Charitable Trust.

(c) Until HIs Holliness the Gyalwa Karmapas genuine instructions are found and his true reincarnation is manifest, the administratiom of Rumtek MOnastery will be jointly held by the monks of Rumtek Monastery and the Trustees of the Karmapa Charitable Trust and therefore, not any of the Spiritual leaders authority, whether belonging to this Monastery or not, will not be accepted. The monks community will be an independant body.

WE would like to inform your honourable, that if any instance of interferance from within the Monastery or outside, it will not be tolerated and we will react to this.

Your honourable, we have absolute trust in you. Your honourable had been requested by the Late H.H. The Gyalwa Karmapa to look after the monastery and your honour able in the past has done everthing possible to the best interest of the monastery. We, therefore, request your honour for further guidance and support in our under-takings especially at these crucial moments.

Dhondup Rinpoche

Chief of Abbot
Khenpo Chodak Temphel.

Dorjee Lopon
Nendo Tulku

Abbot Lodo Namgyal

Cable DHARMA CHAKRA CENTRE, SIKKIM, INDIA.

Tel. No. GANGTOK-363.

Dokument 25:
Brief des Mitarbeiterstabs von Rumtek an Ministerpräsident Bhandari (Deutsch)

An:
Shri N. B. Bhandari,
Ehrenwerter Ministerpräsident von Sikkim,
Gangtok, Sikkim.

20. November 1992

Wir, die Mönchsgemeinschaft des Klosters Rumtek, erklären hiermit einmütig unsere Zustimmung zu nachfolgenden Punkten:

(a) Bis zur einwandfreien Klärung des echten Karmapa werden wir, die Mönche des Klosters Rumtek, zusammen mit den Stiftungsräten des Karmapa Charitable Trust die volle Verantwortung für die Verwaltung des Klosters tragen.

(b) Hinsichtlich der Proklamation eines authentischen Karmapa durch S.E. Shamarpa Rinpoche nach Vorliegen eines Unterweisungsbriefes von Seiner Heiligkeit dem verstorbenen 16. Karmapa, welcher zur Auffindung des wiedergeborenen Rinpoche führt; wird er dafür die alleinige Verantwortung tragen. Was den Vorhersagebrief betrifft, den S.E. Tai Situ Rinpoche vorgelegt hat und der im Kloster sicher verwahrt wird, so bedarf dieser der Abklärung durch den wissenschaftlichen forensischen Test. Die Verantwortung dafür liegt beim Karmapa Charitable Trust.

(c) Bis die authentischen Anweisungen Seiner Heiligkeit des Gyalwa Karmapa gefunden sind und sich seine wahre Reinkarnation gezeigt hat, wird das Kloster Rumtek von den Mönchen von Rumtek und den Stiftungsräten des Karmapa Charitable Trust gemeinsam verwaltet, es wird daher keine Autorität eines spirituellen Führers, ob zum Kloster gehörig oder nicht, akzeptiert. Die Mönchsgemeinschaft wird vollkommen unabhängig handeln.

Wir möchten Euer Ehren darüber in Kenntnis setzen, dass im Falle irgendeiner Einmischung, ob von inner- oder außerhalb des Klosters, diese nicht toleriert wird und wir darauf reagieren werden.

Euer Ehren, wir haben volles Vertrauen in Euch. Euer Ehren wurden von S.H. dem verstorbenen Gyalwa Karmapa gebeten, ein Auge auf das Kloster zu halten, und in der Vergangenheit haben Euer Ehren alles erdenklich Mögliche zum Nutzen des Klosters unternommen. Wir bitten Euer Ehren deshalb weiter um Rat und Unterstützung in unseren Unternehmungen, insbesondere in diesen kritischen Zeiten.

Dhondup Rinpoche | Oberster Abt Khenpo Chodak Temphel

Dorje Lopön Nendo Tulku | Abt Lodö Namgyal

Dokument 26:
Verurteilung Topga Rinpoches durch die Internationale Kagyü-Konferenz (Deutsch)

Beschluss der K.I.A. Herrn Topga Yugyal betreffend

Die Bestätigung gefolgt von der Inthronisation des 16. Gyalwa Karmapa auf dem goldenen Sitz aller vorhergehenden Karmapas im himmlischen Kloster Tsurphu erfolgte in Übereinstimmung mit dem Vorhersagebrief, den Seine Heiligkeit der 16. Karmapa vor seinem Parinirwana hinterlassen hatte, und gemäß der heiligen Vision Seiner Heiligkeit des 14. Dalai Lama. Herr Topga Yulgyal jedoch weigert sich, diese Entscheidung, welche auf der reinen Weisheit Ihrer Heiligkeiten beruht, zu akzeptieren.

Vor allem aber hat er zum wiederholten Male Seine Eminenz Shamar Rinpoche als Eigentümer des Dharmachakra-Zentrums Rumtek eingesetzt. Es gab Versuche, sämtliche Besitztümer Seiner Heiligkeit des 16. Karmapa zu übernehmen. Das Kloster Seiner Heiligkeit in Boomthang in Ost-Bhutan, Tashi Chöling, hat er für eine gewisse Summe verkauft.

Statt am Hauptsitz von Karmapas Einrichtungen passende Aufgaben zu übernehmen, hat er Risse zwischen Dharmalehrern und ihren Schülern verursacht und in verschiedenen Meditationszentren für Disharmonie gesorgt.

Insbesondere hat er bewaffnete Soldaten zum Sitz Karmapas, dem Dharmachakra-Zentrum, geführt. Solche Handlungen gegen den Dharma sind intolerabel und untragbar für uns.

Während der neunundvierzig Tage andauernden Gebete, als die Praktizierenden aus allen Richtungen kamen, um den sterblichen Überresten S.E. Jamgön Kongtrul Rinpoche die letzte Ehre zu erweisen, verursachte er Störungen und behandelte dieses traurige Ereignis, als wäre es bedeutungslos. Am 21. November 1992 wurden die Türen zum Altarraum verschlossen, so dass die täglichen Gebetszeremonien nicht dort stattfinden konnten. In ähnlicher Weise wurden die Türen zu den Räumen Seiner Heiligkeit des 16. Gyalwa Karmapa und des

Internationalen Karma-Kagyü-Büros gewaltsam verschlossen.

Kurz, seit Seine Heiligkeit der 16. Gyalwa Karmapa von uns gegangen ist, hat er viel Dharma zerstört. Die Versammlung der Internationalen Kagyü-Zentren verurteilt seine Taten und enthebt ihn seiner Posten als Schatzmeister und Generalsekretär der Karma-Kagyü-Einrichtungen.

Dieser Beschluss wird hiermit am 3. Tag des Dezembers 1992 gefasst.

Internationale Kagyü-Versammlung

Dokument 27:

Die Schlussresolution der Internationalen Kagyü-Konferenz (Englisch)

To,

The lord of the precious Buddhadharma, particularly that of the Kagyu lineage, the victorious XVIIth Karmapa, the supreme Ugyen Drodul Thinley Dorjee.

In accordance with the successive extraordinary biographies of the previous Glorious Karmapas, the prediction letter of the XVIth Karmapa and the pure vision arising from the stainless wisdom of His Holiness the XIVth Dalai Lama have arrived at the same conclusion. Thus H.H. the Dalai Lama has presented the innermost seal (Buktham Rinpoche) to support this decision. Based on this, at the seat of the Karmapas at Tshurphu Monastery, the enthronement of the XVIIth Karmapa was accomplished according to tradition.

Therefore we, the followers of the Kagyu Lineage, the Lamas, the incarnate Rinpoches, the monastic communities, the Sangha and lay communities, pledge with one pointed faith and reverence to confront anyone who may plan negative and destructive actions concerning this non controversial issue. We pledge never to acknowledge any other person who may be falsely given the title.

The Kagyu International Assembly make this pledge on the 2nd of December, 1992.

To,

The Lord of universal peace, guide to the devas and men, the omniscient protector, His Holiness the XIVth Dalai Lama.

With deep devotion, through our body, speech and mind, we, the Assembly of International Kagyu followers the Sikkimese Buddhist Associations and the people present in this great meeting, pay our homage and respects.

Your Holiness, it was due to the pure vision of your immaculate wisdom being in accord with the prediction letter of the Supreme XVIth Gyalwa Karmapa in identifying the matchless reincarnate of the XVIIth Karmapa, and due to your kindness in granting the sacred seal of approval (the precious Buktham Rinpoche) that the enthronement of the XVIIth Karmapa was auspiciously completed, on the golden throne of the main seat of Karmapas, at Tolung Tshurphu.

We, the devotees, offer our gratitude from the depth of our hearts and with one voice, pray to you to grant compassionately the inner, outer and all other protections for the safety of the XVIIth Gyalwa Karmapa during His visit to the seat of the XVIth Karmapa in Rumtek, Sikkim.

With prayers that your reign may be long,
The Kagyu International Assembly

Dokument 27:
Die Schlussresolution der Internationalen Kagyü-Konferenz (Deutsch)

An
den Herrn des kostbaren Buddhadharma,
insbesondere der Kagyü-Linie, den siegreichen 17. Karmapa,
den höchsten Ugyen Drodul Thinley Dorjee.

In Übereinstimmung mit den aufeinanderfolgenden außergewöhnlichen Biographien der früheren glorreichen Karmapas sind der Vorhersagebrief des 16. Karmapa und die reine, der makellosen Weisheit Seiner Heiligkeit des 14. Dalai Lama entsprungene Vision zum selben Schluss gekommen. Aus diesem Grund gewährte S.H. der Dalai Lama das allerinnerste Siegel (Buktham Rinpoche), um den Beschluss zu bekräftigen. Auf dieser Grundlage erfolgte die Inthronisierung des 17. Karmapa gemäß der Tradition am Sitz der Karmapas, dem Kloster Tsurphu.

Deswegen geloben wir, die Anhänger der Kagyü-Linie, die Lamas und die inkarnierten Rinpoches, die Klostergemeinschaften, die Sangha und die Laiengemeinschaften, mit einsgerichtetem Vertrauen und Ehrerbietung jedem entgegenzutreten, der in dieser unstrittigen Angelegenheit negative und zerstörerische Handlungen plant. Wir geloben, niemals eine andere Person zu akzeptieren, der der Titel fälschlicherweise verliehen wird.

Die Internationale Kagyü-Versammlung gibt dieses Versprechen am 2. Dezember 1992.

An
den Herrn des universellen Friedens, Wegweiser der Devas
und der Menschen, allwissender Schützer,
Seine Heiligkeit den 14. Dalai Lama.

Mit tiefer Hingabe bringen wir, die Versammlung der internationalen

Kagyü-Anhänger, die buddhistischen Vereinigungen Sikkims sowie alle Teilnehmer dieser großartigen Versammlung durch Körper, Rede und Geist unsere Ehrerbietung und unseren Respekt dar.

Eure Heiligkeit, es war dank der reinen Vision Eurer makellosen Weisheit, welche mit dem Vorhersagebrief des Höchsten 16. Gyalwa Karmapa bei der Identifizierung der unvergleichlichen Reinkarnation, des 17. Karmapa, übereinstimmte, und dank Eurer Güte, mit der Ihr das heilige Siegel der Anerkennung (das kostbare Buktham Rinpoche) gewährtet, dass die Inthronisierung des 17. Karmapa in glücksverheißender Weise am goldenen Thron des Hauptsitzes der Karmapas, Tolung Tsurphu, vollendet wurde.

Wir, die Anhänger, entbieten aus der Tiefe unseres Herzens einstimmig unseren Dank und beten zu Euch, dass Ihr voller Mitgefühl inneren, äußeren und jeden anderen Schutz für die Sicherheit des 17. Gyalwa Karmapa während seines Besuches am Sitz des 16. Karmapa in Rumtek, Sikkim, gewähren möget.

Mit Gebeten für Eure lange Herrschaft,
die Internationale Kagyü-Versammlung

Dokument 28:
Brief der sikkimesischen Landesfinanzbehörde (Deutsch)

Nr. 777 L/R
Datum: 1.3.93

An:
Herrn Herbert Giller
Vorsitzender der Karmapa Kagyü-Stiftung
Fleckenbornstr. 25
D-6204 Taunusstein
West-Deutschland

Sehr geehrter Herr,

wir haben eine Kopie Ihres an den Generalsekretär und die Stiftungsräte des Karmapa Charitable Trust adressierten Briefes vom 3.1.1993 erhalten. Der Inhalt Ihres Briefes wurde überprüft. Hiermit teilen wir mit, dass von gewisser Seite ein Antrag auf Änderungen an der bestehenden Stiftung gestellt wurde. Wiewohl zogen die gleichen Personen ihren zuvor gestellten Antrag auf Eintragung einer Änderung anschließend wieder zurück. Aufgrund dessen hat die Staatsregierung weder eine neue Stiftung registriert noch bei der ursprünglichen, als KCT bestehenden Stiftung irgendwelche Änderungen vorgenommen.

(T.W. Barphungpa) IAS
Präsident und Minister der Landesfinanzbehörde

Dokument 29:
Shamar Rinpoches Stellungnahme zur Schattenverwaltung in Rumtek (Englisch)

KUNZIG SHAMAR RIMPOCHE

March 21, 1993

To Karma Kagyu Dharma Members,

It has come to my attention that certain misinformations regarding the situation at the seat of His Holiness Gyalwa Karmapa, Dharma Chakra Center, Rumtek, Sikkim, are being spread. This is to inform you about the actual state of affairs.

First of all Rumtek monastery continues to function as before. The Karmapa Charitable Trust which was appointed by the 16th Gyalwa Karmapa in 1961 is the legal responsible body, and the monks community accepts and follows decisions made by that trust only.

It is true that beginning of November there was an attempt to take over Rumtek monastery for political reasons. The aim was to dissolve the trustees of the original Karmapa Charitable Trust and to form a new trust as a means to claim the movable and immovable property of His Holiness Gyalwa Karmapa. As it was an illegal action it failed. The State government rejected the application.

Recently a newsletter, The Nectar of Dharma, has been sent out from Rumtek to all Kagyu Centres in the world. I am sorry to inform you that this newsletter was not made by the legal administration of Rumtek and only uses the name and letterhead of the Kagyu International Newsletter which was established by the 16th Gyalwa Karmapa in February 1981. The resolution printed in this publication on the removal of Topga Rinpoche from his position as General Secretary of the Karma Kagyu institutions has no legal value and is based on false accusations, provable by documents.

For future contact with Rumtek monastery you should keep writing to the Karmapa Charitable Trust as before.

With blessings,

sincerely yours,

Shamar Rinpoche

HIGH SKY LUMBITA, P.O. RUMTEK-737135, GANGTOK, SIKKIM, INDIA PHONE : 91-359-2228

Dokument 29:
Shamar Rinpoches Stellungnahme zur Schattenverwaltung in Rumtek (Deutsch)

21. März 1993

An die Dharma-Mitglieder der Karma Kagyü,

mir ist bekannt geworden, dass über die Situation am Sitz Seiner Heiligkeit Gyalwa Karmapas, dem Dharma-Chakra-Zentrum Rumtek in Sikkim, gewisse Fehlinformationen im Umlauf sind. Hiermit möchte ich Euch über den tatsächlichen Stand der Dinge in Kenntnis setzen.

Zunächst einmal arbeitet das Kloster Rumtek genau wie zuvor. Die juristisch verantwortliche Körperschaft ist der Karmapa Charitable Trust, der 1961 vom 16. Karmapa ernannt wurde, und die Mönchsgemeinschaft akzeptiert und befolgt ausschließlich die vom Trust getroffenen Entscheidungen.

Es ist wahr, dass es Anfang November einen Versuch gab, das Kloster Rumtek aus politischen Gründen zu übernehmen. Ziel war es, die Stiftungsräte des ursprünglichen Karmapa Charitable Trust abzusetzen und eine neue Stiftung zu gründen, die dazu dienen sollte, das bewegliche und unbewegliche Eigentum Seiner Heiligkeit Gyalwa Karmapas zu beanspruchen. Da dies ein illegaler Akt war, scheiterte er. Die Staatsregierung wies den Antrag zurück.

Kürzlich wurde ein Rundschreiben, Der Nektar des Dharma, von Rumtek aus an alle Kagyü-Zentren weltweit verschickt. Ich bedaure, Euch mitteilen zu müssen, dass dieses Rundschreiben nicht von der rechtmäßigen Verwaltung Rumteks stammt und lediglich Namen und Briefkopf des Internationalen Kagyü-Newsletters verwendet, der im Februar 1981 vom 16. Gyalwa Karmapa begründet worden war. Der in dieser Veröffentlichung abgedruckte Beschluss über die Entlassung Topga Rinpoches aus seinem Amt als Generalsekretär der Karma-Kagyü-Institutionen besitzt keinerlei rechtlichen Wert und beruht auf falschen Anschuldigungen, was sich durch Dokumente belegen lässt.

Für alle künftigen Mitteilungen an das Kloster Rumtek solltet Ihr weiterhin an den Karmapa Charitable Trust schreiben, wie zuvor.

Mit Segnungen und freundlichen Grüßen, Shamar Rinpoche

Dokument 30:

Tenga Rinpoches Fax (Englisch)

received June 20 1993

DORJE LOBPON VAJRA MASTER

BENCHEN PHUNTHOK DARGYELING
C. 2-255 KIMDOL
KATHMANDU, 4
NEPAL

VEN. TENGA RINPOCHE
G.P.O. BOX 2072
KATHMANDU
NEPAL

Dear Yondu Gyatso,

I am sending you this short fax with the additional words for the film. I would appreciate it, if you could add the following:

"Sentient beings perceive things in different ways. As for myself, I trust that this is the 17th Karmapa and am overjoyed that he is enthroned."

Tashi Delegs to you

Dokument 30:
Tenga Rinpoches Fax (Deutsch)

Eingang 20. Juni 1993

Lieber Yongdu Gyatso,

ich schicke Dir dieses kurze Fax mit zusätzlichen Worten für den Film. Ich wäre Dir dankbar, wenn Du das Folgende noch einfügen könntest:

„Fühlende Wesen nehmen die Dinge unterschiedlich wahr. Ich persönlich vertraue darauf, dass dies der 17. Karmapa ist, und ich bin überglücklich, dass er inthronisiert wurde."

Tashi Delegs an Dich,
Tenga

Dokument 31:
Shamar Rinpoches Brief mit der Fabel (Englisch, Seite 1)

TEL NO. May 30.01 1:23 P.02

KUNZIG SHAMAR RIMPOCHE

Jan.27 1993

Dear Dharma Members,

I appreciate that you inform me of your doubts about the present situation in connection with the recent three lined statement in English signed by Tenga Rinpoche. I will give you my opinion about it and some clear directions that you should be aware of.

The special quality of His Holiness Gyalwa Karmapa is that he is recognised by his previous incarnation through the instructions he leaves behind. Therefore he, himself, is the final proof of authenticity in any new incarnation. In order to identify the new Karmapa, the instructions he leaves must be verifiable. For instance, the signature of the prediction letter must match with other signatures given by His Holiness Karmapa. When the instructions are in writing it is only natural to ask for proof that the document is genuine.

The present situation regarding the incarnation of the 17th Gyalwa Karmapa is quite peculiar:
His Holiness Dalai Lama gave his approval based on the letter presented by Situ Rinpoche after having been assured that this was a unanimously accepted official statement. Later it was revealed that the letter was different from the non-existent one which at that time was still referred to as the "official letter". When doubts were raised about the authenticity of Situ Rinpoches letter, the doubts were put aside without the signature being checked.

Situ Rinpoche proceeded to create his own verification. His actions were supported by Gyaltsab Rinpoche. Situ Rinpoche and Gyaltsab Rinpoche were both approved by Bokar Rinpoche and other lamas. Their actions were again supported and given credence by their students. So, in fact, Gyalwa Karmapa is by now being recognised by ordinary followers. It is like in the story of the lion and the elephant and is very funny to me.

People have been asking me about what I said regarding both Jamgon Kongtrul Rinpoche and myself having doubts about the letter produced by Situ Rinpoche. I want you to know that I described the course of events exactly as it unfolded. That is all. I did not intend to make Jamgon Kongtrul Rinpoche my witness. The question is not who had doubts and who did not have doubts. This sets everything off track. As if the letter would be true if Jamgon Rinpoche said it rather than through Situ Rinpoches words. The issue is wether the signature is authentic or not.

As a Tibetan I know the situation of the Rinpoches and lamas. I understand that they have to act in accordance with the present political situation. They have monasteries in Tibet and are responsible for them. If they want to visit the country and preserve their position they have little choice. Such points may be difficult for you to understand and accept because your background of free democracies is so entirely different from ours.

HIGH SKY LUMBITA, P.O. RUMTEK-737135, GANGTOK, SIKKIM, INDIA PHONE: 91-359-2228

Dokument 31:

Shamar Rinpoches Brief mit der Fabel (Englisch, Seite 2)

TEL NO. May 30.01 1:29 P.03

KUNZIG SHAMAR RIMPOCHE

What regards the authenticity of the Karmapa incarnation I, myself, will rely only on the genuine instructions given by His Holiness himself. The important point is to patiently wait for these instructions as is the Karma Kagyu tradition. Soliciting approval from other Rinpoches for my decisions will prove nothing, nor will it bring benefit to let my conviction depend on the pressure of their agreement, how ever many they may be.

Sincerely yours

Shamar Rinpoche

Addition:

Here a Tibetan fable illustrating the election- process as it has taken its course so far. You will agree this is no way to determine a Karmapa.

FABLE OF THE LION AND THE ELEPHANT.

Both wanted to be king of the animals. But the lion said that the elephant's eyes were too small for the task. The lion showed his big teeth and said he could protect the animals.
In order to decide the issue they needed witnesses. First the tiger agreed that the lion would be best for the job. But then there had to be a witness for the tiger. So the buffalo witnessed him, and then the pig witnessed him and so on .... down to the flea.
The final decision that the lion was to be king of the animals was then decided by the flea.

HIGH SKY LUMBITA, P.O. RUMTEK-737135, GANGTOK, SIKKIM, INDIA PHONE : 91-359-2228

Dokument 31:
Shamar Rinpoches Brief mit der Fabel (Deutsch)

27. Jan. 1993

Liebe Dharma-Angehörige,

ich danke Euch, dass Ihr mir von Euren Zweifeln angesichts der gegenwärtigen Situation und der jüngsten von Tenga Rinpoche unterzeichneten dreizeiligen Erklärung auf Englisch erzählt habt. Ich werde Euch meine Meinung dazu darlegen und einige klare Richtlinien geben, deren Ihr Euch bewusst sein solltet.

Die besondere Eigenschaft Seiner Heiligkeit Gyalwa Karmapas ist es, dass er von seiner vorherigen Inkarnation durch die Anweisungen, die er hinterlässt, anerkannt wird. Somit ist er selbst der endgültige Beweis der Authentizität jeder neuen Inkarnation. Um den neuen Karmapa zu identifizieren, müssen die Anweisungen, die er hinterlassen hat, überprüfbar sein. Zum Beispiel muss die Unterschrift auf dem Vorhersagebrief mit anderen Unterschriften Seiner Heiligkeit Karmapas übereinstimmen. Liegen die Anweisungen in Schriftform vor, ist es nur natürlich, einen Beweis dafür zu verlangen, dass das Dokument echt ist.

Die gegenwärtige Situation hinsichtlich der Inkarnation des 17. Gyalwa Karmapa ist recht speziell:

Seine Heiligkeit Dalai Lama gab seine Zustimmung auf Grundlage des von Situ Rinpoche präsentierten Briefes und nachdem ihm versichert worden war, dies sei eine allgemein anerkannte offizielle Verlautbarung. Später stellte sich dann heraus, dass es sich bei diesem Brief nicht um jenen nicht existenten handelte, der zu jener Zeit noch als der „offizielle Brief" bezeichnet wurde. Als Zweifel an der Authentizität von Situ Rinpoches Brief ankamen, wurden diese beiseite gewischt, ohne dass die Unterschrift geprüft worden wäre.

Situ Rinpoche fuhr fort, selbst eine Bestätigung zu kreieren. Seine Taten wurden von Gyaltsab Rinpoche gestützt. Situ Rinpoche und Gyaltsab Rinpoche wurden von Bokar Rinpoche und anderen Lamas bestätigt. Ihre Handlungen wiederum wurden von ihren Schülern gestützt, die ihnen Glauben schenkten. Auf diese Weise ist Karmapa nun faktisch von gewöhnlichen Anhängern anerkannt worden. Es ist wie in der Geschichte vom Löwen und dem Elefanten, und mich amüsiert es sehr.

Ich wurde oft zu meiner Aussage bezüglich der Zweifel gefragt, die sowohl Jamgön Kongtrul Rinpoche als auch ich an dem von Situ Rinpoche vorgelegten Brief hegten. Ihr sollt wissen, dass ich die Vorgänge genauso schilderte, wie sie sich ereigneten. Nicht mehr und nicht weniger. Meine Absicht war es nicht, Jamgön Kongtrul Rinpoche zu meinem Zeugen zu machen. Die Frage ist nicht, wer Zweifel hatte und wer keine Zweifel hatte. Das führt uns auf den Holzweg. Als ob der Brief echt wäre, wenn Jamgön Rinpoche das sagt, statt Situ Rinpoche. Vielmehr geht es darum, ob die Unterschrift echt ist oder nicht.

Als Tibeter kenne ich die Situation der Rinpoches und Lamas. Ich weiß, dass sie ihr Verhalten an der gegenwärtigen politischen Lage ausrichten müssen. Sie haben Klöster in Tibet, für die sie Verantwortung tragen. Wenn sie das Land besuchen und ihre Position behalten wollen, haben sie kaum eine andere Wahl. Diese Punkte mögen für Euch schwer zu verstehen und zu akzeptieren sein, weil Eure Umstände in freien Demokratien so grundlegend anders sind als unsere.

Was die Authentizität der Inkarnation Karmapas angeht, so werde ich mich für meinen Teil einzig und allein auf die echten Anweisungen Seiner Heiligkeit selbst verlassen. Dabei ist es wichtig, geduldig auf diese Anweisungen zu warten, wie es der Karma-Kagyü-Tradition entspricht. Von anderen Rinpoches Zustimmung für meine Entscheidung zu erbitten, würde nichts beweisen, noch würde es Nutzen bringen, meine Überzeugung vom Druck ihrer Zustimmung abhängig zu machen, wie viele sie auch sein mögen.

Mit freundlichen Grüßen,
Shamar Rinpoche
Zusatz:

Hier noch eine tibetische Fabel, die beschreibt, wie der Wahlvorgang bisher vonstatten ging. Ihr werdet zustimmen, dass dies keine Art ist, einen Karmapa zu bestimmen.

Fabel vom Löwen und dem Elefanten

Beide wollten König der Tiere sein. Der Löwe jedoch behauptete, die Augen des Elefanten seien für diese Aufgabe zu klein. Der Löwe zeigte seine großen Zähne und sagte, er könne die Tiere beschützen.

Um die Sache zu entscheiden, benötigten sie Zeugen. Als Erster bestätigte der Tiger, dass der Löwe für die Aufgabe am besten geeignet sei. Doch dann brauchte es einen Zeugen für den Tiger. Also trat der Büffel als Zeuge für ihn auf, dann das Schwein als Zeuge für den Büffel usw. usf., bis hinunter zum Floh.

Die Entscheidung, dass der Löwe der König der Tiere sein sollte, traf also letztlich der Floh.

Dokument 32:
Shamar Rinpoches Brief an Situ Rinpoche (Englisch, Seite 1)

KUNZIG SHAMAR RIMPOCHE

12 September 1993

OPEN LETTER TO SITU RIMPOCHE

COPY TO GYALTSAP RIMPOCHE AND OTHERS

Dear Rimpoche,

Since November 1992 many of your actions as a Trustee of the KARMAPA CHARITABLE TRUST have been taken without any approval of the Board and often against the interest of the Trust itself.

In particular you have promoted and helped :

-- The setting up of a competing Trust to take over the assets of the Karmapa Charitable Trust not by legal means.

-- The taking over and imprisonment of resident Monks of Rumtek.

-- The appointment of representatives working for the interests of Foreign Governments.

-- Created great concern with the Government of India, our host, by tolerating the agitation of individuals involved in separatist movements.

As a senior member of the Karmapa Charitable Trust Board and Lineage Holder of the Karma Kagyu, I wish to make perfectly clear my opposition to your actions.

For many years I have advocated the separation of Politics and Religion. And I find that your actions have taken the Karmapa Lineage in the middle of a great International Intrigue involving

PAGE 1 of 2

Dokument 32:
Shamar Rinpoches Brief an Situ Rinpoche (Englisch, Seite 2)

KUNZIG SHAMAR RIMPOCHE

PAGE 2 of 2

Tibet, China, India and other Nations, and where very large amounts of money is spent to manipulate people and start violent actions.

I also find now that since you could not win by using the Law, you have decided to use force to take the Monastery of Rumtek and to expell the resident Monks by physical force or constant verbal harassement. You are also in the process of nominating a new administrative staff without regards to the right of Law.

It is for this reason that I have requested the members of the Karmapa Charitable Trust Board to join with me to reverse by legal means all the latest changes that you have made to the status and peace of Rumtek Monastery.

Please understand that I consider normal for us to have personal differences of opignion, but that I will never accept the use of force against Monks to take control of a Monastery in the name of Religion.

SHAMAR RIMPOCHE

HIGH SKY LUMBITA, P.O. RUMTEK-737135, GANGTOK, SIKKIM, INDIA PHONE : 91-359-2228

Dokument 32:
Shamar Rinpoches Brief an Situ Rinpoche (Deutsch)

12. September 1993
Offener Brief an Situ Rinpoche
Kopie an Gyaltsap Rinpoche und andere

Lieber Rinpoche,
seit November 1992 wurden viele Deiner Handlungen als Stiftungsvertreter des Karmapa Charitable Trust ohne jede Zustimmung des Vorstands und oftmals gegen die Interessen der Stiftung unternommen. Konkret hast Du folgende Ereignisse gefördert und unterstützt:

- Gründung einer konkurrierenden Stiftung zur Übernahme des Vermögens des Karmapa Charitable Trust mit nicht legalen Mitteln;
- Übernahme Rumteks und Verhaftung der dort ansässigen Mönche;
- Ernennung von Repräsentanten, die für die Interessen ausländischer Regierungen arbeiten;
- bei der indischen Regierung, unserer Gastgeberin, große Besorgnis zu wecken, indem Du die Propaganda von Personen, die in separatistische Bewegungen verwickelt sind, toleriertest.

Als ranghöheres Vorstandsmitglied des Karmapa Charitable Trust und als Linienhalter der Karma Kagyü möchte ich sehr deutlich zum Ausdruck bringen, dass ich mit Deinen Handlungen nicht einverstanden bin.

Seit vielen Jahren trete ich für die Trennung von Politik und Religion ein. Und ich bin der Meinung, dass Deine Handlungen die Linie Karmapas mitten hinein in eine große internationale Intrige geführt haben, in die Tibet, China, Indien und andere Nationen verwickelt sind und wo sehr große Summen fließen, um Menschen zu beeinflussen und gewalttätige Aktionen vorzubereiten.

Ebenso bin ich der Meinung, dass Du, nachdem Du mit rechtmäßigen Mitteln nicht gewinnen konntest, nun dazu übergegangen bist, Gewalt anzuwenden, um das Kloster Rumtek zu übernehmen und die dort lebenden Mönche mit physischer Gewalt oder durch anhaltende verbale Schikanen zu vertreiben. Auch bist Du gerade dabei, ohne jede Achtung für Recht und Gesetz eine neue Verwaltung zu installieren.

Verstehe bitte, dass ich es als normal erachte, wenn zwischen uns persönliche Meinungsverschiedenheiten aufkommen, dass ich aber den Einsatz von Gewalt gegen Mönche, um im Namen der Religion die Kontrolle über ein Kloster zu übernehmen, niemals akzeptieren werde.

Shamar Rinpoche

Dokument 33:
Tenga Rinpoches Brief über Berchen Ling (Englisch)

DORJE LOBPON VAJRA MASTER

BENCHEN PHUNTSOK DARGYELING
G 2-255 KIMDOL
KATHMANDU. 4
NEPAL

VEN. TENGA RINPOCHE
G.P.O. BOX 2072
KATHMANDU
NEPAL
TEL 272480

Kathmandu, 3 December 1993

TO WHOM IT MAY CONCERN

At the request and aspiration of the Council of the Association for the Preservation of Forests', I have the responsibility to act as the spiritual leader and give a name to the newly established Buddhist Association.

Thus, the Association should be called: ' Karma Kamtsang Association'

I hereby authorize Georgia and Magnus Sandberg to act as my representatives to all practical and organizational matters.

I request the Council, as well as all members, to work cooperatively together and help in the flourishment and development of Dharma in the region.

With many wishing prayers, I remain

yours

Tenga

Tenga Rinpoche

Dokument 33:
Tenga Rinpoches Brief über Berchen Ling (Deutsch)

Kathmandu, 3. Dezember 1993

Bekanntmachung

Auf Bitten und Wunsch des Rates des Vereins für den Schutz der Wälder trage ich die Verantwortung, als spiritueller Leiter zu fungieren und dem neu gegründeten buddhistischen Verein einen Namen zu geben.

Der Verein soll heißen: „Karma Kamtsang Verein".

Hiermit ermächtige ich Georgia und Magnus Sandberg, in allen praktischen und organisatorischen Angelegenheiten als meine Stellvertreter zu fungieren.

Ich bitte den Rat und alle Mitglieder, Hand in Hand zusammenzuarbeiten und mitzuhelfen, damit der Dharma in der Region wächst und gedeiht.

Mit vielen Wunschgebeten verbleibe ich,

Tenga Rinpoche

Dokument 34:
Shamar Rinpoches Anerkennung des 17. Karmapa (Englisch)

KUNZIG SHAMAR RINPOCHE

26-1-1994

I hereby announce that the authentic reincarnation of the 16th Karmapa, Rangjung Rigpe Dorje, has been found.

H. H. the 17th Karmapa is presently in India. Details regarding the traditional procedures of his installation will be made known in the near future.

Kunzig Shamar Rinpoche

HIGH SKY LUMBITA. P.O. RUMTEK-737135, GANGTOK, SIKKIM, INDIA PHONE : 91-359-2228

Dokument 34:
Shamar Rinpoches Anerkennung des 17. Karmapa (Deutsch)

26.1.1994

Hiermit gebe ich bekannt, dass die echte Wiedergeburt des 16. Karmapa Rangjung Rigpe Dorje gefunden wurde.

S.H. der 17. Karmapa hält sich gegenwärtig in Indien auf. Einzelheiten zum traditionellen Verfahren seiner Einsetzung werden in naher Zukunft bekanntgegeben.

Künzig Shamar Rinpoche

Dokument 35:
Lama Oles Brief über die Anerkennung des 17. Karmapa (Englisch)

LAMA OLE NYDAHL
Svenemollevej 56, 2100 Copenhagen, Denmark
33 Marne Ave., San Francisco, Ca 94127, USA
Hinterschwarzenberg 8, 87466 Oy-Mittelberg, Germany

Hiroshima, 3 February 1994

Dearest Friends everywhere,

All best love from a lecture in Hiroshima, Japan, with some news we have all been waiting to get: Though it will still be a few days till I see our Karmapa, the joy of Künzig Shamarpa, an intense dream and the experiences of Hannah and students of mine have already convinced me that we have the right one. He recognized me from a photo - had a strong reaction - and even noticed that I have changed my style of hair.

Künzig Shamarpa has decided that His Holiness will be accessible for public ceremonies in Delhi during early March and that there will be a coronation at Rumtek towards the end of the year. The benefit of attending each event will be great and information will be given at least five months in advance.

So that's the great news. Already as a child the boy stated that he is the Karmapa. He is beautiful, totally present and learns all things in no time. Rejoice!

Much love from yours Hannah (in India) and Ole,

Yours Hannah and Lama Ole

Dokument 35:
Lama Oles Brief über die Anerkennung des 17. Karmapa (Deutsch)

Hiroshima, 3. Februar 1994

Sehr liebe Freunde überall,

die allerherzlichsten Grüße von einem Vortrag in Hiroshima, Japan, mit Neuigkeiten, auf die wir alle gewartet haben: Obwohl es noch ein paar Tage dauern wird, bis ich unseren Karmapa sehen werde, haben mich die Freude Künzig Shamarpas, ein intensiver Traum und die Erlebnisse Hannahs und einiger meiner Schüler bereits davon überzeugt, dass wir den Richtigen haben. Er erkannte mich auf einem Foto – reagierte stark darauf – und bemerkte sogar, dass ich meine Frisur geändert habe.

Künzig Shamarpa hat entschieden, dass Seine Heiligkeit Anfang März bei öffentlichen Zeremonien in Delhi zu sehen sein wird und dass Ende des Jahres in Rumtek eine Krönung stattfinden soll. An diesen Veranstaltungen teilzunehmen, wird von großem Nutzen sein; Informationen dazu wird es mindestens fünf Monate im Voraus geben.

Das sind die großen Neuigkeiten. Schon als Kind hat der Junge gesagt, dass er der Karmapa ist. Er ist schön, völlig präsent und lernt alles in kürzester Zeit. Freut Euch!

Mit aller Liebe von Hannah (in Indien) und Ole

Glossar

Bodhicitta (tib. djang chub kyi sem): Erleuchtungsgeist, d.h. der Wunsch oder Entschluss, Buddhaschaft zum Besten aller Lebewesen zu erlangen. Er wird in zwei Aspekte unterteilt: in den relativen und in den letztendlichen Erleuchtungsgeist. Der relative Erleuchtungsgeist besteht aus dem Wunsch, Erleuchtung zum Wohl aller Wesen zu erlangen und wird durch befreiende Handlungen, die Paramitas, in die Praxis umgesetzt. Der letztendliche Erleuchtungsgeist ist die Erkenntnis der Untrennbarkeit von Leerheit und Mitgefühl.

Bodhisattva-Versprechen: Versprechen, stets für die Erleuchtung aller Wesen zu arbeiten. Man gibt es in der Anwesenheit eines Bodhisattvas und sollte die Motivation täglich stärken.

Buddha (tib.: Sangye), auch Buddhaschaft (tib.: Djang chub): Der Begriff bezeichnet einen Geisteszustand, den Zustand vollkommener Erleuchtung. „Sang" bedeutet „vollkommen gereinigt" von allen Verdunkelungen; „Gye" bedeutet „vollkommene Entfaltung" aller Eigenschaften, besonders der Weisheit. Der Zustand ist gekennzeichnet durch Furchtlosigkeit, Freude und aktives Mitgefühl, d.h. die Erkenntnis der offenen, klaren Unbegrenztheit des Geistes.

Buddha-Aspekte (tib.: Yidam): Der große Reichtum des erleuchteten Geistes drückt sich in zahllosen Formen von Energie und Licht aus. Durch die Identifikation mit diesen Formen in der Meditation und im täglichen Leben erwecken sie sehr schnell die uns innewohnende Buddha-Natur.

Dharma (tib.: Chö): Buddhas Lehre.

Diamantweg (tib.: Dorje Thegpa / Skt.: Vajrayana): Aufeinander aufbauende Mittel der schnellen Umwandlung, basierend auf der Motivation und der Philosophie des Großen Weges (Mahayana). Kann nur mit der Bereitschaft praktiziert werden, alles auf der Ebene der Reinheit zu sehen.

Einweihung (tib.: Wang / skt.: Abisheka): Ein besseres Wort dafür ist Ermächtigung. Zeremonie, die den Praktizierenden in das Kraftfeld eines bestimmten Buddha-Aspekts einführt. Kann als Segen oder als Beginn einer Praxis gegeben werden. Dazu braucht man außerdem ein „lung", das Lesen des Textes, und ein „thri", die Anweisungen zur Verwendung. Die Wirksamkeit dieser Mittel für die Entwicklung der eigenen Bewusstheit kann nicht überschätzt werden.

Gelug: Jüngste der vier Hauptlinien des Tibetischen Buddhismus. Diese reformierte Schule, die von Tsongkhapa (1357–1419) begründet wurde, legt besonderen Wert auf das Studium der Schriften und die monastische Tradition. Sie besitzt zwar mehrere Tantras, akzeptiert aber nicht die erste – Nyingma – Übertragung des Buddhismus nach Tibet und stellt sich selbst oft als dem Mahayana, nicht dem Vajrayana zugehörig dar.

Guru Rinpoche (Tib.: Pema Jungne / Skt.: Padmasambhava; der Lotusgeborene): Vermutlich afghanischer Yogi, der im 8. Jahrhundert die vollen Lehren des Buddhismus nach Tibet brachte. Er führte ein aufregendes Leben, zeigte zahllose Wunder und wird von den drei nicht-reformierten Schulen des Tibetischen Buddhismus hoch verehrt. Sein Kraftfeld ist am zehnten Tag nach Neumond besonders präsent.

Inkarnation allgemein: Wiedergeburt. Von der Ebene der Befreiung aus kann man sich bewusst zum Besten der Lebewesen im Kreislauf der Existenz inkarnieren, um anderen auf dem Weg zur Erleuchtung zu helfen.

Kagyü-Linie: Die yogische Übertragung unter den vier Haupt-schulen des Tibetischen Buddhismus. Sie umfasst sowohl die alten (Nyingma) als auch die neuen (Sarma) Lehren, die nach Tibet kamen. Sie ist stark praxisorientiert und wird daher auch als „mündliche“ Schule oder Schule der „Vervollkommnung“ bezeichnet. Sie wurde um das Jahr 1050 von dem Helden Marpa nach Tibet gebracht und bezieht ihre Kraft aus dem engen Band zwischen Lehrer und Schüler.

Vier Haupt- und acht Neben-Schulen gehen auf die drei wichtigsten Schüler Gampopas zurück. Inzwischen sind die Haupt-Schulen alle in der Karma-Kagyü-Linie verschmolzen, deren Oberhaupt S.H. Karmapa ist. Von den Neben-Schulen haben die Drugpa- und die Drikung-Kagyüs eine starke Anhängerschaft in Bhutan und Ladakh.

Karmapa (wörtl. Mann der Tat:): Erster bewusst wiedergeborener Lama Tibets und geistiges Oberhaupt der Karma Kagyü-Linie. Die Karmapas verkörpern die Tatkraft aller Buddhas und wurden sowohl von Buddha Shakyamuni als auch von Guru Rinpoche vorhergesagt. Bei ihrem Tod hinterlassen die meisten Karmapas einen Brief, der die genauen Umstände ihrer nächsten Geburt beinhaltet. Bis heute gab es siebzehn Inkarnationen:

- Düsum Khyenpa, 1110 – 1193
- Karma Pakshi, 1204 – 1283
- Rangjung Dorje, 1284 – 1339
- Rölpe Dorje, 1340 – 1383
- Deshin Shegpa, 1384 – 1415
- Tongwa Dönden, 1416 – 1453
- Chödrag Gyamtso, 1454 – 1506
- Mikyö Dorje, 1507 – 1554
- Wangchug Dorje, 1556 – 1603
- Chöying Dorje, 1604 – 1674
- Yeshe Dorje, 1676 – 1702
- Changchub Dorje, 1703 – 1732
- Düdul Dorje, 1733 – 1797

- Thegchog Dorje, 1798 – 1868
- Khakhyab Dorje, 1871 – 1922
- Rangjung Rigpe Dorje, 1924 – 1981
- Thaye Dorje, 1983 –

KIBI: Abkürzung für „Karmapa International Buddhist Institute". Das Institut mit Sitz in Neu-Delhi, Indien, bietet interessierten buddhistischen Praktizierenden Studienprogramme und Kurse zu den Themen des Buddhismus aus Sicht der Kagyü-Tradition an. Gegründet wurde das Institut vom 16. Karmapa und errichtet von Shamarpa. Heute steht es unter der Leitung des 17. Karmapa, Trinley Thaye Dorje, Direktor ist Prof. Sempa Dorje. Es wird von der Karmapa International Buddhist Society (KIBS) verwaltet.

Laien-Buddhismus: Ein Weg, Buddhas Lehre mit dem normalen Alltag in der Gesellschaft zu verbinden. Wurde bereits von der Mehrheit der direkten Schüler Buddhas und von vielen Meistern des alten Indien praktiziert.

Lama (skt. Guru, wörtl. „höchstes Prinzip"): Meditationslehrer. Ist im Diamantweg von besonderer Bedeutung. Ohne ihn gibt es keinen Schlüssel zu den tiefsten Lehren.

Lopön Tsechu Rinpoche (1918 – 2003): Halter der gesamten Kagyü-Übertragung und wichtiger Lehrer von Lama Ole und Hannah Nydahl. Auf deren Einladung gab er von 1987 bis 2002 sein Wissen und seinen Segen in vielen Diamantweg-Zentren weiter. Geboren in Bhutan gehörte zu seiner Aktivität auch der Bau zahlreicher Stupas in Europa.

Mahamudra (tib.: Chagya Chenpo): Das „Große Siegel" der Wirklichkeit. Buddhas Versprechen, dass dies die letztendliche Lehre ist. Sie wird hauptsächlich in der Kagyü-Tradition gelehrt und bringt die unmittelbare Erfahrung des Geistes hervor. Mahamudra vereint Grundlage, Weg und Ziel und ist die Quintessenz aller buddhistischen Lehren. Siehe auch: Lama Ole Nydahl, Das Große Siegel, Knaur Verlag 2006.

Mandala (tib.: Khyil-khor / wörtl. „Zentrum & Umkreis"): Kraftfeld, das aus den Möglichkeiten des Raumes heraus entsteht. Ein erleuchtetes Mandala manifestiert sich aus den siebenunddreißig vollkommenen Eigenschaften der Buddhas und Bodhisattvas.

Mantra (tib.: Ngag): Natürliche Schwingung eines Buddha-Aspektes. Wo es verwendet wird, ist der Buddha gegenwärtig. Wichtiger Teil der Diamantweg-Meditation.

Nyingma: Die früheste der vier Hauptlinien des Tibetischen Buddhismus, die „Alte Schule". Ihre Ursprünge reichen bis ins 8. Jahrhundert zur ersten Verbreitung des Buddhismus in Tibet zurück. Die äußere Struktur und die mündliche Übertragung wurden kurze Zeit später von König Langdarma größtenteils zerstört, die versteckten Schätze aber haben bis heute überlebt.

Phowa (tib.): Übung des Diamantwegs, bei der man sich auf den Augenblick des Todes vorbereitet, Übertragung des Bewusstseins in ein sogenanntes Reines Land, meistens in das reine Land der Großen Freude (tib. Dewachen) des Buddhas des Grenzenlosen Lichts (skt. Amitabha).

Puja: Auf Tibetisch gesungene Meditation. Eine Anrufung mit rituellen Gaben.

Retreat: Zurückziehung, die meist auf drei Ebenen stattfindet. Körperliche Zurückgezogenheit bedeutet, frei von Geschäftigkeit zu sein. Verbale Zurückgezogenheit bedeutet, sich auf die Rezitation von Texten und Mantras zu konzentrieren, geistige Zurückgezogenheit bedeutet, frei von Ablenkung zu sein.

Rinpoche: Ehrentitel mit der Bedeutung „Kostbarer". Er wird häufig buddhistischen Meistern verliehen.

Robe: Traditionelles Kleidungsstück der monastischen Praktizierenden des Tibetischen Buddhismus. Die Art der Robe zeigt, ob die Betreffenden alle oder nur einen Teil der Mönchs- bzw. Nonnen-Versprechen genommen haben.

Sakya: Eine der drei alten oder nicht reformierten Linien des Tibetischen Buddhismus, gegründet im 11. Jahrhundert. Es gibt sowohl die erbliche als auch die Inkarnations-Nachfolge. Diese Schule hat einige der wichtigsten philosophischen Kommentare hervorgebracht.

Shamarpa: Neben dem Karmapa, dem Oberhaupt der Karma Kagyü-Linie, der zweite Linienhalter in der Kagyü-Tradition.Sein Name bedeutet „Rothut-Lama". Er gilt als Ausstrahlung des Buddha Amitabha. Bis heute gab es 14 Inkarnationen des Shamarpa; der bislang letzte, 14. Shamarpa wurde vom 16. Karmapa anerkannt.

1. Dragpa Senge 1283 – 1349
2. Khachö Wangpo 1350 – 1405
3. Chöpal Yeshe 1406 – 1452
4. Chödrag Yeshe 1453 – 1524
5. Könchog Yenlag 1526 – 1583
6. Chökyi Wangchug 1584 – 1630
7. Yeshe Nyingpo 1631 – 1694
8. Pelchen Chökyi Döndrub 1695 – 1732
9. Könchog Geway Chungne 1733 – 1741
10. Mipam Chödrub Gyatsho 1742 – 1792
11. Chökyi Wangpo (Bruder des 14. Karmapa) 1805 – 1880
12. Jamyang Chökyi Nyima (Sohn des 15. Karmapa) 1892 – 1947
13. Thrinlay Künchab 1948 – 1950
14. Mipham Chökyi Lodrö 1952 – 2014

Schützer: Sie entfernen äußere und innere Hindernisse auf dem Weg zur Erleuchtung und führen Buddha-Aktivität zum Wohl der Wesen aus. Es gibt drei Arten: Nicht erleuchtete Energiefelder – Jigtenpas –, die an ein Selbst glauben, sollte man besser vermeiden, sie können sehr schwierige Kunden sein. Werden sie von Yogis wie Guru Rinpoche und den Karmapas unter Kontrolle gehalten, werden sie zu Damzigpas, die durch das Versprechen gebunden sind, keinem Wesen Leid zuzufügen. Sie sehen häufig etwas ungewöhnlich aus, und wenn sie zu Bodhisattvas werden, zeigen sie nach und nach ein vertikales Weisheitsauge auf der Stirn. Die wichtigsten Schützer sind direkte Ausstrahlungen der Buddhas: männliche Mahakalas und weibliche Mahakalis. Sie haben eine harmonische äußere Erscheinung und stehen auf der achten Bodhisattva-Stufe oder höher. Von der buddhistischen Zuflucht an sorgen sie dafür, dass für den Praktizierenden jede Erfahrung zu einem Schritt auf dem Weg zur Erleuchtung wird.

Schwarze Krone: Attribut der Karmapas. Sie versinnbildlicht die Fähigkeit, allen Wesen zu helfen; das Energiefeld wurde Karmapa bei seiner Erleuchtung vor einigen tausend Jahren von den weiblichen Buddhas geschenkt. Es befindet sich immer oberhalb seines Kopfes. Die Nachbildung, die bei Zeremonien gezeigt wird, hat die Kraft, das Unterbewusstsein der Anwesenden zu öffnen, und ermöglicht es Karmapa, seine grenzenlose Raum-Bewusstheit gegen die Hindernisse und das Leid der Wesen auszutauschen. Sie ist ein Mittel zur Befreiung durch Sehen, das nur ein Karmapa verwenden kann.

Stupa (tib.: Chörten): Ein materielles Symbol für die vollkommene Erleuchtung. Er zeigt die Umwandlung aller Emotionen und Elemente in die fünf erleuchteten Weisheiten und die fünf Buddha-Familien. Seine symmetrische Form ist meist mit Reliquien, Mantras und ähnlichem gefüllt.

Tulku (skt.: Nirmanakaya): Zustand des Mitgefühls. Ein Wesen, das sich bewusst zum Wohle aller Wesen wiedergebären lässt und die Kraft besitzt, ihre Fähigkeiten zu erwecken. Manche Tulkus erinnern sich an frühere Leben, andere nicht. Das Wort „Tulku" bedeutet „Illusionskörper" – eine Form, die man hat und verwendet, aber von der man nicht abhängig ist.

Vajrayana (skt., tib. dorje thegpa) oder Mantrayana: Diamantweg, identisch mit dem Tibetischen Buddhismus oder dem Tantra- bzw. Mantra-Fahrzeug, unterscheidet sich vom allgemeinen Großen Fahrzeug vor allem durch die kraftvollen Methoden der Einswerdung mit Erleuchtung.

Yogi, Yogini (tib. nal djor pa, nal djor ma, wörtl. jemand, der die Verbindung mit seiner Natur herstellt): Traditioneller Begriff für Verwirklicher bzw. Praktizierende des Diamantwegs.

Zuflucht (tib.: Kyab Dro): Eine Umorientierung hin zu Werten, auf die wirklich Verlass ist. Man nimmt Zuflucht zum Buddha-Zustand als Ziel, zum Dharma – der Lehre – als dem Weg, und zur Sangha – den Praktizierenden – als Freunden und Helfern auf dem Weg. Dies sind die sogenannten Drei Juwelen. Um den Diamantweg zu praktizieren, braucht man zusätzlich die Zuflucht zu den Drei Wurzeln – Lama, Yidam und Schützer. Sie sind die Quellen von Segen, Inspiration und Schutz auf dem Weg.

Index

Über den Autor

Tomek Lehnert wurde am 15. August 1956 im polnischen Gdansk (Danzig) geboren. Er studierte Bauingenieurswesen an der Technischen Hochschule von Gdansk sowie Englische Literatur an der Universität von Poznan (Posen). Anfang der achtziger Jahre war er in der studentischen Bewegung „Solidarität" aktiv. Im Januar 1983 traf er Lama Ole Nydahl, nahm die buddhistische Zuflucht und wurde praktizierender Buddhist. 1985 verließ er Polen und leitete in den folgenden drei Jahren zusammen mit anderen das Karma Kagyü-Zentrum in Kopenhagen.

Ab 1987 unternahm er ausgedehnte Reisen mit Lama Ole nach Nepal, Indien, Bhutan, Burma und Tibet, auf denen er von hohen Kagyü- und Nyingma-Lamas Einweihungen und Lehren erhielt. Mehr als zehn Jahre lang übersetzte er für Lama Ole bei buddhistischen Vorträgen in die polnische und die spanische Sprache. Er schrieb Beiträge für das deutsche Magazin Kagyü Life (Buddhismus Heute) und das polnische Diamentowa Droga.

Zusammen mit Hannah Nydahl und Caty Hartung organisierte er fast 30 Jahre lang Lama Oles Dharma-Aktivität. Er war am Aufbau von Karma Kagyü-Zentren in den Amerikas, Australien und Neuseeland, in Russland sowie in West- und Osteuropa beteiligt. Auf Lama Oles Wunsch hin begann er im Jahr 2003 zu lehren. Er reist bis heute mit Lama Ole um die Welt.